《华中学术》第19辑编委会

中文社会科学引文索引（CSSCI）来源集刊
华中师范大学文学院　主办

Central China Humanities

第19辑

主编　汤江浩

2017/3
VOL.9 NO.3

華中師範大學出版社

新出图证(鄂)字 10 号

图书在版编目(CIP)数据

华中学术(第 19 辑)/汤江浩主编. —武汉:华中师范大学出版社,2017.9
ISBN 978-7-5622-8009-5

Ⅰ.①华… Ⅱ.①汤… Ⅲ.①社会科学—文集 Ⅳ.①C53

中国版本图书馆 CIP 数据核字(2017)第 263218 号

华中学术(第 19 辑)
©汤江浩 主编

责任编辑:王中宝　　**责任校对**:王　胜　　**封面设计**:罗明波
编 辑 室:学术出版中心　　**电话**:027－67867792
出版发行:华中师范大学出版社
社址:湖北省武汉市洪山区珞喻路 152 号　　**邮编**:430079
电话:027－67863426(发行部)　　027－67861321(邮购)
传真:027－67863291
网址:http://press.ccnu.edu.cn　　**电子邮箱**:press@mail.ccnu.edu.cn
印刷:湖北新华印务有限公司　　**督印**:王兴平
字数:399 千字
开本:787mm×1092mm　1/16　　**印张**:17.75
版次:2017 年 9 月第 1 版　　**印次**:2017 年 9 月第 1 次印刷
定价:44.00 元

欢迎上网查询、购书

目　录

华中学术(第19辑)

【国家社科基金重大招标项目专辑】

马克思主义文学批评的中国形态研究

从“一定的”“市民社会”到资本现代性批判

——经典马克思主义文学批评形态渐进发展的切片观察

万 娜

（华中师范大学文学院/湖北文学理论与批评研究中心，湖北武汉，430079）

内容摘要：在马克思用历史唯物主义的眼光考察西方资本主义社会历史进程的思路演变过程中，《资本论》是马克思主义学说在批判古典政治经济学的基础上将历史唯物主义一般原理灵活运用到“一定的”社会联结形式中去的典范。成熟的资本现代性批判视域对包括文学批评在内的各层面意识形态研究有地平线的规定意义。这种视域的拓展是一个渐进的过程，具体到马克思主义文学批评的思考路径而言，也是一个逐渐走向成熟的过程。

关键词：马克思主义文学批评；“一定的”；市民社会；资本现代性批判

马克思恩格斯没有为我们留下一部文学批评的专论专著，对于他们文学批评观念和方法的研究要考虑到历史的渐进性。即便是在资本现代性批判视野较为成熟的时期，在看待文学问题时也要关注到其中一些关键环节的微妙差异，比如马克思主义在走向思想成熟期的过程中频繁使用的一个词“一定的（bestimmt）”[1]，以及从对“市民社会”这一术语的借用到对资本主义生产关系实质的独立指认，以求诚实地“回到马克思”，还原马克思主义著述中的文学批评成分的历史语境。

一

在《德意志意识形态》（写作时间约为1845年秋—1846年夏）的第一章《费尔巴哈》中，马克思和恩格斯对他们刚刚开启的历史唯物主义新视域，频繁地使用了“一定的”这样的限定语，例如“由此可见，事情是这样的：以一定的方式进行生产活动的个人，发生一定的社会关系和政治关系”[2]，“人们之所以有历史，是因为他们必须生产自己的生命，而且必须用一定的方式来进行：这是受他们的肉体组织制约的，人们的意识也是这样受制约的"[3]。此外，在与《德意志意识形态》的写作时间接近的著述中，也有以类似方式使用"一定的"这一限定语的现象，比如1846年12月马克思在写给安年科夫的信中也说到"在人们的生产力发展的一定状况下，就会有一定的交换（commerce）和消费形式。在生产、交换和消费发展的一定阶段上，就会有相应的社会制度形式、相应的家庭、等级或阶级组织，一句话，就会有相应的市民社会"[4]等。在这些文献表述中，尽管"一定的"只是一个限定语，不是人们常识印象中落脚在实际意义上的实词，但"一定的"的限定对象却是诸如"人"、"生产活动"、"社会关系"、"政治关系"等这些在德国古典哲学以及政治经济学中频繁出现的基本研究对象甚至是理论原点。马克思和恩格斯对这些"没有历史"、"没有发展"的德意志意识形态[5]中的核心概念的有意限定，标识出马克思主义首先作为一种新的哲学视野已经在理论建构的自觉意识上区别于以往的德国古典哲学，即不再是从普适性的概念范畴出发去规定人们的生活生产方式，而是正好相反，人们的生活生产方式规定制约他们的意识以及意识形式的外观。

可以看到，在《德意志意识形态》及同时期的一些信件中，"一定的"这个限定语是马克思和恩格斯在从历史唯物主义的角度帮助"存在/意识"这一对哲学范畴挣脱旧有哲学思辨的窠臼时走出的重要一步，而此时的马、恩对于什么是"一定的"方式或者什么是"一定的"社会关系和政治关系，还未完全获得政治经济学批判意义上的自我启示。应该说，日后在《资本论》中对西方资产阶级社会中占据主导力量的"资本"这一范畴还未占据此时马、恩二人的历史唯物主义哲学阵地，与之相应的"资本主义社会"也还未浮现为经典作家据实批判的特定对象。此时的马、恩更多地使用"市民社会"这一概念[6]，它被理解为建立在不同的生产方式基础之上的国家活动，因而也是阐释诸如宗教、哲学、道德（应当也包括文学理论与批评）等在内的"理论产物和形式"的地平线。"市民社会"是黑格尔《法哲学原理》中的重要概念，它涉及"特殊的人"的自然必然性与任性的混合原则，同时又必须无条件地将每一个特殊的他人作为中介（这种每一个人与每一个人之间的关系因而表现为"普遍性形式的中介"）的原则，并且还有特殊的历史规定性，即"市民社会是在现代世界中形成的，现代世界第一次使理念的一切规定各得其所"——这样得出的推论是：

> 由于特殊性必然以普遍性为其条件，所以整个市民社会是中介的基地；在这一基地上，一切癖性、一切禀赋、一切有关出生和幸运的偶然性都自由地活跃着；又在这一基地上一切激情的巨浪，汹涌澎湃，它们仅仅受到向它们放射光芒的理性的节制。受到普遍性限制的特殊性是衡量一切特殊性是否促进它的福利的唯一尺度。[7]

很显见，黑格尔所描绘的"市民社会"是一个特殊性与普遍性和乐融融的理念完成形式，历史终结于现代世界，也即终结于他所处的西方资本主义社会。"市民社会"显现为一个典型的"没有历史"的概念性存在。

针对"市民社会"这一非历史性概念制造的理论幻象，马克思的历史唯物主义思想从以逻辑层面概括的“一定的”的社会存在为主线，逐渐跳转到立足于政治经济学批判层面的以具体社会关系形式为依据的特殊规定性上来。在《〈政治经济学批判〉导言》（以下简称《导言》）中，马克思针锋相对地说道：

> 被斯密和李嘉图当做出发点的单个的孤立的猎人和渔夫，属于18世纪的缺乏想象力的虚构。这是鲁滨逊一类的故事，……其实，这是对于16世纪以来就作了准备、而在18世纪大踏步走向成熟的“市民社会”的预感。在这个自由竞争的社会里，单个人表现为摆脱了自然联系等等，……这种18世纪的个人，一方面是封建社会形式解体的产物，另一方面是16世纪以来新兴生产力的产物，而在18世纪的预言家看来（斯密和李嘉图还完全以这些预言家为依据），这种个人是曾在过去存在过的理想；在他们看来，这种个人不是历史的结果，而是历史的起点。
>
> ……只有到了18世纪，在“市民社会”中，社会联系的各种形式，对个人说来，才表现为只是达到他私人目的的手段，才表现为外在的必然性。但是，产生这种孤立个人的观点的时代，正是具有迄今为止最发达的社会关系（从这种观点看来是一般关系）的时代。[8]

以上几段均涉及对“市民社会”的论述。很明显，马克思在使用这一概念时做了历史阶段上明确的划分，以“16世纪以来”至“18世纪”这两百年内“一定的”社会存在充实了但同时也是颠覆了“市民社会”的哲学内涵。

所以，从抽象地说“市民社会”到具体地说“16世纪”至“18世纪”，这两种表述并不是同一个所指，而是标志着思考路径的整体转变：在“市民社会”究竟是以特殊性还是以普遍性为起点的问题上，马克思与黑格尔壁垒分明。经过十多年（从1846年的《德意志意识形态》到1857年的《导言》）针对政治经济学批判的研究，马克思从历史唯物主义视野中发现“一定的”社会存在，到发现“生产关系总合起来……构成一个处于一定历史发展阶段上的社会”从而过渡到“资本也是一种社会生产关系”[9]这一认识，再具体而丰富地将波旁王朝时期的阶级斗争理解为主要源自阶级“各自的物质生存条件”和“财产形式”之间的力量较量[10]，再到以个人具有“一定社会性质的生产”为出发点否定“市民社会”中假想的“合乎自然的个人”[11]，从而将资产阶级社会不是看作历史的终结而是批判性地视为“历史上最发达的和最复杂的生产组织”[12]——可以看到，马克思主义的资本现代性批判视野有一个持续的发展渐进过程。

二

在经过伦敦大英博物馆时期对政治经济学的大量代表性著作的研读之后，马克思在《资本论》中用“资本主义”替代了“市民社会”这一游荡着黑格尔哲学幽灵的概念[13]，这意味着马克思主义用有特殊限定性的“资本”这把钥匙打开了资本主义社会的秘密大门。站在“人体解剖”的高度逆溯“猴体解剖”[14]的历史，对于文学批评而言，这就意味着“资本”现代性批判视域不仅能为解释资本主义生产关系中的文学活动提供可能性，还可能为解释前资本主义社会的文学活动提供借鉴。所以，当马克思站在1857年（8月底至9月中）的资本现代性批判视域中时，他得以透视《鲁滨逊漂流记》一类的文学文本将主人公设定为“单个的孤立的猎人和渔夫”的深层叙事结构，实际上是在用“美学上的假象”叙述十六至十八世纪的西方社会历史进程。它们被马克思认为是“缺乏想象力的虚构”。马克思也看到了古典政治经济学家（他点名了斯密和李嘉图）对这类虚构人物的偏爱，实际上源于这类文学作品“是对于十六世纪以来就作了准备、而在十八世纪大踏步走向成熟的‘市民社会’的预感”[15]，而古典政治经济学恰恰是建立在对“市民社会”的认可之上的。

马克思在这篇生前没有发表的《导言》中，进一步关注了文学艺术与社会历史进程之间的关系，提出“物质生产的发展例如同艺术发展的不平衡关系”的论证构想，且特意在这篇戛然而止的《导言》文末关注到艺术的“一定的繁盛时期决不是同社会的一般发展成比例的，因而也决不是同仿佛是社会组织的骨骼的物质基础的一般发展成比例的”[16]的独特现象，并列举希腊神话和史诗与一定的社会发展形式之间的关系，做出意犹未尽的解释。从艺术在社会结构中所处的位置和马克思为《导言》所做的结构编排来看，他对艺术发展问题的关注应当是被纳入“国家形式和意识形式同生产关系和交往关系的关系”[17]这一层面来考虑的。

《导言》第四部分涉及一连串具有内在逻辑关联的问题（为了论述的方便，摘录如下）：

> （1）战争比和平发达得早；某些经济关系，如雇佣劳动、机器等等，怎样在战争和军队等等中比在资产阶级社会内部发展得早。生产力和交往关系的关系在军队中也特别显著。
>
> （2）历来的观念的历史叙述与现实的历史叙述的关系，特别是所谓的文化史，这所谓的文化史全部是宗教史和政治史。[顺便可以说一下历来的历史叙述的各种不同方式。所谓客观的。主观的（伦理的等等）。哲学的。]
>
> （3）第二级的和第三级的东西，总之，派生的、转移来的、非原生的生产关系。国际关系在这里的影响。
>
> （4）对这种见解中的唯物主义的种种非难。同自然主义的唯物主义的关系。
>
> （5）生产力（生产资料）的概念和生产关系的概念的辩证法，这样一种辩证法，它的界限应当确定，它不抹杀现实差别。
>
> （6）物质生产的发展例如同艺术发展的不平衡关系。进步这个概念决不能在通常的抽象意义上理解。就艺术等等而言，理解这种不平衡还不像理解实际社会关系本身内部的不平衡那样重要和那样困难。例如教育。美国同欧洲的关系。可是，这里要说明的真正困难之点是：生产关系作为法的关系怎样进入了不平衡的发展。例如罗马私法（在刑法和公法中这种情形较少）同现代生产的关系。
>
> （7）这种见解表现为必然的发展。但承认偶然。怎样。（对自由等也是如此。）（交通工具的影响。世界史不是过去一直存在的；作为世界史的历史是

结果。)[18]

马克思在这里反复申明的“这种见解”不只是《德意志意识形态》中已阐明的历史唯物主义的一般原理，更是将一定的“生产资料和生产关系”作为叙述历史的起点。由于《导言》是未刊文，在表述上有较多未及展开的部分，上述七个问题之间的逻辑关联可以做这样的理解：(1′) 应具体看待历史不同阶段中的生产关系本身的不平衡发展，在战争阶段，发达的生产关系更早地出现在军队中[19]。(2′) 但历来的历史学家们都漠视历史不同阶段中生产关系不平衡发展的客观事实，想尽各种办法（客观的、主观的、哲学的等）将历史叙述为观念的历史。(3′) 以生产关系为历史起点，可以解释建筑于其上的其他层面的交往关系，比如国际关系在这里表现为非原生性的生产关系，但它们会对原生性的生产关系产生影响。(4′) 这种解释世界和历史的思路颠覆了以往的历史学家和哲学家们的思路，可能会招致非议。(5′) 因而需要进一步阐发生产力（生产资料）的概念和生产关系的概念，这是融入了辩证法的真正的历史唯物主义。(6′) 可以证明这种真正的历史唯物主义并不是将宗教、政治、法律、道德等等其他层面的意识形式简单地看作被物质生产所决定的对象的例子是，历史唯物主义承认艺术发展与物质生产的发展并不完全平衡，艺术的发展不能用抽象意义上的“进步”概念去衡量，因为抽象的“进步”往往被理解为国民政治经济学中的财富的积累。艺术作为一种意识形式“更高地悬浮于空中”，因而比较容易理解生产关系更为曲折复杂地对其产生制约，但如何解释其他一些更为实际的社会关系内部也没能保持住与生产关系的平衡发展则更为棘手，其中的关键是首先从法律这种社会关系的角度论证清楚这种不平衡发展的缘由，尤其是罗马私法（一种古老的法哲学）如何能在现代生产关系的基础上仍旧维持着。(7′) 再次重申历史唯物主义看待社会历史的起点是“一定的”、具体的、历史的。建立在现代生产关系的基础上，比如交通工具的技术进步以及随之而来的交往范围扩大，历史才有机会被从世界的角度加以叙述，而不是恰好相反。

从上述这种逻辑关联的角度看待《导言》中的这一部分文字，可以很明显地看到马克思是在着力论证历史唯物主义的意义上论及文学艺术的“进步”问题的，换句话说，后者恰能力证前者具体而丰富的内涵。

三

在“这种见解”中看待艺术发展与物质生产的不平衡关系，最典型的例证莫过于希腊艺术和神话与社会发展之间的关系，以及莎士比亚的戏剧艺术与他所处的时代的社会发展之间的关系，而马克思也顺理成章地在《导言》文末对其中的一组“不平衡关系”做了初步思考。其中所谓“希腊人是正常的儿童”这一譬喻，在稍后（1857年底至1858年5月）写作的《政治经济学批判（1857—1858年手稿）》中有相呼应的论述：

在发展的早期阶段，个人显得比较全面，那正是因为他还没有造成自己丰富

> 的关系，并且还没有使这种关系作为独立于他自身之外的社会权力和社会关系同他自己相对立。留恋那种原始的丰富，是可笑的，相信必须停留在那种完全的空虚化之中，也是可笑的。资产阶级的观点从来没有超出同这种浪漫主义观点的对立，因此这种浪漫主义观点将作为合理的对立面伴随资产阶级观点一同升入天堂。[20]
>
> ……古代的观点和现代世界相比，就显得崇高得多，根据古代的观点，人，不管是处在怎样狭隘的民族的、宗教的、政治的规定上，总是表现为生产的目的，在现代世界，生产表现为人的目的，而财富则表现为生产的目的。[21]

希腊艺术和史诗穿越时空来到以资本主义生产关系为基础结构起来的现代社会，仍旧散发经久不衰的艺术魅力，如果从资本现代性批判的角度来看，原因在于古希腊艺术“同一定的社会发展形式结合在一起”，这种社会发展形式拥有较现代社会直观得多的生产关系，处于这种社会发展形式中的“人”因而是“显得比较全面”的个人，是可以直接“表现为生产目的”的人。这种“全面”的人对于后来在西方资本的现代化进程中被片面发展的人而言，无疑“显得崇高得多”，因而希腊艺术和史诗“在某方面说来还是一种规范和高不可及的范本”。但与希腊艺术相匹配的古典生产关系已经一去不返，“全面”的人的艺术形象在其后的社会生产关系中也就随之难以复制。

在这段文字中，“一定的”社会存在（古代的生产关系、现代的生产关系）被作为具有制约性的根本原因用来说明文学艺术的发展与物质生产发展之间保持的平衡关系；但同样也是“一定的”社会存在，它能够标识相应历史阶段内物质生产发展的“进步”程度，却不能完全说明文学艺术的发展规律，因而显得“不平衡”。这里的“不平衡”呼应了在《路易·波拿巴的雾月十八日》（1851年）一文中马克思所说的阶级斗争除了是社会生产关系的角逐之外，还不可否认地与“旧日的回忆、个人的仇怨、忧虑和希望、偏见和幻想、同情和反感、信念、信条和原则”等联系在一起的论断，这些不完全随历史进程而动的“旧日的”因素中当然包括了文学艺术，它们被囊括在“由各种不同的，表现独特的情感、幻想、思想方式和人生观构成的整个上层建筑”[22]中。这种“不平衡”的关系到了1859年的《〈政治经济学批判〉序言》（以下简称《序言》）中被明确无误地概括为“或慢或快地发生变革”：

> 人们在自己生活的社会生产中发生一定的、必然的、不以他们的意志为转移的关系，即同他们的物质生产力的一定发展阶段相适合的生产关系。这些生产关系的总和构成社会的经济结构，即有法律的和政治的上层建筑竖立其上并有一定的社会意识形式与之相适应的现实基础。……随着经济基础的变更，全部庞大的上层建筑也或慢或快地发生变革。[23]

在这段著名的论断中，马克思虽未直接点名文学艺术会随着经济基础的变更而“或慢或快地发生变革”，但纵观他逐渐推进的历史唯物主义思考路径，如果认为这里讲的“上层建筑”不包括马克思对文学艺术的思考的话，那又能做如何理解呢？更何况马克思在接下来的其他论述中也从文学艺术批评的角度论及了这个问题。

马克思对莎士比亚戏剧的评价可以看作是他站在资本现代性批判视域中直接分泌出的文学批评成分。莎士比亚的戏剧文本在马克思的各类论述中都保持着较高的引用率和被正面评价的形象，曾有研究者搜集过相关数据，“根据不完全统计，在《马克思恩格斯全集》(俄文第二版）和《马克思恩格斯早期著作集》(俄文一九五六年版）中，就有一二八篇（部）著作和书信，有二〇一处谈到莎士比亚”，“提到莎氏剧本有二十九个，其中提到次数最多的《亨利四世》有四十二次，提到《哈姆莱特》有二十二次，提到《威尼斯商人》、《无事生非》和《仲夏夜之梦》也都在十次以上。他们提到剧中人物有六十一个。四大悲剧《哈姆莱特》、《奥赛罗》、《李尔王》、《麦克白》的主人公都提到了……”[24]这些统计数据当然能够直观地说明马克思对莎士比亚剧作的熟悉和喜爱程度之深，但他对莎翁作品的引用远不止于修辞学意义上的漂亮话，而是由衷地欣赏和探究从莎翁作品中映射出的英国十六至十七世纪间社会生产关系的原貌。

从文学批评的角度来看，这种探究直接体现在马克思对斐·拉萨尔的《济金根》做出的评价中。在这封书信里，他提出“莎士比亚化”和“席勒化”的命题。很显然，这两个“化”是对照关系：“席勒化”被马克思直言为“把个人变成了时代精神的单纯的传声筒”，而莎士比亚在马克思看来则较好地处理了个人与时代精神之间的关系。当然马克思并没有过多地展开他关于莎士比亚艺术成就方面的论述，因为置身于资本现代性批判视域中的“莎士比亚化”并不特别将关注的焦点放在文学艺术创作手法上（这属于前文提到过的不完全随历史进程而动的“旧日的”因素），也不太会像浪漫主义文学思潮对天才的崇拜那样把莎翁当成巧妙设置戏剧冲突的“人类最伟大的戏剧天才”加以赞赏，而是更侧重于发现文学艺术如何“能够在更高得多的程度上用最朴素的形式把最现代的思想表现出来”[25]。

马克思给斐·拉萨尔的这封带有文学评论性质的书信（1859 年 4 月）写于《导言》(1857 年 8 月底开始写作）之后的第二年，也是写于《〈政治经济学批判〉序言》(1859 年 1 月）之后的第三个月。三篇文献前后相继的时间线索如此清晰，足以让我们看到马克思关于“莎士比亚化”的论述承接《导言》中关于“物质生产的发展例如同艺术发展的不平衡关系”未尽的思考而来，也更直接地承接《序言》中关于上层建筑与经济基础之间“或慢或快地发生变革”的思考而来。更进一步说，莎士比亚的戏剧艺术与希腊艺术和史诗有着极为相似的穿越时空的艺术魅力，它贯穿了十六世纪到十九世纪的欧洲文化。对于现代世界的艺术而言，不仅希腊艺术和史诗是“一种规范和高不可及的范本”，莎翁的剧作也是十九世纪资本主义生产关系无法孕育的诗歌。“莎士比亚化”当然包含文学艺术或美学意义上的魅力（马克思也专门提到了拉萨尔在韵律上的错误和对济金根性格塑造方面的缺陷），但又不仅止于此。它牵动的是文学艺术矗立于其上的经济基础在将近三个世纪中的大变革，以及大变革中的“资本”从边缘迅速占据生产关系核心地位所带来的社会结构调整，这些剧烈的变革进一步加剧了人的片面化发展程度。莎士比亚的戏剧创作保留了他所生活的文艺复兴时代人的觉醒与资本主义生产关系之间博弈的生动面貌，比如那个发出“生存还是毁灭”的哈姆莱特王子性格中烙印着“人”要回理性裁决权之后煎熬的痛苦，麦克白夫妇则在忠诚与私欲之间磨损心智，象征着等级身份制度和忠贞情感的李尔王与小女儿考狄利娅死在长于算计利欲熏心的大女儿和二女儿手下……这些戏剧创作中凝结着莎士比亚所处的“一定的”时代的全部社会关系，因其还在资本主义生产关系的原始积累阶段而显得比十九世纪复杂曲折的社会关系更为晶莹剔透。所以尽管莎士比亚的语言并未褪尽铅华，戏剧冲突的构思也不可谓不浪漫，但马克思仍将其视为现实主义文学典范。很显然，在将“先前的历史发展”[26]作为全部前提的资本现代性批判视域中，文学艺术发展的问题是能够被赋予“一定的”历史内涵而得到具体的解释的，并且与人类力量的全面发展这一趋势联系在一起，同时获得了宏大深远的人类学视野。

对马克思主义学说中的文学批评成分我们需要采取与资本现代性批判视域相呼应的辩证眼光来看待。对于资本在西方社会历史进程中所处的位置和发挥的功用，马克思恩格斯的认识有一个阶段性发展的过程，那么与之相应，马克思主义文学批评也不应当失却历史科学的视野，只有在前后相继的马克思主义经典文本的互文阅读中它才能获得更恰切的理解。

＊本文系国家社科基金重大项目“马克思主义文学批评的中国形态研究”【11&ZD078】、中央高校基本科研业务费专项资金CCNU12A03022阶段性成果。

注释：

[1] 据张一兵教授在《回到马克思：经济学语境中的哲学话语》（第三版）（江苏人民出版社2014年版）中的统计，“他在《关于费尔巴哈的提纲》之后，在第一手稿中，第一次集中使用了多个‘一定的（bestimmt）’这个关键词。在全书中，马克思和恩格斯共计227次使用bestimmt一词”（第460页），这里的“第一手稿”和“全书”均指向《德意志意识形态》。对于《回到马克思》这部著作中的学术文本词频统计学研究，张一兵教授是“在相关文献学和计算机专家的帮助下建立了独立的数据库专用的词频软件，从而真正完成了文本词频统计的科学化”，这样说来准确度是有保证的，但同时他也坦言这种词频统计“还只是非常初步和粗略的统计”，所牵涉的关系纷繁复杂（“作者的话[第三版序言]”第5～6页，第11页）。

[2]《马克思恩格斯文集》第1卷，北京：人民出版社，2009年，第523～524页。

[3]《马克思恩格斯文集》第1卷，北京：人民出版社，2009年，第533页。这段文字是马克思为《费尔巴哈》中的“我们才发现：人还具有‘意识’”这句话所加的边注。

[4]《马克思恩格斯文集》第10卷，北京：人民出版社，2009年，第42～43页。

[5]《马克思恩格斯文集》第1卷，北京：人民出版社，2009年，第525页。原文为“因此，道德、宗教、形而上学和其他意识形态，以及与它们相适应的意识形式便不再保留独立性的外观了。它们没有历史，没有发展……”

[6]《马克思恩格斯文集》第1卷，北京：人民出版社，2009年，第544页。在《德意志意识形态》之前，马克思早在1843年的《〈黑格尔法哲学批判〉导言》一文中也使用了“市民社会”这一概念，比如“对德国来说，……局部的纯政治的革命的基础是什么呢？就是市民社会的一部分解放自己，取得普遍统治，就是一定的阶级从自己的特殊地位出发，从事社会的普遍解放”（《马克思恩格斯文集》[第一卷]，第14页），但这一概念在1843年马克思的语境中还没有完全摆脱对“人”所做的抽象理解，不具备自觉的历史规定性内涵。这一判断基于马克思在下文中的进一步阐发：“在市民社会，任何一个阶

级要能够扮演这个角色，就必须在自身和群众中激起瞬间的狂热。在这瞬间，这个阶级与整个社会亲如兄弟，汇合起来，与整个社会混为一体并且被看做和被认为是社会的总代表。"——很显然，这里的"市民社会"是由具体的个体聚集而成的群体，还没有获得以生产关系为核心的社会关系的本质界定。

[7] [德]黑格尔：《法哲学原理》，范阳、张启泰译，北京：商务印书馆，1961 年，第 197～198 页。

[8]《马克思恩格斯文集》第 8 卷，北京：人民出版社，2009 年，第 5～6 页。

[9]《马克思恩格斯文集》第 1 卷，北京：人民出版社，2009 年，第 724 页，着重号为引者所加。

[10]《马克思恩格斯文集》第 2 卷，北京：人民出版社，2009 年，第 498 页。

[11]《马克思恩格斯全集》第 46 卷上，北京：人民出版社，1980 年，第 21 页。

[12]《马克思恩格斯全集》第 46 卷上，北京：人民出版社，1980 年，第 43 页。

[13] 有学者统计，"马克思在自己的主要著作中，几乎没有使用过名词意义上的资本主义(Kapitalismus)，极少量的使用发生在《资本论》及其手稿中……他在大部分文本中都是使用形容词上的'资本主义的'(capitalisten 或 kapitalistische)"。参见张一兵：《回到马克思》，南京：江苏人民出版社，2014 年，第 558～559 页。

[14]《马克思恩格斯文集》第 8 卷，北京：人民出版社，2009 年，第 29 页。

[15]《马克思恩格斯全集》第 46 卷上，北京：人民出版社，1980 年，第 18 页。

[16]《马克思恩格斯文集》第 8 卷，北京：人民出版社，2009 年，第 34 页，着重号为引者所加。

[17]《马克思恩格斯文集》第 8 卷，北京：人民出版社，2009 年，第 33 页。这是《导言》第四部分标题中的一部分。

[18]《马克思恩格斯文集》第 8 卷，北京：人民出版社，2009 年，第 33～34 页。

[19] 根据《马克思恩格斯文集》(第 10 卷)末的《马克思恩格斯生平大事年表》记载，自 1850 年 11 月底，恩格斯在曼彻斯特开始系统地研究军事问题。1851 年 12 月 3 日恩格斯在给马克思的信中分析了 12 月 2 日在法国发生的路易·波拿巴反革命政变，马克思在《路易·波拿巴的雾月十八日》一书中发挥了这封信中的一些思想。一定程度上可以推测马克思对战争、军事问题的关注和思考可能会受到恩格斯的影响。

[20]《马克思恩格斯文集》第 8 卷，北京：人民出版社，2009 年，第 56～57 页。

[21]《马克思恩格斯文集》第 8 卷，北京：人民出版社，2009 年，第 137 页。

[22]《马克思恩格斯文集》第 2 卷，北京：人民出版社，2009 年，第 498 页。马克思在"旧日的回忆……"这段话的末尾反问道："这有谁会否认呢？"

[23]《马克思恩格斯文集》第 2 卷，北京：人民出版社，2009 年，第 591～592 页。

[24] 刘秉书：《马克思恩格斯与莎士比亚》，《江淮论坛》1980 年第 2 期，第 91 页。

[25]《马克思恩格斯全集》第 29 卷，北京：人民出版社，1972 年，第 573 页。

[26]《马克思恩格斯文集》第 8 卷，北京：人民出版社，2009 年，第 137 页。原文为："财富不就是人的创造天赋的绝对发挥吗？这种发挥，除了先前的历史发展之外没有任何其他前提，而先前的历史发展使这种全面的发展，即不以旧有的尺度来衡量的人类全部力量的全面发展成为目的本身。在这里，人不是在某一规定性上再生产自己，而是生产出他的全面性；不是力求停留在某种已经变成的东西上，而是处在变易的绝对运动之中。"

阿尔都塞接受“毛主义”概说

颜　芳

（华南师范大学中国语言文学博士后流动站，广东广州，510006）

内容摘要：本文力图初步勾勒法国马克思主义理论家路易·皮埃尔·阿尔都塞接受“毛主义”的总体概况。通过梳理阿尔都塞在历年公开出版物中援引“毛主义”的有关情况，本文试图呈现阿尔都塞在其三十多年的理论思考中接受“毛主义”的大体轨迹。在此基础上，本文试图初步厘清阿尔都塞历时三十余年持续地援引、思考和阐发“毛主义”的主要原因。本文认为，阿尔都塞对“毛主义”的接受应被理解为阿尔都塞与被他视为马克思主义经典作家的毛泽东在哲学和理论意义上的深刻关联与复杂共生。

关键词：“毛主义”；阿尔都塞；接受

路易·皮埃尔·阿尔都塞（Louis Pierre Althusser，以下简称阿尔都塞）是上世纪最为重要的西方马克思主义理论家之一。佩里·安德森（Perry Anderson）于上世纪 70 年代末提出了一个有待探讨且饶有兴味的命题，在谈及阿尔都塞和萨特等老一辈理论家以中国共产主义替代苏联共产主义作为参考视野后，安德森指出：“毛主义的实质和影响超出了本书的讨论范围；对此问题有必要另外加以详细讨论。”[1]这种讨论需待时机，而现在或许恰逢其时。近年来，国内外学界对包括阿尔都塞作品（包括对其生前未出版的作品）进行了源源不断的整理、出版和翻译。这就使得有必要对“毛泽东对于阿尔都塞思想的重要性仅仅是边缘性的”这种观点加以重新审视，也就是说，在阿尔都塞理论全貌越来越显豁的当下，有必要重新认识阿尔都塞对“毛主义”所“效忠的深度”（the depth of the allegiance）[2]。此外，随着马克思主义文学批评“中国形态”研究的不断深入，对以下问题的解答显得尤为迫切：“中国马克思主义文学批评与一般的文学究竟有哪些实质性的不同？中国对马克思主义文学批评到底有哪些贡献？显然，人们对于这些问题很难作出清晰的回答。长期以来，中国马克思主义文学批评……未形成鲜明的问题意识，既缺乏对中国马克思主义文学批评的整体观照，又未深入研究其理论特质。”[3]因此，对阿尔都塞接受“毛主义”情况的梳理或将为进一步理解中国马克思主义批评理论的自身特性提供来自西方理论家的视角与镜鉴。

“毛主义”（Maoism）是一个产生并通行于西方学术界的对毛泽东思想加以指代

的术语。“毛主义”这个术语意味着毛泽东不仅是马克思主义和列宁主义的追随者，它还特别强调了毛泽东对思想领域的贡献，强调了毛泽东是一个具有原创性的思想家[4]。相对于国内学界惯用的“毛泽东思想”，在西方知识语境中之所以突出其为“毛主义”，一方面是沿用了与“马克思主义”、“列宁主义”等术语类似的构词方式，但同时又强调了毛泽东理论体系对马克思主义和列宁主义的推进和发展。值得注意的是，正因为“毛主义”是一个西方术语，它不可避免地带有某种西方性且植根于西方知识生产的特定视域，因而它是西方知识界和西方社会对毛泽东思想加以接受和阐发的产物。“正如毛泽东常常强调要发展出一种‘具有中国特点的马克思主义’的重要性一样，反过来，在西方情境中，人们也有充分的理由谈及‘具有西方特点的毛泽东思想’。”[5]故此，不宜将“毛主义”与实际上的毛泽东思想与理论画上等号。

“毛主义”不仅通行于西方，也是阿尔都塞本人所使用的一个术语。在其自传《来日方长》中阿尔都塞指出：“当然，拉丁美洲的斗士们知道我身在法国共产党内，但是他们同样也知道我强烈地倾向于毛主义，……”[6]因此，本文中的“毛主义”特指在阿尔都塞特定理论视域中的、根据阿尔都塞特定的理论需要且经由阿尔都塞阐发和转化了的毛泽东思想。阿尔都塞在他的时代中所能掌握的关于毛泽东思想和中国情况的资料非常有限，他本人又从未到过中国，故而阿尔都塞所理解的中国与毛泽东思想应被视为是他“头脑中的中国”[7]和“头脑中的毛泽东”。更重要的是，由于面对着异常激烈的政治斗争和理论论战，阿尔都塞对毛泽东思想的理解还服务于他解决自身政治困境和理论困境的需要。故此，阿尔都塞的“毛主义”应被理解为“根据阿尔都塞本人先在的理论框架来重新勾画毛泽东的思想肖像”，也就是说，“阿尔都塞视域中的毛泽东不是真正意义上的、历史真实中的那个毛泽东”[8]。

本文将致力于围绕以下两个方面梳理阿尔都塞接受“毛主义”的总体概况。其一，初步厘清阿尔都塞在历年公开出版物中援引“毛主义”的有关情况[9]，勾勒出跨越三十多年的“毛主义”在阿尔都塞理论著述中留下的大体轨迹；其二，初步厘清阿尔都塞历时三十余年持续援引、思考和阐发“毛主义”的主要原因。

一

阿尔都塞在其历年公开出版物中对“毛主义”的援引和阐发，是“毛主义”与阿尔都塞的理论思考之间保持着持续不断的互动关系的最为直观也最为有力的证明。为阐明“毛主义”及中国实际上纵贯了阿尔都塞几乎大半部分的理论写作生涯而远非其一时一地的兴趣，对所有目前可见到的援引“毛主义”的阿尔都塞相关著述的整理因而是非常必要的。

在 1985 年[10]写作的自传《来日方长》[11]中，阿尔都塞多处正面提及和评价毛泽东和中国，而这距离他第一次在出版物中肯定性地援引“毛主义”，即在 1953 年[12]发表的《关于马克思主义》[13]一文中提及毛泽东的《矛盾论》和《实践论》，已经跨越了三十多个年头。“毛主义”在阿尔都塞的 1950 年代的著作中开始出现，在其 1960 年代到 1970 年代中期的著述中出现得最为密集，此后逐渐减少但仍持续。在阿尔都塞的著述中，有的对“毛主义”及毛泽东著作进行了详细的阐发，有的则是一带而过。但是，一方面考虑到整理工作本身应尽量保持其完整性，另一方面更是考虑到阿尔都塞与“毛主义”的每次交集均处于与法共亲苏路线的紧张关系之中[14]，其每一次在公开出版物中援引“毛主义”均弥足珍贵，故此尽可能将所见材料全面纳入整理。尽管可能仍有未及之处，但以下概述或可为阿尔都塞接受“毛主义”的轨迹勾勒出大略的风貌。当然，这个尝试仍是初步的和未完成的。随着阿尔都塞更多手稿、笔记和作品在国外学界和国内学界进一步的出版和翻译，对阿尔都塞与“毛主义”关系的理解仍将是一个朝向无限可能性敞开的动态过程。

阿尔都塞首次提及“毛主义”的公开出版的作品，正是1953年发表的《关于马克思主义》一文。尤为值得注意的是，毛泽东的《矛盾论》1952年被翻译成法文首次在法国出版[15]，次年旋即出现在阿尔都塞公开发表的论文之中，可见阿尔都塞对毛泽东思想接受之迅疾是惊人的。在这篇论文中，阿尔都塞列出了一个“最重要的关于辩证唯物主义这个问题的马克思主义文本”的书目，在其中就提到了毛泽东的“最新作品（《矛盾论》)”，他还尤其强调《矛盾论》中的“两个新思想”即“主要矛盾”和“矛盾的主要方面”，认为《矛盾论》延续了自马克思以来的持续不断的对辩证法加以定义、加以确认、使之更加精确的努力，而此前的矛盾概念太抽象了[16]。他还提及毛泽东的《实践论》中谈到特定时期的知识的生产总是受制于既存的社会实践的决定性形式，也就是说总体而言受制于既存的社会生产模式[17]。根据阿尔都塞在文中的标注，他读到的《矛盾论》和《实践论》均来自《毛泽东选集》[18]。法国“毛主义”团体“无产阶级左派”（the Gauche Prolétarienne）的创始人班尼·莱维（Benny Lévy）在1971年的访谈中谈到了巴黎高师的学生跟随阿尔都塞一起阅读毛泽东著作的这段经历，为阿尔都塞对毛泽东著作的早期接受情况提供了宝贵的侧面证词：“阿尔都塞在最初的作品里就谈到了毛和毛的敏锐（subtlety)。当时‘红宝书’还没被翻译成法文，我们读到的是 Editions Sociales 版本的《毛泽东选集》。我们是从毛泽东的哲学文本开始读起的，因为这些文本当时正在被阿尔都塞研究，然后很快——虽然也花了一年时间——我们就得到了毛泽东选集的全本。阿尔都塞对这些文本的评价非常高……他的最初的那些文章都引用了毛主席的《矛盾论》来论述矛盾问题，但是他并不明说。……然而我们必须将属于凯撒的归之于凯撒：他毕竟是（我们）接触毛泽东的一个渠道（he was after all a means of access to Mao Tse-tung)。”莱维还详细描述了学生们的阅读过程：“当我们开始读毛的著作的时候，已经读了《资本论》、列宁等其他著作，因此当我们开始读毛的著作的时候我们感到一种理论的愉悦。读完了毛之后，我们又把《资本论》、列宁等一切重读了一遍。(因为毛的著作）我们必须要彻底整理我们的思路。”[19]莱维在访谈中提到《毛泽东选集》应是1955年到1959年间在由巴黎 Editions Sociales 出版的四卷本 *Mao Tsé-Toung: Oeuvres choisies*。[20]莱维提到的《毛泽东选集》与阿尔都塞在《关于马克思》中提到的《毛泽东选集》很可能不是同一个版本，从版本学的角度极有必要考证阿尔都塞在1953年前后读到的那版《毛泽东选集》的具体情况，这是本文暂时力有不逮之处。但是，通过以上不够精确的考证，足以推断出以下事实：阿尔都塞是毛泽东著作在法国的最初的读者之一；从《矛盾论》、《实践论》到《毛泽东选集》，阿尔都塞从1950年代初期就对毛泽东著作展开了高度理论化的深度阅读。早在法国“毛主义”全盛期（1966—1976）[21]的十多年前，阿尔都塞就将毛泽东及其著作纳入了马克思主义经典作家的行列，与马克思、列宁等马克思主义经典作家并提，并尤为注意到了毛泽东《矛盾论》中关于主次矛盾、矛盾的主次方面等创新性概念。这些特点将在阿尔都塞后来的著述中得到反复的回响、强化与补充。

1959年，法国大学出版社出版了阿尔都塞的第一本书《孟德斯鸠：政治与历史》。这部著作有一处谈及了毛泽东：“在这些伟大的工人运动的经典与传统中，从马克思到列宁、斯大林、毛泽东，马克思主义理论被定义为包含了两种不同的理论学科：科学与哲学。”[22]与1953年的《关于马克思》类似，毛泽东作为马克思主义经典作家被引用。

进入1960年代以后，已有研究证明，阿尔都塞愈加密切关注毛泽东的写作和中国政治动态，在整个1960年代他常年订阅中国共产党宣传部门出版的法文通讯：《北京信息》和《新中国手册》[23]。研究者还在阿尔都塞的档案中发现了两卷关于毛泽东著述（涉及毛泽东的《矛盾论》、《实践论》、《关于正确处理人民内部矛盾的问题》等）的笔记与索引卡片，此外还有两卷本的中国外宣资料[24]。这些新证据的发现，为阿尔都塞在随后20多年中对毛泽东及其著作持续不断的援引提供了更具说服力的解释基础。

1962年，阿尔都塞发表《矛盾与多元决定（研究笔记）》[25]，1963年，阿尔都塞发表《关于唯物辩证法（论起源的不平衡）》[26]。在这两篇著名论文中，阿尔都塞多次引用毛泽东的《矛盾论》，毛泽东的主次矛盾、矛盾主次方面、矛盾不平衡律等一系列辩证法范畴和法则为他批判法国马克思主义中的黑格尔主义倾向以及为建构其“多元决定论”等范畴提供了重要的理论支撑。

1965年，阿尔都塞及其弟子巴利巴尔等共同撰写的《读〈资本论〉》出版[27]。在《从〈资本论〉到马克思的哲学》部分，阿尔都塞再次援引毛泽东的《矛盾论》：“……我主张在其直接的政治存在中去阅读马克思主义辩证法的特殊的理论形式……；作为此原则的表现，我主张将毛泽东的1937年的论矛盾的文本看作对反映在政治实践中的马克思主义辩证法的各种结构（structures of the Marxist dialectic）的一种描述。”[28]由此可见，延续着上述1962年、1963年两篇论文的思路，阿尔都塞将毛泽东的《矛盾论》与他自身对“结构”的阐发、对矛盾的复杂性的阐发联系在一起。同时，阿尔都塞还认为应对所有马克思主义——理应也包括毛泽东——的理论著作逐一进行“症候式”阅读，以便发现马克思主义的“问题域”（problematic）对其对象的反思，从而使得对象“可见”[29]。

1966年，阿尔都塞以匿名形式在《马列主义手册》第14期发表《论文化革命》[30]。如巴利巴尔所指出的，人们很快发现这篇文章的作者就是阿尔都塞，他的这种“两面手法”，即一方面希望影响自己在法共中的学生，一方面又私下与从法共叛离出去的“毛主义”青年合作——导致他立刻被两个阵营的人揭穿，使他在政治和情感上付出了极高的代价[31]。这篇论文在阿尔都塞意识形态理论的建构中具有极为重要的意义。

1968年，阿尔都塞的论文《马克思主义的历史任务》以匈牙利语在布达佩斯出版[32]。阿尔都塞指出："我们缺乏一种描述情势的各种变化（the variations of the conjuncture）的理论。"他接着在注释中指出："关于情势的理论、关于在不同层次之中的主导（矛盾）的转移的理论，最引人注目的构想就是毛泽东的《矛盾论》。"[33]

1968年到1970年之间，阿尔都塞写作了一系列关于再生产和意识形态理论的论文，这批论文除《意识形态和意识形态国家机器（研究笔记）》于1970年发表之外，其他所有文章迟至1995年才结集为《论再生产》一书在法国发表[34]。在这部著作中，阿尔都塞赞同列宁和毛泽东对生产关系的强调、对意识形态中的阶级斗争的强调、对无产阶级意识形态在社会形态转变中的作用的强调等。此外，在该书《致读者》中，阿尔都塞还特意又提到了作为马克思主义哲学传统的《矛盾论》、《实践论》以及《人的正确思想是从哪里来的？》等毛泽东论著[35]。

1971年，阿尔都塞发表《马基雅维利与我们》[36]。阿尔都塞在其中提到："马基雅维利关于军队的命题……预示了卡尔·冯·克劳塞维茨、恩格斯和毛泽东的军队与战争理论。"[37]这正暗示了阿尔都塞不仅熟悉毛泽东的哲学思想，对毛泽东的游击战等军事理论也有所涉猎。事实上，确实有证据显示阿尔都塞读过毛泽东的游击战理论，对此随后将再次给予说明。

1973年，阿尔都塞发表《答约翰·刘易斯》[38]。值得注意的是，当翻译成英语在伦敦出版时，出版商New Left Books提议将标题换成"毛说永远不要忘记阶级斗争！（Mao's Never Forget the Class Struggle!）"，但《新左派评论》拒绝了这个动议[39]。尽管这并不排除出版商希望借用一个与"毛主义"相关的标题来迎合当时追捧"毛主义"的欧洲知识界，但这也侧面说明了出版商已经察觉到阿尔都塞的这本书确实与"毛主义"存在关联。有研究者甚至将阿尔都塞的这一时期命名为"马克思主义的毛泽东化"（"Maoisation" of Marxism），以强调这一时期阿尔都塞理论所呈现出来的高度政治化倾向[40]。在这篇论文中，阿尔都塞提及了毛泽东读斯大林《苏联社会主义经济问题》。阿尔都塞赞同毛泽东对斯大林的批判：斯大林没有处理好向共产主义转变中的政治和意识形态问题，过于注重专家的"专"，没有强调专家的"红"的一面；斯大林过于依赖干部而不是群众，此外，阿尔都塞还在这篇文章中提出了著名的"哲学归根到底是理论领域的阶级斗争"的命题，而这个命题又与阿尔都塞所理解的毛泽东对阶级斗争的强调密切相关[41]。

1974年，阿尔都塞出版《自我批评的要素》，其中收录同名论文[42]。在这篇文章里，阿尔都塞在谈到理论中的阶级斗争问题时，他认为正如恩格斯、列宁、毛泽东所指出的，这个问题归根结底就是唯心主义和唯物主义之间的斗争；阿尔都塞还再次高度评价了毛泽东的《矛盾论》，认为"为了谈论及评价哲学，应该从毛的矛盾范畴出发，……在每个哲学中以及在每个哲学立场中你必须要考虑它的矛盾中的趋势，以及在这个矛盾中的矛盾的主要趋势和次要趋势，以及每个趋势中的主要方面和次要方面等等"[43]。

1978年，阿尔都塞的《今日马克思》一文在意大利发表[44]。在这篇论文中，阿尔都塞指出毛泽东"大胆地使辩证法服从于（他的'矛盾'论的）辩证法"，触及了意识形态关系的性质，实践地质疑了关于辩证法的形而上学观念[45]。1978年，阿尔都塞还发表了《马克思和他的局限》[46]。在这篇论文中，阿尔都塞再次提及毛泽东对斯大林主义经济主义倾向的纠正，并且特别强调了马克思、列宁、葛兰西和毛泽东都极为重视“（马克思主义）理论的质量”[47]。

1985年左右，阿尔都塞写作了《唯一的唯物主义传统：斯宾诺莎（第一部分）》[48]。在这篇论文中，阿尔都塞指出：“斯宾诺莎（对‘上帝’概念的颠覆）这种革命的哲学的策略，让我尤为想到毛泽东的城市游击战和农村包围城市以及马基雅维利的政治军事策略。”[49]这正说明了除了毛泽东的哲学思想，阿尔都塞还关注过毛泽东的军事理论。阿尔都塞用把加农炮朝向自己的堡垒等形象来描述斯宾诺莎对上帝观念的颠覆，显示了他在思考斯宾诺莎的同时也在思考毛泽东和马基雅维利，遥远东方的毛泽东的游击战为他提供了想象/思考斯宾诺莎哲学的形象与场景。可以说，直到阿尔都塞理论建构的最后时刻“毛主义”仍与他发生着关联。

1985年左右，阿尔都塞写作了《来日方长》，这部自传直到1992年才出版[50]。这部自传充满了悖论式的综合：既有强烈的自我毁灭倾向，如自称是学术骗子，没读过多少黑格尔、也不懂弗洛伊德，学术上一无是处；同时又有奇异的乐观主义精神，如自称是乐观主义者，坚信马克思主义会以新的形式存在下去，这似乎正是阿尔都塞一生个性与人生轨迹的写照：归根结底，他仍想参与世界并且改变世界[51]。只有理解了这种悖论，才能更好地体认阿尔都塞在这部唯一的长篇回忆录中的与“毛主义”相关的三次重要的表述。一是认为因为“法国政治”的原因，没去中国见毛泽东（并且毛还允诺阿尔都塞可以访谈）是他一生所犯的“最愚蠢的错误”，“即使我与毛的会面上了党（法共）的公报，他们又能对我怎么样呢？我根本不是一个所谓的‘公共人物’！”[52]二是终于承认1966年的《论文化革命》的匿名文章是自己写的[53]。三是颇为自豪地指出自己的“毛主义”倾向对法共的党的路线的影响。“法共的领导层总是怀疑我想要从内部影响党的路线朝着‘毛主义’的方向发展，他们的怀疑是对的。我的努力显然让他们感到困扰了！”他指出法共甚至派了两个学生随时向法共报告自己的情况、痛陈法共的弊端，但是，阿尔都塞随即指出：“这并不是关键问题，我们必须要看向法国之外。”他指的正是他的“毛主义”倾向对拉丁美洲的影响，“我的罪孽（my sins）就是我的作品在完全不同的语境下被其他国家的读者阅读了！原谅我指出这一点：无数的哲学家、政治家和意识形态工作者都声称在我的领导之下，追随着我的写作所开创的‘半-毛主义’（semi-Maoist）方向”[54]。由此可见，阿尔都塞在这部自传中毁灭性地对自己的学术成就加以贬损的同时，却对自己写作所带来的对法共党内路线的影响、对拉丁美洲革命的推动作用充满了激情，并且将自己理论的影响力归之于其“半-毛主义”倾向。

以上对阿尔都塞历年公开出版物中“毛主义”相关内容的整理可以说明，阿尔都塞对毛泽东及其著作的关注和接受不是只出现在其个别作品和个别时期的现象，而是纵贯了阿尔都塞三十多年写作生涯的持续的、密切的和深度的关注与接受。上述整理不但为“阿尔都塞接受了‘毛主义’”这个事实提供了资料性的支撑，而且可能对一些现有的关于阿尔都塞接受“毛主义”的研究构成一定的补充。例如，有研究认为，以1965年《保卫马克思》为顶点，阿尔都塞此后的公开出版的著作中涉及毛的内容“渐渐消失了”[55]。但是事实上，1965年以后，在阿尔都塞生前出版的《马克思主义的历史任务》、《马基雅维利与我们》、《答约翰·刘易斯》、《自我批评的要素》、《今日马克思》等著述中均援引了毛泽东思想。可以说，即使在法共组织了党内“审判”之后，阿尔都塞仍然在批判的声浪之中不断地在公开出版物中“偷渡”着他的“毛主义”倾向。诚如佩里·安德森所说，即使在“（中苏分裂时）以拥护苏联、反对中国的立场而在国际上著称的法国共产党”的内部，阿尔都塞对中国的同情仍是难以掩藏的[56]。又比如，很多研究都关注到了阿尔都塞对于《矛盾论》的兴趣，但是通过以上梳理，可以推断出阿尔都塞事实上至少还阅读了毛泽东关于实践、生产关系、意识形态、阶级斗争、军事和战争、对苏论战等相关的理论著述；除了毛泽东的单篇文章，他应该还读过《毛泽东选集》[57]。当然，随着新的材料的出现，关于阿尔都塞与“毛主义”的关系的思考可能还会更新。

二

那么，到底是什么原因使得阿尔都塞从1950年代到1980年代对“毛主义”的关注与接受持续了三十多年？阿尔都塞不但早在1950年代就密切关注了毛泽东和中国，而且在法国“毛主义”全面退潮的70年代中后期，在大批前“毛主义”者纷纷倒戈，要么转向宗教，如前文提到的班尼·莱维完成了“从毛到摩西”的转变即从“毛主义”转而信仰犹太教，要么如本纳德·亨利·莱维（Bernard-Henri Lévy）等人转向“新哲学”流派（New Philosophy）的时候，阿尔都塞仍在法共党内的批判和质疑的阴云下坚持对毛泽东及其思想加以正面评价并不断援引毛泽东论著。有研究认为，或许正是因为阿尔都塞无法公开自己的“毛主义”倾向，反而使他得以更加富于成效地、更加充分地将毛泽东的思想融入自己的理论写作中去[58]。事实上也确实如此。纵观1950年代之后的法国理论界，尽管受到法国“毛主义”浪潮影响的大有人在，如萨特、克里斯蒂娃、朗西埃等都各自经历过或长或短的“毛主义”时期，但是，声援和介入“毛主义”运动是一回事，将“毛主义”嵌入自身理论的建构之中、真正因为“毛主义”而改变了自身理论的走向和路径又是另一回事了。若深入考察这些理论家在其自身理论中对“毛主义”的接受，特别是考察这种接受的直接性、深度和持久性，那么无疑阿尔都塞是极为突出的。虽然他从未公开声称自己是“毛主义者”，但是“毛主义”显然对阿尔都塞来说有着某种持续不竭的吸引力，跨越了1950年代到1980年代这法国当代思想史中尤为风云激荡的三十年，仍能与阿尔都塞的思想产生碰撞与对话。

诚如佩里·安德森所说，整个西方马克思主义是西方工人阶级斗争和社会主义运动不断失败的产物，西方马克思主义在1968年前的主要理论成果都是在孤立和绝望的政治处境中产生的，这当然也包括阿尔都塞在这一时期的著述，阿尔都塞所面对的是法国共产党领导下的工人阶级的麻木和无动于衷、第五共和国总统的直接统治及其政治独裁[59]。而1956年的苏共二十大及随后公开化的中苏分裂，使中国走向世界社会主义革命和“第三世界”反帝国主义革命的舞台中心。中国取代苏联成为西方左翼知识分子的替代性（alternative）选择。中国和毛泽东当然也是阿尔都塞寻求社会主义革命新希望的替代性选择。阿尔都塞在其 1967 年的《致读者》中明确陈述了苏共二十大和中苏分裂两个重大事件是他写作《保卫马克思》一系列文章的重要背景[60]，对毛泽东《矛盾论》的援引和对斯大林主义的批判是密不可分的。此外，在阿尔及利亚出生并成长的阿尔都塞对反殖民主义、“第三世界主义”的支持与他的“毛主义”也存在着深刻关联[61]。阿尔都塞反复抨击过法国理论界的“外省习气”、沙文主义、对法国以外的国家的成就的视而不见[62]。可以说，阿尔都塞的世界性视野为他接受“毛主义”奠定了合理的基础。但是，在当时一大批转向中国的西方左翼理论家中，阿尔都塞及其“毛主义”倾向仍是特殊的。有研究者指出，在所有西方马克思主义理论家中，阿尔都塞的“毛主义”倾向可被看作“严肃地对待世界体系中的‘边远’地区”（taking seriously the “outlying” regions of the world system）的典范，也正因为如此，他得以对马克思主义这一传统中的欧洲中心主义、过度关注西方事务等习气进行了反拨[63]。那么，为什么即使在所有同情“毛主义”的西方理论家中，阿尔都塞对“毛主义”的“严肃对待”仍然是独树一帜的？这就意味着除了上述一般原因，还必须寻找阿尔都塞接受“毛主义”的更为特殊的，也更为深刻的原因。

巴利巴尔曾指出有两种身份在阿尔都塞那里融为一体、并行不悖：“阿尔都塞是哲学家，也同时是共产主义者，不因为一者而减损另一者。”[64]关于什么是两者之间互不减损，巴利巴尔在近年的访谈中给出了更为详尽的解释：“阿尔都塞，从他最初的文章开始，就具有一种双重的维度：政治的和哲学的，……他从不想因为一个维度而有损于另一个维度。”[65]巴利巴尔的观点揭示了阿尔都塞构架其理论思考的特殊方式：一方面，阿尔都塞的哲学从来都不是自我指涉的，而总是指向外部的现实世界，他的哲学建构一刻不停地朝向现实的政治维度。如杰姆逊（Fredric Jameson）就指出：“（阿尔都塞的）黑格尔其实是代指斯大林的暗号（code word）。”[66]另一方面，阿尔都塞的政治维度又一刻不停地与其哲学的或理论的维度发生着关联。如阿尔都塞在《保卫马克思》的序言《今天》中所指出的：“这些文章虽然每篇都是在特定场合下诞生的，但是它们又是同一个时代和同一段历史的产物。……历史把我们推到了理论的死胡同中去，而为了从中脱身，我们就必须去探索马克思的哲学思想。”也就是说，阿尔都塞回应自己所遭遇的特定时代和历史的方式恰恰又是回到理论维度，他试图承担他所希冀的为建立一种前所未有的马克思主义的科学和哲学而进行庞大的理论工作的“大知识分子”的职能，从而避免重蹈缺乏理论素养的“法兰西贫困”的覆辙[67]。

之所以反复阐述阿尔都塞的两个身份或两个维度，是为了据此更好地理解“毛主义”吸引阿尔都塞的深层原因：阿尔都塞对“毛主义”的接受固然与一定的政治背景密不可分，但是绝不能轻视这长达三十多年的接受背后的深刻的哲学/理论的原因。换句话说，仅仅作为“共产主义者”的阿尔都塞对中国政治和毛泽东思想的关注有可能会随着历史情景的变迁而转移注意力，例如，可能会随着 70 年代中后期法国“毛主义”退潮、“毛主义者”们纷纷倒戈而放弃甚至否定“毛主义”。而阿尔都塞超越了法国社会和思想界一时一地的风潮，对“毛主义”的关注持续了三十多年，那么这种接受关系不应被理解为临时性的或者策略性的。伊夫·杜赫（Yves Duroux）在2007年与巴利巴尔的对谈中指出，阿尔都塞对毛泽东的矛盾理论的引用“不是为了在政治上站在中国一边从而去反对苏联，而恰恰是因为毛泽东文本自身的理论的严密（theoretical rigor）”[68]。巴利巴尔在近年来为中文版多卷本《阿尔都塞著作集》所写的序言《阿尔都塞与中国》中，也提到了阿尔都塞认为毛泽东是“新列宁”，对阿尔都塞还有他的学生们来说，毛泽东既是一流的马克思主义哲学家（即一位货真价实的哲学家），又是一位天才的政治战略家，有能力用概念的方式对革命胜利的根据进行思考[69]。“新列宁”正代表着阿尔都塞及其学生们对毛泽东的定位：除了政治地位，他们尤为看重作为哲学家和理论家的毛泽东。巴利巴尔在近期的访谈中增补了很多有力的细节。他回忆起当时阿尔都塞和学生们之所以认为毛泽东就是“新列宁”，是因为和列宁一样，毛泽东不仅是政治领袖，而且还是深刻的哲学家和马克思主义理论家。在这篇访谈中他还再次谈及阿尔都塞引用和接受毛泽东的原因，他指出阿尔都塞在1963年对毛泽东的运用不是因为策略性的原因，阿尔都塞不是想要用毛的威望去反对赫鲁晓夫主义，阿尔都塞引用毛是出于哲学的和政治的原因，而这个原因可以追溯到10多年前（也即1950年代初阿尔都塞和学生初次读到《矛盾论》——笔者注），也就是说，真正让阿尔都塞感兴趣的是《矛盾论》所创造的一系列新的范畴：主次矛盾、矛盾的主次方面等等，阿尔都塞和学生们读到之后感到这些范畴是非同寻常的、根基性的[70]。以上这些证词与前文所梳理的阿尔都塞自1950年代以来的公开出版物中对毛泽东著述的援引是完全吻合的。阿尔都塞不是在1960年代突然发现了“毛主义”，《矛盾与多元决定（研究笔记）》中的“毛主义”倾向实际上在1950年代便已经在阿尔都塞的思想中扎根。

对阿尔都塞的“毛主义”倾向的最有力的证明来自1963年11月他写给法共的一篇“自我检讨”。在1962年《矛盾与多元决定（研究笔记）》发表后，阿尔都塞在这篇文章中的“毛主义”倾向以及反黑格尔主义倾向与法共的“反毛主义”以及法共对黑格尔主义的理论遗产的恪守态度之间的裂隙变得越来越明显，这种裂隙随着“中苏分裂”的加剧使得阿尔都塞陷入了麻烦，但是阿尔都塞在接下来的《关于唯物辩证法（论起源的不平衡）》中对毛泽东思想的援引更加“变本加厉”，在这篇论文中他愈加把毛泽东塑造成一个理论上令人尊敬的人物，后来，在《关于唯物辩证法（论起源的不平衡）》发表两个月后，法共中央委员会召开集会，将阿尔都塞单列出来，作为向“毛主义”示好的例子大加谴责，在1963年11月30日法共组织的“理论的审讯”（theoretical trial）中，阿尔都塞用提前写好的《对批评的回应》中巧妙地应对了法共的谴责，在这篇自我检讨中，他一方面坚持认为毛泽东的《矛盾论》，特别是毛泽东对“主次矛盾”的区分具有“重大的理论价值”；一方面又指出虽然《矛盾论》具有重要的理论价值，但是当时的中国错误地将帝国主义而不是资本主义当作主要矛盾，因此中国对《矛盾论》的运用是错误的，换句话说，阿尔都塞通过承认中国对《矛盾论》的运用不当从而表示了继续效忠法共的国际主义的路线的决心，但是同时又不减损他对毛泽东的矛盾观点具有“真正的马克思主义本质”和具有重要的理论价值的坚持[71]。尤为值得注意的是，无论遭受到何种指责和攻击，阿尔都塞始终没有放弃的底线就是坚持认为毛泽东辩证法思想具有重要的理论价值，特别是坚持认为毛泽东辩证法的若干范畴对他自身理论建构具有重要的理论价值。巴利巴尔也指出，阿尔都塞当然不可能这么天真，他不会不知道在中苏分裂的形势下，他作为法共成员引用毛泽东、称颂毛泽东的哲学天分所带来的影响，但是巴利巴尔认为，不能把阿尔都塞引用《矛盾论》仅仅归结为战术上的考虑，他更愿意相信阿尔都塞所要强调的是一个共产主义知识分子能够并且应该完全自由地把一切能够获得的理论（包括“毛主义”）的“好处占为己有”[72]。

至此，上述各种证据均指向这样一个结论：虽然不能完全排除阿尔都塞借用毛泽东声誉来获得某种政治姿态的可能性——如有研究认为阿尔都塞在《保卫马克思》和《读〈资本论〉》中与“毛主义”保持一致，是为了“弥补”在公开场合对法共效忠造成的负面影响，从而继续在党内外保持他的革命的资格（revolutionary credentials）[73]，但是，“毛主义”对阿尔都塞而言的价值、阿尔都塞在三十多年间不断地思考毛泽东理论和引用毛泽东思想，主要应该是由于阿尔都塞坚信“毛主义”对马克思主义理论的发展，特别对他自身思想的生成和建构具有某种关键性的、无以替代的理论作用。尽管如前所述，不能仅仅将阿尔都塞的理论建构理解为理论的自我增殖和自我指涉，而要注意到它始终指向现实政治，也即作为“哲学家”的阿尔都塞也是作为“共产主义者”的阿尔都塞，但是，阿尔都塞实现其政治关怀的路径却始终是理论的或哲学的。故此可认为，阿尔都塞对“毛主义”的接受，应该是主要作为“哲学家”身份的阿尔都塞，与被他视为马克思主义经典作家的毛泽东在哲学和理论意义上的深刻关联与复杂共生。

结　语

阿尔都塞所身处其中的西方上世纪中叶以来的理论生产之中蕴含着西方“知识型”（福柯）、“范式”（库恩）和“问题域”（阿尔都塞）的急剧变革。毛泽东思想吸引阿尔都塞的重要原因正是“由于社会制度和历史条件、文化状况等因素的差异，马克思主义在中西方马克思主义文学批评中有着不同的问题域”，也即马克思主义文学批评的“中国形态”与西方马克思主义形态在问题域上存在着“认识论断裂”[74]。对阿尔都塞来说，他对“毛主义”的接受根源于他对新的、非西方的、替代性的“知识型”、“范式”和“问题域”的渴望与探索。在梳理了毛泽东思想在阿尔都塞理论中跨文化的“理论旅行”（爱德华·萨义德）的总体概况的基础上，如何将“毛主义”对包括阿尔都塞理论在内的西方当代理论所产生的影响和冲击及其得失与经验进一步转化为滋养、培育马克思主义批评理论“中国形态”自身理论建构的养料，则是任重道远却又迫在眉睫的一项重大的理论任务。

＊本文系国家社科基金重大项目“马克思主义文学批评的中国形态研究”【11ZD078】阶段性成果。

注释：

［1］ Perry Anderson, *Considerations on Western Marxism*, London&New York: Verso, 1979, p. 102.

［2］ Jason Barker, "Blind Spots: Re-reading Althusser and Lacan in Cultural Studies", In Philip Bounds and David Berry ed., *British Marxism and Cultural Studies: Essays on A Living Tradition*, New York: Routledge, 2016, p. 134.

［3］ 胡亚敏:《马克思主义文学批评"中国形态"探讨》,《中国文学批评》2015 年第 4 期,第 53 页。

［4］ Joseph S. Wu, "Understanding Maoism: A Chinese Philosopher's Critique", In Dale Maurice Riepe ed., *Asian Philosophy Today*, New York&London&Paris: Gordon and Breach, 1981, p. 71.

［5］［美］理查德·沃林:《毛泽东的影响:东风西进》,《国外理论动态》2014 年第 4 期,第 49 页。

［6］ Louis Althusser, "The Future Lasts Forever", In Oliver Corpet and Yann Moulier Boutang ed., *The Future Lasts Forever: A Memoir*, Richard Veasey trans., New York: The New Press, 1995, p. 234.

［7］"我们头脑中的中国(China in our heads)"是法国 1960 年代的毛主义团体 la Gauche prolétarienne 的座右铭。参见 Camille Robcis, "'China in Our Heads': Althusser, Maoism and Structuralism," *Social Text*, 1, 2012(30), p. 52. 这里用这个短语来形容阿尔都塞对中国和毛泽东的想象性理解。

［8］ 张一兵、尚庆飞:《理解毛泽东:一种结构主义的尝试——从阿尔都塞的〈保卫马克思〉谈起》,《中国人民大学学报》2003 年第 6 期,第 37 页。

［9］ 所谓"援引'毛主义'"指的是阿尔都塞在论述中提到了毛泽东(Mao)、"毛主义"(Maoism)及毛泽东《矛盾论》等著述之处。

［10］ 除非特别说明,本文所标注的阿尔都塞著作及论文的写作时间均参考巴利巴尔写作的《生平传略》(关群德译),收录于［法］路易·阿尔都塞:《保卫马克思》,顾良译,北京:商务印书馆,2010 年,第 256～267 页。

［11］"L'avenir dure longtemps",其英译本收录于 Louis Althusser, *The Future Lasts a Long Time and the Facts*, Richard Veasay trans., London: Chatto & Windus, 1993. 中译本收录于［法］路易·阿尔都塞:《来日方长:阿尔都塞自传》,蔡鸿滨、陈越译,上海:上海人民出版社,2013 年。

［12］ 除非特别说明,本文所标注的阿尔都塞著作及论文的出版时间均指法文初版时间,出版年表参考自"Bibliography of the Published Writings of Louis Althusser", In Gregory Elliott, *Louis Althusser: The Detour of Theory*, Leiden&Boston: Brill, 2006, pp. 387-404.

［13］"À propos du marxisme", *Revue de l'enseignement philosophique*, 4, 1953(3), pp. 15-19. 英译本为"On Marxism",收录于 Louis Althusser, *The Spectre of Hegel: Early Writings*, G. M. Goshgarian tr, London& New York: Verso, 1997, pp. 241-258.

［14］ 法国共产党(以下简称法共)在整个 1960 年代以组织"理论的审讯"(theoretical trial)等形式对阿尔都塞不断加以"毫不留情的抨击",特别是在围绕"人道主义"(humanism)的党内论争中,法共知识分子反复抨击阿尔都塞"太过依赖毛和中国的思想",参见 Camille Robcis, "'China in Our Heads': Althusser, Maoism and Structuralism," *Social Text*, 1, 2012(30), p. 57.

［15］ 毛泽东的《矛盾论》的法文译本最初在法国刊发于 *Cahiers du communism*, 1952(29), pp. 7-8. 参见 Julian Bourg 的考证。Julian Bourg, "Principally Contradiction: The Flourishing of French Maoism", in *Mao's Little Red Book: A Global History*, Alexander C. Cook ed., New York: Cambridge University Press, 2014, p. 233.

［16］ Louis Althusser, *The Spectre of Hegel: Early Writings*, G. M. Goshgarian tr., London& NY: Verso, 1997, pp. 247-249.

[17] Louis Althusser, *The Spectre of Hegel: Early Writings*, G. M. Goshgarian tr., London& NY: Verso, 1997, p. 253.

[18] Louis Althusser, *The Spectre of Hegel: Early Writings*, G. M. Goshgarian tr., London& NY: Verso, 1997, p. 247.

[19] Benny Lévy, “Investigation into the Maoists in France”, February, April, November 1971, Michell Abidor trans, [Marxists. org 2007] https://www. marxists. org/archive/levy-benny/1971/investigation. htm. 采访中 Benny Lévy 用的是化名 Pierre Victor。

[20] 参见《〈毛泽东选集〉大辞典》(附录一:《毛泽东选集》索引),[2017 年 7 月 7 日]http://cnki. hilib. com/refbook/ShowDetail. aspx? Table = CRFDOTHERINFO&ShowField = Content &TitleField=Title-ShowTitle&Field=OTHERID&Value=R20060633100A000016.

[21] Julian Bourg, “Principally Contradiction: The Flourishing of French Maoism”, In Alexander C. Cook ed., *Mao's Little Red Book: A Global History*, New York: Cambridge University Press, 2014, p. 225.

[22] Louis Althusser, *Politics and History: Montesquieu, Rousseau, Hegel and Marx*, Ben Brewster trans, London: NLB, 1972, p. 165. 译自 Althusser, *Montesquieu. La politique et l'histoire*, Paris: Presses Universitaires de France, 1958.

[23] Camille Robcis, “‘China in Our Heads’: Althusser, Maoism and Structuralism”, *Social Text*, 1, 2012(30), p. 53.

[24] Camille Robcis, “‘China in Our Heads’: Althusser, Maoism and Structuralism”, *Social Text*, 1, 2012(30), p. 67.

[25] Louis Althusser, “Contradiction et surdétermination”, *La Pensée*, No. 106, 1962, pp. 3-22.

[26] Louis Althusser, “Sur la dialectique matérialiste (De l'inégalité des origines)”, *La Pensée*, No. 110, 1963, pp. 5-46.

[27] Louis Althusser, É. Balibar, R. Establet, P. Macherey and J. Rancière, *Lire ‘le Capital*, Paris: François Maspero, 1965.

[28] Louis Althusser, Étienne Balibar, *Reading Capital*, Ben Brewster tr., London: NLB, 1970, p. 32.

[29] Louis Althusser, Étienne Balibar, *Reading Capital*, Ben Brewster tr., London: NLB, 1970, p. 32. 以上翻译参考了《读〈资本论〉》以下中译本,[法]路易·阿尔都塞、[法]艾蒂安·巴利巴尔:《读〈资本论〉》,李其庆、冯文光译,北京:中央编译出版社,2001 年,第 26～27 页。

[30] Anonymous (Louis Althusser), “Sur la révolution culturelle”, *Cahiers marxistes-léninistes*, No. 14, November-December 1966, pp. 5-16.

[31] [法]E. 巴利巴尔:《阿尔都塞与中国》,吴志峰译,《马克思主义与现实》2015 年第 4 期,第 102～103 页。

[32] Louis Althusser, “A Marxista Filózofia Torténelmi Feladata”, In *Marx-Elmélet Forradalma*, Budapest: Kossuth, 1968, pp. 272-306. 该文英译本收录于 Louis Althusser, *The Humanist Controversy and Other Writings (1966-1967)*, Francois Matheron ed., G. M. Goshgarian tr., London &New York: Verso, 2003.

[33] Louis Althusser, *The Humanist Controversy and Other Writings (1966-1967)*, Francois Matheron ed., G. M. Goshgarian tr., London &New York: Verso, 2003, p. 198. Conjuncture 也可译作形势、事态、情势等。顾良的中译本《保卫马克思》中的译法译为“形势”。考虑到 conjuncture 与阿尔都塞对“多元决定”下的事态、事件的强调紧密相关,本文主张译为“情势”。

［34］ Louis Althusser, *Sur la reproduction*, Paris: Presses Universitaires de France, 1995. 巴利巴尔指出，阿尔都塞在1970年《思想》上发表的《意识形态和意识形态国家机器（研究笔记）》实际上只是阿尔都塞当时写作的，也即后来被命名为《论再生产》的这本书的“一些摘录部分的‘拼接’（the ‘montage’ of extracts）”，参见 Etienne Balibar, “Forward: Althusser and the ‘Ideological State Apparatuses’”, In Louis Althusser, *On the Reproduction of Capitalism: Ideology and Ideological State Apparatuses*, G. M. Goshgarian trans, London & New York: Verso, 2014, p. Ⅻ.

［35］ Louis Althusser, *On the Reproduction of Capitalism: Ideology and Ideological State Apparatuses*, G. M. Goshgarian trans., London & New York: Verso, 2014, p. 4.

［36］ Louis Althusser, “Machiavel et nous”, In *Écrits philosophiques et politiques. Tome II*, 1971, pp. 42-168.

［37］ Louis Althusser, *Machiavelli and Us*, Francois Matheron ed., G. M. Goshgarian trans, London & New York: Verso, 1999, p. 82.

［38］ Louis Althusser, *Réponse à John Lewis*, Paris: François Maspero, 1973.

［39］ Gregory Elliott, *Althusser: The Detour of Theory*, London & Boston: Brill, 2006, p. 229.

［40］ Gregory Elliott, *Althusser: The Detour of Theory*, London & Boston: Brill, 2006, p. 252.

［41］ Louis Althusser, *Essays in Self-Criticism*, Graham Lock tr., London: NLB, 1976, pp. 26-27, p. 50.

［42］ Louis Althusser, “Éléments d'autocritique”, In Louis Althusser, *Éléments d'autocritique*, Paris: Hachette, 1974, pp. 9-101.

［43］ Louis Althusser, *Essays in Self-Criticism*, Graham Lock trans, London: NLB, pp. 144-145.

［44］ Louis Althusser, “Il marxismo oggi”, in *Enciclopedia Europea*, Vol. VII, Garzanti, Milan, 1978, pp. 280-282.

［45］ Louis Althusser, “Marxism Today”, In *Philosophy and the Spontaneous Philosophy of the Scientists & Other Essasys*, Gregory Elliot ed., London: Verso, 1990, pp. 278-279. 翻译时参考了以下中译本，［法］路易·阿尔都塞：《今日马克思主义》，陈越、赵文译，刘纲纪主编：《马克思主义美学研究》第5辑，桂林：广西师范大学出版社，2001年。

［46］ Louis Althusser, “ Marx dans ses limites”, In *Écrits philosophiques et politiques. Tome I*, 1978, pp. 357-524.

［47］ Louis Althusser, “Marx and His Limits”, In *Philosophy of the Encounter: Late Writings, 1978-1987*, Francois Matheron and Oliver Corpet ed., G. M. Goshgarian trans, London & New York: Verso, 2006, p. 13.

［48］ Louis Althusser, “L'unique tradition matérialiste”, Chapters 1 and 2 (“Spinoza” and “Machiavelli”) published as “Le véritable tradition matérialiste”, In *Lignes*, 18, January 1993, pp. 75-119. 这篇文章原本是属于阿尔都塞的自传手稿的一部分，只是阿尔都塞最后把这部分从自传中拿掉了，但据此可以推断该文写作时间应与其自传写作时间重叠。

［49］ Louis Althusser, “The Only Materialist Tradition, Part I: Spinoza”, In *The New Spinoza*, Warren Montag and Ted Stolze ed., Minneapolis: the University of Minnesota Press, 1997, p. 10.

［50］ Louis Althusser, “L'avenir dure longtemps”, In *L'avenir dure longtemps, suivi de Les Faits*, Olivier Corpet and Yann Moulier Boutang ed., Paris: Éditions Stock/IMEC, 1992, pp. 7-279.

［51］ Warren Montag, “A Process Without a Subject or Goal(s): How to Read Althusser's Autobiography”, In *Marxism in the Postmodern Age: Confronting the New World Order*, Antonio Callari, Stephen Cullenberg and Carole Biewener ed., New York & London: The Gulford Press, 1995, pp. 56-58.

[52] Louis Althusser,“The Future Lasts Forever”, In *The Future Lasts Forever: A Memoir*, Oliver Corpet and Yann Moulier Boutang ed., Richard Veasey tr., New York: The New Press, 1995, p. 234.

[53] Louis Althusser,“The Future Lasts Forever”, In *The Future Lasts Forever: A Memoir*, Oliver Corpet and Yann Moulier Boutang ed., Richard Veasey tr., New York: The New Press, 1995, p. 354.

[54] Louis Althusser,“The Future Lasts Forever”, In *The Future Lasts Forever: A Memoir*, Oliver Corpet and Yann Moulier Boutang ed., Richard Veasey tr., New York: The New Press, 1995, pp. 233-234.

[55] Jason Barker,“Blind Spots: Re-reading Althusser and Lacan in Cultural Studies”, In Philip Bounds and David Berry ed., *British Marxism and Cultural Studies: Essays on a Living Tradition*, New York: Routledge, 2016, p. 134.

[56] Perry Anderson, *Considerations on Western Marxism*, London & New York: Verso, 1979, p. 39.

[57] 例如巴利巴尔认为,阿尔都塞没有被毛泽东的其他文本(尤其是《实践论》)吸引过。参见[法]E. 巴利巴尔:《阿尔都塞与中国》,吴志峰译,《马克思主义与现实》2015 年第 4 期,第 101 页,注释 4。但根据以上梳理,阿尔都塞至少在 1953 年的《关于马克思》中就提及了《实践论》。此外有研究指出,阿尔都塞 1953 年的两篇关于马克思主义哲学的论文(其中之一就是《关于马克思》)“包含了来自于毛的关于理论与实践之关系的思想(incorporations of the ideas form Mao about the relationship between theory and practice)。”(By William Lewis, https://plato.stanford.edu/entries/althusser/#MarNotHeg) 据此,本文对巴利巴尔的看法持保留意见。

[58] Robert J. C. Young, *White Mythologies: Writing History and the West* (*Second Edition*), London & New York: Routledge, 2004, p. 18.

[59] Perry Anderson, *Considerations on Western Marxism*, London & New York: Verso, 1979, pp. 42-43.

[60] [法]路易·阿尔都塞:《保卫马克思》,顾良译,北京:商务印书馆,2010 年,第 248 页。

[61] Pal Ahluwalia, *Out of Africa: Post-Structuralism's Colonial Roots*, London & New York: Routledge, p. 135.

[62] [法]路易·阿尔都塞:《序言:今天》,[法]路易·阿尔都塞:《保卫马克思》,顾良译,北京:商务印书馆,2010 年,第 8、13 页。

[63] Joseph McCarney,“For and Against Althusser”, *New Left Review*, 176, 1989, p. 127.

[64] Etienne Balibar, Margaret Cohen and Bruce Robbins,“Althusser's Object”, *Social Text*, 39, 1994, p. 157.

[65]“‘A Period of Intense Debate about Marxist Philosophy’: An Interview with Etienne Balibar”, 21 July 2016, [2017 年 7 月 7 日] http://www.versobooks.com/blogs/2782-a-period-of-intense-debate-about-marxist-philosophy-an-interview-with-etienne-balibar.

[66] Fredric Jameson, *The Political Unconscious: Narrative as A Socially Symbolic Act*, London & New York: Routledge, 2002, p. 22; Fredric Jameson,“Periodizing the 60s”, *Social Text*, No. 9/10, The 60's without Apology, 1984, p. 191.

[67] [法]路易·阿尔都塞:《保卫马克思》,顾良译,北京:商务印书馆,2010 年,第 3~5 页。

[68]“A Philosophical Conjuncture: An Interview Etienne Balibar and Yves Duroux (Paris, 6 May 2007)”, In *Concept and Form, Volume 2: Interviews and Essays on Cahiers Pour L'Analyse*, Peter Hallward and Knox Peden ed., London & New York: Verso, 2012, pp. 177-178.

［69］［法］E. 巴利巴尔:《阿尔都塞与中国》，吴志峰译，《马克思主义与现实》2015年第4期，第101页。

［70］Étienne Balibar，"Althusser et Gramsci :entretien avec Étienne Balibar".［2017年7月7日］http://revueperiode. net/althusser-et-gramsci-entretien-avec-etienne-balibar/ ，8 September 2016.

［71］Gregory Elliott，*Althusser: The Detour of Theory*，London: Verso，2006，pp. 18-19，pp. 168-169，p. 346；Julian Bourg，"Principally Contradiction: The Flourishing of French Maoism"，In *Mao's Little Red Book : A Global History*，Alexander C. Cook ed.，New York: Cambridge University Press，2014，p. 237.

［72］［法］E. 巴利巴尔:《阿尔都塞与中国》，吴志峰译，《马克思主义与现实》2015年第4期，第102页。

［73］Gregory Elliott，*Althusser: The Detour of Theory*，London: Verso，2006，p. 222.

［74］胡亚敏:《马克思主义文学批评"中国形态"探讨》，《中国文学批评》2015年第4期，第55页。

庄子“道艺合一”的虚静创艺论诠解

胡立新

（黄冈师范学院文学院，湖北黄冈，438000）

内容摘要：《庄子》一书列举了大量天工技艺的案例，它们普遍达到合目的与合规律统一的自由创造高度，从而臻于艺术审美创造的最高境界。在庄子看来，体道者通过虚静的心灵把握某种事物的自然本性，并抵达齐物、物化、丧我等极致状态时，也就变成了技艺家。得道者才是真正得技艺之本者，修道即创艺，创艺即修道，从而抵达“道艺合一”的境界。这个总体性“道艺合一”观又具体表现为心无机巧、与物冥化、天籁天乐、坐驰游心等艺术创造的修养与方法，它们普遍具有超实用、超功利的超越性精神，将实用的技术活动升华为游戏的或审美的艺术创造活动，从而成为各种技艺创造活动中的典型，成为后世各门类艺术创造理论思想的源头活水。

关键词：庄子；道艺合一；虚静创艺；物化；天籁；天乐；坐驰；游心

《庄子》一书描述了一批出神入化的技艺创造故事，它们普遍达到了合目的与合规律相统一的自由创造高度，从而臻于艺术创造和审美创造的最高境界。徐复观说：“老子乃至庄子，在他们思想起步的地方，根本没有艺术的意欲，更不曾以某种具体艺术作为他们追求的对象。因此，他们追求所达到的最高境界的‘道’，假使起老、庄于九泉，骤然听到我说的‘即是今日之所谓艺术精神’，必笑我把他们的‘活句’当作‘死句’去理会。”[1] 徐复观将老庄的“道”视同于现代文化中的“艺术精神”，这是现代艺术理论家中最早将老庄之“道”与“艺”相提并论的观念。庄子列举的技艺创造案例，都源自他的虚静体道论思想。在庄子这里，体道者通过虚静的心灵把握某种事物的自然本性，并抵达齐物、物化、丧我等极致状态时，这个时候，作为体道者也就变成了技艺家。得道者才是真正的技艺之本者，体道、修道、行道的修养、心理、过程和方法，也就是技艺创造的修养、心理、过程和方法，修道即创艺，创艺即修道，从而抵达“道艺合一”的境界。“道艺合一”观具体表现为心无机巧、与物冥化、天籁天乐、坐驰游心等艺术创造的修养与方法，它们普遍具有超实用、超功利的超越性精神，将实用的技术活动升华为游戏的或审美的艺术创造活动，从而成为各种技艺创造活动中的典型。

一、与物冥化，亦道亦艺

庄子和老子一样，都反对机心机巧的智慧和技艺。老子提出“绝圣弃智”、“绝巧弃利”、“绝学无忧”的观点，是反对人们通过实用性、功利性的知识学习、智慧发扬、技术竞争等来激发人们的贪欲和争斗，从而扭曲人性，扰乱社会风气，故警醒说：“人多伎巧，奇物滋起。”[2]庄子也是从其虚静无为的道性人生观出发而反对巧智巧技的。他们都反对人们以机心巧诈的技艺来满足实用功利的贪欲，认为这些机心机事有损道性玄德。《庄子》中讲了很多技艺例子，如解牛手艺、蹈水技术、承蜩技术、画圆技艺、制器工艺、演奏天乐等技艺创造活动，都是修道的实践活动。它们不是激发人的实用功利贪欲，而是修养虚静无为、自由创造的道性人生。正是这些超实用功利技艺的极致发扬，才避免智慧技艺沦落为世俗社会实用功利的工具，进而成为非实用、非功利的自然天工之技艺。这样的技艺才是“道艺合一”的技艺。

庄子特别看重那些没有实用功利目的、不激发贪欲的智慧技艺，并将这些出神入化的自然天工技艺看成是天人合一的道性人生实践。这种天工技艺的获得是技艺者在“与物冥化”的“齐物论”思想支配下，在体道修道中自然而然获得的，它们内修道性，外和物性，在物我和合的境界中创造出自然天工的技艺。因此，这种物化的技艺创造，既是虚静无为的体道行道活动，也是顺任自然的技艺创造活动。于是在物化的技艺创造活动中，技艺与道性融为一体了。一方面，道境是技艺活动的最佳境界状态；另一方面，艺境是修道活动的最高演进状态。这正是《养生主》中庖丁所谓“臣之所好者，道也，进乎技矣”所揭示的与物冥化、道与技合、亦道亦艺的思想。正如徐复观所说：“庄子所追求的道，与一个艺术家所呈现出的最高艺术精神，在本质上是完全相同。所不同的是：艺术家由此而成就艺术的作品；而庄子则由此而成就艺术的人生。”[3]不过，庄子讲的诸多技艺创造活动，既是艺术的人生化，也是人生的艺术化。换言之，它们既是修道，亦是修艺，是亦道亦艺、道艺合一的。

庄子道学思想的一个核心理论是“物化”论。“物化”是指体道行道者在天人合一的人生观支配下，视我如物，视物若我，物我不分，混融合一。庄学物化论是由一个著名寓言故事引发的，这就是《齐物论》中“庄周梦蝶”：

> 昔者庄周梦为胡蝶，栩栩然胡蝶也，自喻适志与！不知周也。俄然觉，则蘧蘧然周也。不知周之梦为胡蝶与，胡蝶之梦为周与？周与胡蝶，则必有分矣。此之谓物化。

庄子道学宇宙观是将道统摄的万物看成平等齐一的，虽然万物各有仪容、自有体性、不可混同，但从自然之道层面上看，则万物是同一的，它们都禀赋了自然天道本性，物的自性各各有别，物的天性则同于道性。然而，人性与物性不仅在自性上各各不同，而且在天性上也是难以平等齐一的。比如，人对外物可以移情观照，视物为我，视我为物，但物却不能。因此，从客观性上看，齐一、平等万物是非实证性的，只有在人的主体性上才能落实这一道学假说。所谓“物化”并不在于物变成我否，而在于我是否能够变成物，即在“我”这个体道者的静观中，以天道本性为纽带，将物与我的道性明白起来，从而明白物与我都是自然天道创生的，都必然受到自然天道的道性规约，等等，有了对这些道性的认识，人才能从自然之道这个层面上将自我看成与万物平等齐一。这个心理意识上的物化活动，同样是要依靠心斋、坐忘、丧我等虚静认知的精神活动才能获得的。

在这种物化的虚静认知、悟道心理中，人的意识活动多集中在体物之性、以我适物上面，如果落实到具体技艺实践活动中去，并努力在精神上与物同化，就能成就出神入化的技艺。徐复观说：“《庄子》一书，对于自我与世界的关系，皆可用物化、物忘的观念加以贯通。郭象把主客合一的关系，常用一‘冥’字加以形容。所谓冥，乃相合而无相合之迹的意思。”又说：“与物冥之心，即是作为美地观照之根据的心。与物冥之物，即成为美地对象之物。这是在以虚静为体之心的主体性上，所不期然而然地结果。”[4]可见，庄子所谓“物化”也就是“与物冥化”，其基础是虚静的心理，其心理活动的特性则是主客合一的审美观照，其审美创造的效果则是出神入化的技艺。《庄子》中“工倕旋而盖规矩”的例子，就是在“物化”中实现技艺入神的：

> 工倕旋而盖规矩，指与物化而不以心稽，故其灵台一而不桎。……始乎适而未尝不适者，忘适之适也。（《达生》）

工倕用手指旋转画圆超过了用规矩画出来的，是因为他不用心来计量，而是让手指与外物融合为一，心灵专一而无阻碍。“忘适之适”就是一种“物化”的道境，“我”果真能够视己如物，还有什么适与不适的问题呢？自然而然、顺任自然就相适了。在这种与物相适的境界，技艺者虚空宁静自己的内心，顺应自然天道应对外物，从而获得出神入化的天工技艺。

在庄学的虚静创艺思想中，物化的技艺创造是最根本的艺术理论思想。庄学所有关于技艺创造的思想都含有物化的意蕴。技艺人通过虚静无为的道性修养，对内涤除世俗社会的功利得失、成败毁誉，从而获得精神上无待无碍、脱然天放的自由心灵；对外掌握外物的自然天性，顺应外物而行事，虚而委蛇，就会达到物我合一、出神入化的自由创造；内外交合，与道为一，就会抵达自然天工的艺术效果。《达生》篇讲了5个技艺神化的例子，除上面“工倕”外，其他几个也是虚静无为、与物冥化的“道艺合一”的技艺创造。先看“梓庆削木为鐻”的例子：

> 梓庆削木为鐻，鐻成，见者惊犹鬼神。……则以天合天，器之所以疑神者，其是与！（《达生》）

梓庆制作名为鐻的乐器，其鬼斧神工的技艺实则是体道行道的过程在作鐻这一技艺中的对象化。梓庆作鐻之前的技艺修养是心斋、坐忘、丧我的活动，也是虚静无为的体道活动。一开始要做的不是如何选材为器，而是未敢耗气、斋以静心，即“不敢耗费精神，必定斋戒来安静心灵”[5]。也就是虚静心神，为后面的工作养心备性。心斋开始后，不断涤除功利思想，斋三日摈弃庆赏爵禄；斋五日摈弃非誉巧拙；斋七日而忘我。有了这样一个虚静的心理过程，便可以开始从事外在实践活动了。入山林，观木质，看到形态极为吻合的就选材施工，没遇上天合的材料就不做，这是我、道、物、鐻四者合一的境界，也就是文中所谓“以天合天”，即物我合一的物化境界。正是在这样的道境里才能做出神化的鐻钟来。可见，梓庆的技艺不是人为的巧技，也不是为了世俗社会功利目的而修炼成的巧智巧艺，而是在修养虚静无为的道性中成就的自然天工技艺。

“佝偻者承蜩”是讲体物之妙。这位驼背老人用竹竿黏蝉，已经达到出神入化的境界：当你心中总是想念黏蝉，蝉不一定能到来；人的身心既不能被成败得失困扰，也不能被纷纭的外物所扰乱，将心神只集中在蝉翼上面，顺应蝉的习性和蝉翼的动向，静定守一，虚空宁静，于内于外才能够自由应对。这个例子和庖丁解牛一样，关键之处就在于“用志不分，乃凝于神”的虚静无为、体物之妙的道性修养。“津人操舟”若神的例子强调“外重者内拙”的道理，这是要求人们在虚静修道中把握对象的物自性规律，不能被事物复杂多变的特性和自我功利欲望扰乱心性。故曰：“以瓦注者巧，以钩注者惮，以黄金注者昏。其巧一也，而有所矜，则重外也。凡外重者内拙。”（《达生》）心理作用很重要，赌注越多，心就越担忧，也就越心神不定，这就是“外重者内拙”。“吕梁丈夫蹈水”的例子重在强调“从水之道而不为私”的顺任自然而得技艺的道理。此外，“解衣槃礴赢”（《田子方》）的画图者，“轮扁斫轮”、“运斤成风”等大匠精神的例子，都旨在说明技艺家对外要掌握事物的自然规律，对内要修养虚静的心性，这样才能让技艺抵达游刃有余、自由创造的化境。

总之，在庄学的技艺观中，不管何种技艺，要想达到出神入化的自然天工境界，技艺人就必须首先修养虚静无为的道性，不断涤除内心的凡俗功利和利害观念，让心性处于虚静澄澈的空明境界，不为外事外物扰乱；同时还要体认外在对象的自然天性，掌握它们的物自性规律；然后克服自我故持成心的蔽障，努力达到与对象相适相合的物化境界，直至顺应对象、物我合一时，也就达到了游刃有余的自由创造境界。这个境界既是修道的境界，也是创艺的境界，亦道亦艺，道艺合一。在“道艺合一”的境界中创造出来的技艺，便是自然天工的神化技艺。

二、天籁天乐，自然之道

庄子提出的“天籁”、“天乐”说，进一步证明了他的虚静创艺、技艺合一观。在庄子这里，天籁、天乐才是最高境界的声音和音乐，它们都是在虚静无为的自然之道中成就出来的。

《齐物论》中提出了人籁、地籁、天籁三种声音，并认为最高层次的是天籁之响。其曰：

南郭子綦隐机而坐，仰天而嘘，答焉似丧其耦。……“夫天籁者，吹万不

同，而使其自已也，咸其自取，怒者其谁邪!”(《齐物论》)

人籁是竹箫等乐器发出的声音；地籁是各种孔穴发出的风声；天籁则是风吹万孔发出的不同声音。天籁的声音之所以千差万别，是由于孔窍自身的形状不同，而吹响它们的则是同样的风。“风”是道的象征，它是寓变化于统一的自然天道。不少人将庄子的天籁理解为大自然的声音，从而认为庄子反对人工制作的声音，这是对天籁的误解。“天籁”只是一个比喻，否则，一切人工制作的音乐也就都没有必要创造出来，只需要到大自然去聆听自然界发出的声音就可以了。这不是庄子的原意。庄子讲这三籁，并推崇天籁，意在说明最高境界的音乐，即合乎自然之道的道音，它是没有人工巧智制作痕迹，不去表现世俗欲望情感，而是表现自然天道的音乐。从技术上看，道乐应该消除机巧机心的制作；从思想情感上看，凡俗的音乐激发凡俗的欲望情感，道乐演奏的是自然天道的道性情怀。由此可见，庄子关于天籁的观念其实是一个借助音乐之声来展现道性的喻指，天籁即道音，它蕴含在人籁、地籁之中，只要人籁、地籁抵达了道境，那么，它们本身就是天籁。所以，徐复观说：“天籁即在人籁地籁之中，无限即在众窍比竹的有限之中；正因为如此，所以比竹、众窍、皆是‘道’，皆是艺术性的存在。”[6]天籁不是脱离人籁、地籁而独立存在的，它既存在于自然界的声音中，也存在于人籁、地籁之中，只要人籁、地籁具备了道性，那么它也就是天籁了。天籁乃是宇宙自然、社会人生、音乐艺术中能够彰显自然之道的道音。

正因崇尚天籁之响，所以庄学在音乐中推崇“天乐”，“天乐”也正是由人工演奏出来的。《天运》篇讲了演奏“天乐”和欣赏“天乐”的例子。黄帝在洞庭原野上指挥演奏“咸池”乐章，北门成听了后不解，问黄帝说：“帝张咸池之乐于洞庭之野，吾始闻之惧，复闻之怠，卒闻之而惑，荡荡默默，乃不自得。”于是，黄帝便讲他如何演奏这种“至乐”，并给听者带来“惧—怠—惑”的感受：

汝殆其然哉！吾奏之以人，徽之以天，行之以礼义，建之以太清……所常无穷，而一不可待。汝故惧也。(《天运》)

这是解释为什么会产生“惧”的感受。黄帝说，他开始的时候，是用人道来演奏，用天道来伴奏，用礼义来贯穿，用道气来应合。并指出，最高明的音乐，先顺应人事、顺应天理，演绎玄德、顺应自然，然后再调理四时、太和万物。这样一来，四时相应而显露，万物应序而更生，兴盛衰亡交替，文武之道交织。清声与浊音交合，阴气与阳气协和，音乐中流动着自然天放的光景。乐章结束了却没有结尾，开始了却找不到开头，变化无常，完全不可期待。所以会让人感到惊惧。黄帝所描述的这种至乐，实则是天人交合、变动不居、顺应天道的音乐，这是自然之道的全面展现，既有天人对立，又有天人相和，这样的乐章让听者感到的是惊惧、震撼和敬畏。接着，黄帝又解释了第二阶段的“怠”，一种松懈和适的感受：

吾又奏之以阴阳之和，烛之以日月之明；其声能短能长，能柔能刚，变化齐

一，不主故常……形充空虚，乃至委蛇。汝委蛇，故怠。（《天运》）

黄帝又用阴阳的调和来演奏，用日月的光辉来照耀；它的音声有长有短，有刚有柔，变动不居却又能够统一，不受恒常束缚；到山谷就能充满山谷，到坑洼就会充满坑洼；它闭塞人的耳目，抱守人的精神，顺任器物的虚空而施展它的音量。它的声音悠扬起伏，它的节奏高检清明。因而鬼神都隐伏起来了，日月星辰正轨运行。又让它在绵延不尽中停止下来，音乐仿佛在没有停止中流动。你想思考它却不能明了，你想看见它却没有踪迹，你想追逐它却追赶不及；于是，你只能茫然伫立在虚空的大道里，倚靠着几案而歌吟。你形体充盈却精神虚空，与音乐顺变。你能够与乐顺变，于是就觉得松懈了。这个阶段音乐展现的是顺任自然、天人相和的自然之道，它顺任自然天道的规律，用音乐予以表现，让人获得虚而委蛇的感受，所以感到精神虚空而又松懈。这是对走向天人相和、顺应自然的自然之道的和适。接着又讲“惑”，一种迷茫丧我的感受：

吾又奏之以无怠之声，调之以自然之命……汝欲听之而无接焉，而故惑也。（《天运》）

黄帝又用不松懈的声音演奏，用自然的节奏调和，仿佛各种自然事物生生不息，却又无形无迹；声音挥洒自如而没有拉拽的痕迹，声音绵渺而不显掩沓。音乐的响起时不知来自何方，音乐停滞时不知居于何处；忽而消逝，忽而兴起；忽而结果，忽而开花；与大化流行，没有固定的陈调。道性不彰显却五官全备，无以言说却内心愉悦，这就是天乐。所以神农称颂这种天乐说道：听不到声音，看不见形象，充满天地之间，包裹六合于内。你想听到它却又无法完全听到，所以，你才会感觉到迷茫。这是天乐的最高境界。在这种音乐境界里，音乐无形无迹、天人化通、达情遂命、不主常声，这实则是自然之道的充分显现，从而让听者迷惑、丧我。

北门成感受“天乐”的“惧—怠—惑”的过程，实际上乃是体悟自然之道的过程，即“敬畏于自然之道——和适于自然之道——丧我于自然之道”的过程。最后，黄帝总结道：“乐也者，始于惧，惧故祟；吾又次之以怠，怠故遁；卒之于惑，惑故愚；愚故道，道可载而与之俱也。”（《天运》）这里又指出了三种感受带来的三种审美效果，即“祟—遁—愚”。“祟”即祸祟，成玄英疏曰：“初闻至乐，未悟大和，心生悚惧，不能放释，是故祸祟之也。”[7]这是说，刚开始聆听自然之道的天乐还不能理解适应，从而感到仿佛有祸祟一般惊惧不安；“遁”是指“迹稍灭也”[8]。这是说，当初的惊惧感受慢慢消失了；“愚”本义指性格孤僻、不谙世事，在世俗人的眼里行道者有似愚人，因为行道者远离尘坌而特立独行。所以，听乐而至“愚”，即是听乐而合道了。可见，黄帝之所以要讲出“祟—遁—愚”的三种聆听天乐之效果，乃是揭示听乐即悟道的道理。

由此可见，庄学之所谓“天籁”、“天乐”也就是“道乐”，他是以音乐这一具体技艺的演奏，让听者听乐悟道，从世俗化情感走向审美化情感，再走向天人相合的道境。因此，庄学天籁、天乐之乐境其实就是虚静无为之道境。演奏音乐就是显示道性，聆听音乐就是感悟道性。这就再次说明，在庄学这里，道即艺，艺即道，艺与道合。天籁、天乐的境界其实就是演奏自然天道的境界。

三、坐驰游心，充实不已

庄子虚静修道论所蕴含的有关技艺创造思想，还有很多对后人影响深远的观念，比如“坐驰”、“游心”、“充实不可以已”等。这些观念都是在虚静身心的基础上展开的精神实践活动，其间蕴含着深刻的自由想象和文学创造精神。

《人间世》篇借孔子和颜回之间讨论“心斋”问题之后，孔子对颜回讲了一番“道”。其间创造了“坐驰”这个概念。他说：

> 闻以有知知者矣，未闻以无知知者也。瞻彼揆者，虚室生白，吉祥止止，夫且不止，是之谓坐驰。

庄子说，只听说过用智慧获取知识的，没听说过不用智慧能够获得知识的。“坐驰”是“形坐而心驰”的意思[9]。这是在补充说明“心斋”的。“心斋”是要清除世俗社会的名利、伪饰、机心等有待之心欲，涤除心中的尘垄，让心变成一面清澈澄明的“道镜”，从而鉴照宇宙人生的本真道性。然而，心有“不止”之时，即无法停止的联想想象活动，形体静坐不动，精神却驰骛不止。“心斋”不只是虚无静寂、槁木死灰的“丧我”，还有坐驰以游心的一面，即精神上的自由想象，这是虚静观道的心理状态。《天地》篇讲了一系列“道观”，这“道观”即“坐驰”和“游心”。其曰：

> 以道观言，而天下之君正；以道观分，而君臣之义明……技兼于事，事兼于义，义兼于德，德兼于道，道兼于天。

这是告诉体道者要从天道的本性上来认知万事万物。“义”的含义有争议，杨柳桥释为“时宜”[10]，陈鼓应释为“义理”[11]。笔者认为作“义理”解更合原意。庄子认为，才能有精湛于术艺的是技艺。技艺涵藏于事务，事务涵藏于义理，义理涵藏于玄德，玄德涵藏于大道，大道涵藏于天宇。由此反观，技艺来自自然天道。庄子这里所谓“道观”，也就是老子所谓“玄览”，也就是“坐驰”和“游心”。这段文字中既阐明了道观万事万物的重要性，又说明技艺来自对自然天道本性的把握。玄览、道观、坐驰、游心等，都是道家普遍关注的精神活动，是让体道者和技艺者获得充分的自由和解放，游心宇宙万象，从而获得知性的充实和技艺的天工。

《庄子》一书充满了“游”的精神，它是心灵自由想象的体现。徐复观说：“庄子之所谓至人、真人、神人，可以说都是能游的人，实即艺术精神呈现了出来的人，亦即是艺术化了的人。”[12]庄子很少谈论艺术创造问题，但他所谈论的道观、游心、逍遥游等活动，其实都充满了艺术创造精神，蕴含着艺术创造心灵的本质规律。比如，他所谓“以游无穷”（《逍遥游》），“游心于无穷”（《则阳》），“游于无人之野”（《山木》)，“游于天地”、“游于六合之内”(《徐无鬼》)，“游心于物之初”、“得至美而游乎至乐”(《田子方》)，“乘物以游心”(《人间世》)等，这些“游”都是心游，是以虚静的心灵神游于宇宙天地万事万物之中，体认宇宙人生的道性玄德，自由地观照天地之大美，从而获得精神上的高度充实，也因此而获得体道的至乐。江丹说：“无论是畅游之游，还是游世之游，最终都指向游心。‘游心’就是心灵的自由活动，游心的最高境界就是忘我丧我，心与物冥，我与宇宙万物为一的自由境界。”[13]正是这种“坐驰”而“游心”的精神，让体道者的心灵充满了对宇宙人生客观真理的广泛认知，当它们见之于文章，就是富含大道真理、饱含真知灼见的璀璨文章。

王元化先生认为：“老庄提倡虚静的目的是为了达到无知无欲、浑浑噩噩的虚无之境。”[14]这是误解。老庄主张的虚静，是要求认知主体在涤除功利、无私无欲、清澈澄明的心灵状态下，坐驰游心于天地人生，或观道悟道，或体察物性，在充盈的精神世界里自由翱翔，与事务相接则为技艺，与文字相接则为文章。庄子自己也阐述了这种自由充实而不可以自制的思想表达境界，这境界所成就的文章就是恣纵不傥、参差諔诡、深闳而肆的《庄子》一书。他说：

> 独与天地精神往来而不敖倪于万物，不谴是非，以与世俗处。……其应于化而解于物也，其理不竭，其来不蜕，芒乎昧乎，未之尽者。(《天下》)

庄子独自与天地精神相往来，不傲视万物，不谴责是非，以这种道性人生态度和世俗社会相居处。他精神充实而没有止境，上与造物者同游，下与忘生死冥终始者为友。他顺应于大化而镜照于物性，其道理是没有穷尽的。他的来处不离大道，茫昧深远，没有穷尽。庄子很多地方都讲到修道者要虚静寂寞、恬淡无为，但他为什么又从虚静中变得如此充实？徐复观说：“‘充实不可以已’，道出了古今中外伟大艺术家常常一生辛苦从事创造的真实原因。”[15]又说：“他的‘充实不可以已’的精神状态，实即来自他的以虚静为体之心，乃是以虚静为体之心的必然结果。……这当然是最充实的生命，最充实的精神，当然觉得‘充实不可以已’，要发而为‘恣纵’、‘瑰玮’、‘諔诡’的文章；这乃是虚静之心的必然结果。”[16]是的，艺术家往往都被渴望表达的思想所灌注，心灵虚空而又充实，不由自主而且快乐地忘怀得失、不计名利、远离尘坌，走向精神世界的自由表现，从而成就出超凡脱俗的伟大艺术作品。庄子在践行道性人生中，以虚静的心灵照见宇宙人生中万事万物的天道本性，心中自然会涌现出无所不包的思想，这是世俗之人无法鉴照出来的天道玄德精神，这丰盈的思想，这充实得无法约束的思想，只能借助文字倾泻出来。这就是庄子艺术心灵中既虚空宁静又充实丰盈之间矛盾统一的状态，也是所有艺术心灵的共同本质。

总之，虚静修道也就是虚静创艺、为文，对于修道者和艺术家来说，虚静身心的目的就是忘怀尘俗，坐驰游心，充实思想，发现真理，将真理蕴藏于艺术作品之中。这仍然是道艺合一的艺术创造，它同样根源于虚静身心的道性人生。

四、虚静创艺论的深远影响

《庄子》一书中阐述的虚静创艺思想十分丰富，他从虚静修道到虚静创艺的思考中，揭示出许多深得艺术创造精神本质的技艺创造规律。这些充满大匠精神的“道艺合一”的自由创造理念，对后世各门类艺术创造活动产生了深远影响。

从音乐艺术上看，《淮南子·齐俗训》所讲的“寂寞者，音之主也”是强调虚静修养对音乐创造的重要性。《乐记》提出的“大乐与天地同和”观是在庄子乐论影响下融合儒家乐教思想的产物。嵇康在《琴赋》中要求弹琴者“然非夫旷远者，不能与之嬉游，非夫渊静者，不能与之闲止”，要求听琴者“不虚心静听，则不尽清和之极。是以听静而心闲也”。即受庄子天籁、天乐思想的影响。直到明末清初徐上瀛的《溪山琴况》，全面运用庄子“道艺合一”观，将其虚静创艺观运用到琴艺的主体修养、演奏技法、琴乐内容、演奏环境、音乐风格等方面上来，将庄子的“道艺合一”观发扬至极。书法领域中，汉代蔡邕《笔论》说：“夫书先默坐静思，随意所适，言不出口，气不盈息，沉密神彩。”这是要求书家落笔之前，需要虚空静定身体和精神。晋代王羲之《题笔阵图后》说：“夫欲书者，先干研墨，凝神静思。”书家提笔前需要虚静以游心。唐代欧阳询《八诀》说：“澄神静虑，端己正容，秉笔思生，临池志逸。”也是要虚静身心，坐驰游心。唐太宗李世民《唐太宗论笔法》说：“欲书之时，当收视反听，绝虑凝神。心正气和，则契于妙。”此后，唐代虞世南《笔髓论》、柳公权《笔谏》、孙过庭《书谱》、张怀瑾《书断》等，都有庄子虚静创艺论思想的具体运用。绘画领域中，南朝宗炳《画山水序》说：“圣人含道映物，贤者澄怀味象。”画家既要以道心观照事物，又要虚空澄静胸怀。唐代符载《观张员外画松石序》说：“员外居中，箕坐鼓气，神机始发。其骇人也，若流电击空，惊飚戾天。……观夫张公之艺非画也，真道也。”张员外作画由静坐默想、凝神养气开始，到飞速跃起、飞毫泼墨，再到“为之四顾”的庖丁式踌躇满志结束，整个过程就是一个践道的过程，这与庄子讲的那位“解衣般礴”者何其相似。唐代张彦远《历代名画记》说：“守其神，专其一，合造化之功……与乎庖丁发于硎，郢匠运斤，效颦者徒劳捧心，代斲者必伤其手。意旨乱矣，外物役焉。”这些观点显然都来自庄子的“道艺合一”观。宋代郭若虚《图画见闻志》说：“知微凡画圣像，必先斋戒疏瀹，方始援笔，有功德并故事人物传于世。”孙知微即使是画功德人物及故事也要在画前斋戒，还要疏瀹心神、虚静其心。苏轼讲文与可画竹的“身与竹化”论正是庄子“物化创艺”思想的继承与创新。在文学创造领域，陆机《文赋》中提出“伫中区以玄览”、“收视反听”、“精骛八极，心游万仞”、“罄澄心以凝思”等观点，正是庄子虚静创艺思想在作文中的运用。刘勰《文心雕龙》说：“是以陶钧文思，贵在虚静，疏瀹五藏，澡雪精神。”这是关于作家虚静修养的经典名言。皎然《诗式》中提出的“意静神王”论，是庄子虚静游心观点的继承。苏轼提出的“空静”观同样源于庄子的虚静创艺论。直至王国维《人间词话》，其所谓“无我之境”与“有我之境”论中，也包含了深刻的静心创境论思想，其所谓“无我之境”，正是诗人在虚静澄怀的静观中创造出来的超尘拔俗的诗境。

总之，庄子“道艺合一”的虚静创艺论思想，将道家的虚静修道与技艺创造活动联系起来，在异质同构的实践活动中，既创造出艺术化的道性人生，又创造出审美化的天工技艺，从而表现出道艺合一的创造规律。庄子“道艺合一”的虚静创艺观深刻揭示出艺术创造精神的共同本质，这就是合目的与合规律统一的自由创造性，它对中国古代各门类艺术的创造产生了广泛而深远的影响，成为中国古代各门类艺术创造理论思想的源头活水。

＊本文系黄冈师范学院博士基金项目：“道家‘虚静’观与古代文艺思想关系研究”【KYCH/201614103】的阶段性成果。

注释：

[1] 徐复观：《中国艺术精神》，沈阳：春风文艺出版社，1987年，第43页。
[2] 朱谦之：《老子校释》，北京：中华书局，1984年，第231页。
[3] 徐复观：《中国艺术精神》，沈阳：春风文艺出版社，1987年，第49页。
[4] 徐复观：《中国艺术精神》，沈阳：春风文艺出版社，1987年，第77页。
[5] 陈鼓应：《庄子今注今译》，北京：中华书局，1983年，第490页。
[6] 徐复观：《中国艺术精神》，沈阳：春风文艺出版社，1987年，第94页。
[7]（清）郭庆藩：《庄子集释》，王孝鱼点校，北京：中华书局，1961年，第510页。
[8]（清）郭庆藩：《庄子集释》，王孝鱼点校，北京：中华书局，1961年，第511页。
[9] 陈鼓应：《庄子今注今译》，北京：中华书局，1983年，第119～120页。
[10] 杨柳桥：《庄子译诂》，上海：上海古籍出版社，1991年，第212页。
[11] 陈鼓应：《庄子今注今译》，北京：中华书局，1983年，第297页。
[12] 徐复观：《中国艺术精神》，沈阳：春风文艺出版社，1987年，第55页。
[13] 李建中：《中国文化元典与要义》，北京：北京师范大学出版社，2016年，第599页。
[14] 王元化：《文心雕龙讲疏》，上海：上海古籍出版社，1992年，第119页。
[15] 徐复观：《中国艺术精神》，沈阳：春风文艺出版社，1987年，第102～103页。
[16] 徐复观：《中国艺术精神》，沈阳：春风文艺出版社，1987年，第103页。

走向新真实

——试论电子游戏产业的发展及其文化影响

郭 彧

（湖北科技学院人文与传媒学院，湖北咸宁，437005）

内容摘要：本文从电子游戏产业的当前发展入手，认为游戏产业之所以能获得巨大规模及文化影响在于其以“心流”为特征的沉浸反应，借此电子游戏获得了侵略性的消费体验并实现了“混搭/交叉”的产业联合发展。在此基础上电子游戏有可能作为一种媒体工业，凭借“游戏化”的力量将虚拟技术与现实生活进行结合，创造出一种富有趣味性和吸引力的“新真实”。

关键词：电子游戏产业；心流；游戏化；拟真

巨大效益与文化形成：电子游戏产业的当前发展

市场研究公司Newzoo2016年度的《全球游戏市场报告》显示，全球游戏玩家在2016年将创造996亿美元的收入，比2015年增加8.5%，中国、美国、日本、韩国、德国则构成了世界的前五大游戏市场。Newzoo预测，直到2019年，全球游戏市场将以6.6%的复合年增长率持续发展，最终达到1186亿美元的市场总额[1]。事实上，当前美国的游戏业是规模最大的娱乐产业，其产值连续多年超过好莱坞电影业；日本的动漫产业是“国家第三支柱”，市场份额占据全球的2/3，被视为“国家战略”和“国家外交策略之一”；韩国动漫游戏产业则是国民经济六大支柱之一。全球第三产业中，“动漫游戏产业”（包括各种衍生产品）增加值已超过电影，跃居第一[2]。而中国的十三五规划中也明确要求“推动文化产业结构优化升级，发展骨干文化企业和创意文化产业，培育新型文化业态，扩大和引导文化消费”，为游戏产业的进一步扩张提供了方向指引和能量灌输。

巨大的经济效益与发育完善的产业链密不可分。所谓产业链，指的是“在一种最终产品的生产加工过程中——从最初的自然资源到最终产品到达消费者手中——所包含的各个环节所构成的整个的生产链条。在产业链中，每一个环节都是一个相对独立的产业，因此，一个产业链也就是一个由多个相互链接的产业所构成的完整的链条”[3]。对于欧美、日本这些老牌主流市场而言，电子游戏产业链可以被理解为是一个由游戏软件开发商、游戏软件发行商、游戏硬件制造商、分销商、零售商、消费者构成的、从上至下的完整链条。经过多年发展，主流市场的产业链条已相当完整，每一个环节都有知名品牌作为其代表性企业，如软件开发商有动视暴雪、EA，发行商有EA、育碧，硬件制造商有索尼、任天堂、微软，分销商有沃尔玛，至于零售商则是遍布各地的报刊亭和电子商店。

与这一产业链相配合的则是成熟的商业模式，如美国游戏业建立的是以发行商为核心的商业模式，发行是美国游戏产业的核心环节，风险最大，利润也最高，游戏开发也多由发行商主导。当发行商投资决定开发游戏时，通常采用版税预付的方式给开发商注资，其支付的版税通常是产品净营业额的15%到25%之间，低可到10%，高可到45%，其比例受开发商的投资额、产品潜在销量、知识产权归属等因素的影响。投资后发行商可安排项目经理监控游戏的开发进度，并根据进度逐步进行资金注入，如果项目开发状况与原本计划有较大偏差，发行商有权叫停或返工。在开发工作结束后，发行商还承担本土化、生产、市场推广、公关、分销等后续工作。这种商业模式使得游戏开发企业回避了风险，让其精力集中于开发任务上，但同时也降低了回报。而发行商在承担开发的巨大风险的同时，也能享受到少数成功产品的超额回报，从而使得产业得以良性循环[4]。在这样的商业模式下，一些成熟的游戏产品得到了培育，发展成为世界级的游戏品牌。如任天堂的《马里奥》系列，动视暴雪的《魔兽世界》，EA的《极品飞车》、《模拟人生》等均为如此。

至于中国，虽然在电子游戏领域起步较晚，但发展却极为惊人，作为一个新兴市场，2008年中国游戏市场用户约为0.67亿人，而到2014年，则达到约5.17亿人，7年时间整整增长了8倍。其中2009年、2010年、2011年的增幅更是分别高达70.0%、71.1%、68.5%[5]。在市场实际销售收入方面，2008年为185.6亿人民币，但到2014年已高达1144.8亿人民币，哪怕是增长最慢的2010年，其增幅也高达26.7%，远远超过其它产业。2015年，中国电子游戏产业的规模达到1407亿人民币，正式超越美国成为世界上最大的游戏产业市场。

不得不说，中国的电子游戏产业能取得这一成绩，与其以网络游戏为主要市场形态密不可分，网络游戏在很大程度上解决了原有的盗版问题，使得产业的发展进入一个正常有序的轨道之中。另外，经济发展和网络繁荣为网络游戏的发展提供了大环境，多年来快速的经济发展使得人们有了消费文化产品的需求与实力，而网络产业作为新经济在我国获得了迅猛发展，网络游戏作为互联网的重要娱乐产品，自然也在其中受益。

在这一过程中，有中国特色的产业链和运营模式基本形成。如果说传统市场的产业链是一个由游戏软件开发商、游戏软件发行商、游戏硬件制造商、分销商、零售商、消费者构成的、从上至下的完整链条，那在网络游戏基本上可以与电子游戏相等同的中国，这一产业链则是一个以游戏运营商为中心，连接游戏开发商、设备供应商、游戏销售商的中心十字形结构，生存在网上的游戏运营商是这一产业链的中心，而且随着它们实力的增大，它们开始兼任开发商、销售商的角色。

运营商的强势和免费游戏这一富有中国特色的运营模式紧密相连。所谓免费运营是指玩家可以免费获得游戏，免费玩游戏，但游戏中的虚拟物品收费。这一模式最早出现于2004年，次年盛大公司跟进，但真正引起巨大反响的则是巨人网络的《征途》游戏，其模式后来成为诸多公司的效仿对象。免费模式一方面以免费玩游戏的方式大量吸纳了对游戏感兴趣的用户，促进了玩家数量的增长和游戏市场规模的快速扩张。另一方面，免费模式并非完全免费，其虚拟物品收费的规定吸引了大量游戏时间不足，但渴望快速升级、愿意花钱购买道具的玩家。由于这样的玩家并不在少数，因此游戏企业并没有因其免费的号召而亏损，反而借助这类玩家的需求而快速盈利，同时，运营商可以借助游戏的开发升级，不断增加虚拟物品的质量和数量，不断吸引玩家的购买欲望，从而推动利润的增长及产业的扩张。

电子游戏产业的影响日益深入后，新型的电子游戏文化开始形成。作为一种新型事物，电子游戏在发达国家也经历过不被理解的时代。如1981年英国工党下议院议员乔治·福尔克斯起草了“控制《太空入侵者》（及其他电子游戏）的法令”，该法令最终以微弱优势票数被否决，但不难想见当时人们对电子游戏的看法。即使是到2001年，美国科罗拉多州政府在对多起校园枪杀案进行调查后，也在其公布的“哥伦拜恩事件委员会报告”中认定电子游戏会“教唆年轻人以暴力和屠杀解决争端”[6]。然而，经过多年的发展后，人们对电子游戏的感受和认识也发生了巨大变化。在美国，玩电子游戏长大的新一代如今已经为人父母，他们不再像自己的父母那样将电子游戏视为“电子海洛因”，而是将其当作与自己的子女进行沟通的桥梁。据调查，如今64%的美国父母相信游戏对孩子的成长有利；孩子在购买或租借游戏时86%经过父母同意；48%的父母每周至少一次和孩子一起玩电脑或电视游戏；孩子玩游戏时间中97%被父母监控。美国家长与孩子共同玩游戏的原因很多，但最大的原因则是父母认为与孩子共同玩游戏是一种良好的家庭交流行为，可以让家庭充满欢乐[7]。在日本，这一文化甚至有成为主流的趋势。如日本现在已成为众所周知的“ACG”（动画、漫画、游戏）王国，其游戏文化已成为一种向外输出的文化产品。同时“御宅族”这一亚文化人群也应运而生，在日本，它专指对ACG具有超出一般人知识面，具备强大的鉴赏、游玩能力，并对此文化热衷且有深入了解的特殊群体。它在日本的含义因各界人士的使用而趋于中性，甚至不乏以自己身为“御宅族”而自傲的人。在中国，游戏文化也已经出现并开始担负文化输出的任务。如2014年，中国自主研发网络游戏海外市场实际销售收入达到30.76亿美元，比2013年增长了69.02%，相比2008年的0.7亿美元，更是增长了40多倍[8]。上海市新闻出版局局长徐炯曾感慨：“在我们的心目中，中国文化‘走出去’，是影视、是图书，或是其他一些文化门类，但恐怕没几个人会想到游戏。”[9]

沉浸反应的魅惑之光：游戏产业何以能不断扩张

游戏产业何以能不断扩张？人们对电子游戏的需求为何源源不绝？原因在于电子游戏独特的消费体验——一种特别的魅惑力、沉浸感，以及建立在此基础上的产业侵略性。

电子游戏虽然也有“游戏”二字，其含义却不能与文化理论中的游戏概念相等同，两者的英文单词分别是game和play，也许是这种差异的直接外化。审美文化理论中的游戏概念，主要来自席勒，“游戏这个名词通常说明凡是在主观和客观方面都不是偶然而同时不受外在和内在强迫的事物”[10]。这里的游戏既不是一种功利行为，也不是一种完全脱离现实的幻想活动，而是人创造能力的自由活动。席勒认为人天生有形式冲动和感性冲动两种冲动，前者使一切外在的东西获得理性形式，可以为人所理解掌控，而后者则使人的潜能变成现实，成为物质存在，两种冲动都是片面的，最终的发展会导致人的异化。为此，必须要由游戏冲动来协调两者，以便达到完满的人性。而游戏冲动的对象就是“活的形象”，“指现实的一切审美性质，总之是指最广义的美”[11]。因此，游戏是人摆脱动物状态获得人性的重要标志，是艺术创作的审美活动的根本特征，是自由的直接外化。

然而，作为 game 的电子游戏却与此不同，虽然有研究者认为它也是自由的创造活动，因而具有审美因素，甚至想用“第九艺术”的概念加以界定，但电子游戏的业内人士却更多地将其理解为一种“具有目标和结构的娱乐形式”，认为狭义的电子游戏是一种斗争，“这种斗争是虚拟的，规则限制玩家的行为和定义游戏，每个游戏的结果都是可以计量的或者说每个游戏都是有目标的”[12]。电子游戏交互设计专家 Chris Crawford 从游戏设计的角度区分了电子游戏与艺术、电影/书籍、玩具、竞赛等符号行为的不同，认为电子游戏与艺术的共性都是创意表达，但艺术更关注美的表现，而游戏则注重资本运作；电子游戏与电影/书籍等相比具备了互动性特点；电子游戏与玩具虽然都是游戏行为，但电子游戏更有目的性；与智力游戏相比，电子游戏有更多的竞争性；而相比竞赛行为，电子游戏允许相互攻击[13]。

因此，电子游戏虽然是虚拟的，但更具目的性、竞争性、资本性，虽然其中也有无功利的创造行为，但更多的是玩家欲望的舞蹈。在游戏开发者看来，一款游戏在制作之前就必须考虑玩家的欲求以及这些欲求的实现方式，著名游戏制作人西门孟就曾把玩家的需求分为“挑战、交流、独处、炫耀、情感、幻想”九大类，为此，游戏为玩家设置的行为模式应包括“移动、探索、扮演、收集、学习、冒险、破坏、创造、洞察、表演、部署、博弈、积累、求生”等[14]。这些设置使得人们在电子游戏的消费中获得了强大的刺激反应，玩家进入游戏，即将开展的是一场自身欲求得到直接回应的正向体验。

这种对玩家欲望的迎合最终在游戏的操作过程中得到了完成：游戏虽然在本质上是对现实的模拟，但玩游戏通关的难度却与现实中生活的难度不可相提并论，在真实生活中，时间的不可操作、事态发展的不可预测、社会关系的极度复杂、资源的匮乏都使得现实中人的生存不可能万事如意，而电子游戏高互动、易操作，敌人或朋友的属性一目了然，甚至还有技巧攻略等近乎作弊的存在，甚至人物还可随时复活，随时可以把不满意的记录抹去重来一盘……这一切的一切，都使得玩家能以一种低成本、高效率的方式获得一种强效体验，电子游戏的体验消费也因此充满了诱惑力。

早在 1985 年，米兰大学的马西米尼和卡里就对虚拟的人机互动环境下的“挑战”与“技能”的关系构建了模型，得到了八种组合：“①高挑战和中等技能：激发；②高挑战和高技能：心流；③中等挑战和高技能：掌控；④低挑战和高技能：厌倦；⑤低挑战和中等技能：轻松；⑥低挑战和低技能：淡漠；⑦中等挑战和低技能：担心；⑧高挑战和低技能：焦虑。”[15]这里的“心流”就是一种沉浸状态，也是一种高峰体验状态，是一种“摆脱了一切的怀疑、恐惧、压抑、紧张和怯懦后的纯净而完善的幸福”。“他们不再感到恣意与世界之间存在任何距离而相互隔绝，相反，他们觉得自己与世界紧紧相连融为一体。”[16]此时，人达到了马斯洛所说的最高的满足状态——自我实现。在现实生活中，这种状态少而又少，但在游戏中，却不难获得。虽然“挑战”与“技能”的八种关系并非全部为正面向，也会有担心、焦虑、厌倦等心理，但游戏中的级别设置、复活设置、命、血的设置会一步步地引导玩家摆脱生涩，走向成功，最终出现在打 boss 的过程中，此时高挑战与高技能得到了汇合，心流——最高的沉浸反应就此发生。

如此一来，游戏的消费体验便形成了，它低成本、高效率、高反应，这直接造就了电子游戏产业快速发展与日益壮大。在历史上，电子游戏作为“文化花园中新出现的一条蛇”，曾引发巨大的道德恐慌和法律应对，如 1981 年英国工党会员乔治·福尔克斯曾起草“控制《太空入侵者》（及其他电子游戏）的法令”，该法令以微弱票数被否决。中国 2000 年也曾掀起讨伐电子游戏的浪潮，并直接导致国务院办公厅下发《关于开展电子游戏经营场所专项治理意见的通知》，要求“各地要立即停止审批新的电子游戏经营场所，也不得审批现有的电子游戏经营场所增添或更新任何类型的电子游戏设备”。该禁令直至 2014 年 1 月才被解除[17]。然而，借助强大的消费体验，游戏产业依然蓬勃发展并成为当前经济中最富有侵略性的类型之一，在产业发展的规模上一骑绝尘。

当游戏产业凭借沉浸体验的能量展现出巨大潜力后，其他的诸多产业也就放弃了与游戏产业的对抗而转向合作，企图以此分享到游戏产业的魅惑之光并实现进一步的壮大。比如游戏产业与电影产业的联合现在已经是一个公开的秘密，早在街机时代，热门游戏就曾被改编成为电影，《街霸》就是一个很好的例子。当前游戏产业与电影产业的合作更为深入，而且其中的主导者已由电影换成了游戏，其表现则是当前游戏产业的市值已经超过了电影产业，游戏不再需要借助电影改编来扩展自身，相反，电影开始想要借助热门游戏的影响力和它的众多粉丝为票房奠定基础。如 2012 年迪士尼新推出的第 52 部动画电影《无敌破坏王》，该片故事纯属原创，但其演员却集合了上世纪八九十年代的经典游戏角色和当今的热门游戏角色，以至于被称作电玩版的“复仇者联盟”。其中主角“破坏王”拉尔夫来自一款上世纪 80 年代的街机游戏《Fix-It Felix Jr.》，而《街头霸王》、《超级玛丽》、《吃豆小精灵》、《刺猬索尼克》、《真人快打》等经典游戏等也均在电影中轮番客串。其实，迪士尼既不缺乏创意也不缺少自己的虚拟明星，该影片的这种做法只能说迪士尼完全清楚这些游戏角色内藏的票房价值，为此不惜放下身段[18]。

游戏与文学产业的结合更是润物细无声。在中国网游的制作最开始便与四大名著结下了不解之缘，其中《三国演义》、《西游记》改编网游最多，像《梦幻西游》、《大话西游》便是例子。著名的武侠小说同样如此，金庸的《天龙八部》、《鹿鼎记》一直都是网游改编的好题材。流风所及，以至于有人发出惊呼：“是不是下一步《易经》、《唐诗三百首》、《论语》也要沦为牺牲品？”[19]再如一度执中国网络游戏牛耳的盛大公司也曾是中国最大的网络原创文学网——起点中文网的老板。当年有着超高盈利率的盛大公司之所以愿意收购起点中文网这类文学网站，并不是看上了它的盈利能力，而是相中了网络原创文学作品有天然的游戏改编适合性的特点。毕竟大热的网络原创文学作品已经经历了一场市场欢迎度的检验，已经培养了一群潜在的粉丝群体和游戏玩家，将其进行游戏改编有着很大的成功可能。

就算是曾经对游戏深恶痛绝的教育产业，如今也对游戏行业改换了态度，开始考虑具体的合作可能。如手机 App 中将幼儿教育与游戏相结合的应用如今已不在少数，苹果公司甚至在自己的 App Store（应用商店）中专门设置了“儿童类 App 和游戏”一大类别，并按年龄进行了详细分类。而《摩尔庄园》这款儿童网页游戏甚至因为其“健康、快乐、创造、分享”的主题，专门培养儿童的爱心和交流能力的定位而正式入选武汉市九年义务教育教材《综合实践活动与信息技术》，供武汉市所有小学四年级学生探索信息技术[20]。理论研究人士也提出了“严肃游戏（Serious Games)”这一概念，将各种能让参与者获得某些知识和能力的提高，不以娱乐为目的的游戏划入其中[21]。

事实上，当前电子游戏产业的发展趋势之一便是借助“混搭/交叉”这种模式实现产业联合和商业成功，如美国的迪士尼初起之时乃是一家动画影视制作公司，但当它的米老鼠、唐老鸭等形象获得了大众认可之后，它开始借游乐园进入旅游产业之中，并最终发展成为一个集出版、旅游、演出、文具、服装、玩具等产业于一身，有娱乐节目、主题公园、玩具、图书、电子游戏和传媒网络等产品的超级公司，形成了一条渗入广泛，层次鲜明的完善产业联合体。游戏产业未来的发展也正是如此，借助游戏体验的特有魅惑力，游戏产业开始整合其他产业，由打而不倒变得大而不倒。

游戏化后的新真实：游戏对现实的渗透与改造

从游戏产业的纵向提升和横向扩张中，我们不难看到当前这一产业对日常生活的巨大影响，然而，这并非结束，当前的“游戏化”理论向我们展现了未来游戏工业的进一步可能。

所谓游戏化，简单地说即是将游戏设计的手段应用于非游戏的场景，使工作和生活具备游戏一样的吸引力，换言之，即是用游戏的框架来解决现实生活中一切非游戏的场景，它本质上是一种方法，一种思维方式，可作用于任何领域。其常用做法是将成就、勋章、战斗、分数、任务、队伍、虚拟商品等游戏组件，配合挑战、机会、竞争、交易等游戏机制，置入情感、叙事、关系等规则，将非游戏活动改造得具有游戏趣味性和吸引力[22]。

当前游戏化不仅是游戏研究中的热门领域，也已成为商业活动中的重要现象。在市场营销、公司管理、产品设计中已可不时见到游戏化的身影，有研究者认为我国“有奖发票”的设计便是一个极佳的游戏化案例，在发票联的一角印制“刮开中奖”的区域，为之设定 1.2%的综合中奖率，带来的是市民索取并使用发票习惯的快速养成与普及。一个短小刺激的游戏设置，既保障了消费者自身的利益，也有效管控了商家偷税漏税的行为[23]。再如一些网络公司的产品设计，如腾讯 QQ 的 QQ 秀，微信的摇一摇、朋友圈，阿里巴巴的支付宝红包，新浪微博的点赞设置，都可以看作游戏化设计的杰作。为自己设置卡通形象、拿起手机摇一摇、发零钱给朋友们去抢、顺手为好的内容点赞……这些设置是如此有趣，以至于很多人都不知疲倦、乐在其中。

与游戏产业的横向扩张不同，游戏化显然是游戏思维的胜利、是游戏产业的深入渗透。以“混搭/交叉”为模式的产业联合只是一种产业合作，各种产业依然保留有自身特性，联合仅是将自身资源释放出来进行利益交换。而游戏化的影响更深刻，更深入，它最终导致的是游戏产业的生活化与日常化，游戏逻辑开始对生活进行重新组织。此时游戏不再是一种娱乐，它成为一种强势媒介，直接影响了人们对世界的认识。

麦克卢汉曾认为，所谓媒介，无非是人的认识能力的延伸，同时，一种新的媒介，必然会导致新的文化和社会功能的改变。他认为“社会受到更深刻影响的，是人们借以交流的媒介的性质，而不是交流的内容。……每当社会开发出使自身延伸的技术时，社会中的其他一切功能都要改变，以适应那种技术的形式”[24]。而游戏显然已经具备了这样的能力，如果说古代人们对世界的认识是一种直接的“人—物”模式，而现代性的科技革命将这一模式改造成了“人—工具—物”的模式，那现在出现的则有可能是“人—游戏化的工具—物”的模式，游戏产业成了“人—工具—物”中的另一层中间件。

如何看待这样一个由新的游戏媒介所包裹着的未来？不得不说这个问题令人联想起鲍德里亚对于拟真社会的思考。在《类像先行》一文中，鲍德里亚指出人类文化符号的发展过程大体经历了四个阶段，即：(1) 形象是对某种基本真实的反映。(2) 形象掩盖和篡改某种基本真实。(3) 形象掩盖某种基本真实的缺席。(4) 形象与任何真实都没有联系，它是其自身纯粹的仿像（幻象）[25]。随着技术的发展，原本是真实反映的形象开始篡改乃至扭曲现实的存在，成为完全脱离客观世界的“虚幻存在”，一个没有本源、没有所指、没有基础的“象”，也即“拟像”（也译为类像，仿像）。而拟像发展到最高阶段就是拟真，一种没有现实的创造物，一种超越实体的超真实。“如果你被各种类像包围，就像置身于一间装满玻璃的房子时，现实也就不存在了。如果一切都是类像，那么原本也只不过是类像之一，与众没有任何的不同，这样，幻觉与现实便混淆起来了。”[26]这种幻觉，看起来似乎比现实更美好，更真实，所以可被称为“超真实”。如迪士尼乐园本是幻想的产物，但对于大众而言，它已成为一种真实，甚至是美国生活方式和价值理念的代表，是美国的缩影。

鲍德里亚认为拟真社会将造就“客体的统治”——“在消费社会的物品体系里，消费者被物品的符号体系所包围、迷幻并异化；在高科技的拟真世界里，主体被符码所生成并无限地复制，并在客体世界中受到压制和解构。”[27]此时，“没有人可以依靠，没有什么地方可以去，也没有什么事情可以做”[28]。而与之相对应的则是“沉默的大多数”，由于拟真取消了真实，所以面对媒介的包围和控制，面对这无力把握的由符号生产带来的信息泛滥，大众唯有报之以惰性和沉默。甚至，大众都成为拟真的生产物，“是社会学的内爆结果，是一种被拟真假构出来的‘浓稠场域’”[29]。面对这一结果，我们无可抵制，唯一的办法就是对所有的意义和言说进行拒绝。

未来是否真会如此？未必。鲍德里亚认为拟像是脱离客观世界的，所以拟真社会的超真实根本上乃是非真实，其根源则是我们无法摆脱大量增殖的符号，无法对物进行任何干预。然而，从现实中看，出现的是符号与人的进一步合作，人对世界的作用依然存在，只不过变得更为精巧。当前的情况是虚幻开始走向现实，产生了一种新的真实——一种充满魅力、有着虚拟世界趣味的真实，也许它的确有着拟真世界的原有缺陷，如其形象的确是一种无根的幻象，但它同样可以统合现实，创造出一种以往人们难以预料的新现实，在这个新现实中，人们仿佛在游戏中生存，然而，实实在在的生活与这个游戏化的生活共在，生活因此更富趣味，更合人性。如支付宝上发红包的举动，它是一款成功的游戏化的交易行为，然而里面盛载的电子符号可以在现实中进行交易。再如滴滴打车等打车软件，其操作方式像是虚拟世界中的游戏竞争，然而又是实实在在的打车好助手。微博的点赞行为，直接影响到了现实中人们对真相的追索，对权利的争取。

鲍德里亚认为媒介将来会摆脱控制，成为独立主体，最终是客体化世界。但从现实来看，更富有解释力的也许还是麦克卢汉的断言——媒介是人体的延伸，游戏成为一种新的媒介后，出现的并不是媒介的异化，而是人体的强化。比如当前手机游戏正快速取代传统的家用机游戏和电脑游戏，而触摸屏也开始代替手柄等传统操作方式，这里面内在的逻辑，与其说是客体对主体的控制，不如说主体进一步改造客体以适应自身。再比如当前的游戏产业形态的变革，人的因素依然是其发展进程的内在依据，正如研究者发现当前的网络游戏“同时也是一个重要的社会交往的平台……追求有意义的社会交往时游戏玩家选择一款游戏并投入大量时间和精力的重要原因”[30]。

鲍德里亚认为拟真的后果是造就了“沉默的大多数”，然而，游戏成为媒介后出现的新情况是大众与媒介结成共同体，一起探究这个随之变得生机勃勃的世界。在《游戏改变世界——游戏化如何让现实变得更美好》一书中，作者结合当前案例，指出游戏化能使人们出现在别人的生活中，并为其带去不同。社会参与游戏能把普通人变成现实生活中的超级英雄，而未来，人们可以尝试攻克一个最值得尝试，规模也最庞大的关卡：如何利用游戏提高全人类生活质量，游戏玩家内蕴的创意、意志、认知储备和投入度都是有待开发却被埋藏的宝贵资源。如《折叠》（Fold It）这款游戏，它由美国西雅图的一支医学家、计算机科学家、工程师和职业游戏开发团队开发，玩家的目标是通过将未折叠的蛋白质折叠成合适的形状，了解哪一种折叠模式最稳定，能成功完成不同的任务，游戏鼓励玩家预测科学家尚未破解的蛋白质折叠性质，或从无到有地设计新蛋白质性质，供研究人员在实验室进行制造。换言之，玩游戏的活动与科学的重大进展有了直接关联。游戏开发团队于2010年8月在著名自然科学杂志《自然》发表文章，报告了项目的最新进展成果[31]。再如最成功的互联网百科，众包项目的代表——维基百科同样也可视为是游戏思维、游戏媒介的产物，维基百科对自身的介绍是：维基百科拥有一个让人身临其境的游戏世界，玩家超过1070万（注册的贡献者，或“维基百科人”），独特位置超过306万（维基百科文章），还包括137356个未被发现的秘密地区（“孤独页面”，没有与其他任何文章链接的文章，因此无法通过浏览找到），7500个完全探明的地牢（“好文章”，引文出色、证据详尽的文章)，2700个终极关卡（“精选文章”，在准确度、完整性和风格上得分最高的文章)[32]。

席勒认为人在游戏的过程中，人的理性和感性能够得到完满的结合，因此，懂得游戏的人是正常的儿童，那么，是否可以这么认为，游戏成为包裹世界的媒介在某种程度上是人性的合理回归与完善。游戏的确有沉浸体验，游戏也的确是虚幻的，但这都与审美体验相类似，虽然作为game的游戏与作为play的游戏并不相同，但两者并非不能沟通，如赫伊津哈就把游戏理解为“在某一固定时空中进行的自愿活动或事业，依照自觉、接受并完全遵从的规则……伴随紧张、愉悦的感受和有别于‘平常生活’的意识”[33]。自愿加入、接受规则和紧张愉悦的感受正是两者间的共同特征。事实上审美游戏也好，电子游戏也好，它们都是一种运用本能冲动进行自由活动的机会，都满足于形象的现象，都把虚拟的形象当作真实进行接受，都明知其为虚拟却以严肃的态度加以面对并进行参与。真正的核心区别，也许是传统的审美游戏观念注重无功利的自律性，而当前作为game的电子游戏存在着欲望叙事，然而，从历史上看，作为自律的艺术观念早已瓦解，人们开始承认自律的幻觉也是社会历史中权力争夺的产物，那么随着新社会形态的出现，一种新美学形态和文化结构的出现又何足为奇呢？

所以，电子游戏产业的发展最终是对一个游戏化社会的造就，这个社会更大的可能不是异化，而是强化；不是超真实，而是新真实。未来不是毫无希望，把真实生活完美谋杀掉的超真实，而是一种将虚拟技术与现实生活进行结合，生成一种新真实的新生活。

注释：

[1] 腾讯产业游戏：《Newzoo报告：2016年全球游戏市场收入超996亿美元，中国排名世界第一》。[2016年6月27日]http://www.gametoutiao.com/toutiao/7702.html.

[2] 龚丹韵：《ChinaJoy闭幕：游戏产业惊人增长　游戏文化也在“走出去”》。[2015年8月3日]http://www.sh.xinhuanet.com/2015-08/03/c_134474112.htm.

[3] 郁义鸿：《产业链类型与产业链效率基准》，《中国工业经济》2005年第11期，第36页。

[4] 西门孟：《游戏产业概论》，上海：学林出版社，2008年，第201页。

[5] 265G网：《2014年中国游戏产业报告：实际收入达1144.8亿人民币》。[2014年12月18日]http://biz.265g.com/data/192509.html.

[6] 西门孟：《游戏产业概论》，上海：学林出版社，2008年，第157页。

[7] 梁维科：《试论美国游戏产业发展对我国的启示》，《黑河学刊》2011年第9期，第8页。

[8] 265G网：《2014年中国游戏产业报告：实际收入达1144.8亿人民币》。[2014年12月18日]http://biz.265g.com/data/192509.html.

[9] 龚丹韵：《ChinaJoy闭幕：游戏产业惊人增长　游戏文化也在“走出去”》。[2015年8月3日]http://www.sh.xinhuanet.com/2015-08/03/c_134474112.htm.

[10] [德]席勒：《美育书简》，北京：中国文联出版公司，1984年，第88页。

[11] [德]席勒：《美育书简》，北京：中国文联出版公司，1984年，第86页。

[12] 西门孟：《游戏产业概论》，上海：学林出版社，2008年，第1页。

[13] Chris Crawford,*Chris Crawford on Game Design*,San Francisco:New Riders Publishing,2003,p.6.

[14] 西门孟:《游戏产业概论》,上海:学林出版社,2008年,第81～91页。

[15] 陶侃:《沉浸理论视角下的虚拟交互与学习探究——兼论成人学习者"学习内存"的拓展》,《中国远程教育》2009年第1期,第20页。

[16] [美]马斯洛:《人的潜能与价值》,北京:华夏出版社,1987年,第366～367页。

[17] 凤凰网:《13年禁令终解除 国务院发文主机党扬眉吐气》。[2015年4月30日]http://games.ifeng.com/special/gameplayer/.

[18] 李乾清:《美国数字游戏产业成为市场黑马》,《中国文化报》2012年11月30日,第3版。

[19] 关艳玲:《中国网络游戏编年史:从泥巴到传奇》,《辽宁日报》2010年7月26日,第10版。

[20] 百度百科:《绿色游戏》。[2016年6月3日]http://baike.baidu.com/view/2747433.htm.

[21] 魏迎梅:《严肃游戏在教育中的应用与挑战》,《电化教育研究》2011年第4期,第88页。

[22] 知乎:《游戏化(Gamification)是什么?如何应用于营销与管理?》。[2016年6月3日]http://www.zhihu.com/question/20381247.

[23] 赵丹妮:《浅析企业游戏化的应用与意义》,《艺术与设计》2013年第z1期,第40页。

[24] [加]埃里克·麦克卢汉,弗兰克·秦格龙编:《麦克卢汉精粹》,何道宽译,南京:南京大学出版社,2000年,第393页。

[25] 赵一凡、张中载、李德恩:《西方文论关键词》,北京:外语教学与研究出版社,2006年,第323页。

[26] [美]杰姆逊:《后现代主义与文化理论》,唐小兵译,北京:北京大学出版社,1997年,第174～175页。

[27] 张劲松:《拟真世界与客体策略——鲍德里亚的技术决定论及启示》,《自然辩证法研究》2012年第1期,第48页。

[28] [美]道格拉斯·凯尔纳编:《波德里亚:批判性的读本》,陈维振、陈明达、王峰译,南京:江苏人民出版社,2005年,第142页。

[29] 张一兵:《拟像、拟真与内爆的布尔乔亚世界——鲍德里亚〈象征交换与死亡〉研究》,《江苏社会科学》2008年第6期,第37页。

[30] 钟智锦:《网络游戏玩家的基本特征及游戏中的社会化行为》,北京大学文化产业研究院、人民网研究院主编:《快乐消费的文化底色》,北京:人民日报出版社,2012年,第183页。

[31] [美]简·麦戈尼格尔:《游戏改变世界——游戏化如何让现实变得更美好》,闾佳译,杭州:浙江人民出版社,2012年,第231～232页。

[32] [美]简·麦戈尼格尔:《游戏改变世界——游戏化如何让现实变得更美好》,闾佳译,杭州:浙江人民出版社,2012年,第221页。

[33] [荷兰]约翰·赫伊津哈:《游戏的人》,多人译,杭州:中国美术学院出版社,1996年,第30页。

“逸品”如何实现

——恽寿平“逸品”论研究

闵靖阳

（鲁迅美术学院，辽宁沈阳，110816/中国国家画院，北京，100044）

内容摘要：中国艺术的“逸品”观念源于逸民观念，只有逸民才能创作和欣赏“逸品”。恽寿平的逸品论存在于创作论、构成论和接受论三个维度。在创作论维度，“逸品”是高逸之人抒发逸气、表现本真的产物；在构成论维度，“逸品”笔墨逸宕，风味幽淡，离方遁圆，极妍尽态；在接受论维度，逸品画的实现必须接受者本身即是高人逸士，并能识真。高逸的人格和性情是“逸品”的根基，抒发逸气表现本真的创作过程是“逸品”的本质，作品构成元素是“逸品”的外现。倪瓒和王翚的画是“逸品”的典范。

关键词：恽寿平；逸品；实现

恽寿平（1633—1690），初名格，字寿平，以字行，后改字正叔，号南田。恽寿平被公认为清代花鸟画第一大家，发明了没骨画法，开创了以花鸟画创作为主的“常州画派”。恽寿平与王时敏、王鉴、王翚、王原祁、吴历并称“四王吴恽”，为清初山水六家之一，他的山水画在当时和后世被视为逸品。恽寿平的《南田画跋》与笪重光的《画筌》、石涛的《画语录》并称清初三大画论著作，论思想之精湛、语言之诗情画意清代无出其右。恽寿平是典范的逸民，在他的艺术观念中，“逸品”处于中心地位。

“逸品”是中国艺术的重要品评范畴，出现于唐初的画论。李嗣真《画评》将“逸品”定为画家的最高品级，四人入围“逸品”。《画评》已轶，四者为何人，创作风貌为何，不得而知。画论中对“逸品”的最早明确规定是中唐朱景玄的《唐朝名画录》。《唐朝名画录》在神、妙、能三品外另辟逸品。神、妙、能是常规画法所能达到的不同品级，逸品是用格法之外的业余画法创作，因作品呈现了不同风貌，无法用神、妙、能规定。北宋初黄休复写作《益州名画录》品评画家，用逸、神、妙、能四格作为衡量准绳，逸格为最高。北宋中期文人思想进入画学，对于文人，绘画只是心性、心境的表达方式，文人对应物象形的绘画本体并无追求，因而技法稚拙，只能通过高扬不合成规的逸品确定自身的地位。于是不合常规不重象形只求表达心性的“逸品”成为文人作画、评画的主要标准。文人画家具有文化霸权，能够主导文人的审美品位，因此在元、明、清三代，尤其是明中期以后，“逸品”成为文人画家的共同审美理念。明末董其昌更是高标以“逸品”为趣味的南宗画。清初“四王画派”完全继承了董其昌的画学思想，主导了清代画坛，逸品论成为清代最主要的绘画品评思想。从属于“四王画派”的恽寿平，其逸品论代表了清代逸品观念的最高成就。

“逸品”是接受者对作品的审美感知与品级鉴定，但“逸品”的对象首先是作品进而才是创作者，接受者通过理解作品而理解创作者，之后将作品和创作者定为“逸品”。逸品论以作品为中心关联创作者和接受者，存在着接受者、作品与创作者三重审美关系，因此逸品论存在于创作论、构成论和接受论三个维度。在恽寿平的逸品观中，在创作论维度，“逸品”是高逸之人抒发逸气、表现本真的产物；在构成论维度，笔墨逸宕，风味幽淡，离方遁圆，极妍尽态；在接受论维度，逸品画的实现必须接受者本身即是高人逸士，并能识真。恽寿平对接受维度的逸品观念缺乏理论自觉意识，往往附于创作论和构成论一并论述。

一、“逸品”的前提“逸民”

《说文解字》云：“逸，失也。从辵兔，兔谩訑善逃也。”“逸”的基本义为逃离。“逸民”最早由《论语》提出，孔子称伯夷、叔齐、柳下惠等人为逸民。这些人的共同特征是都是逃离之人，同时品行高洁和坚持原则。晋宋时期史学家范晔在《后汉书》中首列《逸民传》，逸民必须精神高洁且放弃功名利禄，增添了政治身份和政治立场，于是精神和政治成为衡量逸民的基础标准。从南朝至清，“逸民”的大致含义是有入仕之能却放弃功名、甘愿隐居市井之间、精神境界超越世俗、品行高洁的士人。恽寿平的人生观是做逸民。恽寿平13岁即随父参加抗清战斗，被俘后做了三年多总督养子，后借机逃离。恽寿平早年以孝为第一，视功名富贵如尘土。对君国的淡漠、对仕途的厌弃、对亲情的重视，是他成为逸民的心理基础。1656年恽寿平开始了职业画家生涯，至1690年去世，基本都在作画、卖画、交游中度过，三十四年绘画生涯中千幅作品传世。恽寿平中晚年过着标准的逸民生活。清嘉庆年所立的恽寿平墓碑上写“逸士恽寿平”，此碑在1983年重立，可见在19世纪到20世纪艺术家和历史学家眼中恽寿平是真正的逸民。只有真正的逸民才能安贫乐道，不会因贫穷损害高洁的心性，不会屈从于绘画市场，坚守艺术个性、坚守精神的超越与自由。恽寿平一生做职业画师，但拥有高尚士人的凛凛风骨，“家甚贫，风雨常闭门饿，以画为生，然非其人不与也”[1]，“遇知己或匝月为之点染，非其人视百金犹土芥，不市一花片叶也”[2]。逸民的精神超越，不极端与执着，绘画或欣赏绘画不追求穷形尽相，又往往是逃离世俗之人，艺术观自然与常人不同。所以朱景玄列为逸品的——王墨、张志和、李灵省三人都为狂狷隐逸之人，三人都自然随性随意地作画，三人作品的风貌都“符造化之功，不拘于品格，自得其趣尔”[3]。可见朱景玄观念中画家必须是逸民，才可能创作逸品画。黄休复《益州名画录》里逸格的孙位“性情疏野，襟抱超然，虽好饮酒，未尝沉酩。禅僧道士，常与往还；豪贵相请，礼有少慢，纵赠千金，难留一笔”[4]，同样是逸民。人为逸民，艺术才可能达到“逸品”。逸民是“逸品”的前提。倪瓒是元明清文人画家公认的逸民，其画也是公认的逸品。恽寿平乐于做逸民，艺术观便是重“逸品”。

恽寿平的逸品观念以儒道思想为根基，只有品行高洁、道德高尚、追求超逸的逸民才能创作出逸品绘画，因此他的逸品观首先论述高逸人格在逸品创作中的基础地位。“逸品其意难言之矣，殆如卢敖之游太清，列子之御泠风也。其景则三闾大夫之江潭也，其笔墨如子龙之梨花枪，公孙大娘之剑器。人见其梨花龙翔，而不见其人与枪剑也。”[5] “逸品”不容易说清，因此恽寿平从人的角度论述逸品，通过对古人的行为与器具暗示“逸品”为何。恽寿平运用“卢敖游太清”和“列子御风而行”两个典故暗示“逸品”，即认为“逸品”具有超越性与自在性两种基本属性。“逸品”如卢敖，作为人深入神仙境界，超越了人世存在，如列子御风而行，真正与天合为一体，顺道性而为，完全是自由自然的存在状态。达到逸品境界的绘画必须超越一切规则，能够自由自然地表达自身对世界的理解。逸品画呈现的境界是荒寒萧索，如屈原行吟的江潭。《楚辞·渔父》表现的是儒道思想的冲突，后世文人将二者融合，表达不同境遇中的人生追求。恽寿平的逸品观同样融合儒道，因此他选取了屈原行吟江潭作为逸品境界的表征。逸品之作必须境界空寂，景物荒寒，能够表达出深邃的思想与深沉的世界观。逸品之作的笔墨如赵云的枪法、公孙大娘的剑舞，让人无法看穿笔墨来源与用法，神妙莫测，引人入胜。此段画跋恽寿平利用典故、传说侧面表述了逸品的本性、景物与笔墨特征。运用古人典故暗示何为逸品的不止这一处。他还列举了勾践的六千精兵、田横的五百壮士、东汉部分士大夫群体、披裘负薪者、伯夷叔齐、维摩诘、隐士应曜、挚峻、魏邵，这些人身份和意识形态差别很大，很多并不符合主流对逸民的认知，但只要是他欣赏之人，都列为高逸之士。可见恽寿平的逸民观念兼容儒道释各家，并极其宽泛和独特。

二、高逸之人抒发逸气

高逸之人抒发逸气是“逸品”的本质。“不落畦径，谓之士气；不入时趋，谓之逸格。其创制风流，昉于二米，盛于元季，泛滥明初。”[6]士气和逸格是文人画家区别于职业画家的重要标志。士气指文人画家与职业画家不同的弱化写实能力、凸显写意能力的笔墨功夫，逸格指文人画家不迎合世俗品位、表现文人性情与理念的创作主旨与作品风貌。恽寿平认可并继承了董其昌对于南北二宗的划分，同样高扬南宗画家和南宗绘画，南宗画家中大部分以文人作为主要的身份，因而他特别高扬文人画。文人作画以表达心境和对世界的理解为主，“笔笔有天际真人想”[7]，“洗涤砚尘，抽毫解衣，运思游娱，成十二帧，聊写我胸中萧寥不平之气”[8]。不追求穷形尽相刻画人景物，因此不必严格遵循刻画人景物的法则。陷在法则的泥淖中无法自拔则自降身份，与画工无异。南宗画家与北宗画家的差别主要在于逸气。“郭恕先远山数峰，胜小李将军寸马豆人千万。吴道子半日之力，胜思训百日之功，皆以逸气胜故也。”[9]何为“逸气”？ “荡以孤弦，和以太羹，憩于阆风之上，泳于泬寥之野。斯可想其神趣也。”[10]恽寿平用自由的存在状态描述“逸气”，通过对自由存在的想象获得对逸气的理解。显然恽寿平的逸品观是建基于存在论的，是自由自然存在状态在艺术中的显现。高逸之人在艺术创作中获得自由和自然，并将其物化为作品的过程即是逸气抒发。《跋王翚春江捕鱼图》：“纯是天真，非拟议可到，乃为逸品，当其率意飘洒一两笔，灵趣百变，千古不能加，即万壑千崖，穷工极妍，有所不屑，此正倪迂洗脱畦径，直写胸中逸气之谓也。”[11]《跋倪迂渔庄秋霁图》言：“倪迂早年书胜于画，晚年书法颓然自放，不类欧柳，而画学特深诣，一变董、巨，自立门庭，真所谓逸品，在神妙之上者。”[12]恽寿平的逸品观中艺术创作维度的逸气即是高逸之士表达的实现本真自我、坚持创作个性、渴望自立门户的要求。逸品画是高逸之人在无意之意中构思创作的。无意之意的作品构思不局限停留在己意的表达，表达的是己意与道合一的意。创作主体选取物的自性和本己之意相通的一点，通过绘画呈现，并将己意隐藏，使作品好像没有主观思想的参与，完全是境域的自然显现，既显现了造化之理又表现了主体之情思。这样的逸品画非寻常世俗中人能为，必须是对天地终极境域深有感悟的高逸之人才能创作。所以恽寿平自言：“寂莫无可奈何之境，最宜入想，亟宜着笔。所谓天际真人，非鹿鹿尘埃泥滓中人，所可与言也。十日一水，五日一石。造化之理，至静至深。即此静深，岂潦草点墨可竟？宋人谓：能到古人不用心处。又曰：写意画两语最微，而又最能误人。不知如何用心，方到古人不用心处；不知如何用意，乃为写意。”[13]不用心处即具有高逸思想与情怀之人面对自然和自身生发的感悟，这种感悟没有明确的目的，纯任思绪自由流动，因而不知如何用意。恽寿平的写意指人面对世界时自然产生思考，用绘画的方式将其表达，写的意是脱离现实欲求，直面天地境域时对至静至深的造化之理的感受。写意的根基是天人合一思想，最高层面的写意也是表达出天人合一的生存境域。高人逸士间思想相通，对世界与人生存在的理解相近，他们作为画家创作的隐含的接受者，面对敞开的作品时有可能实现作品蕴含的丰富的可能性，当他们成为现实的接受者时才能接近画家的期待视野理解“天外之天”，理解逸品画。“士气逸品，不入俗目，惟识真者能赏之。”[14]因此恽寿平的逸品观是由创作者发出，经由作品敞开各种理解的可能性，最终由接受者实践的，其结果就是“意境”的诞生。

三、笔墨逸宕，风味幽淡，离方遁圆，极妍尽态

“称其笔墨，则以逸宕为上；咀其风味，则以幽淡为工。虽离方遁圆，而极妍尽态。”[15]笔墨逸宕、风味幽淡、超越法则、巧妙传神的作品即为有逸气。这是恽寿平对“逸品”在作品构成论上的规定。恽寿平对“逸品”论述最多的是倪瓒和王翚，二人都实现了“笔墨逸宕，风味幽淡，离方遁圆，极妍尽态”，是恽寿平心中“逸品”的典范。尽管倪瓒和王翚的笔墨样态和追求很不相同，倪瓒的画基本都是简笔淡墨，王翚则追求集古大成自出机杼的笔墨，“高逸一种，不必以笔墨繁简论”[16]。

周南老作《元处士云林先生墓志铭》赞倪瓒：“神情朗朗，如秋月之莹；意气蔼蔼，如春阳之和。刮磨豪习，未尝有纨绮子弟态。谈辨绝人，亹亹不倦。好客之名，闻于四方。名傅、硕师、方外、大老，咸知爱重。……每雨止风收，仗屦自随，逍遥荣与，咏歌以娱，望之者，识其为世外人。客至，则笑语留连，竟夕乃已。……晚亦务恬退，弃散无所积，屏虑释累，黄冠野服，浮游湖山间，以遂肥遁。气采愈高，不为谄曲以事上官，足迹不涉贵人之门。与世浮沉，耻于炫暴，清而不污，将依隐焉。

世氛颇静，复往来城市，混迹编氓，沉晦免祸，介石之操，皦然不渝。”[17]倪瓒就是这样的高人逸士，固然身居红尘，却拥有方外人之境界，乐于与世交往，却无欲无求，平生但求适性守真。后世人对倪瓒画作的推崇，当然源于画作的逸气纵横、意境幽远淡然，但更多的是对倪瓒人格的深深景仰。倪瓒人与画浑然一体，画品源于人品，人品隐于画品，只见逸气不见人与画。莫是龙、董其昌对倪瓒做了中肯的评价：“倪迂书绝工致，晚年乃失之。而聚精于画，一变古法，以天真幽淡为宗，要亦所谓渐老渐熟者。若不从北苑筑基，不容易到耳。纵横习气，即黄子久，未能断幽淡两言，则赵吴兴犹逊迂翁，其胸次自别也。”[18]倪瓒作画一片天真烂漫之心，抒写对生命、自然的理解与对自由的追求，痴迷于幽淡的境界与风格。其画风简率，笔墨单纯，章法固定，意象稀少，却呈现了至高的意境。论意境与幽淡风格，在董其昌眼中，不但黄公望无法与倪瓒比肩，就是元四家共同的先生赵孟頫也无法媲美，就在于他们都缺少倪瓒天真性情与幽淡的趣味。天真性情、幽淡的趣味与自然地作画状态、表现本真情思的艺术追求结合，便形成了高逸之人抒发逸气的过程。倪瓒的画构图简易，一般是近、中、远三段景物构图，近景一般是树，中景为河，远景是山，“一河两岸”是倪瓒基本的构图方式。《六君子图》、《紫芝山房图》、《容膝斋图》、《渔庄秋霁图》、《虞山林壑图》、《松亭山色图》、《江岸枯树图》、《疏林图》、《江亭山色图》、《松林亭子图》、《江岸望山图》、《溪山图》、《秋亭嘉树图》都是这样的章法结构。倪瓒的山水意象简易而雷同，其相似的外形表达的是共同的意志，即人与自然相合乃至人物化于自然界。逸者，逃离也。倪瓒渴望通过画逃离人间世界，故其画无人，只有树石山水，近处的树与中间的水、远处的山好像并无瓜葛，孤独地独立地永恒地存在。倪瓒的人生也是孤标傲世卓尔不群。但倪瓒非不食五谷吸风饮露的藐姑射山神人，他对世间万物、对父子夫妻兄弟的纲常伦理、对性情思想和而不同的朋友抱着本真的热爱，故时常给永恒的自然界填上一个具有人的属性的亭，但亭子是空的，为人服务之物成了彻底的自然物，亭子曾经有人，或者死亡了，或者物化了，如南郭子綦形如槁木心如死灰，人存在但不在场。这反映了倪瓒既执着热爱人间又渴望上升至藐姑射之山汾水之阳与天地万物合为一体的复杂心理。存在空亭的画象征人间繁华落尽后依然回归自然本身，自然才是天地间永恒的画面和主题。简淡的笔墨最接近自然界的状态，所以倪瓒多用干笔淡墨，笔的皴擦多于墨的晕染，画面干净爽洁。自然界固然色彩繁多，但太极图的黑白二色才是宇宙的本质，故倪瓒作画大多用纯水墨，青绿设色很少。倪瓒的应物象形的能力不高，也不追求形似，而重在用简易但充满逸趣之笔画出心中之境和胸中之气。“逸”，是逃离人世复归大道的行动与思想。倪瓒的画被认为是“逸品”的典范，主要在于其人生之逸、性情之逸与思想之逸。

恽寿平第一知己非王翚莫属。在王翚艺术生涯的前中期，不仅与恽寿平的绘画风貌相似，而且绘画理念几乎相同。“逸”在恽寿平与王翚的画论中都处于本源地位。王翚在《仿古山水卷》一则画跋中完整论述了何为“逸品”：“凡作画遇兴到时，即运笔泼墨，顷刻间烟云变化，峰峦万重，苍莽淋漓，诸法毕具，真若有神助者，此为天真。得天真而成逸品，逸品在神品之上。所谓神品者，人力所能至也；所谓逸品者，在兴会时偶合也。一山一水，一草一木，必互相映发，位置天然，虽尺幅间而有千寻之势者，惟吴仲圭能之。每下笔当思古人玄妙处，意在笔外，悟此自能尽善，所谓笔简意到者是也。今人刻意繁密，而于切要处不经意，则离古人远矣。”[19]画中逸品是灵感来临兴会淋漓时的随意挥洒，发于本真合于天造，笔法简单意蕴丰富，不拘于法则却符合法则，是天人合一的产物。因此逸品高于带有雕琢之状经营之态的神品。画中神品能学、练而成，逸品只能逸人在兴会中与大道偶合而成。画逸品画的前提是画家是逸人。所以在《摘前贤名句成小景册》的一则画跋中王翚说：“元人笔意潇洒，脱去畦町工整之习，洵称逸品。”[20]黄公望、倪瓒、吴镇、方从义等元代画家都不与政府合作，本身就是逸人，因此笔意潇洒，而元代绘画市场没有形成，这些人不能做职业画家，作画都是表达心境，发于本真心自然漠视规则方法。王翚将元人笔意潇洒的脱去工整之习的佳作都看成“逸品”，源于他对元代画家生存方式的认同。倪瓒是王翚最欣赏的画家之一，《仿倪高士平淡天真》跋中云：“云林画简淡中一种逸韵，无画史纵横俗状也。三百年来惟董文敏能继之。元人作画绝不经意，都从肺腑中流出，平淡天真，极有士气，非以形似求工者可比也。”[21]画史纵横俗状是明代中期商品经济发展后画家迎合贵族和商人品位而形成的绘画风貌，缺乏文人重视的人格、气韵、意境等精神性的表现，为文人画家所排斥。倪瓒、董其昌的画是逸品的代表，因为他们基于清高的人格作画、基于本真之心作画，所以人为逸人，画为逸品。这是恽寿平、王翚共同的艺术观念。因此恽寿平论“逸品”常以王翚作品举例。《跋王翚山水图卷》：“黄鹤山樵有《修竹远山》，徐幼文有《溪山琴趣》，皆称逸品，在笔墨畦径之外，天机飞舞，使人玩索不穷。此卷撮两图之胜，一点一拂，都是化工露气，鉴者珍之。”[22]《跋王翚仿谢雪村霜林茅屋》：“三十年留心绘事，不知元时玉峰有谢雪村，石谷子偶从白门见之，亟为叹赏。此景点秋山红树，荒率有逸气，即用雪村遗意为之。”[23]《跋王石谷仿古山水册》：“幼文笔致秀耸，有逸趣，在云西、丹丘之间。石谷拟议神明，直是后来居上。”[24]可见在恽寿平心中王翚是堪与董源、米芾、黄公望、倪瓒并列的人物。王翚能成为恽寿平眼中“逸品”的典范之一，除了风味幽淡、离方遁圆、极妍尽态之外，笔墨能集宋元大成又能自出机杼是重要一点。对于集大成，王翚做出了非常明确的解释：“以元人笔墨，运宋人丘壑，而泽以唐人气韵，乃为大成。”[25]笔墨是创作技法，丘壑是意象和章法，气韵是作品给人的生机勃勃的感觉和美的感受。王翚追求用元画的技法、依据宋画的章法与意象、最终呈现唐画的感受，这样的大成。谭述乐归纳总结出王翚集大成的五种表现形式：“一以一家样式为主，兼用其他手法；二杂取各家笔法；三戏用古人笔意；四用古法描绘真景；五自身风格显现。”[26]王翚一生绘制多幅仿赵令穰的《水村图》，与原作都有所差异。王翚1709年创作的《仿大年水村图》（立轴 纸本 浅绛 95 cm×53 cm）与赵令穰的《水村图》（立轴 绢本 设色 129.8 cm×67.5 cm 台北故宫博物院）都是山河整体式构图，村落居于画面中下部，意象和画意相同，都是湖边、村落、渔舟、树林、远山等意象，表现的都是江湖隐逸思想。此图虽题为《仿大年水村图》，但不同之处很多。首先是章法差异，此图是一河两岸的三段布局，只是树木高大将河流遮蔽大半，赵令穰的《水村图》则是整体连缀式章法；其次意象塑造方式不同，此图的树木大都是蟹爪式寒林，远山用了董源巨然派画法，矾头堆砌形成群山，而赵令穰的《山水图》大多为仰角式寒林，山脉线条呈流线型；再次笔墨技法不同，王翚综合运用了董源、巨然、“元四家”笔法，复杂多变，赵令穰的则是纯粹北宋北宗画家笔法。1714年王翚创作的《山水图册之仿大年水村图》（册页 纸本 浅绛 32 cm×23.7 cm×10 cm）与差不多同时期的《仿古山水册之赵大年水村图》（册页 纸本 青绿 40.7 cm×32.6 cm×12 cm）大体相同，只是一为浅绛一为青绿，只截取了《水村图》的湖边村落树林的片段，意象、章法、笔墨与赵令穰《水村图轴》差别更大。倒是1712年《仿赵大年山水图轴》（立轴 纸本 青绿 98.3 cm×49.2 cm）的意象、章法与之比较接近。当然王翚当年仿的可能不是赵令穰的这幅《水村图》，可能也不只一幅《水村图》，但王翚仿古之作大都是在摹古中创新，集古法之大成，以之为自己的面貌。师古集大成而能自成面貌是王翚笔墨的最重要特点，也是恽寿平将其画推为“逸品”的依据，但这并非根本原因，根本原因在于王翚首先是高逸之人，又擅于利用绘画抒发逸气。

“逸品”是恽寿平艺术观念的中心，“逸品”的形而上维度是“意境”，“逸品”的形而下维度是“笔墨”。“逸品”需要创作者、绘画作品、接受者共同实现。身为逸民，具有高逸的人格和性情是“逸品”的根基，抒发逸气表现本真的创作过程是“逸品”的本质，笔墨逸宕，风味幽淡，离方遁圆，极妍尽态是“逸品”的外现。

注释：

[1] 恽敬：《南田先生家传》，《恽南田专辑》，常州：政协武进县文史资料研究委员会编，1988年，第17页。

[2] 祁晨月点校：《国朝画征录》，杭州：浙江人民美术出版社，2011年，第52页。

[3] 王伯敏、任道斌：《画学集成》，石家庄：河北美术出版社，2002年，第89页。

[4] 杨成寅编著：《中国历代绘画理论评注》，武汉：湖北美术出版社，2009年，第173页。

[5] 吴企明辑校：《恽寿平全集》，北京：人民文学出版社，2015年，第319页。

[6] 吴企明辑校：《恽寿平全集》，北京：人民文学出版社，2015年，第326页。

[7] 吴企明辑校：《恽寿平全集》，北京：人民文学出版社，2015年，第377页。

[8] 吴企明辑校：《恽寿平全集》，北京：人民文学出版社，2015年，第410页。

[9] 吴企明辑校：《恽寿平全集》，北京：人民文学出版社，2015年，第383页。

[10] 吴企明辑校：《恽寿平全集》，北京：人民文学出版社，2015年，第326页。

[11] 吴企明辑校：《恽寿平全集》，北京：人民文学出版社，2015年，第605页。

[12] 吴企明辑校：《恽寿平全集》，北京：人民文学出版社，2015年，第637页。

[13] 吴企明辑校：《恽寿平全集》，北京：人民文学出版社，2015年，第322页。

[14] 吴企明辑校：《恽寿平全集》，北京：人民文学出版社，2015年，第484页。

[15] 吴企明辑校：《恽寿平全集》，北京：人民文学出版社，2015年，第326页。

[16] 吴企明辑校：《恽寿平全集》，北京：人民文学出版社，2015年，第321页。

[17]（元）倪瓒：《清閟阁集》，杭州：西泠印社，2010年，第377页。

[18] 王伯敏、任道斌：《画学集成》，石家庄：河北美术出版社，2002年，第210页。

[19] 俞丰：《王翚画论译注》，北京：荣宝斋出版社，2012年，第41页。

[20] 俞丰：《王翚画论译注》，北京：荣宝斋出版社，2012年，第57页。

[21] 俞丰:《王翚画论译注》,北京:荣宝斋出版社,2012年,第133页。
[22] 吴企明辑校:《恽寿平全集》,北京:人民文学出版社,2015年,第621页。
[23] 吴企明辑校:《恽寿平全集》,北京:人民文学出版社,2015年,第649页。
[24] 吴企明辑校:《恽寿平全集》,北京:人民文学出版社,2015年,第650页。
[25] 俞丰:《王翚画论译注》,北京:荣宝斋出版社,2012年,第12页。
[26] 谭述乐:《王翚·上》,石家庄:河北教育出版社,2011年,第11～15页。

周代国人的政治干预与歌诗创作

付林鹏

（华中师范大学文学院，湖北武汉，430079）

内容摘要：在周代的庶民阶层中，有一类人比较特殊，被称为国人。国人聚族而居，共同生活在都邑之中，是当时兵役的主要承担者。惟其如此，国人成为左右政局的一支重要力量。国人对政治的干预，往往是通过歌谣或舆论的形式来影响政事，其具体形式包括歌、诵、讴等，这对于先秦歌诗的创作，有着重要影响。而《诗经·国风》中诗歌的采集，也与这一传统有关。

关键词：周代；国人；政治干预；歌诗；《国风》

在周代，天子有所谓的听政制度，以听取来自社会各阶层的不同意见，将之作为行政的参考。如西周时邵公就曾谏周厉王说："故天子听政，使公卿至于列士献诗，瞽献曲，史献书，师箴，瞍赋，蒙诵，百工谏，庶人传语，近臣尽规，亲戚补察，瞽、史教诲，耆、艾修之，而后王斟酌焉，是以事行而不悖。"[1]春秋时，师旷也曾谏晋悼公说："自王以下各有父兄子弟以补察其政。史为书，瞽为诗，工诵箴谏，大夫规诲，士传言，庶人谤，商旅于市，百工献艺。"[2]以往之研究，多将此段史料作为先秦"献诗说"及乐官参与文学创作的重要证据，关注的是"士"以上阶层对国政的干预。而对庶民阶层，若"百工谏，庶人传语"、"庶人谤，商旅于市，百工献艺"等，少有论述。本文即留意这一薄弱领域，试图以周代的庶民阶层——特别是国人阶层为研究视角，探讨其在政治干预过程中的歌诗创作问题，并探讨其与"采诗说"之关系。

一、周代国人干政机制的形成

周礼的内容，在于严格区分不同的等级。如《左传·昭公七年》就曾载："天有十日，人有十等。……故王臣公，公臣大夫，大夫臣士，士臣皂，皂臣舆，舆臣隶，隶臣僚，僚臣仆，仆臣台，马有圉，牛有牧。"《左传·襄公十四年》也说："是故天子有公，诸侯有卿，卿置侧室，大夫有贰宗，士有朋友，庶人、工商、皂隶、牧圉皆有亲昵，以相辅佐也。"另外，《左传·桓公二年》、《左传·襄公九年》、《国语·晋语四》等文献中亦有相似记载。虽具体名称略有差异，但共同点却都是以“士”阶层为分割线，断为两截。“士”以上属贵族阶层，“士”以下属庶民阶层[3]。

与庶民阶层有关，有一类人比较特殊，被称为“国人”。所谓“国人”，是指居住于都邑中之人，以区别于居住在鄙野的野人。《周礼·地官·泉府》载：“国人、郊人从其有司。”贾公彦疏：“‘国人’者，谓住在国城之内。……‘郊人’者，即远郊之外六遂之民也。”[4]盖古代都城之制，有内外两重城墙，内者曰“城”，外者曰“郭”。“郭”以内又可称为“国”，“郭”以外则称为郊。《国语·齐语》有“参其国而伍其鄙”之说，韦昭注：“国，郊以内也。……鄙，郊以外也。”[5]则居住于都邑之内的平民，方可称为“国人”。

在《左传》、《国语》等典籍中，就屡屡提到“国人”。据统计，《左传》中称“国人”者约有八十二次，《国语》中称“国人”者约有十六次，涉及周王室及各诸侯国。这还不包括那些省称“人”、“众”、“民”者。由此可知，国人在春秋时期的政治活动中起到十分重要的作用。徐复观就认为“凡称到国人时，不仅都与政治、军事直接有关，而且对政治军事，在最后常有决定性的作用，因而使当时的统治者，不能不时时考虑到对国人的争取”[6]。考之典籍，徐先生的说法是有道理的。如《国语·周语上》就载：“厉王虐，国人谤王。……三年，乃流王于彘。”又载：“彘之乱，宣王在邵公之宫，国人围之。”同样，西周时铭《塱盨》也有记载：“又进复，雩邦人、正人、师氏人又辠又故，迺騞倗即女，迺繇宕，卑复虐逐厥君厥师，迺乍余一人咎。”[7]铭文中的“邦人”，就是“国人”，《说文解字·邑部》：“邦，国也。”郭沫若更指出铭文中的“虐逐厥君厥师”是明指厉王奔彘事，故将其定为宣王时器[8]。可见，早在西周中晚期，“国人”就已成为影响政局变动的一支重要力量。

及至春秋，国人的势力更是有增无减，《左传》中就屡见国人干预政治的举动，其过问政治的方式，包括决定国君的废立，过问外交的战和，参议国都的迁徙等。《周礼·秋官》载“小司寇”之职就有“掌外朝之政，以致万民而询焉。一曰询国危，二曰询国迁，三曰询立君”。对此，清人江永曾引《左传》例证加以解释：

> 僖十五年，晋阴饴甥言朝国人曰“孤虽归，辱社稷，其卜贰圉”。询立君也。定八年，卫灵公朝国人问叛晋。哀元年，朝国人问欲与楚，欲与吴，询国危也。[9]

当然，相关例证还有很多，限于篇幅，就不一一列举了。

那么，国人如何能与诸侯（包括周王）、贵族形成三足鼎立之势，成为干预政治的一股强大的力量呢？一般认为，有以下原因：

其一，国人是氏族共同体的遗存，有统一的管理体制。周初封建，曾分别赐予鲁“殷民六族”、卫“殷民七族”、晋“怀姓九宗”等，并命令各国“帅其宗氏，辑其分族，将其丑类，以法则周公”[10]。很明显，这些殷民就是各国国人的重要组成部分。《左传·定公六年》载阳虎专政，“盟公及三桓于周社，盟国人于亳社，诅于五父之衢”。据杜预注，亳社即殷社[11]。可见，鲁国的国人是以殷遗为主体。他们聚族而居，有共同的宗社。国人的居所，是以“里”为单位的。《诗经·郑风·将仲子》就有“无逾我里”之说，《传》曰：“里，居也，二十五家为里。”[12]《管子·度地》则认为“百家为里”。虽然说法有异，仍可证明“里”是国人族居的共同体。“里”之长官为“里君”，或称之为氏族长。《管子·小匡》载：“择其贤民，使为里君。”而据《史颂簋》：“王才（在）宗周，令史颂省穌（苏），法友里君、百生（姓）。”[13]“里君”的地位尚在贵族（百姓）之上。《逸周书·商誓》也记周武王说：“告尔伊旧何父……及百官、里居、献民。”“里居”当为“里君”之误，与百官并称，正说明武王对其政治实力之重视。

由此可知，国人聚族而居，有着共同的利益关系，所以往往会主动参与政事，并能够左右政局。而据杜正胜研究，在春秋时期，越小的国家，国人对政治的干预表现得就越明显，这或许与小国保留原始氏族共同体的遗习较多有关[14]。

其二，国人是兵役的主要承担者，有左右战争的能力。旧说以为，军队的领导阶级是贵族，其主体则是贵族的下层——士。但揆之史籍，发现军队的基层实为国人。具体的例子，如《左传·闵公二年》载狄人伐卫，“将战，国人受甲者皆曰：‘使鹤！鹤实有禄位，余焉能战？’”卫懿公因过于宠爱仙鹤，引起国人不满，而导致卫国的覆灭。既曰“受甲”，说明国人是军队的重要组成部分。而据《周礼·夏官·序官》：“凡制军，万有二千五百人为军。王六军，大国三军，次国二军，小国一军。”在春秋时期，这一军队编制虽被打破，但却没有根本性的改变。如齐桓公时，管仲“作内政而寓军令”，就以“里”为单位，将国人编组军队：“为高子之里，为国子之里，为公里，三分齐国，以为三军。”[15]当时军队的主帅，多由卿担任。主帅在决策时，往往要参考国人的意见。《左传·成公六年》载晋栾书率师侵蔡，与楚国救蔡相遇，当时或战或退，晋军上层存在分歧。栾书则唯恐战败，下令班师。但“于是军师之欲战者众”，就有人劝谏栾书：“圣人与众同欲，是以济事，子盍从众？子为大政，将酌于民者也。”最终使栾书改变了主意。劝谏者提到“军师”、“众”，又提到“酌于民”，一方面证明晋师的主体是国人，另一方面也说明国人能够左右战争的决策。

可以说，聚族而居和承担兵役成为国人干政的必要条件，也使之成为各国国君所积极争取的政治势力。

二、“庶人谤”：国人干政的隐性方式

国人对政治的干预，分为两种：一是显性干预，即通过实际行动参与政治事件，上节讨论者，多是如此。二是隐性干预，即通过歌谣或舆论的形式对政治进行干预。两者区别在于，显性干预效果明显，隐性干预效果迟缓。但当隐性干预达不到预期效果时，国人又会付之显性干预。这里重点讨论隐性干预。国人的隐性干预，最典型的莫过于采用歌谣传唱的形式影响政治。如《诗经·陈风》中有《墓门》一诗，据说是讽刺陈国国君陈佗的，其中就有“夫也不良，国人知之”、“夫也不良，歌以讯之”两句，说明国人不但知道陈佗的罪恶，更以歌谣的形式警告他。当然，除了“歌”以外，还有“诵”、“讴”等，现依次论之。

（1）歌。传统的说法，“歌”与“谣”有别。《诗经·魏风·园有桃》有“我歌且

谣”之说，《毛传》解释说：“曲合乐曰歌，徒歌曰谣。”[16]《尔雅》则曰：“声比于琴瑟曰歌。”[17]《韩诗章句》：“有章曲曰歌，无章曲曰谣。”[18]故在汉人的观念中，能否合乐是“歌”与“谣”的主要区别。在特定的语境下，这一说法是有道理的。但更多的时候，特别是在《左传》中，“歌”与“谣”的界限是十分模糊的。如《昭公三十一年》载“赵简子梦童子赢而转以歌”，恐怕就是不合章曲的“徒歌”，而非“比于琴瑟”之歌。

在春秋时代，国人就常以“歌之”的形式来评鉴政事、表达意见。如《左传·昭公十二年》载费邑宰南蒯谋去季氏，将叛之前曾“饮乡人酒”，“乡人或歌之曰：‘我有圃，生之杞乎！从我者子乎，去我者鄙乎，倍其邻者耻乎！已乎已乎！非吾党之士乎！’”此歌用比体，盖圃者，本种菜之地，不生菜蔬而长杞柳，喻南蒯在费，欲为乱也。乡人以歌谣的形式，表达了对南蒯叛乱的反对。

又如《左传·哀公五年》载齐景公死后，立嬖子公子荼为君，并“寘群公子于莱”，莱人歌之曰：“景公死乎不与埋，三军之事乎不与谋，师乎师乎，何党之乎？”对此，服虔注曰：“莱人见五公子远迁鄙邑，不得与景公葬埋之事，及国三军之谋，故愍而歌。师，众也。党，所也。言公子徒众何所适也。”[19]此歌用赋法，言及景公之谥，当为葬后之歌。莱人借此歌，一则哀众公子之流离失所，二则批评齐国的君位之争。

再如鲁哀公二十一年（前474年）八月，鲁哀公与齐平公、邾惠公在顾地结盟。因哀公十七年（前478年）鲁哀公与齐平公会盟行礼时，“齐侯稽首，公拜”，齐人以为鲁公失礼。故这次聚会“齐人责稽首，因歌之曰：‘鲁人之皋，忧不觉，使我高蹈。唯其儒书，以为二国忧。’”据杜预注：“皋，缓也。高蹈，犹远行也。言鲁人皋缓，数年不知答齐稽首，故使我高蹈来为此会。”[20]齐人借此歌批评鲁公拘守儒书，不行稽首礼，数年不知过错，故导致两国关系紧张。

以上三例，虽未明言是国人所作，但第一例之“乡人”，居于费邑；第二例之“莱人”，居于莱邑；第三例之“齐人”，在盟会之时，肯定包括国人。故国人以“歌之”的形式，或反对叛乱，或批评时政，或参与外交，成为当时庶人干预政事的重要方式。

（2）诵。在先秦歌诗的传播方式中，还有“诵”一说。如《周礼·春官》就载瞽矇的职责之一是“讽诵诗”，据郑玄注：“倍文曰讽，以声节之曰诵。”清人徐养原进一步解释说：“讽如小儿背书声，无回曲；诵则有抑扬顿挫之致。”[21]说明“诵”是一种较为艺术化的表达方式，接近于现在的朗诵。上文《国语·周语上》载天子听政，有“蒙诵”之说，韦昭注：“诵，谓箴谏之语也。”[22]《正字通》也云：“诵，怨辞也。”[23]如此，则说明“诵”还是一种常见的讽谏方式。

春秋时期，庶民以“诵”的形式表达政治意见，常见的有“国人诵”和“舆人诵”等。其实，“舆人”也是国人的一部分。以往之注疏，往往将“舆人”释为“众人”，如《国语·晋语三》有“舆人诵”，韦昭注：“舆，众也。”[24]《左传·僖公二十八年》有“舆人之谋”，杜预注：“舆，众也。”[25]今人杨伯峻注也说：“舆人，众人也。或为士兵，或为役卒。”[26]然此说较为笼统，不足以解决“舆人”的身份问题。

现代学者通过研究，虽然对“舆人”的具体身份还存在一定的分歧，如或以为“舆人”是国人中从征役者[27]，或以为“舆人”是国人中的下层群众，大概为“小人”之属[28]，或以为舆人是国人中拥有自己车辆的人[29]，但却大致形成如下共识，即“舆人”是国人群体中比较特殊的一部分。

先说典籍中明确记为“国人诵”者，具体有两例：其一，据《左传》载，襄公四年（前569年）冬十月，邾、莒两个小国合伙侵伐鄫国，鲁国大夫臧武仲为救鄫国而攻打邾国，结果战败于狐骀，使鲁军死亡甚众，引起了国人的不满，故“国人诵之曰：‘臧之狐裘，败我于狐骀。我君小子，朱儒是使。朱儒朱儒，使我败于邾。’”这里的“狐裘”和“朱儒”，均指臧武仲。“臧之狐裘”者，因臧武仲是大夫，有资格服狐裘。起句用此，是诗歌常用之比兴手法[30]。“朱儒”者，则是因臧武仲身材短小，为国人所恶，故以此讥讽之。“诵”音哀促而辞怨毒，对臧武仲进行了批评，反映了鲁人被小国打败的强烈耻辱感。

其二，据《国语·晋语三》载，晋惠公夷吾即位，为其兄共世子申生改葬，结果世子的尸臭散发在外。对此，晋“国人诵之曰”：

> 贞之无报也。孰是人斯，而有是臭也？贞为不听，信为不诚。国斯无刑，偷居幸生。不更厥贞，大命其倾。威兮怀兮，各聚尔有，以待所归兮。猗兮违兮，心之哀兮。岁之二七，其靡有徵兮。若狄公子，吾是之依兮。镇抚国家，为王妃兮。

太子申生因骊姬之谄，最后自杀。在晋献公时，葬不如礼。至惠公即位，为笼络人心，为申生改葬，结果不但未达到预期效果，反而导致共世子尸臭散发于外，引来了国人的不满。“诵”可以分两部分：前一部分表达国人对惠公的不满，认为导致共世子尸臭的罪魁祸首，就是惠公。其具体原因，据韦昭注是“惠公蒸于献公夫人贾君，故申生臭达于外，不欲为无礼者所葬”[31]。因惠公所行不正，不被国人所认同，所以才对其提出告诫：“不更厥贞，大命其倾。”后一部分则表达国人对公子重耳的怀念，盼其能够返国为君，所谓“威兮怀兮，各聚尔有，以待所归兮”是也。更为重要的是，“国人诵”还预言了惠公一系灭亡的时间“岁之二七，其靡有徵兮”，具有谶言的性质。

再说典籍中记为“舆人诵”者。在《国语》和《左传》中，屡见“舆人诵”、“舆人之谋”的说法。《国语·楚语上》载白公谈到齐桓、晋文之所以称霸，是能够做到“近臣谏，远臣谤，舆人诵，以自诰也”。这说明“舆人诵”除了是国人针砭时政的手段外，也是国君制定政治策略的主要依据和衡量行政效果的重要借鉴。

其一，作为针砭时政的手段，如《国语·晋语三》载：“惠公入而背外内之赂。舆人诵之曰：‘佞之见佞，果丧其田。诈之见诈，果丧其赂。得国而狃，终逢其咎。丧田不惩，祸乱其兴。’”惠公得为晋君，外靠秦穆公的帮助，内靠里克、丕郑等大夫的支持。为君之前，曾对两方都有许诺；为君之后，却背弃承诺。故“佞之见佞，果丧其田”说的是里克、丕郑受惠公赂田而纳之，结果未得其田；“诈之见诈，果丧其赂”说的是秦穆公以诈而立惠公，结果未得贿赂；“得国而狃，终逢其咎”说的是惠公因贪而得国，最终会获咎；“丧田不惩，祸乱其兴”说的是里克、丕郑因未得赂田，早晚会作乱遭祸。这是舆人预言性的歌谣，后来果然都应验了，里克、丕郑在惠公即位第二年被杀，惠公则在僖公十五年（前645年）在韩地被秦军打败俘虏。所以，晋大夫郭偃评价此“诵”说：“善哉！夫众口祸福之门。是以君子省众而动，监戒而谋，谋度而行，故无不济。”认为君子应该体察民众的愿望而行动，了解民众的舆论而谋划，只有这样才能成功。

其二，作为国君制定政策的依据，在晋文公身上体现得最为明显。如果说晋惠公因不善听“舆人之诵”而败，那么晋文公则因善听“舆人之诵”而兴。文公之政，就常依“舆人之谋”、“舆人之诵”而行。如《左传·僖公二十八年》载：

> 晋侯围曹，门焉，多死，曹人尸诸城上，晋侯患之，听舆人之谋[32]曰：“称舍于墓。”师迁焉。曹人凶惧，为其所得者，棺而出之。因其凶也而攻之。三月丙午，入曹。

晋文公久攻曹国不下，听从舆人之谋，声称要在曹国墓地安营。据杨伯峻解释，这里的墓地当是曹国的“邦墓”，所葬皆曹之国人，而国人又是曹军主力，故曹人因害怕祖墓被发掘而凶惧[33]。晋军因其凶惧，最终攻入曹国。另，《左传·僖公二十八年》还载：

> 夏四月戊辰，晋侯、宋公、齐国归父、崔夭、秦小子慭次于城濮，楚师背酅而舍。晋侯患之，听舆人之诵曰：“原田每每，舍其旧而新是谋。”公疑焉。子犯曰：“战也。战而捷，必得诸侯，若其不捷，表里山河，必无害也。”

城濮之役，晋、楚两军相遇，作为最高统帅，文公在决战前夕是十分焦虑的，故传文用“患”字。文公所“患”，据杜预注：“恐众畏险，故听其歌诵。”[34]舆人所“诵”，是用比体。其真意，据杜预注是“喻晋军之美盛，若原田之草每每然，可以谋立新功，不足念旧惠”[35]。尽管晋人军心颇齐，但文公仍有疑虑，后听从了子犯等人的劝告，才下定决心。由此可见，战争中的很多决策，晋文公都是听从了“舆人之诵”而做出的。

其三，作为衡量行政效果的借鉴，如《左传·襄公三十年》载子产治郑：“从政一年，舆人诵之曰：‘取我衣冠而褚之，取我田畴而伍之。孰杀子产，吾其与之！’及三年，又诵之曰：‘我有子弟，子产诲之。我有田畴，子产殖之。子产而死，谁其嗣之？’”此事亦载于《吕氏春秋·乐成》，内容稍异。子产治郑所采取的措施，主要是通过税制改革，以增加国家的经济收入。“取我衣冠而褚之”，《吕氏春秋》则作“我有衣冠，而子产贮之”，据杨宽解释，贮是财物税[36]；“取我田畴而伍之”，《吕氏春秋》则作“我有田畴，而子产赋之”，杨伯峻以为“伍”字即“赋”之借字，是“纳田税也”[37]。在改革之初，并未得到国人的支持，以致有“孰杀子产，吾其与之”的说法。后改革成功，民众又转而歌颂子产：“子产而死，谁其嗣之?”可见，舆人之诵除了能表达不满外，还是行政效果的试金石。据《左传·襄公三十一年》载，子产不毁乡校，其中的一番议论，可视为开明统治者对国人舆论的态度：“夫人朝夕退而游焉，以议执政之善否。其所善者，吾则行之。其所恶者，吾则改之。”

可以说，“舆人诵”在先秦的政治文化中起着非常重要的作用，无怪乎后人将之视为中国“舆论”概念的语源之一[38]。

（三）讴。关于“讴”，《说文·言部》释曰：“讴，齐歌也。”《汉书·高帝纪》颜师古曰：“讴，齐歌也，谓齐声而歌。或曰齐地之歌。”[39]两种解释中，前者更为合理，盖《楚辞·招魂》中有“吴歈蔡讴”之说，《孟子·告子下》中有“河西善讴”之说，则“讴”并不限于齐地。其实，从文字学角度解释，“讴”本就带有众的意思，“讴”字繁体作“謳”，《说文》“區”字从“品”在“匸”。品者，众也。焦循就认为“聚众声而为讴”[40]。更为重要的是，“讴”是无伴奏之歌唱，《楚辞·大招》载：“讴和《扬阿》。”王逸注：“徒歌曰讴。”[41]“讴”与“歌”略有不同。

《左传》中记国人“讴”凡两次[42]，均发生在宋国。第一次见于《宣公二年》：

> 宋城，华元为植，巡功。城者讴曰：“睅其目，皤其腹，弃甲而复。于思于思，弃甲复来。”使其骖乘谓之曰：“牛则有皮，犀兕尚多，弃甲则那?”役人曰：“从其有皮，丹漆若何?”华元曰：“去之，夫其口众我寡。”

宋国筑城，正卿华元为主持者，并负责巡视检查。因在同一年（前607年），华元帅师与郑国大战，战败被俘，后被赎回，故而在巡查城工时，被筑城者所讽刺。城者所讴，描绘出了华元的形象，“睅其目，皤其腹”是说“瞪个大眼睛，鼓着大肚子”，“于思于思”，杜预注：“多鬓之貌。”[43]意思是长满络腮胡须。可见，在宋国人眼中，华元就是个丢盔弃甲、战败逃归的草包形象。难得的是，筑城者是当着华元的面讽刺他的。而华元的反应，则只是让自己的骖乘回复筑城者，恐怕用的也是歌谣的形式。后又被筑城者呛声，无奈之下，华元只得说：“去之，夫其口众我寡。”由此可以看出：其一，“讴”确是齐声而歌，故有“口众”之说；其二，“讴”是即兴创作，因此才有骖乘的回复和被呛声；其三，筑城者可以当面讽刺华元，与其说是华元“不吝其咎，宽而容众”，不如说是国人议政传统的延续。

第二次见于《襄公十七年》：

> 宋皇国父为大宰，为平公筑台，妨于农功。子罕请俟农功之毕，公弗许。筑者讴曰：“泽门之皙，实兴我役。邑中之黔，实慰我心。”子罕闻之，亲执扑，以行筑者，而抶其不勉者，曰：“吾侪小人，皆有阖庐，以辟燥湿寒暑。今君为一台而不速成，何以为役?”讴者乃止。或问其故，子罕曰：“宋国区区，而有诅有祝，祸之本也。”

宋皇国父为大宰，于农功之时兴役，为宋平公筑台。子罕劝谏，平公不从，故而引起了筑者的不满，产生了“筑者讴”之事。筑者之讴有诅有祝，形成对比。所诅者是“泽门之皙”，即皇国父，因其居于泽门（宋东城南门），面目白皙，故称；所祝者是“邑中之黔”，即子罕，因其居于城中，面色黧黑，故称。虽然筑者歌颂子罕，但子罕并不领情，反而鞭打那些不肯出力的人。其原因，是子罕认为在一国之内，有诅有祝，存在毁誉，是祸乱之本。这说明，子罕认识到国人的毁誉，会对小小的宋国产生巨大的冲击力。故他从统治者的角度思考，不惜采用鞭打筑者的形式，来为皇国父和宋平公分谤[44]，目的在于安定民心，维护宋国的安稳。

其实，上几种方式，可以用一个字进行总结——谤。《孔丛子·陈士义》：“子顺曰：‘先君初相鲁，鲁人谤，诵曰……’”可见，“诵”本就是“谤”的一种形式。而“歌”、“讴”也是贬多而褒少，以负面情绪为主。《左传》中更有“国人谤”的直接记载，也是使用了类似歌谣的形式，如《昭公四年》载子产作丘赋，“国人谤之，曰：‘其父死于路，己为虿尾，以令于国，国将若之何?’”与前文“舆人之诵”相比，咒之更甚。故可知，周代最常见的“庶人谤”，就是以歌谣的形式，去臧否上层人物，进而影响国家行政。当然，其效果有的明显，有的则并不明显。

可以说，作为先秦佚诗的国人干政歌谣，有其自身的特点，可以总结如下：其一，缘事而谋篇。上文所引歌谣，多出自《左传》、《国语》，是较为可信的历史文献，目的以记事和记言为主。而这些歌谣很大程度上也是文以事传，本身就是整个政治事件的一部分。其二，即兴而发。这些歌谣本身就是各国国人对政治事件的评论，故往往是即兴而发，还保留有口语的特征，最典型的莫过于《左传·宣公二年》的“城者讴”。其三，片段式结构。这些歌谣不长于叙述，故篇幅短小，内容简单，多是单章。虽偶然杂用比兴，却以直抒胸臆为主，无后世诗歌起承转合的复杂结构。其四，韵脚和谐。上引歌谣，多数是押韵的，如“乡人歌”就以杞、子、鄙、耻、己、士为韵；“原田诵”中每、谋为韵；“城者讴”中思、来古音同在咍部，为韵[45]。总而言之，这些歌谣是后世诗歌，特别是《诗经》中“《风》诗”的原初状态。但并非未经过任何加工，相信史官在记录事件的时候，对这些歌谣进行了简单的文字处理。上文“子产诵”的不同版本，就是典型的例证。

三、国人干政传统与《国风》之采集

除了以上先秦佚诗外，《诗经·国风》中的部分诗歌，也有很多是国人所作，其目的是通过“怨”、“刺”等形式，评价政治人物，干预国家行政。但却因本事不明的原因，后人对这些诗歌有不同的解读。好在《毛诗序》为我们了解这些诗歌的产生背景，留下了宝贵的记载。为方便起见，罗列如下：

> 《击鼓》，怨州吁也。卫州吁用兵暴乱，使公孙文仲将而平陈与宋。国人怨其勇而无礼也。（《邶风·击鼓》）
>
> 《雄雉》，刺卫宣公也。淫乱不恤国事，军旅数起，大夫久役，男女怨旷，国人患之，而作是诗。（《邶风·雄雉》）
>
> 《新台》，刺卫宣公也。纳伋之妻，作新台于河上而要之，国人恶之，而作是

诗也。(《邶风·新台》)

《二子乘舟》，思伋、寿也。卫宣公之二子争相为死，国人伤而思之，作是诗也。(《邶风·二子乘舟》)

《墙有茨》，卫人刺其上也。公子顽通乎君母，国人疾之，而不可道也。(《鄘风·墙有茨》)

《蝃蝀》，止奔也。卫文公能以道化其民，淫奔之耻，国人不齿也。(《鄘风·蝃蝀》)

《硕人》，闵庄姜也。庄公惑于嬖妾，使骄上僭。庄姜贤而不答，终以无子，国人闵而忧之。(《卫风·硕人》)

《丘中有麻》，思贤也。庄王不明，贤人放逐，国人思之，而作是诗也。(《王风·丘中有麻》)

《缁衣》，美武公也。父子并为周司徒，善于其职，国人宜之，故美其德，以明有国善善之功焉。(《郑风·缁衣》)

《叔于田》，刺庄公也。叔处于京，缮甲治兵以出于田，国人说而归之。(《郑风·叔于田》)

《遵大路》，思君子也。庄公失道，君子去之，国人思望焉。(《郑风·遵大路》)

《有女同车》，刺忽也。郑人刺忽之不昏于齐。太子忽尝有功于齐，齐侯请妻之齐女。贤而不取，卒以无大国之助，至于见逐，故国人刺之。(《郑风·有女同车》)

《褰裳》，思见正也。狂童恣行，国人思大国之正己也。(《郑风·褰裳》)

《硕鼠》，刺重敛也。国人刺其君重敛，蚕食于民，不修其政，贪而畏人，若大鼠也。(《魏风·硕鼠》)

《山有枢》，刺晋昭公也。不能修道以正其国，有财不能用，有钟鼓不能以自乐，有朝廷不能洒埽，政荒民散，将以危亡，四邻谋取其国家而不知，国人作诗以刺之也。(《唐风·山有枢》)

《扬之水》，刺晋昭公也。昭公分国以封沃，沃盛强，昭公微弱，国人将叛而归沃焉。(《唐风·扬之水》)

《葛生》，刺晋献公也。好攻战，则国人多丧矣。(《唐风·葛生》)

《黄鸟》，哀三良也。国人刺穆公以人从死，而作是诗也。(《秦风·黄鸟》)

以上所录，均可见“国人”字样，说明是国人所作或采自国人。当然，这并非全部，《毛序》中也有很多并未标示“国人”字样，相信也是出自“国人”之手，因限于篇幅，就不做详细阐发。

对《毛序》所载内容，可从以下几个方面加以讨论：首先，真实性方面，这些诗歌的创作背景，应该是比较可信的。其中的一些记载，可与《左传》记载相印证。其一，如《卫风·硕人》，《左传·隐公三年》载：“卫庄公娶于齐，东宫得臣之妹，曰庄姜。美人无子，卫人所为赋《硕人》也。”其二，如《秦风·黄鸟》，《左传·文公六年》载：“秦伯任好卒，以子车氏之三子奄息、仲行、针虎为殉，皆秦之良也。国人哀之，为之赋《黄鸟》。”《毛序》对两诗本事之记载，与《左传》如出一辙。由此也可以推测，《毛序》对其他诗歌本事的阐述，虽然未必全真，但也非向壁虚造，而是有一定的依据。有学者就认为，《毛诗》序传作为最早的解诗系统，产生年代与《风》诗最为接近，所以保存原始本事也应该是最多的。考虑到诗歌不能再现本事的原因，故不能单以文本中找不到佐证，就简单地否定《毛诗》序传的真实性[46]。因此，《毛序》关于“国人以刺”的说法，还是比较真实的。

其次，就比例而言，由国人集体创作的诗歌，在《国风》中所占比例就较高。如国别方面，十五《国风》中，《毛序》明确标示是由国人创作的，有八国之多，涉及邶、鄘、卫、郑、唐、秦等。其中，《鄘风》存诗十首，标示为国人所作的就有四首，比例不可谓不高。这还不包括那些未明言，却实为国人所作的诗歌，如《王风·扬之水》，《毛序》解释说：“《扬之水》，刺平王也。不抚其民而远屯戍于母家，周人怨思焉。”[47]这里的周人，指得当也是周之国人。类似例子，还有很多。可以说，十五《国风》中，除《周南》、《召南》外，有大量的刺诗、怨诗，多为国人有感于时事而作的歌谣，后被行人所采集，又经过了乐官的整理，被保存了下来。

再者，据《毛序》的解释，国人之诗多是针对具体人物的，故其所表达的情绪是多样的，大致可以分为四类：

一是赞美。这类情绪比较少见，主要是因政治人物能够忠于职守，故而获得国人的拥戴。《毛序》常用关键词是“美”。如《郑风·缁衣》，据说是赞美郑武公的，其中有“国人宜之”之说。宜者，合适也，国人认为武公与其父桓公作为周司徒，是“正得其宜”[48]。

二是同情。关于这类情绪，主要是因政治人物遭遇不幸，故而得到国人的同情，并借之表达对造成主人公不幸遭遇的人的不满。《毛序》常用关键词为“伤”、“闵”等，如《邶风·二子乘舟》，是国人批评卫宣公，同情争相赴死的二公子的，故《毛序》说是“伤而思之”；又如《卫风·硕人》，则是因卫庄公惑于嬖妾，冷落庄姜，国人“闵而忧之”而作。

三是思念。这类情绪主要是国人有感于政治环境的恶劣，希望借助于贤人的辅助，或大国的干涉，从而改变现有的状况。《毛序》常用关键词为“思”，如《王风·丘中有麻》为思贤之作，《郑风·遵大路》是思君子之作。国人对贤人君子的思念，也从侧面表达了对国君的不满，因为正是国君不明，才导致贤人的放逐。又如《郑风·褰裳》说是国人因“狂童恣行”，而“思大国之正己”之作。关于“狂童恣行”[49]，据郑玄笺：“谓突与忽争国，更出更入，而无大国正之。”[50]是说郑庄公死后，二子突与忽争立，国人希望能够借助大国之力，来安定郑国。

四是批评。这类情绪是最多的，是国人明显直白地对政治人物表示不满。《毛序》常用关键词有“怨”、“患”、“恶”、“疾”、“不齿”、“刺”等，因例证很多，就不一一分析了，其感情大同而小异，如孔颖达就分析说：“怨与刺，皆自下怨上之辞。怨者，情所恚恨。刺者，责其愆咎。大同小异耳。”[51]可见，国人这一情绪之表达，皆是以下怨上，这也是国人干政的核心价值所在。

由此可见，国人最初以歌谣的形式评价政治人物，是由下向上的政治干预；而执政者又主动采集这些歌谣，是由上向下的意见选择。正是这些歌谣，成为天子或诸侯听政的重要参考依据。相信先秦时期，是有大量这样的歌谣存在的。但它们的命运却并不相同，有的经过选择，已经丢失了。有的比较幸运，被记录于史书当中，成为政治事件的一部分。最幸运的是那些被收入《国风》中的，在经过专门整理后，成为经典文本，又变成上层贵族赋诗的思想资源，成为其参政议政的重要话语形态。

*本文为国家社科基金青年项目“两周乐政与乐官的文学活动研究”【15CZW011】阶段性成果。

注释：

[1] 上海师范大学古籍整理组校点:《国语·周语上》,《国语》卷一,上海:上海古籍出版社,1978年,第9～10页。

[2] (战国)左丘明,等:《左传·襄公十四年》,《春秋左传正义》卷三十二,《十三经注疏》本,北京:中华书局,1980年,第1958页。

[3] 其中,庶人、工商属于庶民阶层,学界基本没有异议。但皂、舆、隶、僚、仆、台、圉、牧等,是属于庶人,还是奴隶,还存在争论。如顾德融、朱顺龙的《春秋史》就将这些人视为官府奴隶(可参见顾德融、朱顺龙:《春秋史》,上海:上海人民出版社,2003年,第346页);而黄中业则将其视为平民阶层,有别于“罪隶”、“四夷之隶”、“奚隶”、“胥靡”等“家内奴隶”(黄中业:《春秋时期的“皂隶牧圉”属于平民阶层说》,《齐鲁学刊》1984年第2期)。这里我们采用黄说。

[4] (汉)郑玄,等:《周礼注疏》卷十五,《十三经注疏》本,北京:中华书局,1980年,第738页。

[5] 上海师范大学古籍整理组校点:《国语·齐语》,《国语》卷六,上海:上海古籍出版社,1978年,第224～225页。

[6] 徐复观:《两汉思想史》第一卷,上海:华东师范大学出版社,2001年,第21页。

[7] 马承源主编:《商周青铜器铭文选》卷三,北京:文物出版社,1986年,第312页。

[8] 郭沫若:《两周金文辞大系图录考释》,北京:科学出版社,1957年,第141页。

[9] (清)孙诒让:《周礼正义》卷六十五,北京:中华书局,1987年,第2762～2763页。

[10] (战国)左丘明,等:《左传·定公四年》,《春秋左传正义》卷五十四,《十三经注疏》本,北京:中华书局,1980年,第2134～2135页。

[11]《春秋·哀公四年》:“六月,辛丑,亳社灾。”杜预注:“亳社,殷社,诸侯有之,所以戒亡国。”(战国)左丘明,等:《春秋左传正义》卷五十七,《十三经注疏》本,北京:中华书局,1980年,第2158页。

[12] (汉)毛亨,等:《毛诗正义》卷四,《十三经注疏》本,北京:中华书局,1980年,第337页。

[13] 马承源主编:《商周青铜器铭文选》卷三,北京:文物出版社,1986年,第300页。

[14] 杜正胜:《周代城邦》,台北:联经出版事业公司,1979年,第33页。

[15] (清)黎翔凤:《管子·小匡》,《管子校注》卷八,北京:中华书局,2004年,第413页。

[16] (汉)毛亨,等:《毛诗正义》卷五,《十三经注疏》本,北京:中华书局,1980年,第357页。

[17] (唐)徐坚:《初学记·乐部上》引,《初学记》卷十五,北京:中华书局,1962年,第376页。

[18] (唐)徐坚:《初学记·乐部上》引,《初学记》卷十五,北京:中华书局,1962年,第376页。

[19] 吴静安:《春秋左氏传旧注疏证续》,长春:东北师范大学出版社,2005年,第1990页。

[20] (战国)左丘明,等:《左传·哀公二十一年》,《春秋左传正义》卷六十,《十三经注疏》本,北京:中华书局,1980年,第2181页。

[21]（清）孙诒让:《周礼正义》卷四十二,北京:中华书局,1987年,第1725页。

[22]上海师范大学古籍整理组校点:《国语·周语上》,《国语》卷一,上海:上海古籍出版社,1978年,第10～11页。

[23]杨伯峻:《春秋左传注》,北京:中华书局,1990年,第940页。

[24]上海师范大学古籍整理组校点:《国语·晋语三》,《国语》卷九,上海:上海古籍出版社,1978年,第315页。

[25]（战国）左丘明,等:《左传·僖公二十八年》,《春秋左传正义》卷十六,《十三经注疏》本,北京:中华书局,1980年,第1824页。

[26]杨伯峻:《春秋左传注》,北京:中华书局,1990年,第453页。

[27]童书业:《春秋左传研究》,北京:中华书局,2006年,第132页。

[28]赵世超:《周代国野制度研究》,西安:陕西人民出版社,1991年,第56页。

[29]晁福林:《先秦社会形态研究》,北京:北京师范大学出版社,2003年,第509页。

[30]或以为是赋法,如杜预注"臧纥时服狐裘",是明指;或以为是"比兴"之法,如杨伯峻就提出质疑,认为"此役在鲁之十月,夏正八月,非御狐裘之时,盖以狐裘兴起狐骀,此古代诗歌之比兴手法"（杨伯峻:《春秋左传注》,北京:中华书局,1990年,第940页）,属代指。这里当以杨解为优。

[31]上海师范大学古籍整理组校点:《国语·晋语三》,《国语》卷九,上海:上海古籍出版社,1978年,第317页。

[32]孔颖达正义曰:"此'谋'字或作'诵',涉下文而误耳。其云'诵'者皆韵如诗赋。此称舍于墓,直是计谋之言,不得为'诵'。"（战国）左丘明,等:《春秋左传正义》卷十六,《十三经注疏》本,北京:中华书局,1980年,第1824页。

[33]杨伯峻:《春秋左传注》,北京:中华书局,1990年,第453页。

[34]（战国）左丘明,等:《左传·僖公二十八年》,《春秋左传正义》卷十六,《十三经注疏》本,北京:中华书局,1980年,第1825页。

[35]（战国）左丘明,等:《左传·僖公二十八年》,《春秋左传正义》卷十六,《十三经注疏》本,北京:中华书局,1980年,第1825页。

[36]杨宽:《古史新探》,北京:中华书局,1965年,第79页。

[37]杨伯峻:《春秋左传注》,北京:中华书局,1990年,第1182页。

[38]夏保国:《先秦"舆人"考论——中国"舆论"概念的历史语源学考察》,《学习与探索》2011年第6期。

[39]（汉）班固:《汉书·高第纪上》,《汉书》卷一上,北京:中华书局,1962年,第30页。

[40]（清）焦循:《孟子正义》卷二十四,北京:中华书局,1987年,第831～832页。

[41]（宋）洪兴祖:《楚辞补注》,北京:中华书局,1983年,第221页。

[42]《左传》所记两"讴",一出于"城者"之口,一出于"筑者"之口,或以为这些服役者是奴隶。但据斯维至先生考察,这些役人其实是平民。参见斯维至:《中国古代社会文化论稿》,台北:允晨文化实业股份有限公司,1997年,第120～121页。

[43]（战国）左丘明,等:《左传·宣公二年》,《春秋左传正义》卷二十一,《十三经注疏》本,北京:中华书局,1980年,第1866页。

[44]杜预注:"《传》善子罕分谤。"（战国）左丘明,等:《左传·襄公十七年》,《春秋左传正义》卷三十三,《十三经注疏》本,北京:中华书局,1980年,第1964页。

[45]杨伯峻:《春秋左传注》,北京:中华书局,1990年,第1338、458、645页。

[46]钱志熙:《从歌谣的体制看"〈风〉诗"的艺术特点——兼论对〈毛诗〉序传解诗系统的正确认识》,《北京大学学报》2005年第2期。

[47]（汉）毛亨，等:《毛诗正义》卷四，《十三经注疏》本，北京:中华书局，1980年，第331页。

[48]（汉）毛亨，等:《毛诗正义》卷四，《十三经注疏》本，北京:中华书局，1980年，第336页。

[49] 对于《褰裳》诗旨，朱熹以为是男女情事，与政治无涉。然陈子展先生经过研究，认为《诗序》用的是贵族赋《诗》的意义，故"也还可通"。参见陈子展:《诗三百解题》，上海:复旦大学出版社，2001年，第322页。

[50]（汉）毛亨，等:《毛诗正义》卷四，《十三经注疏》本，北京:中华书局，1980年，第342页。

[51]（汉）毛亨，等:《毛诗正义》卷四，《十三经注疏》本，北京:中华书局，1980年，第299页。

历史地图 GIS 与古典文学研究

毛建军　张三夕

（兴义民族师范学院文传学院，贵州兴义，562400；
华中师范大学文学院，湖北武汉，430079）

内容摘要：历史地图 GIS 辅助古典文学研究是近十年来新起的研究议题。国内外开发建置的大量历史地理信息系统，为人文研究者提供了全新的研究视角。历史地图 GIS 与古典文学研究已有成功案例。《唐宋文学编年系地信息平台》（王兆鹏）和《唐宋诗词作者及作品分布地理信息系统》（罗凤珠）取得了较为成熟的应用和实践。随着信息技术和大数据的快速发展，历史地图 GIS 将会被广泛运用到古典文学研究之中。

关键词：历史地图 GIS；古典文学；GIS

一、引言

文学创作的内容与风格与地理环境密切相关。中国文学的发展既具有时代性、民族性特征，同时也表现出明显的地域性特征。“先秦时期的《诗经》和《楚辞》就是地域性很强的作品。”[1]1902 年梁启超在《中国地理大势论》一文中第一次提出“文学地理”的概念[2]。20 世纪初，刘师培《南北文学不同论》、王国维《屈子文学之精神》、汪辟疆《近代诗坛与地域》等著述开始用西方现代学术方法将中国文学地理的片断言说条理化。陈正祥《中国文化地理》（1982 年）一书开新时期地图与文学研究之先河。陈正祥教授还绘制了《唐宋诗词作者籍贯分布地图》和《明代诗人的籍贯分布地图》。近 10 年来，文学地域性与文学家地理分布的研究已经逐渐受到关注，已有近百种文学地理的实证研究专著问世，“为文学与地图的交叉研究打开了多方位探索的路，文学地理学理论的建构也日趋成熟”[3]。2011 年 11 月，江西省社会科学院和广州大学中文系共同主办“中国首届文学地理学”研讨会，首次明确界定文学地理学作为一门学科存在的学理依据[4]。2012 年广州大学中文系教授曾大兴《文学地理学研究》（商务印书馆）的出版标志着文学地理学理论和学科建构取得全新进展。

文学地理学作为一门独立学科的发展，如今方兴未艾，但古典文学与 GIS（地理信息系统 Geographic Information System 或 Geo-Information System）技术的结合关注度则不够。那么，古典文学研究中引入 GIS 技术可以拓展哪些新的研究视野呢？

郑永晓先生认为，在古典文学研究中引入 GIS，至少可以协助解决如下问题：历代作家的地域分布状况；历代作家在不同地域的消长；历代作家的迁徙与文化重心之转移；作家群体的诞生、嬗变与其地域之分布；家族文化与文学在不同历史时期的演变；具体作家在不同年月的创作情况及其作品在不同地域的分布；作家文集在不同时代、不同地域的流布、刊刻；精确描述文学事件、作家活动与编年文学史写作；作家年谱的编纂；著名作家在不同地域、不同历史时期的影响研究[5]。“正是基于文学地图与文学地理学以及文学史学的内在关联，文学地图所蕴含的多重空间递进组合关系以及空间化的集成功能与效应，对于文学地理学与文学史学的实践探索与理论建树，都具有重要的意义和价值。”[6]郑永晓、梅新林两位先生的畅想给 GIS 与古典文学研究描绘了光明的前景，对古典文学研究的现代化进程，对“古典文学地图”与文学地理学的整体发展必将起到巨大的推动作用。

历史地图 GIS 与人文社会科学研究关系密切。历史地图对于人文社会研究而言可以反映许多意象。历史地图 GIS 完全可以作为人文社会研究的展现与查询的工具和汇整数据的工具。历史地图所提供的信息，除了通过点、线、面符号所显示的位置和分布形态信息之外，也可以通过不同时期的地图比对，呈现环境变迁的时空关系[7]。

二、历史地图 GIS 基础平台

历史地图 GIS 基础平台建设是人文学术研究的基础，下面我们对国内外已开发建置的历史地图 GIS 基础平台略作管窥。

《中国历史地理信息系统》由复旦大学历史地理研究中心建置。《中国历史地理信息系统》项目于 2001 年启动，是我国最早进行历史地理信息系统开发探索的项目之一，其宗旨在于建立一套中国历史时期连续变化的基础地理信息库，为研究者 GIS 数据平台、时间统计以及查询工具和模型[8]。基于数据库的 GIS 技术《中国历史地理信息系统》可同时为使用者提供最简洁的数据查询、检索、编绘数据地图和整合相关数据库的功能。《中国历史地理信息系统》的建置是传承了《中国历史地图集》把基础历史空间信息标定到现代空间位置基础上的目的，并高度地运用现代信息科技整合技术，将纸质历史地图完整地呈现在高效能的信息应用中。运用 GIS 强大的空间撷取、编辑、分析功能，使用者可轻易地了解空间信息分布，并可从事空间距离、面积计算、空间分析等一般纸质历史地图所无法进行的工作。

《中国古代城市地理信息系统》由中国社科院历史所建置。该系统是国内较早尝试中国古代城市研究的专题性 GIS 数据平台。2010 年中国社科院历史所成一农研究员主持了该所重点项目《中国古代城市地理信息系统》，系统以 CHGIS 平台为基础制作，以行政区划为基础，通过史料构建全国范围内城市各个组成要素的历史城市地理信息系统。该系统具备的功能包括数据的查询功能、数据的空间分析能力、数据的整合和分析功能。不过受到资金和人员的限制，2015 年 11 月 18 日成一农研究员在接受采访时坦言“这一地理信息数据库在数据结构上目前只能满足个人专题研究的需要，未能建立具有扩展性的数据标准，无法与其他数据直接衔接”[9]。不过，《中国古代城市地理信息系统》客观上为研究者提供了不同的视角，其创新性的思考会启发更多的历史地理问题。

《中华文明之时空基础架构》由台湾研究院范毅军研究员主持建置。其基本空间数据以数字版谭其骧《中国历史地图集》为基础，以20世纪90年代中国地图为底图，辅以各类历史地图、遥感影像等图形资料，并整合汉籍电子文献资料、清代粮价资料库、明清地方志联合目录数据库等成果，主要反映了利用GIS研究历代疆域、聚落、黄河、国都的变迁、中国古代文化圈、明清以来江南地区的市镇发展等内容，并最终整合成为具有精确空间定位、整合时间与空间属性的中国历史文化时空基础平台。由于版权的问题，这套系统并不对公众开放，只通过签订协议方式免费对单位开放。该系统的软件系自主开发，使用和编辑都必须通过网络进行，使用者建立的数据主要保存在网络服务器上，利用上具有一定局限，且不出版纸质历史地图集。

从上世纪末对中国历史地理信息系统的构想开始，到着手收集各式中国历史地图信息空间资料、建立中国历史地理信息系统及进行推广工作已经历时近20年，国内外相关成果已相当丰硕（见表1）。

表1　中国历史地理信息系统一览表

名称	建置单位	简介
《中国社会科学综合地理信息服务平台》	中国社会科学院	内容包括基础地理信息和中国当代地图、历史地图、汉语方言、民族分布与民族语言等专题。
《中国文化地图》	中国艺术科技研究所	包括遥感影像、数字高程模型、行政界线、行政地名、交通路网、河流水系等数据，搭建了“中国文化地图”三维地理信息系统基础支撑平台。
《清朝地理信息系统》	复旦大学时空分析实验室	利用现存的清朝原始档案复原各时期的清朝疆域、政区变化，然后叠加各类记录于时间、空间的人口、经济、自然、文化、灾害等要素建成的清史研究基础数据库平台。
《丝绸之路历史地理信息系统》	复旦大学时空分析实验室	系统还原了“玄奘之路”、“卡拉其古路”、“英吉沙路”、“纳兹塔什路”等多条著名的丝路路线。每一段路线都有特殊的标记标注，并沿用古地名与现代地名对照的方式，三维地图展示。
《清史地图集与地理信息系统》	中国人民大学清史研究所	利用GIS技术、数据库技术、三维仿真技术，建设成清代地理信息系统，进行历史数据管理、展示、分析和综合研究。
《北京历史文化地理信息系统》	北京市测绘设计研究院	系统采集、汇总、入库了文化遗址、城市古建、历史景观、名人名居、城市纪念物、重要历史事件发生地、地下文物埋藏区、古河道等相关历史文化地理信息资源。
《华夏家谱历史地理信息系统》	南京师范大学虚拟地理环境教育部重点实验室	在各家各户家谱的基础上，以GIS技术为支撑，以数字方式存储、分析、呈现家谱文本中所蕴含的时空信息，建构可视化的家谱时空网络。
《台湾历史文化地图》	台湾研究院	系统的时空信息库除了传承清代方志地图、《台湾地图》、《台湾地形图》的内容，还进一步把基础历史空间信息标定到现代空间位置。
《近代中国历史地图与遥测影像典藏》	台湾研究院计算中心	广泛搜集台湾与大陆地区各类地图以数字化保存，并将相关地图信息整理成有系统的历史空间信息。

三、历史地图 GIS 与古典文学研究

近年来，文史学者已开始注意到文学与地理信息的关系，并尝试以各种统计数据进行文学地域分布与地理环境对文学影响的研究。目前，历史地图 GIS 与古典文学研究依旧处于探索阶段。其中成就最为杰出的学者当属武汉大学王兆鹏教授、台湾元智大学罗凤珠教授和台湾东吴大学罗丽容教授。

(一)《唐宋文学编年系地信息平台》

由武汉大学文学院教授王兆鹏主持的“《唐宋文学编年系地信息平台》建设”（项目编号：12&ZD154）获 2012 年国家社科基金重大攻关项目（第三批）立项。《唐宋文学编年系地信息平台》类似于一个海量信息库，并且将打破时间对文学史的垄断，创造性地引入“系地”这一概念，利用 GIS 技术将唐宋时期的作家作品按照时空序列完整地在地图上呈现。据王兆鹏先生介绍，已有的文学编年史注重作家活动和作品创作的时间，而忽略作家活动和作品创作的地理空间，文学研究富有时间感却缺乏空间感。因此，建成后的《唐宋文学编年系地信息平台》将具有资料查询、数据统计、地图生成等功能，可以显示每个时间点和时间段，中国各个地方有哪些作家在此地出生、在此地过世、在此地活动和创作；更可以显示一个作家生于何地（或所属籍贯）、在哪些地方活动过，在哪些地方创作了哪些作品、跟哪些人一起交游互动，并能按时间先后顺序自动生成作家行踪路线图[10]。

(二)《唐宋诗词作者及作品分布地理信息系统》

《唐宋诗词作者及作品分布地理信息系统》由台湾元智大学罗凤珠教授研发。《唐宋诗词作者及作品分布地理信息系统》由《唐宋诗词作品》、《唐宋诗词作者资料》、《行政地名数据库》三大数据库和“地理信息系统平台”组成，系统以已有的唐宋诗词作品及作者数据库，引用 GIS 技术及其它信息工具，建置唐宋诗词作者及作品分布与变迁地图。该系统的作品分布数据则除了与作者有着密切的关联性外，更包含作品相关地点，更细致地建置唐宋诗词作家及作品分布地图，以作为中国文学、文化与地理关系研究的平台。系统可以提供唐宋诗词文学分布与变迁的地图，是文学与文化研究的素材与教学材料[11]。系统提供《唐宋诗词作品》及《唐宋诗词作者资料》与《行政地名数据库》GIS 整合查询。当三者与 GIS 系统作融合、查询的同时，可获得作品、作者与地理信息间彼此的对应关系。（见图 1）

(三)《晚明苏州派曲家与 GIS 地理信息系统应用》

《晚明苏州派曲家与 GIS 地理信息系统应用》由台湾东吴大学罗丽容教授主持建置。该系统以数字人文课程的方式，将 GIS 系统引进到中文系古典戏曲课程，融合古典戏曲与地理信息系统，将平面概念转为立体行动轨迹，继而进行讲授者、修课学生与文献数据之间的重新对话。《晚明苏州派曲家与 GIS 地理信息系统应用》结合中文与 GIS，运用计算机和网络技术来弥补人文领域画面图像数据的不足，以文字来释图，用图来贯穿文字线索，让原本平面的文字数据增加另一空间要素，使科技与人文作密切结合并深化。课程结束后学生以汇报梁辰鱼、沈璟、冯梦龙等戏曲家的《生平

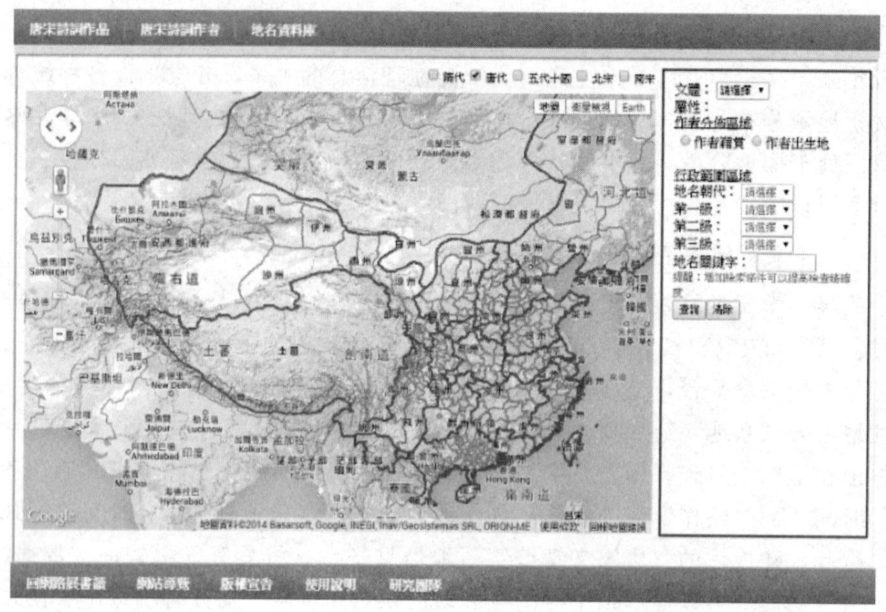

图 1　《唐宋诗词作者及作品分布地理信息系统》操作界面

履迹图》、《交友图》、《行迹图》、《戏曲作品分布图》等作品呈现。该课程的实施除了建立新的研究方式外，同时也可培育出许多中文系的 GIS 系统操作与研究人才。

四、结语

引用历史地图 GIS 作为古典文学研究的辅助工具，是近十年来新起的研究议题。笔者在参加国内外各种学术会议（如古籍数字化国际学术研讨会、文学与信息学术研讨会等）期间，经常跟与会的从事古典文学研究的学界同行就历史地图 GIS 到底能够运用到古典文学研究的哪些方面，其技术进展如何以及如何利用古籍电子文献进行古典文学研究等问题进行探讨。事实上，历史地图 GIS 在教学、研究、培养人才等方面的发展可以变成古典文学研究新动力的加速器，历史地图 GIS 与人文艺术的结合，也成为近年来科技界和人文学术界共同努力的目标，但我们必须清楚地认知：历史地图 GIS 可能带来的研究方法的新突破只是古典文学研究工具的变化，古典文学研究更重要的任务是启迪人文精神。

*本文系兴义民族师范学院 2016 年度博士科研启动经费项目《布依族文献开发利用研究》【16XYBS05】阶段性成果。

注释：

[1] 袁行霈:《中国文学概论》,北京:高等教育出版社,1990 年,第 33 页。

[2] 梁启超:《中国地理大势论》,《饮冰室文集之十》,北京:中华书局,1989 年,第 84～87 页。

[3] 罗凤珠、郑锦全,等:《唐代诗人行吟地图建构:李白、杜甫、韩愈》,台北:第六届文学与信息科技国际会议,2012 年。

[4] 彭民权、俞晖:《历史的必然,地理的必然,文学的必然——首届中国文学地理学暨宋代文学地理研讨会在南昌召开》,《鄱阳湖学刊》2011 年第 6 期,第 2 页。

[5] 郑永晓:《以 GIS 为例看信息技术在古典文学研究中的应用》,《重庆教育学院学报》2006 年第 5 期,第 59～62 页。

[6] 梅新林:《论文学地图》,《中国社会科学》2015 年第 8 期,第 159～181 页。

[7] 赖进贵、王钧慧:《地理信息系统与数字典藏结合的回顾与展望》,《国土信息系统通讯》2011 年第 6 期,第 2～12 页。

[8] 毛建军:《历史图牒数字化述论》,《图书馆学研究》2011 年第 2 期,第 19～20 页。

[9] 成一农:《当前历史城市地理信息系统研发中存在的问题和原因》。[2017 年 5 月 19 日] http://www.vccoo.com/v/828248.

[10] 王兆鹏:《建设中国文学数字化地图平台的构想》,《文学遗产》2012 年第 2 期,第 131～133 页。

[11] 罗凤珠、范毅军,等:《文史地理信息网站建置与文学研究之应用》,台北:数位典藏地理信息学术研讨会,2009 年。

从文学与文物双重视角谈初唐碑版文学家李俨

王　瑜

（西安电子科技大学，陕西西安，710126）

内容摘要：墓志是一种独特的文体，也是重要的文史研究资料，唐代墓志数量巨大，当前学界对之相当重视。然而当前研究多重其史料价值，对碑版文学及其作者的研究相对较少。李俨是初唐时期文士，以碑版文字见长，有多篇作品传世，但因其人文名不著、正史无传，故其生平、著作及文学成就等问题只能从零散的史料中勾稽，本文通过新出土的《阎庄墓志铭》和其他史料所提供的一些信息，对前辈学者研究中的一些疏漏之处做出了补充和修正。

关键词：碑版文学；阎庄墓志；李俨

一

墓志是一种兼具文献和文物价值的历史资料，从铭旌、瓦志、志砖、告地砖、柩铭等形态发展而来。东汉时期其形制初步固定，南朝刘宋的《谢珫墓志》首次以“墓志”二字入题，此后此类文字均以“墓志”、“墓志铭”或“墓志铭并序”为题；墓志的文体在南北朝时期基本定型，并且出现了庾信这样的个中名家，隋唐时期墓志到了繁兴阶段，尤以唐代为盛。《唐代墓志汇编》《唐代墓志汇编续集》所收加上《全唐文》收录碑文而墓志未见出土的，数量达到六千多篇。由于数量众多，唐代墓志近年来成为一个颇受重视的研究领域，“史志互证”的方法对社会史、艺术史、文学史等方面的研究来说大有裨益。

唐代墓志数量之多是缘于当时社会对墓志的重视远愈前代，中唐时人封演所撰《封氏闻见记》卷六“碑碣”条曰：“近代碑碣稍众，有力之家，多辇金帛以祈作者之谀，虽人子罔极之心，顺情虚饰，遂成风俗。”[1]可见当时墓志是有财力的家庭办丧事时都会置备的，已经成为丧葬活动的一个重要元素，世人将之看作孝道的体现，虽然封演指出墓志文字“顺情虚饰”，但是其影响深广，已成“风俗”。《通典》卷139载：“先灵车，后次方相车，次志石车，次大棺车……”[2]说明墓志已被正式纳入丧葬制度之内。不过初唐时期墓志数量较中唐、盛唐时期还是少得多，通过《唐代墓志汇编》及《续集》来看，初唐时期的墓志志主常常是社会地位较高的官僚及其家属，另外就是佛教中人，这与中唐以后的情况是存在差异的。经过时间的推移，墓志逐渐地从上层社会传播于唐代社会各阶层，其中的等级性渐趋模糊，相当数量的志主都是社会地位一般甚至较低的人。

墓志向中下层社会的这种蔓延也影响到创作者对它的态度，唐代文士将墓志的写作逐渐发展到文学创作的高度，并常将得意之作收入个人文集，其中也不乏诸如《柳子厚墓志铭》这般的著名篇什。许多文名显赫的文学家都撰写过墓志，如魏征、张说、颜真卿、贺知章、独孤及、陈子昂、白居易、韩愈、柳宗元等人都有墓志作品流传至今，而韩愈堪称翘楚，《唐才子传》称“时韩碑铭独唱”。目前学界对于墓志的研究还存在一些欠缺，比如对墓志作者的关注相对不足，本文的主人公、初唐碑版文学家李俨即是其中之一。

1995年，在西安市长安县郭杜镇西古高阳原西坡，发现唐代墓志一合，志主为唐代名臣阎立德之子、名画家阎立本之侄阎庄。发现者陕西师范大学臧振先生随后发表文章《西安新出土阎立德之子阎庄墓志铭》[3]，对本方墓志相关问题进行了探讨，认为墓志的内容为我们提供了史料所阙，并在文中通过墓志内容探讨阎庄不见于史籍的原因、阎庄之死与太子李弘之死的关系及太子之死的隐情等问题。不过对于墓志作者李俨，文中虽然也做了一些说明，但是并没有多费笔墨，因与本文探讨问题相关，为便于讨论，我们先将臧文中述及李俨的文字引录如下：

> 墓志铭撰者李俨，两唐书无传，《全唐文》卷二〇一据俨撰《道因法师碑》文，有17字小传云：“俨字仲思，陇西人，龙朔中官中台司藩大夫。”《金石萃编》卷五十四对“司藩大夫”及李俨家世略有考证。《全唐文》、《唐文拾遗》、《唐文续拾》收入李俨文章四篇，即《益州多宝寺道因法师碑文并序》（欧阳通书，今藏西安碑林）、《金刚般若经集注序》、《大唐故左戎卫大将军兼太子左典戎卫率赠荆州都督上柱国怀宁县开国襄公杜公碑》（俗称《杜君绰碑》，高正臣书，今藏礼泉县昭陵）及《大唐故清河公主碑》。赵明诚《金石录》收有俨撰碑版文七篇，除《道因法师碑》、《清河公主碑》外，有《辨法师碑》、《窦德玄碑》、《刘君碑》、《大兴善寺舍利塔铭》、《董宝亮碑》。诸碑年代，起自显庆三年（658年），止于咸亨四年（673年）。《中国文学家辞典》据此推测李俨约卒于咸亨以后。今据阎庄墓志，可知上元三年（676年）俨尚健在，时任太子率更令。

臧振先生据阎庄墓志，对李俨的卒年问题对前人的说法进行了修正，但是对李俨其他诸方面的问题未加细考，学界目前关于李俨的生平著作还缺少一篇比较详尽的文章，只有臧文所引的《中国文学家辞典》中有陈尚君先生撰写的一篇小传，因此为了填补这一空缺，本文将通过能搜集到的尽可能多的材料对这位初唐碑版文学家的生平著作等情况做出最大限度的考述。

二

正如臧文所言，李俨在两唐书中均无传，不过细检史籍会发现关于此人也并不是全无文字记载，《同姓名录》卷八，有“李俨三”一条，晋、唐、辽各一，文曰：“唐李俨，余千人，德宗时为左司谏，方士桑道茂奏言奉天有天子气，上欲屠其城，俨极谏，乞杀道茂，上悟乃止。”[4]此条所载之李俨《万姓统谱》卷七十一亦载，为德宗时人，唐德宗李适于公元779年至805年在位，与本文之李俨生活年代相隔甚远，可以确定并不是同一个人。这意味着此条记录中，唐代李俨仅录一人是不确切的。其实，两唐书中即载有李俨二人，除本文所述之外，另一李俨据《新唐书》《新五代史》为唐末左金吾大将军，唐昭宗（公元888年至904年在位）时为江淮宣谕使。《资治通鉴考异》对此李俨有述其姓名原委之文，“李俨张濬之子”条曰：“《十国纪年》注：李昊《蜀书》张格传云：‘弟休仕，唐为御史，奉使扬州，闻长水之祸，改姓名为李俨。’《九国志》云：李俨本左仆射张濬之少子，名播，起家校书郎，迁右拾遗，濬为朱全忠所害，播自长水奔凤翔，昭宗赐其姓名来使，欲征兵复仇，行密与朱全忠书云，选张述于谏省，俾衔命于敝藩，授秩执金，赐编属籍。新旧《唐书》《昭宗纪》及濬传皆云，天复三年十二月全忠杀濬于长水，然则俨来使时，濬犹未死。述字与休字相乱，或一名播乎。”[5]此李俨既为唐末人且本姓张，与本文所述之碑版文学家显然也不是同一人。

本文所述之李俨，在史籍中基本只是出现在其所作之碑版文字之中，资料并不很多，如《法苑珠林序》《金刚般若经集注序》及上述之《阎庄墓志铭》等。《法苑珠林序》下署名处为“朝散大夫兰台侍郎陇西李俨仲思撰”[6]，上揭臧文提到《全唐文》所录《道因法师碑》有李俨小传17字，文曰：“俨字仲思，陇西人，龙朔中官中台司藩大夫。”[7]陈尚君指出“李俨，一名李怀俨”，李怀俨在两唐书、《唐会要》及后人所撰之《御定全唐诗》《唐诗纪事》中皆有提及，《旧唐书》卷五十九《李袭志传》载曰：“兄子怀俨，颇以文才著名，历兰台侍郎，受制检校写四部书进内，以书有污，左授郢州刺史，后卒于礼部侍郎。”又两唐书《崔行功传》中亦提及李怀俨，《旧唐书》文曰：“当时朝廷大手笔多是行功及兰台侍郎李怀俨之词。”[8]《新唐书》载崔行功“又召为司文郎中，与兰台侍郎李怀俨并主朝廷大典册”[9]。

此外，说李俨是金州安康（今陕西石泉）人，这应当是根据《旧唐书·李袭志传》中所记：“李袭志，字重光，本陇西狄道人，五叶祖景避地安康，复称金州安康人也。”《全唐文》所录《道因法师碑》下李俨小传云“俨字仲思，陇西人”，《法苑珠林序》题下小注亦称“陇西李俨”。初唐时期，门阀观念还有一定影响，时人一般自己会使用更能表明身世的籍里。李俨远祖为陇西狄道（今为甘肃省临洮县）人，唐初关陇集团势盛，而且陇西是李唐祖籍所在，后魏太和年间定四海望族，以陇西李氏为冠，遂为当代盛门。李渊为大唐开国皇帝，因而当时“陇西李氏”声望盛大，所谓“李氏十三望，以陇西为第一”，故李俨自称陇西人应该也有自高出身的意思。

三

陈尚君为《中国文学家辞典》所撰“李俨”条目在阎庄墓志发现之前，阎庄墓志的出土可以将关于李俨卒年的推测向后推延三年，即由“咸亨四年”（公元673年）改为“上元三年”（公元676年），此点已经臧文指出，不过臧文所说“诸碑年代，起自显庆三年（公元658年）”还是略疏稽考。欧阳修《集古录》卷五收录《唐皇甫忠碑》，《御定佩文斋书画谱》亦著录此碑并注明“贞观十四年著作佐郎李俨撰”[10]，那么李俨见于著录诸碑之年代当起于贞观十四年（640年），两者相差18年之远，这对我们了解李俨仕宦经历有不小影响，因而有必要予以指出并改正。上文所引臧文中，对于李俨文章的统计仅有9篇，其中《道因法师碑》在《全唐文》卷二〇一和《金石录》卷四中皆见，《大唐故清河长公主碑》在《唐文续拾》卷二和《金石录》卷四中皆见。《金石录》收录李俨碑版文7篇，陈尚君所撰李俨小传中提到“宋时见于著录者凡十三篇”，此说不错，可以补充的是，史籍中可以查到的李俨文章实际上有15篇，有些著录于明清时期著作中，笔者以成文时间顺序列表如下：

文章编号	文章题目	著录	题注	写作时间
1	唐皇甫忠碑	《集古录》卷五	右皇甫忠碑，著作佐郎李俨撰。	
	龙门令皇甫忠碑	《御定佩文斋书画谱》卷六十三	贞观十四年，著作佐郎李俨撰。	贞观十四年（640年）
2	唐辨法师碑	《金石录》卷四	李俨撰，薛纯陀正书。显庆三年八月。	显庆三年（658年）八月
	唐辨法师碑	《集古录》卷五	当载于后，同是李俨撰，附此。右辨法师碑李俨撰，薛纯陀书。	显庆三年（658年）
	唐宏福寺辨法师碑	《宝刻丛编》卷七	唐秘书丞李俨撰，洋州司户薛纯陀书。碑以长庆三年八月立。	
	弘福寺辨法师碑	《六艺之一录》卷七十八	秘书丞李俨撰，洋州司户薛纯陀书。碑以显庆三年八月立。	显庆三年（658年）八月
3	唐司礼少常伯辛良碑	《宝刻丛编》卷八	李俨撰，萧权正书，龙朔三年岁次癸亥二月己酉朔立。（录自《复斋碑录》）	龙朔三年（663年）二月
	唐司礼少常伯辛良碑	《六艺之一录》卷六十七	李俨撰，萧权正书，龙朔三年岁次癸亥二月己酉朔立。（录自《复斋碑录》）	龙朔三年（663年）二月
4	唐益州多宝寺道因传	《宋高僧传》卷二	至龙朔中，中台司藩大夫李俨制碑，欧阳通书焉。	龙朔中（661—663年）
	道因法师碑	《全唐文》卷二〇一	俨字仲思，陇西人，龙朔中官中台司藩大夫。	龙朔中（661—663年）
	唐道因法师碑	《金石录》卷四	李俨撰，欧阳通正书，龙朔三年十月。	龙朔三年（663年）十月
	道因法师碑	《金石文字记》卷三	李俨撰欧阳通正书，龙朔三年十月，今在西安府儒学。	龙朔三年（663年）十月

续表

文章编号	文章题目	著录	题注	写作时间
	道因法师铭	《来斋金石刻考略》卷下	李俨撰文，欧阳通书，龙朔三年建石，高六尺二寸，广三尺，计二十四行，每行七十三字，今在西安府学墨洞。	龙朔三年（663年）
5	唐清河公主碑	《金石录》卷四	李俨撰，畅整正书，麟德元年十月。	麟德元年（664年）十月
	清河公主碑	《六艺之一录》卷七十四	李俨撰，畅整正书，麟德元年十月。（录自《金石录》）	麟德元年（664年）十月
6	唐司元太常伯窦德玄碑	《金石录》卷四	李俨撰，侄节正书，乾封元年十一月。	乾封元年（666年）十一月
	唐司元太常伯窦玄碑	《御定佩文斋书画谱》卷二十六	窦节（高宗时人），唐司元太常窦德玄碑乾封元年李俨撰，侄节正书。（录自《金石录》）	乾封元年（666年）
	司元太常伯窦德元碑	《宝刻类编》卷二	李俨撰，侄节书，乾封元年十一月。	乾封元年（666年）十一月
	司元太常伯窦德玄碑	《六艺之一录》卷六十七	李俨撰，侄节正书，乾封元年十月。（录自《金石录》）	
7	唐滁州刺史刘君碑	《金石录》卷四	李俨撰，颜有意正书，乾封二年二月。	乾封二年（667年）二月
	滁州刺史刘君碑	《六艺之一录》卷六十七	李俨撰，颜有意正书，乾封二年二月。（录自《金石录》）	乾封二年（667年）二月
8	法苑珠林序	《广弘明集》卷二十	唐释道世撰，道世字元恽，上都西明寺僧。是书成于高宗总章元年，朝散大夫、兰台侍郎陇西李俨为之序。（《四库全书总目》卷一百四十五）	总章元年（668年）
9	唐大兴善寺舍利塔铭	《金石录》卷四	李俨撰，殷仲容八分书，总章二年。	总章二年（669年）
	大兴善寺舍利塔铭	《六艺之一录》卷七十九	李俨撰，殷仲容八分书，总章二年。（录自《金石录》）	总章二年（669年）
10	唐戎州刺史董宝亮碑	《金石录》卷四	李俨撰，张遂隆八分书，咸亨四年十月。	咸亨四年（673年）十月
	唐戎州刺史董宝亮碑	《宝刻丛编》卷一	（长垣县）李俨撰，张遂隆八分书，咸亨四年十月。（采自《金石录》）	咸亨四年（673年）十月

续表

文章编号	文章题目	著录	题注	写作时间
	唐戎州刺史董宝亮碑	《分隶偶存》卷下	张遂隆（高宗时人）《唐戎州刺史董宝亮碑》，咸亨四年李俨撰，张遂隆八分书。（录自《金石录》）	咸亨四年（673年）
11	大唐故太子家令轻车都尉阎君墓志铭		1995年发现，前代未著录，现藏陕西师范大学博物馆。	上元三年（676年）
12	大唐故左戍卫大将军兼太子左典戍卫率赠荆州都督上柱国怀宁县开国襄公杜公碑	《唐文续拾》卷二	俗称《杜君绰碑》，高正臣书，今藏礼泉县昭陵。	
13	金刚般若经集注序	《广弘明集》卷二十二	李俨撰。	
14	唐赵国太妃杨氏碑	《宝刻丛编》卷九	李俨撰，畅整书。	
15	燕府君碑	《御定佩文斋书画谱》卷六十三	李俨撰，在霍邑。（录自《墨池编》）	
	燕府君碑	《六艺之一录》卷六十七	李俨撰，在霍邑。（录自《墨池编》）	

（说明：本表并未完全列出著录情况，重出而没有补充信息的著录兹略去，时间不可考的4篇文章置于表末。）

上表所列诸文中墓志碑文为13篇，其中《道因法师碑》现藏于西安碑林，全名《大唐故翻经大德益州多宝寺道因法师碑》，被视为唐代书法家欧阳通的重要作品，碑文完整无缺；《清河公主碑》现藏于礼泉县昭陵博物馆，清河公主为太宗女，嫁予程咬金子程处亮，此碑下截文字尚可观，余处皆泐灭；《杜君绰碑》保存较好，志主为“玄武门之变”中秦王李世民的九名主将之一，此碑原在杜君绰墓前，1975年移入昭陵博物馆；《阎庄墓志铭》现藏陕西师范大学博物馆，基本保存完整，碑文仅5字泐损。此外又有《法苑珠林序》《金刚般若经集注序》二文分别依《法苑珠林》《广弘明集》而传。其他9篇墓志或见于著录而尚未出土，或已亡佚不存。

综合上表以及其他史籍所见资料可进一步勾勒李俨之生平情状，有多处可以修正或补充陈尚君先生所撰李俨小传：

李俨，又名李怀俨，字仲思，世次不详，以其字“仲思”推测应非独子并行二，祖上为陇西狄道人，故以“陇西李俨”自称，六世祖李景避地安康，故或如陈文以金州安康（今陕西石泉）为其籍里。唐初人，生年不详，仕宦履历各书记载零散纷乱，梳理如下：太宗贞观年间（公元627—649年）历著作佐郎（至迟在公元640年）、屯田员外郎（至迟在公元646年），预修《晋书》；高宗显庆年间（公元656—665年）除授秘书丞（至迟在公元658年），与赵仁本、张文瓘、崔行功等同时受制检校四部书，以书有污，左授郢州刺史；龙朔中（公元661—663年）高宗曾改尚书省为中台，李俨此时仕中台司藩大夫（至迟在公元663年）；总章年间（公元668—669年）迁兰台侍郎、散阶为朝散大夫；上元三年（公元676年）擢任太子率更令，后卒于礼部侍郎之职。

四

先唐时期，撰写墓志文字篇数最多的是庾信，《庾子山集》中有墓志21篇，唐代则有多人都超过此数，如张说、独孤及、权德舆、韩愈、柳宗元等，李俨的13篇在初唐时期的碑版撰者中也算数目较多。初唐时期有许多史料价值较高的墓志，由于志主地位较高，在重大历史事件中曾扮演重要角色，如许敬宗所撰《大唐故开府仪同三司鄂国尉迟君墓志并序》、魏征所撰《唐上柱国邢国公李君墓志铭并序》等等，而李俨所撰的《杜君绰碑》亦属此类。此时期撰写墓志数量较多且为人熟知的有“初唐四杰”之一的杨炯、张说及陈子昂，杨炯和李俨生活时代接近，余二人稍晚，杨炯所撰写的墓志在《全唐文》中收入10篇，陈子昂则有12篇。从李俨的情况来看，《全唐文》所收并不完全，不过我们应当考虑到杨、陈二人文学成就甚高，作品的流传、保存条件相对较好，《全唐文》的编者也会着力搜罗，故而被收入书中的篇章是比例较大的。由此推测，李俨和他们相比，墓志作品总数可能大体相当。

对李俨所撰墓志志主的情况加以分析，可以提取出一些关于其仕宦、交游情况的信息。首先一类是普通官员，龙门令、司礼少常、司元太常、滁州刺史、戎州刺史、太子家令等人。皇甫忠为龙门县令，官阶是正六品上，可以说是与李俨本人属于同一阶层的中级官僚，应当是互有过从之人。滁州天宝年间辖三县，有二万六千多户，戎州天宝年间辖五县，有四千三百多户，一为中州，一为小州，两刺史官阶应为正四品下，略高于李俨本人。司礼少常、司元太常二者官阶更高一些，李俨后卒于礼部侍郎，之前和礼部的一些官员大约也是颇有交谊的，很可能是上下级关系。其次则是清河公主、赵国太妃及杜君绰等身份可称尊崇的人。李俨长时间任职于秘书省，做过著作佐郎、秘书丞，秘书省著作局在魏晋南北朝时期掌修国史，而在唐代仅掌碑志、祝文、祭文，因此这些皇族死后的墓志是由秘书省的著作局来完成的，因而撰写这些人的墓志很可能属于李俨的“公务”。除了官员和皇族勋贵之外的志主则主要是佛教僧人，如《唐辨法师碑》《唐益州多宝寺道因传》《唐京师西明寺道世传》等。李俨除墓志之外的文章也多与佛教相关，如《法苑珠林序》《金刚般若集注序》等，可以窥知，李俨本人对佛教有相当兴趣，很可能与当时一些佛教大德有密切的交谊。

李俨平生文名颇彰，贞观二十年（646年）预修《晋书》，参与此事者有中书舍人来济、著作郎刘行功、刑部员外郎辛丘驭、著作郎刘祎之、光禄寺主簿杨仁卿、御史台主簿李延寿、校书郎张文恭等人，李俨时官授屯田员外郎，修书一事其具体职责为“详其条例、重加考证”，同负其责的还有前雅州刺史令狐德棻、太子司议郎敬播、主客员外郎李安期等人，可见当时文士之中李俨属声名闻达者。太宗朝曾命秘书监写四部群书，由虞世南、颜师古领其事，太宗朝其事未毕，至高宗朝显庆年间（656年—665年），又命时任秘书丞的李俨同东台侍郎赵仁本、舍人张仁瓘及崔行功相继负责检校书工的工作，可说前后两次襄事者皆是一时之选，侧面印证了两唐书“崔行功传”中关于李俨的说法，《旧唐书》载“当时朝廷大手笔多是行功及兰台侍郎李怀俨之词”，《新唐书》则曰“（行功）与兰台侍郎李怀俨并主朝廷大典册”。

从文学角度来看，初唐时期的墓志写作延续了魏晋以来的特点，这从李俨所撰的墓志作品中可以明显地看到。志文体例遵循一定的结构，大体上序文为骈体，线性地交代志主生平，铭文则为四言诗体，远承《诗经》，修辞上隶事用典、文辞古奥，同时期的墓志基本上都具有这些特点。到了中唐时期，经韩、柳倡导，古文运动兴起，骈体文便逐渐衰落，墓志的写作亦是如此，骈文渐少而散文、古文成为主流。不过李俨文采斐然，在墓志文字之中还是有其特色，以《阎庄墓志铭》为例，撰者与志主为同事，阎庄为太子家令，李俨为太子率更令，官阶同为从四品上，平日应当过从甚密，再加上阎庄之死内有隐情，下笔涌痛，尤其是其中“岂意彼苍冥昧，福寿徒欺。积痗俄侵，缠蚁床而构祸；浮晖溘尽，随鹤版而俱逝”等语，及铭文中“未及修途，俄沦促景。风翦乔木，霜凋俊颖。穸帐沉魂，佳城闷影。剑匣双瘗，斧坟孤永”等文辞读来令人动容。虽然从整体上看，李俨的墓志文风并没有脱离时代的苑囿，但是其中还是可以看出唐代墓志文中写“人”倾向的萌发，也在相当程度上反映了时代变化使得这一特殊文体也悄然地发生了转向，继而朝着新的文学性推进，直至韩愈所代表的崭新文风在中唐成形。应该说，对李俨等初唐碑版文学家文体、文风的研究，对深入观察唐代墓志文学的演进具有相当价值。

通过上面的考索论述，目前关于初唐文学家李俨的生平状况及其文学活动，通过各种文物、文献材料能够明了的基本如此，因为相关材料的不足，要想对其生平形成完整的了解，尚期待今后有新材料的发现或新文物的出土。李俨作为初唐时期名声较著且长于碑版文字的文人，撰写了数目不少的墓志碑文，但是有相当一部分都湮没在漫长的历史当中，至于其人生平依然存在的空白和不明之处，眼下只好付诸阙如、以俟来日。

注释：

[1]（唐）封演撰，赵贞信校注：《封氏闻见记校注》，北京：中华书局，2005年，第58页。

[2]（唐）杜佑：《通典》，北京：中华书局，1988年，第3539页。

[3] 臧振：《西安新出土阎立德之子阎庄墓志铭》，《唐研究》第2期，1996年，第457页。

[4]（明）余寅：《同姓名录》卷八，上海：上海古籍出版社，1992年，第29页。

[5]（宋）司马光：《资治通鉴考异》卷二十七“李俨张濬之子”条，文渊阁四库全书本。

[6]（唐）释道世撰，周叔迦、苏晋仁校注：《法苑珠林校注》，北京：中华书局，2003年，第1页。

[7]（清）董诰编：《全唐文》卷二百〇一，北京：中华书局，2001年，第2033页。

[8]（后晋）刘煦等撰：《旧唐书》卷一百九十上《崔行功传》，北京：中华书局，1975年，第4996页。

[9]（宋）欧阳修、宋祁：《新唐书》卷二百〇一《崔行功传》，北京：中华书局，2000年，第5727页。

[10]（清）孙岳颁，等辑：《御定佩文斋书画谱》卷六十三，文渊阁四库全书本。

《聊斋》丛脞录

——说“亚魁”

赵伯陶

（中国艺术研究院，北京，100029）

内容摘要：明清乡试于名列前茅者有所谓“亚魁”的称谓，《聊斋志异》中《叶生》与《阿霞》皆有关于考中“亚魁”的描述。《聊斋》注家或注“亚魁”为乡试第二名，或注为第六名，或注为第六至第十八名皆可称“亚魁”。本文根据相关史料与匾额实物遗存略加考辨，以期引来科举研究者的关注。

关键词：蒲松龄；聊斋志异；科举考试；乡试；亚魁

《聊斋志异》有不少涉及明清科举制度的篇章，有关科举名词的释义，由于历史的隔膜，注家稍有不慎就有可能贻误读者，决不能掉以轻心或不了了之，更不能望文生义，郢书燕说。“亚魁”属于明清乡试后对于名次较为靠前的中式举人略带恭维性质的一种称谓，民间习用，官方也不排斥，甚至出现于省级大僚为新科举人题写的匾额上。乡试获隽，与“亚魁”关系较近者是“解元”、“亚元”、“经魁”、“文魁”等，皆属于对新科举人名次的一种荣誉性称谓，既不会影响以后会试、殿试的录取，对于屡经会试而未能进入进士行列的举人拣选、大挑、截取等方式选官也没有实质性的影响。乡里中悬挂一块诸如“经魁”、“亚魁”经官方题写的匾额，不过夸示桑梓，令门楣生辉，光宗耀祖而已；特别是在穷乡僻壤，有一举人出现就已属百年不遇，更何况名列前茅呢。

《聊斋志异》中有两篇小说涉及“亚魁”的称谓。《叶生》中命运坎坷的叶生为报答邑令丁乘鹤的知遇之恩，悉心尽力教读丁公子举业文：“公子名再昌，时年十六，尚不能文。然绝惠，凡文艺三两过，辄无遗忘。居之期岁，便能落笔成文。益之公力，遂入邑庠。生以生平所拟举子业，悉录授读，闱中七题，并无脱漏，中亚魁。”[1]《阿霞》一篇借因果报应之玄机，谴责喜新厌旧的凉薄社会风气。书生景星为接纳新欢阿霞，薄倖休妻，阿霞鄙夷景星之所为，两人路遇时，阿霞的一席话振聋发聩：“向以祖德厚，名列桂籍，故委身相从。今以弃妻故，冥中削尔禄秩，今科亚魁王昌，即替汝名者也。”[2]结果当年乡试，景星果然落榜，亚魁则有“王昌”之名。至于“经魁”，又称“经元”，《聊斋》仅出现一次，《贾奉雉》中的贾生在屡试不中的困窘中，不得已以“戏缀之文”入场，反而高中举人：“贾取文稿自阅之，大非本怀，怏怏不自得，不复访郎，嗒丧而归。未几榜发，竟中经魁。又阅旧稿，一读一汗。”[3]“文魁”，《聊斋》中没有使用过这一称谓。至于“解元”，或称“解首”，即乡试第一名举人，《姊妹易嫁》称明嘉靖初内阁首辅毛纪未发达时为“毛解元”，预订其日后乡试第一的功名，与史实符合。《于去恶》中又有“魁解”一词，即为乡试中的经魁与解元的联称，属于预祝主人公于去恶乡试高中的吉祥话。《三仙》中有“擢解”一词，《阿宝》中乡试所谓“抡魁”，也都是高中乡试第一名解元之意。明清乡试第二名或称“亚元”，这一称谓与“解元”、“经魁”、“经元”、“文魁”等称谓或系专指，或属于集合名词，一般不会用错。如经魁与文魁，就是集合名词。经魁五人，即乡试前五名，包括解元与亚元；文魁则是亚魁以后名次的举人的通称。然而“亚元”也作为集合名词使用，并不单指乡试第二名。乡试发榜后，报录人对第一名以下中举者通常恭称“亚元”，即亚于解元的举人之意。清吴敬梓《儒林外史》第三回《周学道校士拔真才，胡屠夫行凶闹捷报》：“捷报贵府老爷范讳进高中广东乡试第七名亚元，京报连登黄甲。”[4]称乡试第七名为“亚元”，恭维中不乏多讨些赏钱的用心。

明清科举的文体以八股文为主，八股文出题又分别从“四书”与“五经”中取材，称“四书文”或“五经文”。诸多士子应试，有关“四书”的考题完全相同，于“五经”则各占一经，考题就有五种之多。如若以“五经”决定考生成败，则失去横向比较的基础，显然惟有“四书文”才是衡量考生水平的主要依据。至于“五经文”，尽管明清科举首场七艺，试“四书文”三题、试“经文”四题，以数量而论，比重似乎偏向于经题，实则考生中式与否，主要视其“四书文”——特别是首艺的写作而定。至于张榜的名次排序前五名，则需照顾到诸多考生选经的平衡性，各经考生平均分配前五名，利益均沾，不能只集中取中一经或偏向两、三经考生。清梁章钜《称谓录》卷二四释“经魁”有云：

> 经魁：《会典》：“各省乡试，士子分经肄业，不能无人数多寡之殊。其《诗》、《书》、《易》三经，习者人多，故中额亦多。即《春秋》、《礼记》，习者甚少，亦必设立一房，取中数名者，诚以并列学宫，欲士子不废诵读也。”案：国初乡试，士子必先陈明所习何经，其中额亦即分经取中。《会典》载，顺治二年，定京省各经中额：顺天《易经》四十九名，《诗经》六十名，《书经》三十六名，《春秋》十五名，《礼记》十一名。其他各直省多寡有差是也。中额既分经酌定，即每科第一名至第五名，必于《五经》各中一名，而每名各居一经之首，故世有五经魁之称。[5]

明清乡、会试多数情况阅卷皆以“五经”分房，在理论上至少有五位同考官方可足用，但每经由一房阅卷，在考生众多的状况下显然有些捉襟见肘，于是就有了“十八房”的说法。清顾炎武（1613—1682）《日知录》卷一六《十八房》云：

> 今制，会试用考试官二员总裁，同考官十八员分阅“五经”，谓之十八房。嘉靖末年，《诗》五房，《易》、《书》各四房，《春秋》、《礼记》各二房，止十七房。万历庚辰、癸未二科，以《易》卷多添一房，减《书》一房，仍止十七房。至丙戌，《书》、《易》卷并多，仍复《书》为四房，始为十八房。至丙辰，又添《易》、《诗》各一房，为二十房。天启乙丑，《易》、《书》仍各五房，《书》三房，《春秋》、《礼记》各一房，为十五房。崇祯戊辰，复为二十房。辛未《易》、《诗》仍各五房，为十八房。癸未，复为二十房。今人概称为十八房云。[6]

明末清初的遗民文人朱舜水（名之瑜，1600—1682）与顾炎武大约同时，他记述“经房分考官”状况为：“《诗经》六房，《易经》六房，《书经》四房，《春秋》一房，《礼记》一房。”[7]数目比例小有出入，无关大局。明代会试分经阅卷之比例，于乡试阅卷也大同小异；清因明制，乡试以“五经”分房阅卷也大率如此。清代江南有些省份经济发达，由于乡试考生众多，阅卷同考官有时甚至达到二十二房之多；而一些偏远省份如云贵地区，有时乡试同考官分为八房已足敷用。此外，每科考生选经比例有时悬殊甚大，这可能造成各同考官阅卷数量的苦乐不均，乾隆中曾一度打破分经阅卷而采取同考官平均阅卷的方法。清赵翼《陔馀丛考》卷二九《十八房》曾谈到乾隆二十七年（1762年）顺天乡试情况：“余分校壬午乡闱，签掣《诗》五房，通计京闱卷八千有余，而《诗经》独至五千卷，是五考官较十三考官所阅之卷尚多三分之二。不得已，分八百余卷入《春》、《礼》四房助校。然《诗经》犹各阅八百余卷，其视《易》、《书》等房不过二三百卷，闲剧大不侔也。今不分经，则各房所阅卷多寡适均，可以从容校阅，不至苟简矣。”[8]与蒲松龄所处时代相较，此系后话，毋庸详论。同考官或称房官，负责向主考官“荐卷”，是考生中式与否的关键环节，得中考生称之为“房师”，异常尊重。

再回到本文主旨，何谓乡试“亚魁”？权威的《汉语大词典》如此释义：“亚魁：古代泛指科举考试第二名。清蒲松龄《聊斋志异·阿霞》：‘是科，景落第，亚魁果王氏昌名。’”[9]《中国科举辞典》释义：“亚魁：明清乡试取中正榜者为举人，其第六名称亚魁，自第七名以后皆称文魁。”[10]此第六名说，当源于商衍鎏《清代科举考试述录》，是书第二章《举人及关于举人系内之各种考试》有云：

> 新科举人，顺天由礼部，各省由布政司，颁给牌坊银二十两（亦称旗匾银两），及顶戴衣帽匾额，第一名解元，第二名亚元，第三四五名经魁，第六名亚魁，余曰文魁。各省有作就匾额致送者，银两衣帽后则名存实亡矣。[11]

商衍鎏是清光绪三十年（1904年）甲辰恩科第一甲第三名进士，即清代科举考试最末一科的探花，讨论科举有关问题自属于个中人语，他认为亚魁只局限于乡试第六名，从而受到后世研讨科举考试制度者的重视，不言而喻。当下持亚魁为乡试第六名说者不乏其人，至于第二名说，笔者仅于典籍中找到一个实例为证。清梁章钜等

《楹联丛话全编·楹联四话》卷之三："南海劳莪野孝廉潼素工时文。乾隆乙酉科出闱后，自负不肯作第二人想。及揭晓，泥金到门，乃报中亚魁也。劳曰：'吾文当第一，何以第二！然则解元为谁？'对曰：'顺德梁泉也。'劳始不语。至簪花日，其门署一联云：'险些儿做了五经魁首；好汉子让他一个头名。'"[12]乾隆乙酉即乾隆三十年(1765年)，劳潼考中这一年广东乡试的第二名，梁章钜不称其为经魁或亚元，而称之为亚魁，可见古人对这一称谓的理解并不单纯。

有关通俗小说乃至遗存科举匾额等，倒常可作为亚魁乃乡试第六名说的旁证：

清曹去晶《姑妄言》第十四回《多情郎金马玉堂，矢贞妓洞房花烛》："众人道：'恭喜相公高中。'遂将红报单贴起。钟生举目看时，高高中在第六名亚魁，喜不自胜。"[13]

清佚名《平山冷燕》第十九回《扬州府求媒消旧想，长安街卖扇觅新知》："二人到了三场，场中做的文字，犹如万选青钱，无人不赏。及放榜之期，燕白颔高高中第一名解元，平如衡中了第六名亚魁。"[14]

清海圃主人《续红楼梦新编》第十二回《惊四座贾茂叔挥毫，感三湘梅月娥对月》："贵筑旧家李云龙，年十七岁，中了贵州第六名亚魁。皆来都中会试。"[15]

北京科举匾额博物馆藏有一块"亚魁"匾，并有拓片。原匾上、下款字迹漫漶不清，拓片上款题写"钦命大主考头品顶戴兵部侍郎巡抚江西等处地方兼理军务兼提督衔德馨为"，下款题写"中式第六名举人陈锦鑅立，皇清光绪十六年岁次庚寅仲春月上浣榖旦"。光绪十六年（1890年）江西乡试为恩科，匾额拓片已经明确匾主考中乡试亚魁为第六名。不过从拓片字体分析，除"亚魁"两个榜书大字外，其上、下款题字皆非原镌字体，当系转书，向博物馆馆长姚远利先生讨教，也未得到确切的答复，只能存疑。

明清之际的朱舜水对于"亚魁"的释义却另有说法，突破了第六名说，将之视为一个集合名词。他于清人入关以后东渡日本，在异国回答日本友人有关明朝科举之问有云：

> 大明分天下为十五国，南、北两京为天子京畿，故不言省。而十三省乃中书省之分署，故曰省。浙江、江西、福建、广东、广西、山东、山西、河南、陕西、四川、湖广、云南、贵州为十三省，合南、北二京为十五国。三年一大比，子、午、卯、酉之年，大集举子于省会。朝廷差京考二员，就其地考试，而房考则督学官自行聘请阅文。中试者为解元，合次四名为经魁，又次五名为亚魁，又次及末为文魁。鹿鸣设宴，此即礼之宾兴，而艰难尊宠过之。[16]

朱舜水乃明诸生，对于明代科举制度当如数家珍，绝不生疏，他认为乡试亚魁如同经魁一样是一个集合概念，即乡试第六至第十名共五位举人皆可称亚魁。这显然是以五经魁为根据立论的，即各经考生既可以有第一名，也须有第二名，因而对应于五个经魁，也必然分别产生仅次于经魁一等的五个亚魁。换句话说就是：五位经魁之后的排次，是否也必须照顾的考生所习何经而平均分配？朱舜水对此也有明确的说法，他在回答另一位日本友人关于明代乡试如何以五经分房取士时说："每经各取一名冠场，合解元为五经魁，第二名为亚魁。"[17]这实际上补充了他在《问答一》中的说法，但未予明确的是，五个亚魁的排序（即从第六名到第十名）是否也按照五个经魁所治经书的次第？如果真是一一对应，则可能产生排序新的不公。如以治《礼记》的考生为第一名解元，那么治《礼记》的亚魁就必然是第六名吗？因为若不照顾士子分经的平衡问题，纯以"四书"文衡量考生水平高下，第六名以下未必就逊于第二名或第三、四、五名。但可以明确的是，至少在明代，经魁有五位，亚魁也有五位，两者合计为十位，且皆照顾到士子所治经的平衡性。这是亚魁为乡试第六名至第十名的根据。对应此说，在明清通俗小说中也可找到有关亚魁名次的证据：

明天然痴叟《石点头》第一回《郭挺之榜前认子》："三场完了，候到发榜之期，郭乔名字，早高高中了第九名亚魁。忙忙去吃鹿鸣宴，谢座师，谢房师，俱随众一体行事。"[18]乡试第九名可称亚魁。

清古吴墨浪子辑《西湖佳话》卷八《三台梦迹》附录有《于祠祈梦显应事迹》，现代整理本或排印于书末：

> 姚行人未第时，祈兆于坟。梦公曰："汝是当今第七个恶人。"令左右剜去其心。姚惊觉，思曰："此非吉兆，想吾心不诚故也。"遂斋戒三日，再求一梦，以定前程。是夜，复梦公曰："汝这第七个恶人又来了。"急令人再剜去其心。姚复惊醒。自思平日毫无罪过，何得有此恶梦？乃叹曰："吾非但功名不成，他日必得心疾而亡。"其年乡试，中第七名亚魁，会试又中第七，始悟二次恶字。去心，乃亚字也。[19]

乡试第七名可称亚魁，第十名也可称亚魁。清绿意轩主人（萧鲁甫）《海上花魅影》第三回《迂监生赴省求名，老学究临场做梦》："岂知，这先生正在做梦，梦见出榜自己已中了第十名亚魁。"[20]

乡试第八名称亚魁者，清天花藏主人《两交婚小传》第十四回《占高魁准拟快乘龙，寻旧约何期惊去凤》："捷报贵府令坦辛讳发高中南场乡试第八名亚魁。"[1]碰巧的是，今互联网上所"晒"的"亚魁"三块匾皆为乡试第八名举人所题写。第一块"亚魁"匾其上、下款至今仍依稀可辨，其上款题"巡抚福建等处地方提督军务督察院右佥都御史纪录十七次黄国材为"，其下款题"雍正二年甲辰科中式第八名举人张骧立"。雍正二年（1724年）既非乡试正科年，也非恩科年，而是会试正科年。当是胤禛于雍正元年癸卯（1723年）登极，这一年正值乡试正科年，特改正科为恩科，而将乡试原正科错后一年所致。第二块"亚魁"匾上、下款也不模糊，其上款题"大主考太子少保兵部尚书兼督察院右都御史署理闽浙总督盐课印务长麟为"，其下款题"乾隆乙卯科中式举人第八名黄殿安立"。乙卯即乾隆六十年（1795年），适为乡试正科年，但因禅位于嘉庆帝，故改正科为恩科。第三块"亚魁"匾上、下款也可辨识，其上款题"全闽将军署闽浙总督兼巡抚事部堂崇善、工部右侍郎兼钱法堂事务秦绶为"，其下款题"光绪癸卯恩科中式举人第八名张大猷立"。癸卯即光绪二十九年

(1903年)，此科乡试本为正科，因庆贺翌年慈禧太后七旬寿诞而改为恩科。

乡试亚魁，尽管没有解元乃至经魁荣光，但毕竟名列前茅，可以夸耀乡里，有人即制成牌坊借以传名。清道光《休宁县志》卷一《坊表》：“亚魁，在上溪口，为吴诚。”另卷九《选举·举人》著录吴诚：“嘉靖四年乙酉科，字存之，溪口人。”嘉靖四年即公元1525年，明代休宁属徽州府（今安徽黄山市），乡试在南直隶的应天府举行。这座亚魁牌坊不知题写吴诚的乡试名次如何，但不出第六至第十名则可以肯定。

明清科举制度，乡、会试卷，考生用墨笔书写的考卷称墨卷；考官阅卷前由专门誊录人员用朱笔誊写者，不书姓名，只编号码，称朱卷。这无非令阅卷者无法辨认考生笔迹，杜绝串通作弊。发榜后，朱卷连同其上考官批语发还考生，中试者往往刻印出来以馈送亲友。顾廷龙主编有《清代朱卷集成》420册，1992年台北成文出版社出版。此书收录清代从康熙到光绪年间的乡试、会试、五贡等朱卷8235份。其中会试卷1635份，涉及的进士共近12000人，另有武会试卷4份；乡试卷5186份，另有武乡试卷34份，五贡卷1576份。是书所收录诸科举人中的第六名至第十名，皆径标其名次，尚未发现用其他称谓者。如收录乾隆乙卯（1795年）恩科顺天乡试之江咏朱卷：“江咏，字鸣韶，号褚生，行四，乾隆戊子年三月二十八日生，江南安庆府桐城县监生，民籍。顺天乡试乾隆乙卯恩科，中式第八名。”又收录嘉庆戊辰（1808年）恩科顺天乡试之程铨朱卷：“程铨，字衡三，号春岚，行一，乾隆辛丑年九月廿六日生，顺天府大兴县民籍，附生。原籍浙江金华府东阳县。顺天乡试，嘉庆戊辰恩科，中式第三名。”[22]这里并没有使用“亚魁”或“经魁”的称谓。即使乡试解元，《清代朱卷集成》也仅用“第一名”相称。如收录嘉庆十八年癸酉（1813年）科江南乡试之沈巍皆朱卷：“沈巍皆，字讲虞，号舜卿，一号朴斋，行四，乾隆甲辰年十月二十一日吉时生，安徽直隶六安州拔贡生，民籍。江南乡试嘉庆癸酉科，中式第一名举人。”[23]

值得瞩目的是，《清代朱卷集成》收录光绪二十六年（1900年）浙江乡试夏之霖朱卷：“夏之霖，原名之榆，字夔和，行八，同治戊辰九月二十三日吉时生，系浙江嘉兴府嘉善县优附生，民籍。光绪辛卯科荐卷，甲午备取优贡，乡试堂备。浙江乡试卷第拾房，中式第十三名亚魁（庚子、辛丑恩正併科）。”[24]在这里，亚魁的称谓已然从上述所论前六名至前十名五人延后至第十三名，这显然已经打破了明代以“五经”分房而论亚魁的习惯，而有可能与乡试分房阅卷的同考官数目直接挂钩了。以同考官十八房计，各房皆有同考官所荐之第一名试卷，而五经魁则势必从这十八位第一名（或称房元）的试卷中产生，于是去掉五人的试卷，剩下的十三位考生试卷若不再考虑“五经”的平衡分配问题，则皆可视为仅次于五位经魁的试卷，即亚魁。这一状况绝非个别，从目前遗存的亚魁匾额也可以看到这一称谓在清代特别是清中后期的一般适用原则。

互联网上有一块1999年9月11日复制的“亚魁”匾照片，上款题“道光壬辰年钦赐”，下款题“浙江省第十七名举人翁庆山……公元一九九九年九月十一日”，可见举人第十七名也可称亚魁。如果说此匾为复制品，题款也不伦不类，因而不足为据，那么“今日惠州网”所“晒”一块“亚魁”匾则系原物的展示。此匾上款题“钦加头品顶戴兵部侍郎兼督察院右副都御史巡抚广东等处地方提督军务兼理粮饷许振祎为”，下款题“光绪二十三年丁酉科乡试中式第十一名举人叶蓉煌立”，举人第十一名可称亚魁，且为广东巡抚所题匾，绝非儿戏可知。光绪二十三年即公元1897年，这一年为乡试正科。

在清代通俗小说中，称乡试第十名以后的举人为“亚魁”也不罕见。清代李修行所撰小说《梦中缘》第十一回《易姓氏盛世际风云，赴新任驲亭遇骨肉》：“初九日，头场七篇得意，二场、三场大有可望。到了揭晓之日，吴瑞生中了《春秋》经魁第二名，李如白中了《书经》亚魁第十四名。”[25]经魁为第二名不必论，乡试中举第十四名也可称亚魁，就已落于第十名以外了。《梦中缘》作者李修行，字子乾，山东阳信人，康熙五十四年（1715年）考中三甲第四十一名进士，当生活于康雍时代，可证至少在那个年代以前即清初，“亚魁”已可以称呼乡试第十名以后的举人了。

更为吊诡的是，在通俗小说叙事中，清代科举会试中式竟然也出现“亚魁”之称谓，且在第五名。清震泽九容楼主人松云氏著《绘图英云梦传》第十二回《占春魁权奸护事，封列侯仙丈传情》：“三人唱名入场，三场已毕，揭晓之日三人同去看榜。王云就高高中了第一名会元。本来王云该在下科取中，因他在江西有彩姑阴德，所以今科得中。万鹤中第五名亚魁，钱禄中了第十五名。”[26]小说作者或许不熟悉科举文化，故有此张冠李戴的错讹，实不足为据。

明清科举，乡试武科也有亚魁之称谓，且并非个别情况。先看《清代朱卷集成》，是书收录光绪二十年甲午（1894年）浙江乡试武生汪凤飞朱卷：“汪凤飞，字文炳，号灿成，行一，同治丁卯年十月十三日吉时生，浙江金华府汤溪县学武生，民籍……乡试中式第八名亚魁。”另收录同科浙江乡试武生李武扬朱卷：“李武扬，字光烈，号功臣，行一，同治丁卯年正月十六日吉时生，浙江金华府汤溪县学武生，民籍……乡试中式第十名亚魁。”[27]武生乡试以清代为例，马射、步射、开弓、舞刀、掇石等外场考试内容外，内场考试原用策论，后改为默写《武经七书》（即《孙子》、《吴子》、《司马法》、《六韬》、《尉缭子》、《三略》、《李卫公问对》七书）一段，与“四书”基本无关，与“五经”更不相干，也不用八股文体，自不用同考官分经阅卷，也毋庸分房。中试者称武举，当无所谓“经魁”之称谓，然而竟然也用“亚魁”名号，且见于朱卷，显然是对文科科举称谓的搭车跟风。这在遗存至今的匾额文化中也有反映，中华古玩网曾“晒”一块咸丰九年（1859年）福建武科乡试“亚魁”匾，其上款题“兵部尚书闽浙总督部堂庆瑞、兵部侍郎福建巡抚部院瑞瑸为”，其下款题“咸丰己未恩科并补戊午正科中式武举人第二、六名萧青云、鸿禧立”。武举第二名与第六名皆称“亚魁”，当是仅针对武解元而论。互联网上还有一块道光二十年（1840年）庚子浙江武乡试的“亚魁”匾，其上款文字不清晰，仅知其下款有“第十八名武举人柴懋三”字样，即受匾人。第十八名武举称“亚魁”，当是套用了文科乡试当时有“十八房”同考官的惯例。

旧时科举匾额的题写往往夸大其词，题匾人又是高官显贵，这无疑会造成社会上科举称谓名义的混乱。如互联网上有一块“经魁”匾，其上款题“钦命礼部右侍郎实录馆总裁提督福建全省学政加五级史致俨为”，其下款有“岁贡生某某”字样，显然这并非乡试举人匾。北京科举匾额博物馆收藏有一块“优进士”匾，系嘉庆十二年丁卯（1807年）礼部尚书汪廷珍、刑部尚书金光悌为这一年的“选举第一名优贡生王临策”所题写，这“优进士”显然不是殿试后已经决出甲第名次的“进士”。该馆另藏有一块乾隆十七年壬申（1752年）恩科“经魁”匾，系江西布政使王兴吾为江西乡试第十二名举人吴洲所题，乡试第十二名举人也可称“经魁”，且出自省级大僚之手，令人诧异。明清科举考试中，礼部会试的第一名称“会元”、“贡元”，又称“会魁”，意即会试之魁首。这家博物馆就藏有一块康熙三十九年庚辰（1700年）会试“会魁”匾，系东阁大学士吏部尚书熊赐履为“庚辰科会试第十八名进士胡承谋”所题，这一称谓的错位显然也与“十八房”有关，即在会试中，胡承谋可能是十八房中某一房取中的第一名，称“会魁”总有些勉强。据《明清进士题名碑录索引》，这一年殿试，胡承谋考中第二甲第四十一名进士。最有趣的是该馆所藏一块同治十一年壬申（1872年）的“进士”匾，系内阁学士礼部右侍郎李文田为这一年的“正贡一名”××（看不清）所题，贡生也可悬挂“进士”匾，两字当系动宾结构，与向皇帝贡献人才的“贡生”本义并不矛盾，但总令人觉得有些虚张声势。可见清人题写科举匾额的随意性与混乱性，实在一言难尽。

贡士，明清时代一般称会试中式后准备参加殿试者，但在民间也常常作为“贡生”的敬称，因为从语义而言，两者并无太多差异。《聊斋志异》有《张贡士》一篇，小说主人公张在辛（1651—1738）即康熙二十五年（1686年）的拔贡，或笼统地称贡生，他一生没有中举，更不用说进京会试了。清因明制，科举承袭尤为明显。蒲松龄生活于清代初期，对于明代科举称谓耳熟能详，《聊斋志异》中所涉及的科举内容也多带有明人的影子。就此而论，“亚魁”在蒲松龄笔下当属于一个集合名词，所指范围当为乡试第六名至第十名，也即乡试名列前茅的意思，这与朱舜水所下定义是相合的。如果《叶生》或《阿霞》中的“亚魁”专指乡试的第二名或第六名，虚构小说情节如此坐实，真无此必要，笔法也略显笨拙；若将“亚魁”释义扩充为第六名至第十八名，又未免过于宽泛，可能有违作者写作初衷。

“亚魁”释义虽属于细枝末节，无关宏旨，但若解说正确，对于理解蒲松龄创作构思不无裨益，读者切不可掉以轻心。

注释：

[1] 任笃行辑校：《全校会注集评聊斋志异》，济南：齐鲁书社，2000年，第121页。

[2] 任笃行辑校：《全校会注集评聊斋志异》，济南：齐鲁书社，2000年，第627页。

[3] 任笃行辑校：《全校会注集评聊斋志异》，济南：齐鲁书社，2000年，第1977页。

[4] (清)吴敬梓：《儒林外史》第三回，北京：人民文学出版社，1977年，第41页。

[5] (清)梁章钜：《称谓录》卷二十四，长沙：岳麓书社，1991年，第299页。

[6] (清)黄汝成：《日知录集释》卷十六，长沙：岳麓书社，1994年，第583页。

[7] (明)朱舜水：《问答四·答小宅生顺问六十一条》，《朱舜水集》卷十一，北京：中华书局，1981年，第415页。

[8] (清)赵翼：《陔馀丛考》卷二十九，石家庄：河北人民出版社，1990年，第575页。

[9] 罗竹风主编：《汉语大词典》第一卷，上海：汉语大词典出版社，1990年，第543页。

[10] 翟国璋主编:《中国科举辞典》,南昌:江西教育出版社,2006年,第54页。

[11] 商衍鎏:《清代科举考试述录》,北京:生活·读书·新知三联书店,1958年,第83页。

[12] (清)梁恭辰:《楹联四话》卷三,《楹联丛话全编》,北京:北京出版社,1996年,第316页。

[13] (清)曹去晶:《姑妄言》第十四回,北京:中国文联出版公司,1999年,第684页。

[14] (清)佚名:《平山冷燕》第十九回,北京:人民文学出版社,1983年,第332页。

[15] (清)海圃主人:《续红楼梦新编》第十二回,清嘉庆十年(1805年)文秀堂刊本。

[16] (明)朱舜水:《问答一·答源光国问十一条》,《朱舜水集》卷十,北京:中华书局,1981年,第346页。

[17] (明)朱舜水:《问答四·答小宅生顺问六十一条》,《朱舜水集》卷十一,北京:中华书局,1981年,第415页。

[18] (明)天然痴叟:《郭挺之榜前认子》,《石点头》,郑州:中州古籍出版社,1985年,第13页。

[19] (清)古吴墨浪子:《于祠祈梦显应事迹》,《西湖佳话·三台梦迹》附录,北京:华夏出版社,2013年,第188页。

[20] (清)绿意轩主人(萧鲁甫):《海上花魅影》第三回,北京:北京师范大学图书馆馆藏清抄本。

[21] (清)天花藏主人:《两交婚小传》第十四回,清初刊本。

[22] 顾廷龙主编:《清代朱卷集成》第九三册,台北:成文出版社,1992年。

[23] 顾廷龙主编:《清代朱卷集成》第一三二册,台北:成文出版社,1992年。

[24] 顾廷龙主编:《清代朱卷集成》第二九四册,台北:成文出版社,1992年。

[25] (清)李修行:《梦中缘》第十一回,清光绪十一年(1885)有益堂刊本。

[26] (清)震泽九容楼主人松云氏:《绘图英云梦传》第十二回,太原:山西人民出版社,1989年,第224页。

[27] 顾廷龙主编:《清代朱卷集成》第三五三册,台北:成文出版社,1992年。

中国古代小说研究与方志文献

伍光辉

（衡阳师范学院文学院，湖南衡阳，421002）

内容摘要：方志文献中蕴藏着极其丰富的中国古代小说研究资料。运用方志文献可补小说作者生平思想研究之不足，可以订正小说文本的错误，方志文献与小说文本对比研究可提升小说研究的水平。鲁迅、胡适、赵景深等前辈学者运用方志文献研究中国古代小说积累了可资借鉴的成功经验，也有一些失败的教训。运用方志文献研究中国古代小说应该注意广泛搜集方志文献，选用方志文献要审慎，要将方志文献与其他文献相结合进行综合考察。

关键词：中国古代小说；方志文献；其他文献

方志文献，即地方志中的各种资料。地方志“是记载一地自然和人文方面历史与现状的综合性的地方文献”[1]。作为一种以一定地域为中心的一地全史，方志的内容包括一地之政治、经济、文化、人物以及名胜古迹、风土民俗等极其丰富的珍贵资料，因此，地方志在某种意义上具有查找地方文献的工具书性质。现代许多学者在中国文学与文化研究中利用地方志文献取得过颇有影响的成绩。在中国古代小说研究中，也有成功的经验，近年来，方志文献越来越受到学界的重视。

由于古代小说尤其是通俗小说受中国古代主流文化和正统思想的歧视与打压，小说作家，尤其是通俗小说作家社会地位低，其个人资料在各类官方文献中往往很少被记载。而在地方志中，作为当地文化人，小说作家及其著述可能在方志中有记载。只要留心搜检，可能找到有用的小说研究文献资料。在中国古代小说研究中，鲁迅、胡适、赵景深等前辈有过成功的经验，也有过失败的教训。

近年来，更多的学者在小说研究中开始重视方志文献的运用，但总体说来，学界在中国古代小说研究中对方志文献重视不够，在运用中也存在一些必须引起高度重视的问题。因此，我们有必要加强对方志文献在中国古代小说研究中的地位与作用的认识，正确处理中国古代小说研究中的方志文献运用问题。

一、方志文献在中国古代小说研究中的作用

相比诗文研究中的方志文献运用，学界在小说研究中对方志文献的价值认识尚嫌不足，对方志文献的运用尚不充分。其实，方志文献中有不少作品本身就是中国古代

小说的组成部分，方志文献还可补小说作者生平思想研究之不足，可以订正某些小说文献的讹误，将方志文献与小说文本进行对比研究可提升小说研究的水平。

（一）方志文献可补小说目录收录之不足

首先，方志中收录了不少小说目录，由于各种原因，这些小说或小说目录不为全国性小说目录著作收录。如《同治新化县志》卷三十“艺文二”中收录新化文人孙起栋《塞上卮言》《辽西杂记》，罗楚望《稽古类编》，王者瑞《珍珠船》，魏松《壹是纪始》四卷，《天涯闻见录》四卷，邓显鹤《琐琐斋琐语》，杨兴树《载鬼一车》，曾宣琨《拙庵杂录》一卷，谭炳南《微醺录》一卷，邹汉章《谭天谱》一卷，《梦授记》一卷等。

其次，方志文献中有不少作品本身就是小说。我们知道，在地方志书中，有不少近似于“志怪小说”、“志人小说”与“世情小说”之类的文艺作品，我们可以把它们归入小说一类。辛谷《“方志小说”探源》称之为“方志小说”[2]。虽然辛先生将方志中的“这些异闻逸事资料”命名为“方志小说”有待商榷，但在历代方志中存在大量异闻逸事资料是不争的事实，这些异闻逸事资料，往往虚构故事，叙写传说中的奇人奇事，类似于“志怪小说”、“志人小说”与“世情小说”，将其归属于中国古代小说之列，定位是准确的。但这种小说与被当代文学评论界称为“方志小说”的作品不同。近年来，在当代文学创作领域出现了铁凝的《笨花》、野莽的《庸国》、迟子建的《白雪乌鸦》、霍香结的《地方性知识》等以某个真实存在或虚构的地域为叙写对象，借鉴志书结构和叙述方式而创作的长篇小说，当代小说评论界将这些“在创作中借鉴了志书编纂理念和手法的”小说命名为“方志小说”[3]，这比辛谷先生将方志中的小说命名为“方志小说”显得更为科学。因此，为了避免与当代“方志小说”概念混淆，我们将在中国各地不少方志中的一些记载当地异闻逸事的资料称之为“方志中的小说”。

“方志中的小说”一般都是民间神话与传说故事。有的类似神话故事，如广东《海丰县志》中的《盘瓠》、《肇庆府志》中的《竹王》、《揭阳县志》中的《法星斗国王》、《新安县志》中的《休咎禅师》、《龙门县志》中的《道士斗妖》、广西《续修兴业县志》中的《洞庭湖神》、湖南《衡山志》中的“南岳夫人”等；有的属于民间传说故事，如《肇庆府志》中的《勿学你翁》、《南海县志》中的《大头轰》《死鬼讨债》、《海澄县志》中的《柔娘》、《高要县志》中的《巧对》、《海阳县志》中的《制敌妙法》、《东莞县志》中的《不种白米种红粟》、《嘉应州志》《惠州府志》《增城县志》中的《古成之》、《广州府志》《开平县志》中的“焚书岭”、广西《续修兴业县志》中的《洞庭湖神》、江苏《震泽县志》中的《笠泽古柏》、《盛湖志》中易睐娘的传说，等等。这些神话故事或民间传说，按照中国古代小说观念，都可归入小说之列。

“方志中的小说”是中国古代小说的组成部分，但历来被中国古代小说研究领域所忽视。其实，在中国各地的方志文献中，一般都会有或多或少的神话故事和民间传说故事，因此，方志中保存的小说是相当丰富的，我们有必要加强“方志中的小说”的收集与整理。

（二）方志文献可补小说作者生平思想研究之不足

由于历史的原因，中国古代小说出版时往往未著录小说作者，即便著有作者也往往用化名，因此，作者真实姓名无从知晓。有的小说即便知道作者名字，由于作家的生平事迹在官方文献中很少找到，许多小说的作者至今是谜。其实，有不少中国古代小说的作者资料虽然在正史中找不到，但在地方志中有可能找到。通过对方志中相关文献的勾稽、考辨，我们可能解决小说作者生平研究中的诸多阙疑，从而补小说作者生平研究之不足。

方志文献资料在中国古代小说作者考辨与研究中具有重要作用。如《听雨轩笔记》的作者清凉道人究系何人，《中国文言小说书目》《中国文言小说总目提要》等著作都没有给出明确的答案。陆林教授就是依据方志文献才确定了清凉道人就是徐承烈，并且依据方志文献对徐承烈的生平事迹作了较为全面的梳理。陆先生在《〈中国文言小说总目提要〉初读——有关作者史实缺误商兑补苴》一文中，在论证了清凉道人就是徐承烈后，又在《德清县续志》卷四《人物·儒素》中找到了徐氏小传："徐承烈，字绍家，寡营嗜读，少游岭表二十余年。归居北郭，足迹不入城市。至戚密友，罕识其面。沉酣典籍，至老不倦。家贫无书，从友人借观，且读且抄，日课二千字。著书几百卷，手自缮录，端楷无一误字。卒年七十四。"陆先生运用这段材料不仅进一步印证《听雨轩笔记》的作者清凉道人就是徐承烈，而且使我们对徐承烈的生平事迹有了明确的把握[4]。又如《清言》的作者郑仲夔，《四库全书总目》未著录。而《上饶县志》卷二十二《孝友传》则记载较为详细，不但说明了《清言》的作者是郑仲夔，而且对他的生平和其他著述都有介绍。王重民在《中国善本书提要》中，对郑仲夔的介绍，就是引用《上饶县志》中的相关材料："仲夔字胄师，崇祯贡生，师事王梦旸。仲夔与费云仍、董思王号南屏三子。游大江南北，马君常、归子慕辈争与缔交。有《清言》若干卷，《质草》若干卷、《耳新》八卷、《冷赏》八卷行于世。"[5]再如《研堂见闻杂录》的作者王家祯，由于清代文网迭密，传钞者惧祸，不敢著录作者姓名，因此这部笔记在流传过程中多不著撰人或以"无名氏"的形式出现。但《太仓州志·杂记》中却引"王家桢《见闻杂录》"多条[6]。民国间冯超以《太仓州志》中引文与书中内容进行比较，认为"辞虽删节而事实则无以异"，又结合王家祯的生平，方才考证出《杂录》当为家祯手笔[7]。还如著有《河上楮谈》三卷、《汾上续谈》一卷、《浣水续谈》一卷、《游宦余谈》一卷的朱孟震，《四库全书总目》对其介绍甚略，只有"孟震字秉器，新淦人。隆庆戊辰进士，官至右副都御史，巡抚山西"[8]数语，而《江西府志》卷二十三之《官业三》《同治新淦县志》卷八《人物志·宦业》言之甚详。这对我们全面了解朱孟震的生平事迹，进而研究其文言小说具有重要意义。即便是正史中著录生平的小说作者，方志文献也可补正史资料之不足。

运用方志文献还可订正某些小说文献的讹误。野史和其他一些资料往往不严谨，道听途说，甚至虚构，存在不少讹误。而方志资料相对比较真实，对我们订正某些小说文献的讹误大有裨益。如关于《觚賸》的作者钮琇的生平事迹，如《清人诗集叙录》谓钮琇"初知江南项城（应为河南项城——引者）。调陕西白水，转沈丘。二十八年，为蒲城知县，坐逸囚，左迁，越数年，至于广东高要”[9]。而《民国白水县志》云：“钮琇字玉樵，吴江拔贡生。初任河南项城，以忧归。康熙二十七年服阕补白水，以严明著。壬申岁大祲，奸民乘机劫掠，绣执法穷治，境内肃然。又请发内帑三千金、楚粮五百石以赈，流亡遂集。琇遇事刚决，存心平恕，故民无怨者。性好游览，所至辄采录风土轶事，名曰《觚賸》。其《秦觚》一编，则宰白水时笔也。曾纂邑乘，后以事去，故弗成云。”[10]可知钮琇康熙二十七年（1688年）丁忧期满，补陕西白水令，康熙三十一年壬申（1692年）仍在白水令任上，因此，康熙二十八年（1689年）不可能为蒲城知县。结合康乃心《临野堂尺牍题辞》云“岁在辛壬之交，关中大饥，邻邑多盗起，蒲城尤炽，白昼持弓矢相攻劫，适其令缺，府上公（钮琇）名于中承，檄往摄篆……”[11]可知沈丘、蒲城只是钮琇兼摄之职。又查《乾隆白水县志》可知，《民国白水县志》中有关钮琇事迹的记载抄录自《乾隆白水县志》[12]，应该是准确可信的。因此，《乾隆白水县志》与《白水县志》中关于钮琇的文献资料对我们正确了解钮琇的生平十分重要。

总之，由于小说作者的身份大多不显，正史中少有小说作者资料，而方志文献正可补小说作者生平研究之不足，我们在小说作者研究中，必须高度重视方志文献。

（三）将方志文献与小说文本进行对比研究可以提升小说研究的水平

在一些方志文献中，不仅收入作者生平资料，还收录了一些小说的原文或本事故事，在研究相关小说时，如果结合方志文献中的相关文献资料，可以使我们对小说的理解与把握更准确深刻。

如《河上楮谈》中的《子澄有后》，讲述黄子澄死难前后故事。而《江西通志》卷七十二人物七载有同一故事：“靖难初，子澄携四子及一孕妾逃昆山，追捕甚急。有太守某者召诸子谋，令长子随父就逮，而三子改姓田。孕妾复生一子。公死难后，太守求其尸葬苏之马鞍岭，纪事于石，纳于墓中。有贵官欲夺其地。讼之。官遣司理某勘之，至墓所，震雷一声，挈碑石而出，始知为公墓。司理具牲醴设奠，贵官愧而止。今田氏代有显者。隆庆中，妾之子孙始归分宜云。”[13]可知《子澄有后》是以真人真事为原型的。小说中“震雷一声，挈碑石而出”的情节，在小说中显得太神奇，如果没有读到《江西通志》中的这段文字，我们可能认定小说是作者虚构的。而通过比对小说文本与方志文献，我们可以知道《河上楮谈》的实录特征，进而对朱孟震的创作风格也有明确的认识。

又如《觚賸》中写得颇为成功的传奇体作品《睐娘》，其故事在《盛湖志》中易睐娘传中有简略记载；而《笠泽古柏》则全篇为《震泽县志》收入，卜舜年之小传亦为《盛湖志》所引用。《觚賸》中还有一些篇章也被《震泽县志》《吴江县志》收入。研究这些小说时，通过比较研究方志文献与小说文本，更能发现小说与传记的不同特点，对把握小说的思想艺术特征颇有裨益。将方志文献与小说文献进行对比研究，显然能够提升小说研究水平。

方志文献资料有时还可能突破中国古代小说研究的瓶颈，推动某些研究的进展。如胡适的《红楼梦考证》就引用了顾颉刚在《江南通志》中查到的资料，由此推断出曹雪芹的生平籍贯，使红学研究取得了重大进展。

二、运用方志文献研究中国古代小说应该注意的问题

在20世纪的中国古代小说研究中，鲁迅、胡适、赵景深等运用方志文献研究中国古代小说，取得了不少可喜的成绩，积累了不少成功的经验。但即便是鲁迅、胡适这样的大家，在运用方志文献研究中国古代小说时也有一些失败的教训。因此，在运用方志文献研究中国古代小说时应该吸取前人的经验与教训；要注意广泛搜集方志文献，审慎选用方志文献，要将方志文献与其他文献相结合进行综合考察。

（一）广泛搜集方志文献

中国方志文献十分丰富。“地方志为中国文献之大宗，其数量之巨，门类之广，传承之久和庋藏之富，在文献领域中，几无有能与其伦比者。”[14]保存下来并分布于世界各地的中国方志，数量十分惊人，据统计，现存于世的中国方志至少有9000至1万种左右。1985年出版的《中国地方志联合目录》，记录了我国190个较大图书馆的馆藏，共有1949年以前编纂的省、市、府、州、县、乡镇志8264种。这些方志包括宋元明方志、清代方志与民国方志，以清代方志最多。另据1993年出版的《中国新方志目录》统计，从1949年到1992年底，已出版的各种基层志及专志达8000种以上。此外，还有《汉唐方志辑佚》从类书、地志、子书、史籍中辑出的440种汉唐方志，有全国总志类如《括地志》、《元和郡县图志》、《太平寰宇记》、《元丰九域志》、《大明一统志》、《读史方舆纪要》等，有全国各地通志、府州志、县志、乡镇志、山水志、寺庙志、园林志等方志。这些方志文献中存有大量小说文献和小说作者资料，因此，地方志是研究小说及其作者的文献宝库，研究中国古代小说及其作者，必须广泛搜集方志中的相关文献资料。

首先，在搜集整理方志中的小说时，要最大量地占有相关文献资料。四库馆臣就承认方志与“小说”之间的关系，《四库全书总目》云：“《元和郡县志》颇涉古迹，盖用《山海经》例。《太平寰宇记》增以人物，又偶及艺文，于是为州县志书之滥觞。”[15]方志中的小说，一般都是民间传说故事，主要保存在方志的“风俗志”“舆地志”“风物志”“僧道寺观志”“人物志”“艺文志”等文献之中。由于方志中的小说一般分散在各种地方志文献中，这就需要我们广泛搜集地方志文献，尽量将方志中的小说收集完备。在这方面，赵景深的经验值得借鉴。赵景深大量运用方志文献资料，在中国古代小说戏剧研究领域取得了巨大成就。他较早意识到方志在戏曲研究中的功用，发现“有些曲家虽见于《元史》、《明史》和《清史稿》，但方志中所载，大都是家传巷说，有许多材料可补《元史》、《明史》和《清史稿》之不足”[16]。于是，在叶德均的建议下运用方志搜集戏曲作家资料。从1942年起，他大量翻阅地方志辑录了元明清戏曲家的相关资料，先后写成《方志著录明清曲家考略》、《安徽曲家考略》、《安徽曲家续考》（上、下）。1963年，他又指导和帮助张增元开始从方志中收集元明清曲家的资料，1979年，两人的成果合编成《方志著录元明曲家小传资料》一书，为编写中国文学史、中国戏曲史填补了不少曲家小传资料空白，为深入研究元明清三代戏曲提供了许多值得参考的新材料。我们在搜集整理方志中的小说时可以借鉴赵先生的方法，广泛搜集地方志文献，尽量将方志中的小说收集完备，为系统研究方志中

的小说打下扎实基础。

其次，有些小说作者，尤其是在多地为官的小说作者，其生平事迹不只是在其籍贯地的方志中有记载，在其为官的地方的方志文献中亦有记载。这就需要我们全面系统地搜集与作者的有关的全部方志文献，搜集相关的方志文献资料，才有可能全面准确地考辨作者生平。前面所述小说家钮琇生平考证就是很好的例子。这种情况在中国古代小说作者中比较普遍，我们在研究小说作者时必须高度重视。

在广泛搜集相关文献资料时，只有将方志文献资料与其他相关文献资料结合起来，才能促进小说作者的生平思想研究，探讨其小说的思想艺术特色，提升小说研究水平。赵景深在《明末曲家沈自晋》、《明代二戏曲家小考》、《杂剧三编与无锡曲家》、《容居堂传奇三种》、《张大复的传奇》、《跋沈自征的生平》、《郑若庸的〈玉块记〉》、《龙燮的〈江花梦〉》、《花里钟传奇》等论文中便广泛运用了方志文献。后来，赵景深在小说研究中也十分重视方志文献。如在《〈狮吼记〉杂采诸小说》、《关于〈水浒记〉的作者》等文章对小说作家生平的考述中都大量引用了方志文献，使其考证研究更为扎实。

（二）审慎选用方志文献

在运用方志文献进行小说研究时，经常会发现方志文献资料与其他文献资料相互抵牾的情况，需要我们审慎处理，否则就可能出现错误。如对《西游记》作者的判定，前人因为不审慎而频频出错。《西游记》的作者一向未见著录，前人曾误认为道士丘处机作。清代有人从《淮安府志》里找到了吴承恩著有《西游记》的记载，就把《西游记》的著作权判归给他。胡适先生和鲁迅先生则对吴承恩说进行了较为详尽的考证。他们根据天启《淮安府志》之《人物志·近代文苑》及《艺文志·淮贤文目》、康熙《淮安府志》十一及十二、同治《山阳县志》之《人物》及《艺文》、光绪《淮安府志》之《人物》及《艺文》，以及丁晏《石亭记事续编》、阮葵生《茶余客话》、吴玉搢《山阳志遗》等书所载与此相同或相关的内容，认定《西游记》作者是吴承恩。后来俞平伯发现清初黄虞稷的《千顷堂书目》把吴承恩的《西游记》列在地理类，便产生疑问。近年来不少学者又作了进一步研究，提出一些补证，证明《千顷堂书目》是不收近体小说的。鲁迅、胡适当年考证《西游记》作者是有其历史功绩的，他们对“丘作说”的辨伪已成铁案；虽然关于吴承恩著《西游记》有思虑未周的地方，但他们运用方志文献研究中国古代小说及其作者的方法值得借鉴。同时也告诫我们，在运用方志文献进行小说研究时，采取审慎的态度非常必要。

在选用方志文献研究小说作家生平时，必须高度重视同名同姓现象，避免陷入“同姓名陷阱”。在方志文献中，经常有同名同姓但不同人的现象，即便是同一地区的方志，也有这种情况，如果不加考辨，极易出现张冠李戴、郢书燕说的错误。对这个问题，王齐洲先生有精彩的论述，他说：

> 因为中国人的姓氏有限，古今同姓名者太多，很容易落入“同姓名陷阱”。例如，宋元以来就有不少张尚德，仅以方志所载，南宋绍兴十五年乙丑（1145）榜中有闽人张尚德，淳祐十年庚戌（1250）榜有闽人张尚德（以上见《福建通

志》)，咸淳六年庚午（1270）解试有江西庐陵人张尚德（见《江西通志》)，明建文四年壬午（1402）乡试榜有湖广江夏人张尚德（见《湖北通志》)，嘉靖间举人有四川合州人张尚德（见《四川通志》)，此外，元人宋褧《燕石集》有《送张尚德还长沙》，此人“家住古长沙”；傅若金《傅与砺诗集》有《送张尚德之铜山巡检》，其为庚申（1320）乡贡，渝人。而为嘉靖壬午本《三国志通俗演义》作《引》的张尚德则是“关中”人。即使是同一时期，同姓名者也大有人在，以明代为例，李春芳为《新刻海刚峰先生居官公案传》和《重刊精忠录》作序，而前者署晋人羲斋李春芳，后者署“海阳李春芳”，一为山西人，一为山东人，显然并非同一人。同时，还有与吴承恩有交情的江苏兴化李春芳。再如明末陈禹谟有文言小说《说麈》，而同时的陈禹谟至少有4个：一为江苏宜兴人，隆庆元年（1567）丁卯科举人；一为湖广夷陵（今湖北宜昌）人，隆庆四年（1570）庚午科举人；一为浙江仁和人，万历五年（1577）丁丑科进士；一为江苏常熟人，万历十九年（1591）辛卯科举人。如果我们以姓名来断定他们的身份，或附会某一著作，那一定是“张冠李戴”“郢书燕说”。[17]

王先生这段话意在强调“仅以查找作者姓名来确定作品的著作年代从方法上来说是十分危险的”，用这种方法并不能确定《三国志演义》的成书时间，对我们审慎运用方志文献来研究中国古代小说作者很有启发和借鉴作用。

（三）将方志文献与其他文献相结合

在运用方志文献研究中国古代小说时既要审慎选用方志文献，又要在全面系统搜集有关文献资料的基础上，将方志文献与其他相关文献资料结合起来，相互比对，缜密思考。在这方面，赵景深为我们作出了示范。赵景深对《野叟曝言》的作者的判定，就注意将方志文献与其他文献相结合。他在《江阴县志》中找到了有关证据后，又实地探访搜集其他文献。他说：“关于《野叟曝言》的作者夏二铭，我曾特地到江阴去访问过夏氏的后裔，找到《夏氏宗谱》和《浣玉轩诗文集》，我就据以写成年谱。”[18]为后人进一步研究夏二铭与《野叟曝言》打下了扎实的基础。他还利用方志文献与其他文献互证，纠正了鲁迅和胡适两位大家的一些错误。如鲁迅《中国小说史略》有言：“宋遗民龚圣与作《宋江三十六人赞》，自序已云‘宋江事见于街谈巷语，不足采著，虽有高如李嵩辈传写，士大夫亦不见黜’（周密《癸辛杂识》续集上）。今高李所作虽散失，然足见宋末已有传写之书。”[19]赵景深引用明陈宏绪《寒夜录》、《杭州府志》及《图绘宝鉴》中的文献资料不仅考证出高如并非人名，还考证出李嵩是画家而不是小说家，纠正了鲁迅和胡适两位大家的错误。他解释道：“鲁迅以为南宋高如李嵩写过《水浒》故事，其实‘高如李嵩’乃‘高明如李嵩’之意。李嵩是画家，他画过《水浒》三十六人的像，龚圣与的像赞就是写在他的画上。所谓传写，并非‘传钞写录’，而是‘传神写照’的意思。《元曲选》的插图常有题作‘仿李嵩笔’的。”[20]这一解释在后来的《水浒》研究界获得广泛认同。

在对中国古代小说作者生平的考辨中，我们也要在全面系统搜集有关文献资料的基础上，将方志文献与其他相关文献资料结合起来，相互比对，缜密思考。如关于小说集《觚賸》的作者钮琇的字号，各种文献资料并不一致。《清史列传·钮琇传》及近年出版的许多小说史著作都著录为：钮琇，字玉樵，江苏吴江人。《民国白水县志》亦云："钮琇字玉樵，吴江拔贡生。"[21]而《书钮书城公治县事》则曰："公姓钮氏，讳琇，字书城，号玉樵。"[22]再查《江苏诗征》对钮琇字、号的著录，则云："钮琇，原名泌，字书城，一字玉樵。"[23]两书中对钮琇字、号的著录正好相反。而《清人诗集叙录》则曰："琇，原名班，字玉樵，一字书城。"[24]又查《黄钮同宗谱》，则有："宏儒三子：琇，字玉樵，号书城；次子璧，字玉舟；三子名憬，字玉海。"综合上述文献，我们可知钮琇兄弟都是玉字排行，那么《江苏诗征》的"原名泌"似乎不如《清人诗集叙录》的"原名班"可信，而玉樵也只能是作为钮琇的字而存在，至于"书城"当为其号。

最后有必要指出的是，虽然方志文献在史志子部著录的小说与白话通俗小说研究中具有重要作用，但由于文言小说的作者，即便未中举人、进士，未入仕途，也往往是秀才，在当地是有名的文人，一般在方志中都有记载，其文言小说集也会收入方志的艺文中。而通俗小说，方志编写者往往不屑编入艺文中，因此，方志文献在文言小说研究中的空间更大。

＊本文系国家哲学社会科学基金重点项目《二十五史〈艺文志〉著录小说资料辑录》【11ZDB062】阶段性成果。

注释：

[1] 张三夕：《中国古典文献学》，武汉：华中师范大学出版社，2007年，第67页。

[2] 辛谷：《"方志小说"探源》，《暨南学报》（哲学社会科学版）1991年第1期，第97页。

[3] 钱道本：《方志小说：一种值得关注的文化现象》，《中国地方志》2015年第5期，第26页。

[4] 参见陆林：《〈中国文言小说总目提要〉初读——有关作者史实缺误商兑补苴》，《文学遗产》2001年第1期，第23～25页。

[5] 王重民：《中国善本书提要》，上海：上海古籍出版社，1983年，第397页。

[6] 参见王祖畲等：宣统《太仓州志》卷二十七《杂记上》，《中国地方志集成·江苏府县志辑》影印民国八年（1919年）刻本第18册，南京：凤凰出版社，2008年，第516～518页。

[7] 参见王家祯：《研堂见闻杂录》，《明清史料汇编》影印《中国内乱外祸历史丛书》本第59册，台北：文海出版社，1971年，第64页。

[8] 纪昀等：《钦定四库全书总目》（整理本），北京：中华书局，1997年，第1705～1706页。

[9] 袁行云：《清人诗集叙录》，北京：文化艺术出版社，1994年，第485页。

[10] 梁善长：乾隆《白水县志》卷三"官师传"，《中国方志丛书》，台北：成文出版社，1972年，第253页。

[11] 康乃心：《临野堂尺牍题辞》，《临野堂集》，《四库全书存目丛书》集部245，济南：齐鲁书社，1997年，第178页。

[12] 梁善长：乾隆《白水县志》卷三"官师传"，《中国地方志集成》第26册，影印民国十四年（1925年）铅印本，南京：凤凰出版社，2007年，第489页。

[13] 谢旻等：雍正《江西通志》卷七十二《人物七》，上海：上海古籍出版社，1987年，第6页。

[14] 来新夏：《地方志与文学研究》，《中国地方志》2007年第2期，第39页。

[15] 纪昀等:《四库全书总目》卷六十八,史部地理类类序,北京:中华书局,1965 年,第 594 页。

[16] 赵景深,张增元:《方志著录元明清曲家传略》,北京:中华书局,1987 年,第 3 页。

[17] 王齐洲:《〈三国志演义〉成书时间新探——兼论世代累积型作品成书时间的研究方法》,《中山大学学报》(社会科学版)2014 年第 1 期,第 8 页。

[18] 赵景深:《中国小说丛考》,济南:齐鲁书社,1983 年,第 2 页。

[19] 鲁迅:《中国小说史略》,天津:百花文艺出版社,2001 年,第 101 页。

[20] 赵景深:《中国小说史略旁证》,西安:陕西人民出版社,1987 年,第 140 页。

[21] 梁善长:乾隆《白水县志》卷三“官师传”,《中国方志丛书》,台北:成文出版社,1972 年,第 253页。

[22] 张士元:《嘉树山房续集》卷下,清嘉庆二十四年刻本。

[23] 王豫辑:《江苏诗征》卷一百十六,清道光元年焦山诗徽阁刻本。

[24] 袁行云:《清人诗集叙录》,北京:文化艺术出版社,1994 年,第 485 页。

论六朝灵验类小说的文化价值及研究态度

谷文彬

（湘潭大学文学与新闻学院，湖南湘潭，411105）

内容摘要：六朝灵验类小说既是一种文学、文化现象，又是古人认识世界的载体，其文化价值主要体现为：把握其在古小说发展史上的作用、了解六朝佛教尤其是观音信仰传播方式和途径、窥知六朝时期世俗社会生活、更好地发挥佛教的现实作用。在具体的研究过程中，应运用历史的眼光，采取还原的视角，持"同情之默应"的研究态度。唯其如此，才能更好地把握中古佛教与小说的关系。

关键词：六朝；灵验类小说；文化价值；研究态度

六朝以来，佛教凭借自身相对完善的宗教体系和相对成熟的传教经验，其佛理、教义为越来越多的本土人士所接受，而佛教及其所承载的佛教文化亦对当时的文学产生巨大的影响，尤其是志怪小说对佛教的接受表现得更为直接和明显。不仅在内容、技巧、立意、情节方面浸润颇深，而且还衍生出一种以"称道灵异"为主旨的新的类型小说：灵验类小说。关于六朝灵验类小说的称名及定义，笔者已撰文探讨[1]。本文拟就其文化价值进行阐述，并对其应有的研究路径作一探讨，不当之处，谨请方家不吝赐正。

一、六朝灵验类小说的文化价值

六朝灵验类小说既是一种文学、文化现象，又是古人认识世界的载体，它曾经深刻影响着六朝民众的生活方式、思想行为、价值观念、民俗风情等各个方面。研究六朝灵验类小说，不仅可以挖掘其历史价值，而且还对当下的精神文明建设具有不少的启发意义。笔者认为，其文化价值具体可归纳为四个方面：

（一）就小说史层面而言，有助于灵验类小说的整体考察，更好地理解它在古小说发展史上的作用

六朝灵验类小说是一种以记载礼佛灵验事迹为主要内容的志怪小说，不仅拓展了志怪小说的题材，而且还丰富了志怪小说的类型，随着时间的推移沉淀下来，成为小说史上一股不能忽视的力量。如《冥报记》、《广异记》、《冥报拾遗》、《报应传》、《劝善录》、《劝戒录》、《夷坚志》、《观音经持验记》等等，都是有一定影响的作品。

除此之外，六朝灵验类小说对古代小说发展的影响还体现在两个层面：第一，六

朝灵验类小说促进了小说地位的提升。自先秦以来，“小说”在传统文化中的地位并不高，《庄子·外物》篇曰：“饰小说以干县令，其于大达亦远矣。”[2]将“小说”与“大达”相对，其隐含的价值判断不言而喻。到了汉代，班固《汉书·艺文志》云：“小说家者流，盖出于稗官；街谈巷语，道听涂说者之所造也。”并指出“是以君子弗为也”[3]。这种观点在很长的时间内影响并制约小说的发展。然而，到了六朝灵验类小说家这里，撰写灵验小说不再是“街谈巷语”“君子弗为”，而是一项神圣的功业。关于这一点，我们可以从张演的《续观世音应验记序》中窥知：“演少因门训，获奉大法，每钦服灵异，用兼缅慨。窃怀记拾，久而未就。曾见傅氏所录，有契乃心。即撰所闻，继其篇末，传诸同好云。”[4]此外，陆杲在《系观世音应验记》中亦反复申论：“今以齐中兴元年，敬撰此卷六十九条，以系傅、张之作，故连之相从，使览者并见。若来哲续闻，亦即缀我后。神奇世传，庶广飧信。此中详略，皆即所闻知，如其究定，请俟飧识。”[5]如此一来，便提升了小说创作的地位。唐人唐临即在《冥报记》序云：“昔晋高士谢敷、宋尚书令傅亮、太子中书舍人张演、齐司徒事中郎陆杲，或一时令望，或当代名家，并录《观世音应验记》；及齐竟陵王萧子良作《宣验记》、王琰作《冥祥记》，皆所以征明善恶、劝惩将来，实使闻者深心感悟。临既慕其风旨，亦思以劝人，辄录所闻，集为此记，仍具陈所受闻见由缘，言不饰文，事专扬确，庶后人见者，能留意焉。”[6]唐氏如此不惮其烦地列举三种《观世音应验记》编撰者的身份，其目的就是在暗示编撰这类小说并非为君子所不齿，而是“一时令望”、“当代名家”所为，而要追溯到这种风气，六朝灵验类小说家之功不能忽视。

第二，六朝灵验类小说丰富了小说的叙述角度。六朝灵验类小说较之以往的小说最大的特点，是它特别强调见闻的真实性，甚至为了突出这一点，小说家们还会在文末明确指出传闻的来源。如《系观世音应验记》“唐永祖”条：“唐永祖，建康人也，宋孝武时作大市令，为藏盗被收。……永祖出，即推宅为寺，请道人斋会，郢州僧统释僧显，尔时亲受其请，具知此事，为杲说之。”[7]又，《冥祥记》“晋抵世常”条：“晋抵世常，中山人也。家道殷富。太康中，禁晋人作沙门。世常奉法精进，潜于宅中起立精舍，供养沙门；于法兰亦在焉。……兰以语于弟子法阶，阶每说之，道俗多闻。”[8]这种传闻的坐实，一方面是为了证实传闻的真实性、客观性；另一方面也丰富了小说的叙述角度。“尽管这种角度的意义可能还没有达到后世小说家有意识地自我限制全知叙述的程度，但其个人化特点，还是为小说的叙述提供了一种与人们自身体验更为切近的题材及叙述方式”[9]，这一点无疑对后来的志怪小说产生了强烈的影响。另外，六朝灵验类小说中的人物趋向于平民化、世俗化。对此，孙昌武先生的相关著作中已有论列[10]，无须笔者置喙了。

（二）就佛教史层面而言，有助于较深入了解六朝时期佛教尤其是观音信仰传播的具体情况，以及观音信仰建构的过程

自清末学者梁启超提出“佛法确立，实自东晋”[11]这一说法后，再加之汤用彤、任继愈、方立天等人纷纷著书立说阐明东晋以来佛教发展历史进程，佛教在东晋以来的重要性已为学界所认同。荷兰学者许理和甚至评价东晋是“佛教征服中国”[12]之时代，许氏用“征服”一词来概括佛教之于六朝的影响尚有待商榷，但他的确道出了东

晋以来佛教发展的主要特点，正是自东晋开始，佛教成为“上流士大夫思潮之中心”，南朝则“殆已成‘社会化’”[13]。故六朝与佛教之间的关系成为当前学界关注的焦点，这一领域的研究取得了丰硕的成果。

不过，需要指出的是，目前学术界研究重心大多放在东晋以来重大历史事件上，或者是那些具有起承转合意义的学术思潮、卓越突出的重要人物，故研究对象的最终落脚点还是在统治精英和佛教思想精英身上，而对于那些处于社会边缘地带的普通民众对待佛教的态度则观照远远不够。

然而，历史清楚地表明，一种文化的传播不仅仅局限于上流社会，还包括下层社会，唯有如此，这种文化才能取得长足的生命力。佛教亦不例外，佛学义理固然重要，但它并不能等同于佛教的全部。有学者指出：“一个时代的佛学义理与这个时代的佛教信仰，两者关系密切，但并不能相互取代。某类经典的传入，某项义理主张的提出，可能会对当时信仰者产生重大影响，但也可能并不被世人所重视。我们了解一个时代的佛教史，如果对当时广大信徒最为流行的信仰内容不甚了解，不能不说是一个遗憾。”[14]作为“集中反映六朝观音信仰具体实态的”[15]六朝灵验类小说尤其是三种《观世音应验记》，则很好地弥补了上述研究所带来的缺憾，它们不仅提供了大量有关观音信仰的丰富细节，还有编撰者们所处的时代景象以及他们自身对观音的诠释，让我们一方面可以了解到观音信仰在六朝时期传播的途径、方式和策略；另一方面则可以了解到六朝时期下层民众的信仰动机和心理诉求，以及六朝观音信仰机制的建构过程。因此，从这个角度而言，六朝灵验类小说不仅具备了小说史的价值，同时还具备了宗教史的价值。

（三）就社会史而言，有助于了解六朝时期世俗社会生活乃至佛教中国化的进程

一定时期的文学作品都是一定时期的社会文化的产物，它虽然不能直接提供给人们理性思考的结果，但是可以展示一定时期内人们的生活方式、生存状态、思想意识、价值观念、心理活动等。“虚构的历史事件中也可以体现某种成熟的历史观念。”[16]六朝灵验类小说也不例外，它作为六朝社会文化的产物，不仅提供了六朝宗教信仰的文献资料，还保存了大量有关六朝民众的社会生活细节，我们对那些富有生活气息的细节予以细致入微的解读，譬如六朝灵验类小说记录了大量的诵念佛教而获致灵验的现象，通过对这种现象的历史渊源的梳理以及这种社会文化现象的意义和价值的阐述，不难看出这一现象的背后实际上是一个文化整合的过程。在这个过程中佛教自身注重诵经的传统和中国本土所具备的经典崇拜等习俗被选择、吸收进来，并逐渐规范化、制度化，成为本土所独有的获致灵验的方式，无论对当时还是后来的社会、文化、思想均产生了深远的影响。又如《系观世音应验记》中载有一则“台氏求子”的故事，虽是为了宣扬观音神力，但通过对这则材料背后的习俗及社会心理的解读，我们不仅认识到民俗节日的复合型和包容性的特点，而且能够观察到六朝时期民间信仰的复杂性，进而理解祈子习俗所反映出的社会文化心理，在节日的深层底蕴下，隐藏着民众对承宗续嗣的殷切期盼。由此，我们也可以观察到日常的灵验体验是如何成为历史话语和情景的，而“佛教中国化”便是在这些看似习以为常的生活细节里悄然地完成了它的转变。

（四）就当下文化建设而言，有助于更好地发挥佛教的现实作用

中国的佛教存在如下的特点：佛教信仰派别多，信徒人数多，信仰历史久远。如何充分挖掘佛教中的合理思想，发挥佛教积极的社会作用，是一个值得深入思考的问题。就信仰而言，历史上关于它的负面评价较为突出，一个最突出的原因是因为它很多时候是被统治者拿来作为愚弄民众的精神工具。同时，信仰强调的人神感应又与现代科学相冲突，不利于科学健康发展。然而，如果我们把信仰问题置于传统文化大背景下考察，则不难看出它实际上也具有一定的正能量。主要表现在两点：一是佛教信仰强调惩恶扬善，具有一定的道德伦理约束作用；二是佛教信仰通过静心、安心和反省来缓解紧张、焦虑等情绪，从而实现个人心灵的净化，具有一定的心理治疗作用。

就因果报应观而言，它与信仰问题一样，也曾因为是被统治阶层作为愚民的精神工具，处于被误读、被歪曲的尴尬位置。但如果仅就社会教化功能来说，它强调的是劝善惩恶、诸恶莫作，对人们道德情怀的培养、道德约束力的形成确实起到促进作用。不仅如此，它还可以“消除人们对现实的不平衡感，给遵守道德的人以希望、关怀和慰藉”[17]。

总之，在经济飞速发展的今天，人们出现了狂妄、焦躁、抑郁、恐惧、偏执等一系列的心理疾病，究其缘由无非是人生态度的不恰当、不解脱，而佛教教人彻悟、解脱，止一切妄念，观最高智慧，从而把心从复杂状态中解脱出来。所以六朝灵验类小说中所蕴含的人文关怀与最大价值即在于此，“佛心救心”。特别需要说明的是，我们在这里并不是大肆鼓吹佛教信仰和因果报应观念，而是强调在研究六朝灵验类小说的过程中，对当下文化建设仍具有现实指导意义的部分应给予应有的重视。

二、“同情之默应”：六朝灵验类小说研究态度之思考

以上论述了六朝灵验类小说的文化价值和现实意义，接下来我们还需要明确的是如何去研究六朝灵验类小说。当前学术界对六朝灵验类小说不乏关注，其研究路径大致可归于两种：一种是以西方的理论为准则，用现代人的眼光去衡量古人的观点，这种思路也是目前学界普遍采用的思路。虽然可能会给古人的著述带来新的解读，但是这种解读往往会偏离了古人的本意，再加上研究者的主观能动性，对研究对象所持的态度和取舍，都无一不烙上现代人的观念，这种研究思路不仅不能让今人真正的理解古人，反而会对古人产生隔阂。以“感应”为例，它原本是千百年以前，每个读书人都会的事，是古人把握世界的一种方式。但是到了近代，由于实证主义的兴起，人们对于感应的认识无非是巫术，是封建迷信，在学术殿堂里没有一席之位。另一种则是主张采用还原的视角，从还原历史的本来面目出发，尽可能搜集已有的文献材料，联系特定的社会文化背景，去探寻这些现象所反映出来的古人的生活状态和精神面貌，从而准确把握文学研究的历史发展进程，而不是采取居高临下的态度。因为研究的最终目的是还原历史之本来面貌，故我们首先应客观证实历史事件、再现历史生活，然后再在此基础上揭示出历史的意义。“我们只有先理解那个社会的情感与理智的主要动机，我们才能理解这些行为所采取的形式。”[18]应该说，在这种研究路径下进行的研究所得出来的结论，较之前一种路径得出的结论，要客观公允得多，也更令人

信服。

明确研究路径的过程，实际上也就是探寻研究目标的过程。为了达到这一目标，我们应运用一切有效的研究方法。关于小说和宗教的研究方法，前贤名彦都曾撰文探讨过。这对六朝灵验类小说研究来说无疑具有一定的借鉴意义。因此，我们拟在前人已论述的基础上稍加说明。

灵验类小说首先是一种宗教小说，这类小说的作者首先大多数是佛教信徒，由于信仰的关系，他们撰述这类小说的目的和其他小说完全不同，大多数是为了宣传佛教义理，其编撰动机尤为明显。就受众而言，这类小说的读者也与其他小说的读者不同。就其小说涉及的人物而言，大多数都是僧侣，或者是与佛教关系密切的民众，对于这些人而言，“佛教这种宗教占有了他们精神生活的绝大部分或者是全部，外界这个变动不居的世界全然让位于内心的观念世界，这些也不是非教徒所能想象的”[19]。要之，由于佛教信仰的影响，信徒对于世界万物的观察和理解都与非信徒存在着迥然的不同。灵验类小说亦如此。它牵涉到最突出的问题就是佛教信仰问题，信仰不同于其他问题，它是无法证实或证伪的。它客观地存在于人的大脑意识中并只为信仰它的人所体验。因此，站在不同的立场持不同的态度，比如站在信仰主义的立场或者采用否定信仰的态度去研究它，得出的结论是不同的，甚至是截然相反的。完全否定信仰的学术态度，无法深入佛教信仰，得出的观点无疑是隔靴搔痒，因而这种研究立场应该为我们所摒弃。而站在信仰主义的立场又“只能看到在木雕泥塑的偶像面前五体投地的跪拜”[20]。基于此，为了更好地研究灵验类小说，我们应该站在一个客观的立场，即一方面要深入佛教中去体会佛教信仰，分析其信仰建构的机制，另一面又要跳出佛教信仰的问题来看问题。关于这一点，治佛名家汤用彤在《汉魏两晋南北朝佛教史·跋》中强调要持“同情之默应”之态度，值得我们借鉴。

> 中国佛教史未易言也。佛法，亦宗教，亦哲学。宗教情绪，深存人心，往往以莫须有之史实为象征，发挥神妙之作用。故如仅凭陈迹之搜讨，而无同情之默应，必不能得其真。[21]

这里特别需要指出的是，所谓的“同情之默应”并不是说我们要作为一个信徒去信奉佛教，而是指我们作为一个研究者应该在具体的研究行为中去接触、领会佛教，这是从事六朝灵验类小说研究的基本前提。

宗教学本来就是一门开放性的学科。学者们可以从不同的角度，如人类学、社会学、文化学、心理学、哲学、历史学等等进行研究，“这说明宗教本身也是社会性的综合文化现象，几乎包罗了社会的各个方面。各种文化，其实都和宗教有密切的关系”[22]。因此，对六朝灵验类小说研究就不能单纯地站在纯文学的角度来研究，这样往往会陷入作茧自缚、画地为牢的困境中。而是应该将目光投向六朝时期的各个领域，坚持整体性原则。所谓整体，就是既要看到过去，又要看到现在；既要看到平凡的现象，又要看到不平凡的现象；既要看到普通民众，又要看到社会上层名流；既要看到有理性的行为，又要看到非理性的行为。这就要求我们在对六朝灵验类小说进行分析的时候，所选择的每一个研究对象的每一个行为，不仅被视为当时最具个性特征的行为，而且还将被视为某一类群体共同心理共同性格的范例，视为“有着深厚文化渊源和历史继承性同时又有着丰富的现实内容和人的发展规律性的人类活动的标本”[23]。因此，我们即便是对最微小的细节的关注，不仅是可行的，而且是必要的。

此外，六朝灵验类小说研究还要注重客观性原则。所谓客观，就是要坚持实事求是的科学态度，一切从实际出发，不肆意夸大事实也不恶意贬低对象，因为只有这样才能如实地反映六朝灵验类小说的本来面目。要做到客观，就必须回归到当时的历史文化语境中，充分掌握灵验类小说的第一手资料，只有掌握了第一手材料，我们的分析才不会浮于表面，才能做到研究的客观性。鉴于此，我们应秉持实事求是的态度和怀疑精神，要充分尊重历史、尊重事实，因为只有在实事求是的基础上，我们研究六朝灵验类小说时所下的结论才具有可靠性，才能接受时间的检验。与此同时，还要具备怀疑精神和问题意识。孟子曰：“尽信书，则不如无书。”[24]怀疑精神和问题意识才是推进研究深入的动力。当然，这种怀疑精神和问题意识是建立在确凿可靠的证据和事实之上的，而不是无根据的猜疑，否则就谈不上客观了。因此，我们要在研究的过程中把这两者结合起来。

三、小结

由上观之，六朝灵验类小说是我国古代小说史上一种重要的小说类型和文学创作现象，它持续时间长，数量繁多，与六朝的政治、社会、民俗、信仰等息息相关。在它的身上，不仅承载着六朝士人与民众的历史记忆，而且还蕴含着深切的人文关怀，是我们了解和把握六朝灵验类小说在古小说发展史上的地位及作用、了解六朝佛教尤其是观音信仰传播方式和途径、窥知六朝时期世俗社会生活的重要媒介。当然，一味地拔高与一味地贬低同样不可取，对于六朝灵验类小说存在的不足，亦应引起足够的重视。总之，只要我们运用历史的眼光，采取还原的视角，秉持“同情之默应”的研究态度，就可以从中汲取到对当下文化建设有利的营养成分。作为一种历史社会文化现象，它本身就值得关注；而作为古小说发展进程中的一个重要环节，更是不容忽视。正是这些灵验类小说，让我们窥见了中古佛教与小说的密切联系。

*本文系国家社科基金重点项目“二十五史《艺文志》著录小说资料集解”【11AZD062】阶段性成果。

注释：

[1] 参阅拙文：《关于六朝灵验类小说定义及其它》，《华中学术》第9辑，张三夕主编，武汉：华中师范大学出版社，2014年，第82～91页。

[2] (清)王先谦：《庄子集解》，北京：中华书局，1987年，第239页。

[3] (汉)班固：《汉书》，《二十五史》本，上海：上海古籍出版社、上海书店，1986年，第531页。

[4] (南朝宋)张演：《续光世音应验记序》，《〈观世音应验记三种〉译注》，董志翘译，南京：江苏古籍出版社，2002年，第28页。

[5] (南朝齐)陆杲：《系观世音应验记序》，《〈观世音应验记三种〉译注》，董志翘译，南京：江苏古

籍出版社，2002年，第59～60页。

[6]（唐）唐临：《冥报记》，北京：中华书局，1992年，第2页。

[7] 董志翘：《〈观世音应验记三种〉译注》，南京：江苏古籍出版社，2002年，第135页。

[8]（南朝齐）王琰：《冥祥记》，《古小说钩沉》本，北京：人民文学出版社，1973年，第574～575页。

[9] 刘勇强：《中国古代小说史叙论》，北京：北京大学出版社，2007年，第81页。

[10] 孙昌武：《中国文学中的维摩与观音》，天津：天津教育出版社，2005年，第143页。

[11] 梁启超：《中国佛法兴衰沿革说略》，《佛学研究十八篇》，上海：上海古籍出版社，2001年，第4页。

[12] [荷]许理和：《佛教征服中国》，李四龙、裴勇译，南京：江苏人民出版社，1998年，第4页。

[13] 梁启超：《佛教教理在中国之发展》，《佛学研究十八篇》，上海：上海古籍出版社，2001年，第160页。

[14] 张雪松：《中华佛教史》（汉魏两晋南北朝佛教史卷），太原：山西教育出版社，2014年，第6页。

[15] 孙昌武：《中国佛教文化史》第二册，北京：中华书局，2010年，第807页。

[16] 陆扬：《解读〈鸠摩罗什传〉：兼谈中国中古早期佛教文化与史学》，《中国学术》2005年第3辑，第30～90页。需要指出的是，像这种"虚构的历史事件中也可以体现出某种成熟的历史观念"的观点已成为当下学术界研究志怪小说一大趋势，如美国学者康儒博（Robert Company）高度重视中古早期志怪小说史料，撰有《奇异的作品：中国中世纪早期的异态价值》（F. Robert Company, *Strange Writing: Anomaly Accounts in Early Medieval China*, State University of New York Press, 1996）。杜德桥（Glen Dubridge）撰有《唐代的宗教体验与世俗社会——对戴孚〈广异记〉的解读》（*Religious Experience and Lay Society in T'ang China: A Reading of Tai Fu's Kuang-i chi*, Cambridge University Press, 1995）。韩森则充分利用宋人洪迈所著《夷坚志》撰有《变迁之神：南宋时期的民间信仰》（包伟民译，浙江人民出版社1999年版），为宋代民间信仰研究开创了新的研究范式和研究领域。在不少学者看来，《夷坚志》这类笔记小说，并不是虚构的故事，而是一种"与传记、墓表和墓志铭等公开文件相反的主观经验记录、私人生活文件"。具体详文可参阅：Edward L. Davis, *Society and Supernatural in Song China*, University of Hawaii Press, 2000, p. 19。

[17] 魏长领：《因果报应与道德信仰——兼评宗教作为道德的保证》，《郑州大学学报》（哲学社会版）2004年第2期，第110页。

[18] [美]露丝·本尼迪克：《文化模式》，上海：上海三联书店，1988年，第36页。

[19] 纪赟：《慧皎〈高僧传〉研究》，上海：上海古籍出版社，2009年，第9页。

[20] 吕大吉：《宗教学通论新编》，北京：中国社会科学出版社，2010年，第22页。

[21] 汤用彤：《汉魏两晋南北朝佛教史》，北京：中华书局，1983年，第1页。"同情之默应"之说与美国学者崔默在所倡导的"现象主义的方法"，即"现象主义的方法，不谈价值与真理这方面的问题。它着重在人们以宗教的名义，所真诚相信和所作的事物，而不在他们所相信或所作的是否为'真'观察到他们信以为'真'的现象就足够了。其目的就是要去领会信仰者所认定的宗教的有效性，而不论它是哪一种形式"（[美]崔默：《宗教学导论》，妙法净译，台北：台湾桂冠图书公司，2000年，第12～13页）有异曲同工之妙，都强调的是信仰作为一个宗教现象，应持"了解之同情"的态度。

[22] 楼宇烈：《宗教研究方法讲记》，北京：北京大学出版社，2013年，第90页。

[23] 王齐洲：《论文学与文化——兼析对中国古代文学进行文化分析的必要性》，《湖北大学学报》（哲学社会版）1997年第6期，第22～27页。

[24]（清）焦循：《孟子正义》卷二十八《尽心章下》，北京：中华书局，1987年，第959页。

王蒙小说文体政治论略

郭宝亮

（河北师范大学文学院，河北石家庄，050024）

内容摘要：王蒙一生都对小说文体进行着不懈的探索，尤其是20世纪80年代以来，王蒙引领了小说文体探索的方向，并形成自己的独特的主要文体形态：自由联想体、讽喻性寓言体、拟辞赋体等。统摄这些样态的总体特征就是杂糅性、包容性、整合性与超越性，因此，王蒙小说可以称为“立体小说”。王蒙小说文体的探索和形成的文体样态，都不是简单的孤立的形式革新，而是体现出鲜明的政治文化指向的，在文体探索与变革的背后，是权力政治与身份政治的博弈。

关键词：王蒙；小说文体；文体政治；权力；身份

王蒙是贯穿中国当代文学史的重要作家。自1953年创作《青春万岁》走上文坛以来，王蒙的命运与共和国的命运同浮沉。在他迄今1700多万字的文学作品中，王蒙为我们描绘了共和国六十余年风云变幻的历史和人民的命运，同时也显示出王蒙对艺术坚持不懈的探索精神，可以说，王蒙就是一部活的共和国历史和文学史。王蒙的文学创作涉及领域甚广，诗歌、散文、文学评论、学术研究、小说等均有涉猎，而小说创作尤擅。在新时期小说创作领域，王蒙引领了一代风气。二十世纪八十年代初，王蒙开创的所谓“意识流”写法，吹响了新时期小说文体革命号角；进入九十年代和新世纪，王蒙的小说文体探索仍不停歇，形成了多种不同类型的小说文体形态。我认为，王蒙小说的文体探索，并不仅仅具有艺术上的价值，而是饱含着深广的文化政治内涵，是一种文体政治现象。

一、王蒙小说文体探索以及文体形态凝定

王蒙六十余年的文学创作生涯是在不断探索和追求中度过的，直到今天，八十多岁的他仍然笔耕不辍，实在是文坛奇迹。2014年出版的长篇小说《闷与狂》，已经分不清是小说还是散文，因此，试图对王蒙小说进行文体形态上的分类是困难的。笔者勉为其难，曾在《王蒙小说文体研究》一书中，对王蒙小说的文体形态做过一个归类，即自由联想体、讽谕性寓言体与拟辞赋体[1]。当然，以上三种文体形态似不能完

全涵盖王蒙小说创作整体，不过，这三种文体形态是有代表性的，因此，以此来分析王蒙小说文体也是可以尝试的一条路径。

上世纪七十年代末到八十年代初，复出后的王蒙率先开始了对小说写法也就是小说文体形式的探索，连续发表了《夜的眼》、《春之声》、《海的梦》、《风筝飘带》、《布礼》、《蝴蝶》等号称“集束手榴弹”的小说，连同稍后发表的《杂色》、《相见时难》等作品，以其截然不同于传统小说的“新型”文体样式，震动了文坛，王蒙也被称为“最先敢吃蜗牛的人”[2]。他的这些文体创新的作品被称为“意识流”，引发了评论界的持续争鸣。后来，大家觉得王蒙的这些“意识流”与西方意识流不尽相同，便命名为“东方意识流”[3]。而王蒙自己对意识流的态度也很暧昧[4]。所以，笔者经过研究论证，认为这一时期的王蒙小说，还是叫“自由联想体小说”为好[5]。所谓自由联想体，是指王蒙在小说创作中以自由联想为主要方法而创作的作品。这些作品一般具有一定的内向性。主人公通过内心独白和自由联想展示自我意识和内在精神世界。从美学功能上看，自由联想体小说打破了情节小说的模式，使情节小说的外在的动作性冲突转化为内在的心理性冲突，从而拓展了小说表现生活的范围。向内转是它的基本美学倾向，感觉化是它的基本美学特征。自由联想体小说有着自己丰富的历史渊源。它与西方意识流小说的区别是根本的，这种区别是理性与非理性、经验领域与潜意识领域的区别。王蒙的自由联想体小说的血脉来源于传统的“比兴”，它是传统“比兴”特别是“兴”在新的历史条件下的发扬光大，是继承性与创新性结合的产物。

王蒙是一位具有多套笔墨的作家，这不仅指的是王蒙既可以写小说，也可以写诗和散文，还可以写评论和学术研究性的文章；更是指他写小说时的多种尝试。就在王蒙进行自由联想体小说的实验时，他也在进行着另一类小说的写作。这类作品的写作时间从八十年代初开始，直到九十年代。主要以《莫须有事件》、《风息浪止》、《说客盈门》、《加拿大的月亮》、《坚硬的稀粥》、《球星奇遇记》、《满涨的靓汤》、《郑重的故事》等为代表。我把这一类小说叫做“讽喻性寓言体”小说。这些作品以描写世态风情为主，作者一般采取冷嘲热讽或戏谑调侃的姿态，以寓言化荒诞化的方式把所叙事件展示出来。智性视角，幽默、调侃、荒诞化的语体风格，政治寓言，是王蒙这类小说的基本特征。从创新的角度看，王蒙的讽喻性寓言体小说既开创了“文革”后寓言化小说的写作路径，又开了“文革”后调侃小说的先河。王蒙的讽喻性寓言体小说在精神上受到我国古代寓言和讽喻诗的影响，同时这种小说中的幽默调侃等喜剧色彩，又明显来源于我国民间的笑文化。

1985 年，王蒙发表了他自《青春万岁》之后的第二部长篇小说《活动变人形》(1987 年出版单行本)，重开长篇小说写作之旅。进入九十年代，他的“季节系列”小说写作成为他小说创作的重头戏，连同新世纪创作的《青狐》、《闷与狂》，形成他的又一次文体探索的丰收期。这一时期小说文体探索形成的文体形态我称之为“拟辞赋体”[6]。所谓“拟辞赋体”是以上两种文体的杂糅和整合进而有机统一为一体的一种小说体式。“拟辞赋体”小说充分吸收古代辞赋的文体气质，铺排扬厉，大开大阖，嬉笑怒骂，调侃狂欢，进而形成王蒙特有的以反讽为实质的文体形式。王蒙的文体形式是复杂的，他的文体具有广泛的杂糅性、包容性与整合性。王蒙是主张文体杂糅的，杂糅是一种动态的创造。杂糅的内在心理机制则是一种包容性整合性的思维方式。只有经过这种整合，各种文体与艺术手法的杂糅才可以成为有机的统一体。如此说来，拟辞赋体，只是一种概括的说法，在王蒙的小说中还有政论体、散文体，诗体等文类因素，同时还调动了各种艺术手法：排比、比喻、顶真、回环、调侃、戏仿、拼贴、夸张等等。在语言运用上，包容了大量的政治熟语、民间俗语、歌词、笑话、古诗古词、新造词等等，形成了真正的杂语喧哗的效果。当然杂糅的结果是创造新的统一的文体形式，这种文体形式的内核是反讽。因此，区分王蒙文体与古代骚体之间的差异是必要的。后者的写作主体与经验主体是一致的，他们统一在政治失意的哀怨中，以怨愤和牢骚表达自己永远不能化解的骚绪；而王蒙的拟辞赋体的写作主体与经验主体是分离的，这种分离是反思性的分离，反思意味着在王蒙的自我意识中有两个自我，一个是现在的历尽劫波之后的世事洞明的通脱旷达的自我，另一个则是昔日体验着苦难、经验着历史的自我，前一个自我凭借时间的距离反观省思着后一个自我。正是由于这种反思性的分离，才是构成反讽的必要条件。这种跳出局外的超脱心态，使他超越了古代一般的骚人墨客的单纯政治哀怨情绪，而获得了更加强大和复杂得多的反讽之笑的力量。

总之，自由联想体、讽喻性寓言体、拟辞赋体是王蒙小说基本文体形态样式，而统摄这些样态的“总体特征就是杂糅性、包容性、整合性与超越性。杂糅性是王蒙文体的外在特征，包容性是杂糅性的内在肌质，整合性与超越性则是王蒙小说文体的基本思维方式和文化精神。因此我们可以在整体上把王蒙的小说称为‘杂体小说’或‘立体小说’”[7]。

二、王蒙小说文体探索动因与权力政治

王蒙八十年代开始的小说文体变革以及凝定而成的文体样态，决不能单纯地看做是一种形式革新，而是一种关乎权力的政治。我们可以肯定地说，文体就是一种权力——话语权力的体现。从这个意义上说，文体创新是对文坛上居统治地位的旧文体话语权力秩序的挑战，也是在挑战中确立自身话语权威合法性的一个过程。可以说，王蒙在“文革”后文坛上的领袖地位的形成，与他在二十世纪八十年代初的文体创新对以现实主义为圭臬的文体权力秩序进行挑战并进而取得合法性地位有关。

在我国现当代文学史上，现实主义文体的话语霸权地位的形成和确立是颇为耐人寻味的。早在“五四”时期，文学革命的主将陈独秀、胡适都不约而同地把中国新文学的出路寄托在“写实主义”文学上[8]。1933 年周扬将苏联的“社会主义现实主义”的创作方法介绍进来，从而使“五四”以来提倡的现实主义增加了新的因素[9]。1942 年 5 月，毛泽东在《在延安文艺座谈会上的讲话》中以中共领导人的身份正式提出：“我们是主张社会主义现实主义的。”从此，社会主义现实主义成为具有权威地位的创作方法和原则，建国后，在 1953 年 9 月召开的第二次全国文艺工作者代表大会上，再一次把“社会主义现实主义”明确地规定为今后创作和批评的最高准则，从而更加巩固了自己的话语权力地位，成为君临一切之上的不可更易的文学“元叙事”规则。

那么，社会主义现实主义的基本含义是什么呢？简单地说就是以无产阶级的世界

观来表现革命现实的本质真实，以典型化的方法来塑造新时代的英雄人物为根本任务。何为本质真实？按照周扬的解释，“本质”实质上就等于“典型”，“典型”就等于“本质”：“典型是表现社会力量的本质，与社会本质力量相适应，也就是说典型是代表一个社会阶层，一个阶级一个集团，表现他最本质的东西……所以要看先进的东西，真正看到阶级的本质，这是不容易的事，真正看到本质以后，作家就是一个社会主义现实主义者了。”[10]在这里，周扬把“典型”与“本质”画上了等号，而怎样才能表现“本质”，那就是要夸张：“现实主义者都应该把他所看到的东西加以夸张，因此我想夸张也是一种党性的问题。他所赞成的东西，他所拥护的东西加以夸大，尽管它们今天还不很大；他所反对的东西尽管是残余了，也要把它夸大，而引起社会对新的赞成，对旧的憎恨。……”[11]而夸张就是“典型化”。对此，冯雪峰说得更明白：“典型化的方法之一，就是所谓的扩张；扩张就是放大，放大的意思，就是把小的东西放大，使人容易看见，或者把隐藏的东西变成显露，以引起人们注意的意思。”[12]很明显，社会主义现实主义已经改变了现实主义的初衷，在“写真实”中塞进了“浪漫主义”的理想成分。建国后文学创作中出现的配合政治形势，图解政策的风气，与社会主义现实主义的提倡是有极大关系的，而“文革”期间的“样板戏”、小说《虹南作战史》、电影《春苗》与《决裂》等实际上也是此前的所谓社会主义现实主义极端化的结果。物极必反，当新的历史时期来临的时候，人们对这种文体的话语权力的质询与挑战就顺理成章了。

当然这种争夺话语权的挑战是有限度的，主流意识形态一方面允许甚至鼓励作家向极“左”的文艺思想开战，另一方面又设定了挑战的范围。清算极左文艺思想与政治上的拨乱反正是一致的，但主流意识形态所允许的范围是恢复到现实主义的“本来面目”上去，就是重提“真实性”问题。从1978年下半年始，全国的许多家报刊都开辟了有关“文艺真实性问题的讨论”[13]，参加讨论的文章基本上是就文艺的观念发表意见，并没有涉及文体问题。值得注意的是王蒙参加讨论的文章，在《反真实论初探》和《睁开眼睛面向生活》的文章中，王蒙不仅梳理了文学真实性的观念，而且提出了对他在文体上产生重要影响的文学真实性观念。王蒙说：“文学的真实性，既包括着对于客观外部世界的如实反映，也包括着对于人们的（包括作家自己的）内心世界的如实反映，我们决不因为提倡真实而排斥浪漫主义，排斥理想、想象、艺术的虚构与概括，但我们也决不允许以渺小的粉饰生活和卑污的伪造生活来冒充浪漫主义，冒充什么理想和虚构。”[14]可见王蒙的这些观念正在孕育着对新的文体形式的探索，他在寻找自己：“在茫茫的生活海洋、时间与空间的海洋、文学与艺术的海洋之中，寻找我的位置、我的支持点、我的主题、我的题材、我的形式和风格。”[15]寻找自己就是寻找新的适合于自己的文体形式，寻找能与传统现实主义文体争夺话语权的文体形式。因为在文学艺术的“场域”中，新的文体形式正是一种生产权威的“文化资本”。当然，王蒙的文体创新在王蒙的自我意识中既是一种艺术天性，也是一种新的时代所赋予的习性，注重感觉，注重人的内心世界也许是王蒙天性中早已存在的艺术灵气，而新的历史时期的触发和塑型对王蒙这种艺术天性的建构起到了更为重要的作用。二十世纪八十年代初的“集束手榴弹”的连续爆炸，的确震动了文坛，王蒙成为文体创新的代表。继之而起的创新潮流的涌动，促进了王蒙文体创新的话语权力的合法化进程。因为，在那个时代，创新就是最大的话语权力，而创新的指向就是西方现代派文学，这是时代的潮流，也是时尚。可以说，王蒙在20世纪80年代以后文坛上的新的话语权威地位的确立，是历史时代的作用的结果。它也许并不是王蒙的本意。在王蒙的自我意识中，并不是要打破旧文体的话语权力秩序进而取而代之，王蒙所反对的就是定于一尊的文体形式，他说："我不赞成把一种手法和另一种手法对立起来。如说某一种手法是创新，难道另一种手法不是创新吗？为什么要这样提问题呢？难道各种手法是互相排斥、有我无你的吗？李白、杜甫，风格手法是如此不同，然而，他们都伟大，他们实际上是相异而成，相异而相辉映，相异而相得益彰。"[16]又说："百花齐放的政策是各种风格和流派的作品进行自由竞赛的政策。萝卜茄子，各有各的爱好是自然的。因为爱吃萝卜就想方设法去贬茄子，却大可不必。在艺术手法、艺术趣味这种性质的问题上，'党同'是可以的和难免的，'伐异'是不需要的、有害的。只要方向好、内容有可取之处，我们就应该让其八仙过海，各显其能。我们要党同好异，党同喜异，党同求异。没有异就没有特殊性，就没有风格，没有流派，没有创造了。"[17]可见，王蒙所挑战的话语权力，并不完全是现实主义本身，而是这种定于一尊的话语权力秩序。历史的经验教训使王蒙形成了反对一切形式的独断论、极端化，主张多元化、相对性的文化哲学思想，故而他的文体形式不断变化，不断探索，实际上也是在自我消解自身的权威地位。不过，在客观上，王蒙愈是坚持探索坚持先锋姿态，他的话语权威地位就愈巩固，在话语权力秩序中，王蒙成为新的权威，是他不经意中的产物。

三、王蒙小说文体的杂糅性与身份政治

在二十世纪八十年代以后的中国文坛这一"场域"中，意识形态早已不是铁板一块，它在实质上处于严重的分裂状态中。一方面，正统意识形态仍然占据统治地位，掌握着文化领导权，是主流意识形态；另一方面，"民间意识形态"[18]也正以迂回曲折的方式来试图争得一席之地。在二十世纪八十年代初期，王蒙被视为"民间意识形态"萌芽的代表，这从王蒙与胡乔木的交往中可以见出。胡乔木一方面劝诫王蒙在创作上不要走得太远，另一方面又真诚地关注着王蒙的创作[19]。前者说明王蒙文体创新对于主流意识形态的异质色彩，后者又标志着主流意识形态对于王蒙所寄寓的希望。因此，王蒙的文体创新采取了改良和建设的态度，不是彻底抛弃，而是整合和杂糅，是"厉行新政，不背旧章"。故而，80年代初的所谓"意识流"，被说成是"东方意识流"，主要是"比兴"手法与自由联想的杂糅，而90年代的"季节系列"，底色仍是现实主义，但却杂糅了传统的"辞赋体"、先锋的叙事技法等等。当一批文坛新人以更激进的创新方式闪亮登场的时候，王蒙的身份则显得十分"可疑"，主流意识形态中的"左"派认为王蒙是最具危险的"新派人物"，而民间意识形态中的一些人认为，王蒙又是具有官方色彩的保守人物。他成了"桥梁或界碑"[20]。这也是王蒙在20世纪90年代不断遭遇两面夹击的原因[21]。这一境况具有重要的文化象征意义，它标志着王蒙以及他们这一代知识分子的尴尬处境。王蒙常常在政治文化上采取一种

“抹稀泥”行为，而“抹稀泥”行为在王蒙看来正是一种桥梁作用。王蒙说：“我总是致力于使上面派下来的提法更合理也更容易接受些。也许我常常抹稀泥，但我仍然认为抹稀泥比剑拔弩张和动不动‘断裂’可取。”[22]而在批判者看来，王蒙只能是两个时代的界碑。林贤治就认为：“王蒙是一个‘跨代’的典型。他是正统意识形态的最后一个作家，同时是新兴意识形态的最初一个作家；他以他的存在，显示了过渡时代中国文学的特色。”[23]这一过渡时代文学特色是什么呢？这就是新旧并置、多元共存、众声喧哗、“乱相”丛生的状态。在这样一个多元化无主潮的时代，在主流意识形态日渐式微，民间意识形态日益强盛的时代，王蒙只能成为一个“抹稀泥者”。王蒙生活在体制内，他对他的前辈看得很清楚，这在他的怀念文章中有很明显的表现，他知道他们的弱点，也理解他们的苦衷；他写出了他们的政治化，也写出了他们的人情味。胡乔木的谨慎老成却不失天真与折中，丁玲的个性、政治与实际上不通政治的书生气，周扬晚年对来访的王蒙近乎哀婉的挽留中所透露出来的寂寞孤独心态种种，都浸染着王蒙对他们的深深的理解、同情和宽容的情怀。生活在体制内，使王蒙在他的前辈身上看到了他们与时代脱节而酿成的悲剧般的结局。旧的时代注定要结束，但王蒙却与这个时代有着千丝万缕的联系，在王蒙看来，时代应该是连续的，不能因为过去的失误就彻底否定历史，因而他不可能与其一刀两断，这样，王蒙实际上把自己看成了过去时代的承接者；然而王蒙也深深懂得，历史前行的车轮是谁也阻挡不住的，改革是时代潮流，而未来属于青年。这就是他在一些年轻人比如王朔等人身上，看到的身处体制外的自由、轻松、洒脱和解颐的痛快，但王蒙对王朔的认同不是全部而是局部的，他欣赏的是他的“智商满高，十分机智，敢砍敢抡，而又适当搂着——不往枪口上碰”[24]。他这样评论王朔：“抡和砍（侃）在他的作品中，在他的人物的生活中，起着十分重大的作用。他把读者砍得晕晕忽忽，欢欢喜喜。他的故事多数相当一般，他的人物描写也难称深刻，但是他的人物说起话来真真假假，大大咧咧，扎扎刺刺，山山海海，而又时有警句妙语，微言小义，入木三厘。除了反革命煽动或严重刑事犯罪的教唆，他们什么话——假话、反话、刺话、荤话、野话、牛皮话、熊包话直到下流话和‘为艺术而艺术’的语言游戏的话——都说。（王朔巧妙地把一些下流话的关键字眼改成无色无味的同音字，这就起了某种‘净化’作用。可见，他绝非一概不管不顾。）他们的一些话相当尖锐却又浅尝辄止，刚挨边即闪过滑过，不搞聚焦，更不搞钻牛角。有刺刀之锋利却决不见红。他们的话乍一听‘小逆不道’，岂有此理；再一听说说而已，嘴皮子上聊做发泄，从嘴皮子到嘴皮子，连耳朵都进不去，遑论心脑？发泄一些闷气，搔一搔痒痒筋，倒也平安无事。”[25]可见，王蒙在这里所欣赏的是王朔诸人不硬来乱来的聪明劲儿。这也充分说明了王蒙只能是体制内的温和的改良派，他采用渐进的方式试图改革体制的弊端，但决不会成为激进的冲破体制的“革命派”。由此看来，王蒙是一个思想文化上的经验主义者，但王蒙又不是培根意义上的实证的经验主义者，而是体验的经验主义者。王蒙强调体验，强调对生活的纠缠在一起的感悟。因此，他的人生经验和政治智慧，都是在生活中体验出来的。从生活体验中得来的经验教训，使王蒙变得聪明起来，成熟起来，正如贺兴安所说的：“他的有些决定和见解，很勇敢很大胆，他又经常是十分谨慎、小心，并仔细掂量自己的步履。我只能说，他充分地估量了他的有限的存在，却在这种有限中显示了惊人的爆发力。”[26]也许正是这种人生经验和政治智慧，这种聪明与成熟，这种谨慎、小心，使王蒙看起来显得“世故”，甚至“圆滑”，而这恰恰是他遭遇攻讦的主要“罪证”。

然而，攻讦者看到的只是表面的王蒙，而没有深入到王蒙所处的文化身份位置上。事实上，正是由于这一身份位置，才决定了王蒙文体的杂糅性与整合性。王蒙的文体创新总给人一种不彻底、不干脆的印象，总给人一种形式化、表面化的感觉，原因也在这里。吴炫就曾指出王蒙式的创新是一种把玩和装饰，王蒙式的批判是一种肯定性的抚摸式的批判[27]，这种说法在一定意义上是有道理的，只是我们不应该简单地把王蒙的这种状态理解为生存策略，而是与他在时代文化中的桥梁或曰界碑的位置与身份有关，从位置和身份的角度来理解王蒙，王蒙是真诚的。然而，王蒙注定要遭遇误解，历史注定了他与他的同代人的尴尬的过渡代命运，因为时代的文化矛盾已经宿命般地决定了他们的现实和未来。

注释：

[1] 郭宝亮：《王蒙小说文体研究》，北京：北京大学出版社，2006 年，第 99～136 页。

[2] 刘心武：《他在吃蜗牛》，《北京晚报》1980 年 7 月 8 日，第 3 版。

[3] 宋耀良：《意识流文学东方化过程》，《文学评论》1986 年第 1 期，第 33～40 页。另见李春林：《王蒙与意识流文学东方化》，《天津社会科学》1987 年第 6 期，第 71～77 页。

[4] 1980 年在一个“王蒙创作讨论会”上的发言中王蒙说：“至于给这些感觉扣上什么帽子，这种感觉是不是‘意识流’？对不起，我也闹不清什么叫‘意识流’。有人说，你这不叫‘意识流’，就叫‘生活流’。这也请便。还有的同志是因为对我怀有好意，认为‘意识流’是一个屎盆子，说王蒙写的小说可绝不是‘意识流’，写的是我们的生活。好像谁要说‘意识流’，就准备和他决战。这我也谢谢。”见王蒙：《在探索的道路上》，徐纪明、吴毅华编《王蒙专集》，贵阳：贵州人民出版社，1984 年，第 75 页。王蒙在另一篇文章中说：“去年我被某些人视为‘意识流’在中国的代理人。由于自己对‘意识流’为何物并不甚了了，所以也不敢断定自己究竟‘流’到了何种程度，‘流’向了何方，是不是很时髦，是不是一出悲喜剧，以及是丰富了还是违背了现实主义……至于把我的近作仅仅归结为‘意识流’，只能使我对这种皮相的判断感到悲凉。”见王蒙《倾听着生活的声息》，同上第 95 页。在《关于“意识流”的通信》一文中，王蒙说：“我也承认我前些时候读了些外国的‘意识流’小说。”见徐纪明、吴毅华编《王蒙专集》，贵阳：贵州人民出版社，1984 年，第 123 页。

[5] 郭宝亮：《王蒙小说文体研究》，北京：北京大学出版社，2006 年，第 99～115 页。

[6] 郭宝亮：《王蒙小说文体研究》，北京：北京大学出版社，2006 年，第 126～134 页。

[7] 郭宝亮：《王蒙小说文体研究》，北京：北京大学出版社，2006 年，第 9 页。

[8] 陈独秀：《文学革命论》，《新青年》1917 年第 2 卷第 6 号。胡适：《文学改良刍议》，《新青年》1917 年第 2 卷第 5 号。

[9] 周扬：《关于“社会主义现实主义与革命的浪漫主义”》，《现代》1933 年第 4 卷第 1 期。

[10] 周扬：《在全国第一届电影剧作会议上关于学习社会主义现实主义问题的报告》(1953 年)，《周扬文集》第二卷，北京：人民文学出版社，1985 年，第 197～198 页。

[11] 周扬：《在全国第一届电影剧作会议上关于学习社会主义现实主义问题的报告》(1953 年)，《周扬文集》第二卷，北京：人民文学出版社，1985 年，第 198 页。

[12] 冯雪峰：《英雄和群众及其它》，《文艺报》1953 年第 24 号。

[13] 1978年12月，《辽宁日报》首开“关于文艺真实性的讨论”的专栏，1980年《人民日报》也开辟了“关于文艺真实性问题的讨论”专栏。

[14] 王蒙：《睁开眼睛面向生活》，见《王蒙文集》第六卷，北京：华艺出版社，1993年，第23页。

[15] 王蒙：《我在寻找什么》，见《王蒙文集》第七卷，北京：华艺出版社，1993年，第690页。

[16] 王蒙：《倾听着生活的声息》，见《王蒙文集》第六卷，北京：华艺出版社，1993年，第119页。

[17] 王蒙：《倾听着生活的声息》，见《王蒙文集》第六卷，北京：华艺出版社，1993年，第119页。

[18] 这里所说的“民间意识形态”实质上是一种在社会转型时期出现的新的文化价值形态，这种文化价值形态与传统的主流意识形态产生尖锐冲突，因而是边缘的、受压制的，但却被人们逐渐认可，因而具有强大的生命力，甚至可以说是一种代表着未来发展趋向的文化价值观，因此我称其为“民间意识形态”。

[19] 王蒙：《不成样子的怀念》，《读书》1994年第11期，第48～52页。

[20] 郭宝亮：《王蒙小说文体研究》，北京：北京大学出版社，2006年，第175页。另，关于“界碑”的说法，王蒙在《王蒙自传·大块文章》中也说过：“我好像一个界碑。这个界碑还有点发胖，多占了一点地方，站在左边的觉得我太右，站在右边的觉得我太左，站在后边的觉得我太超前，站在前沿的觉得我太滞后。前后左右全占了，前后左右都觉得王蒙通吃通赢或通‘通’，或统统不完全入榫，统统不完全合铆合扣合辙，统统都可能遇险、可能找麻烦。胡乔木、周扬器重王蒙，他们的水平、胸怀、经验、资历与对全局性重大问题的体察，永远是王蒙学习的榜样。然而王蒙比他们多了一厘米的艺术气质与包容肚量，还有务实的、基层工作人员多半会有的随和。作家同行能与王蒙找到共同语言，但是王蒙比他们多了一厘米政治上的考量或者冒一点讲是成熟。书斋学院派记者精英们也可以与王蒙交谈，但是王蒙比他们多了也许多于一厘米的实践。那些牢骚满腹、怨气冲天的人也能与王蒙交流，只是王蒙比他们多了好几厘米的理解、自控与理性正视。……”参见《王蒙自传》第二卷《大块文章》，广州：花城出版社2007年，第175页。

[21] 1989年后，王蒙不断遭遇来自两个方面的批评，一个方面是来自《文艺报》、《中流》、《文艺理论与批评》等几家报纸杂志的带有明显正统色彩的强烈指责，代表性文章有山人：《〈坚硬的稀粥〉是一篇什么作品?》，《文艺理论与批评》1991年第6期，第140～142页；慎平：《读者来信》，《文艺报》1991年9月14日；淳于水：《为什么“稀粥”还会“坚硬”呢?》，《中流》1991年第10期。另一方面则是年轻一代的批评，代表性文章有王彬彬：《过于聪明的中国作家》，《文艺争鸣》1994年第6期；林贤治《五十年：散文与自由的一种观察》，《书屋》2000年第3期。

[22] 王蒙：《不成样子的怀念》，《读书》1994年第11期，第48～54页。

[23] 林贤治：《五十年：散文与自由的一种观察》，《书屋》2000年第3期，第17～79页。

[24] 王蒙：《躲避崇高》，《读书》1993年第1期，第10～17页。

[25] 王蒙：《躲避崇高》，《读书》1993年第1期，第10～17页。

[26] 贺兴安：《王蒙评传》，北京：作家出版社，2004年，第3页。

[27] 吴炫：《中国当代文学批判》，上海：学林出版社，2001年，第77～99页。

《青春万岁》版本流变考释

温奉桥　王雪敏

（中国海洋大学文学与新闻传播学院，山东青岛，266100；
中国海洋大学文学与新闻传播学院，山东青岛，266100）

内容摘要：《青春万岁》是王蒙的处女作。由于历史原因，《青春万岁》出现了诸多版本，本文分别以 1957 年版、1997 年版、2014 年版为例，考察《青春万岁》版本的流变过程及文本修改情况，阐释其深层社会文化动因。《青春万岁》版本流变，是中国当代文学发展的一个侧影。

关键词：王蒙 ；《青春万岁》；版本

《青春万岁》是王蒙的处女作。在一般读者眼中，《青春万岁》似乎仅仅是一部“中学生读物”，事实上，《青春万岁》与胡风的《时间开始了》等共同构成了共和国文学的“起点”，其表现出的崭新的思想感情和抒写风格，具有无可替代的文学史意义。“倘若要为新中国文学（当代文学）在创作上确立一个开端，《青春万岁》是最合适的，至少它无可争议地属于这个开端。”[1]但这部小说自诞生之日起，就遭到了研究者的集体性忽视。本文拟从版本的角度，对这部小说的“前世今生”做一考辨阐析。

一

1953 年秋，十九岁的王蒙“带着少年人的狂妄劲儿”[2]做出了影响他一生的重要决定：写小说，这就是《青春万岁》。王蒙后来回忆道：“在离北新桥不远的一幢新建的二层小楼里，当时担任共青团的干部的十九岁的我，怀着一种隐秘的激情，关好那间办公室兼宿舍的终年不见太阳的小屋的门，在灯下，在一迭无格的片艳纸上，开始写下了一行又一行字。旁边，摆着各种工作卷宗和没有写完的汇报、总结，如果有人敲门，我随时准备把一份汇报草稿压在片艳纸上，做出一副正在连夜写工作材料的样子。”[3]但由于各种原因，这部创作于 50 年代的小说迟至 1979 年才由人民文学出版社正式出版。

《青春万岁》从创作至今出现过各种不同的“版本”，单 1979 年正式出版之前，就有三个公开“版本”：1956 年 9 月 30 日《北京日报》以“金色的日子”为题发表了小说的最后一节，1957 年 1 月 11 日—2 月 18 日《文汇报》分 29 期连载了全书近三分之一章节，1979 年 4 月《北京文艺》开始对小说部分内容进行了连载。《青春万岁》出版后，随即出现了各种不同的版本。仅就人民文学出版社而言，除了1979年初版本之外，还有2003年《王蒙文存》版（23卷）、2005年“中国文库”版、2013年“六十周年纪念”版，以及2014年《王蒙文集》版（45卷）。此外，还有1984年百花文艺出版社的《王蒙选集》版（4卷）、1993年华艺出版社的《王蒙文集》版（10卷）、2009年作家出版社的“共和国作家文库”版，以及包括俄文、朝鲜文、阿拉伯文等在内的各种外文和少数民族语言版。值得一提的还有1983年根据小说改编的同名电影。人民文学出版社在1979年初版本基础上，1997年再版时对小说部分章节按1957年《文汇报》连载版做了恢复与修改，最终成了这部小说的“定本”，之后各个出版社不同版本的小说基本以此为“蓝本”。

严格意义上，不同版本之间都有字、词、句、标点，乃至字体、格式等的诸种不同。而且就同一出版社来说，每一次再版都会在原有基础上进行校订趋正，事实上从而呈现出不同的“版本”类型。《青春万岁》版本很多，但从版本的有效性而言主要有三个：1957年《文汇报》连载版、人民文学出版社1979年版以及2014年“《王蒙文集》版”（以下分别简称“1957年连载版”“1979年版”“2014年文集版”）。本文主要据此考释不同版本的流变、状貌。

1957年1月11日—2月18日，《文汇报》副刊《笔会》分29期分别选载了《青春万岁》第7、11、13、17、22、23、25、28、35、37、38共十一节的部分内容。人民文学出版社1979年5月出版的单行本《青春万岁》是真正意义上的“初版本”。作为“初版本”，1979版对研究者来说具有重要意义，尤其值得注意的是，1979版并非50年代的完稿本，而是经过几次删改而成的版本。2014年，人民文学出版社出版了45卷本《王蒙文集》，《青春万岁》作为文集第一卷除了内容上最接近小说原貌外，在艺术上也更趋于完善。这三个不同历史时期的版本，为这部小说的版本研究提供了典型性。

二

版本研究的重要内容之一就是深入文本、考据不同版本之间的变异。《青春万岁》从1957年连载版、1979年版与2014年文集版的比较来看，版本修改、流变主要表现在技术性即“艺术上的完善”和内容修改两个层面。其中技术性修改又表现为两个层面：字、词、标点的规范化修改和字、词、句的润饰性修改。前者主要以科学、准确为主要目标，后者则追求艺术上的完善。

字、词、标点的规范化修改。字的修改集中在错别字、繁简字与异体字方面，这在《青春万岁》三个版本中都有体现。首先是对错别字的修改、规范，比较典型的：“大大列列”——“大大咧咧”、“年青”——“年轻”、“一齐”——“一起”、“哽赛”——“哽塞”等（前者为1957年连载版，后者为1979年版）；再如：“恶梦”——“噩梦”、“身分”——“身份”、“人材”——“人才”、“指手划脚”——“指手画脚”、“粘粘糊糊”——“黏黏糊糊”、“光采”——“光彩”、“蒙眬”——“朦胧”等（前者为1979年版，后者为2014年文集版）；其次，繁简字的规范化。繁体字主要出现1957年连载版中，典型的有：“門”——“门”、“經”——“经”、

"資"——"资"、"檢"——"检"、"組"——"组"、"張"——"张"、"楊"——"杨"、"腦"——"脑"、"無"——"无"、"請"——"请"、"輕"——"轻"、"説"——"说"、"單"——"单"、"風"——"风"、"塵"——"尘"、"憂"——"忧"、"轉"——"转"、"眞"——"真"、"發"——"发"、"書"——"书"、"問"——"问"（前者为1957年连载版，后者为1979年版）等；此外，还有异体字的规范化。异体字在1957年连载版和1979版中均有体现，例如："虎"——"唬"、"咀"——"嘴"、"噹"——"当"、"憋"——"别"（前者为1957年连载版，后者为1979年版）；"砂"——"沙"、"蹓"——"遛"、"拚"——"拼"、"楞"——"棱"、"燉"——"炖"（前者为1979年版，后者为2014年文集版）。

值得注意的是，三个版中错误率最高的是"作"、"象"、"的"三个字。在1957年连载版和1979年版中用的大都是"作"而非"做"，2014年文集版则用"做"。就使用的语境而言，文集版显然更规范。"象"的使用比较特殊，1957年连载版中多用"像"，1979年版一律改为"象"，2014年文集版中则依据不同语境进行了区分，但也多用"像"。事实上这与1964年国家发布的《简化字总表》有很大关系，在此之前"像"被视为"象"的繁体字，故1957连载版用的是繁体字"像"，1979年版用的是简化字"象"，2014年文集版则用的是现行的规范字"像"。"的"、"地"、"得"三个字在每一版中都有误用，尤其在1979年版居多。

语词在《青春万岁》三个版本中的变化也是逐步趋向规范化。主要体现为以下三类语词的规范：首先是儿化语的规范。例如："一块"——"一块儿"、"一会"——"一会儿"、"大伙"——"大伙儿"、"过了会"——"过了会儿"（前者为1979年版，后者为2014年文集版）；其次是一些拟声词的规范。例如："擦擦"——"嚓嚓"、"光气"——"咣嘁"、"库哧"——"噗哧"、"蓬拆蓬拆"——"嘣嚓嘣嚓"（前者为1979年版，后者为2014年文集版）；此外，还有一些随着社会发展而逐渐改变词义或淘汰使用的词，例如："痰桶"——"痰盂"、"九公寸"——"九十厘米"、"廿"——"二十"等（连载版用词——1979版用词）、"胳臂肘"——"胳膊肘"、"玩艺儿"——"玩意儿"、"牙花"——"牙床"、"一宵"——"一宿"等（前者为1979年版，后者为2014年文集版）。

标点符号的修改。从《青春万岁》三个版本来看，1979年版与1957年连载版的出入不大，主要区别是1979年版将连载版中错用引号的地方修改为了书名号，如："鬼恋"——《鬼恋》、"普通一兵"——《普通一兵》、"刘胡兰小传"——《刘胡兰小传》、"青年团基本知识讲话"——《青年团基本知识讲话》（前者为1957年连载版，后者为1979年版）。标点使用的差异主要体现在2014年文集版与1979年版的对比中，大致来说，主要表现为删、增、改三种情形。删："我们想请你来一趟，共同商量，研究一下。"（1979年版）修改为"我们想请你来一趟，共同商量研究一下。"（2014年文集版）、"作品还是不成熟的……。"（1979年版）修改为"作品还是不成熟的……"（2014年文集版）等；增："我觉得你是一个职业革命者……"（1979年版）修改为"我觉得，你是一个职业革命者……"（2014年文集版）"露出多汁的、半透明的富有诱惑力的果肉。"（1979年版）修改为"露出多汁的、半透明的、富有诱惑力的果肉。”（2014年文集版）等；改：“张世群摇摇头，缓缓地，规矩地滑着步子。”（1979年版）修改为“张世群摇摇头，缓缓地、规矩地滑着步子。”（2014年文集版）、“大家恶毒地咒骂老天爷的反复无常、互相议论今年‘时令不正’”（1979年版）修改为“大家恶毒地咒骂老天爷的反复无常，纷纷议论今年‘时令不正’”等（2014年文集版）。由此可见，不同版本之间出于艺术完美的追求，作者对小说文本的字、词和标点进行了必要的技术层面的修改，造成了不同版本之间的差异。

字、词、句的润色性修改。除了技术性修改，《青春万岁》不同版本字、词、句的润色性修改，主要出于表达的准确性与增强艺术感染力的考虑。

字的修改：例如，校长重复和吟味着郑波的话，“嗯，说的巧，说的好”。（1979年版），2014年文集版将“巧”改为“好”；词的修改：如“苏宁狠狠地跺了一下脚，含着泪端起蔷云的脸盆”（1957年连载版），1979年版中将“狠狠地”改为“恨恨地”，2014年文集版则又恢复了“狠狠地”；句的修改：如“我过去不是常常受批评吗？为什么后来那么太平无事呢？就因为对我批评得太少，我才老搞坏了事情。”（1957年连载版）修改为“我过去不是常常受批评吗？最近，我老是搞坏了事情，就因为对我批评得太少了。”（1979年版）1979年版对1957年连载版做了删除与调整语序的修改，删除了略带有侥幸意味的“为什么……”一句，以及将原因和结果进行倒置从而将叙述重心放在原因陈述上，这样的修改进一步凸显了杨蔷云积极向上、勇于自我反思和自我批评的性格特征。再如，“清澄的天空只有南方远远的有一列扇面形的云”（1957年连载版）、“天空清澄澄的，只是在南方远远的有一列扇面形的云。”（1979年版）、“天空清澄澄的，只是在远远的南方有一列扇面形的云。”（2014年文集版）。艺术的完善是一个不间断的过程，这从1957年连载版到2014年文集版的不同表达中就可以看出。1979年版将1957年连载版中的长句置换为两个单句，结构明晰，句义完整，对营造环境氛围更有艺术表达力，2014年文集版对1979年版的修改则更趋于准确，这里的“云”是在远远的南方，而非南方的远远的云，有一种寂静、辽阔、清澄之感。

作家在不同版本修改中对字、词、句的选用十分仔细，以求艺术表达的准确性。例一：“苏宁和吴长福要好好帮助她”（1979年版）修改为“对苏宁和吴长福，要好好帮助她们”（2014年文集版），如果单就这两句话来说，它们表达的意思是完全不一样的。前者的帮助者是苏宁和吴长福，被帮助者是“她”，而后者的帮助对象则是苏宁和吴长福。事实上这是团总支书记吕晨对杨蔷云说的话，她的意思是要杨蔷云帮助苏和吴二人，2014年文集版增加了一个引进对象的介词“对”，同时增用逗号和表示复数的代词词尾“们”，从而准确地表达了文意。例二：“如果对她的性格善自引导”（1979年版）修改为“如果对她的性格加以引导”（2014年文集版）。严格说来，1979年版用的“善自”是“擅自”的错别字，“她”指李春。但“擅自”表示的是自作主张、超越职权的意思，有贬义的色彩。这用在老师和同学们对李春的帮助上显然不合适，文集版改用“加以”一词则是更准确的表达。例三：“呼玛丽恐惧地闪着目光”（1979年版）修改为“呼玛丽眼里闪着恐惧的目光”（2014年文集版），显然，文集版的修改不仅表达准确，而且更有说服力和艺术感染力。

在艺术感染力的增强上，典型的例子还有，例一："她穿得很美：藕荷色的褂子，和长长的快铺到脚面的蓝绸裙子。"（1979 年版）修改为"她穿得很美：藕荷色的褂子，和长长的快垂到脚面的蓝绸裙子。"（2014 年文集版）看似仅仅是一个字的修改，但却有不同的艺术效果，"铺"字有人为的含义和笨重之感，"垂"字则极灵动地凸现了人物衣着的自然与质感，在艺术表达上有更强的感染力和美感。例二："在这个地球上，简直没有比作女孩子更倒霉的了。"（1957 年连载版）修改为"在那梦魇一样的日子里，简直没有比做女孩子更倒霉的了。"（1979 年版）此处是杨蔷云在知道好朋友苏宁小时候所遭遇的不幸经历后的心理描写，与"在这个地球上"相比，"在那梦魇一样的日子里"显然更深入具体地表现了杨蔷云对给苏宁带来不幸的旧社会的愤恨和对她的同情关爱之情，同时也渲染加强了无比黑暗的旧社会和苏宁所承受的不幸，从而给人以更强烈的共鸣和艺术感染。

三

除了艺术层面的修改，《青春万岁》不同版本之间还有内容上的修改，这是更为重要的修改。主要体现在三个方面：

"苏联"话语体系的修改。这里的"苏联"指一切与苏联有关的话语。这部分修改主要体现在 1979 年版本中。1962 年，由于政治形势短暂好转，中国青年出版社计划出版《青春万岁》，并请冯牧审读了书稿。遵照冯牧的意见，王蒙对书中关于苏联的部分内容，进行了弱化修改："于是我把提到苏联歌曲、书籍的地方尽量改成本地生产——把青年们读的《卓娅和舒拉的故事》改成《把一切献给党》，把苏联歌曲改成陕北民歌……"[4]

关于"苏联"话语体系的修改主要是在第七、十一、十三、十七、二十八、三十七共六节的内容中，具体表现为删除与修改两种方式。删除：如 1957 年连载版中有："她说：'这间小屋子好暖和！比西伯利亚建筑输油管的地方强多了！'""谈到俄罗斯音乐的历史"等内容，1979 年版中进行了删除。更多的则是修改，即把有关苏联的内容修改成其他内容：如 1957 年连载版"后来苏军红旗歌舞团来了，功勋演员尼基丁喜欢这个歌，而且用中文演唱了它，蔷云高兴了：'瞧，我的鉴赏力和苏联朋友一样。'"到了 1979 年版修改为"后来这个歌渐渐地流行开了，蔷云高兴：'我的鉴赏力有多么棒！'"再如：把"《普通一兵》"修改为"《把一切献给党》"、"俄罗斯民歌"修改为"陕北信天游小调"、"学俄文"修改为"学外文"、"苏联人"修改为"东北人"、"俄文"修改为"朝鲜文"、"一家苏联朋友"修改为"一家朝鲜朋友"、"去苏联留学"修改为"去国外留学"、"克里米亚"修改为"国外的疗养地"、"黑海海滨的公园"修改为"海滨的公园"、"从北京去莫斯科"修改为"从北京去世界上任何地方"等等。(前者为 1957 年连载版，后者为 1979 年版)。经过删改，大大淡化了苏联色彩。

"爱情"话语体系的修改。所谓"爱情"话语体系，并不单指爱情描写，而是包括一切以情感表达为目的的文字。这部分的修改主要源于 1978 年的修改。1978 年"十年浩劫"结束，《青春万岁》的出版再次提上了议程，在 1962 年修改稿基础上，人民文学出版社韦君宜建议将一些可能会被认为"感情不健康"的部分内容删掉。例如，修改后的1979年版，删除了诸多有关“爱情”的段落，删除的内容主要有：(1) 1957年连载版第35节杨蔷云梦中寻找张世群一大段；(2) 1957年连载版第37节张世群对杨蔷云提起自己和同班同学的恋爱以及杨蔷云内心活动的一大段；(3)“那次梦以后，蔷云决定考试完以后去找张世群一次，而且是非和他见一次面不可，为什么？因为她想他。在蔷云心里，张世群隐约地开始发出一种神秘的光亮，也许，这光亮一旦会变成照耀杨蔷云全部生命的光辉？还是说，它只是人生初期的感人的昙花一现？”(4)“过了十几年，两个人在大街上碰了面，使劲握握手，这个说：‘你不是老王吗？快把住址告诉我，我要去看你。’那个说：‘老李，你住在哪里？后天星期六我找你一起吃馅饼。’……星期六到了，老李没去看老王，老王也没找老李吃馅饼，友谊，就被日月给冲洗掉了。”等；1979年版进行了改写的爱情话语有：“来到五〇三号房间前，在房门嵌着的卡片上看见张世群的名字，蔷云砰砰地心跳了，那小伙子见着她会想些什么？她多么害怕张世群不在呀，假期里，事先没联系，冒冒失失地从城里跑了来……凑近房门听一听吧，有没有张世群豪迈的笑声……”(1957年连载版）修改为“来到五〇三号房间前，在房门嵌着的卡片上看见张世群的名字。蔷云笑了。凑近房门听一听吧，也许能听得见那个小伙子的笑声。”(1979年版)；“听着这个豪迈的大个儿，用很懂世故的口气，透露出几分天真的惆怅，蔷云觉得自己和张世群的心靠的很近，她想说：‘好朋友，难道我们会这样吗？不，绝不！’但是她没有说，她摇摇头，嘴唇似笑非笑地动了动。”(1957年连载版）修改为“这个豪迈的大个儿，用很懂世故的口气，透露出几分天真的惆怅。蔷云不由得笑了”等(1979年版)，综上所述，关于“爱情”话语体系的修改事实上就是对一定社会语境下所公认的禁忌进行的规避。经过删改后的1979年版就是典型的属于“十七年”文学余脉的“净本”和“洁本”。

其他涉“感情不健康”的修改还有：“老侯这个工友，山东人，一脸麻子，贫贫叨叨，素日惹蔷云讨厌，可今天偏偏遇见他了。”(1957年连载版）修改为“老侯这个工友，山东人，有点爱絮叨，可今天偏偏遇见他了。”(1979年版)；“杨蔷云大笑：‘我要有的话，也会穿。如果我有那种十四世纪女人帽子上插着的什么羽毛——该不是什么鸡毛吧——我也敢戴！’”(1957年连载版）修改为“杨蔷云笑了。”(1979年版)；“按你的话，要实际干只有作书呆子……”(1957年连载版）修改为“按你的话，要实际干又怎么样呢……”(1979年版）等。以上修改可以看出，1979年版显然是对1957年连载版的“纯化”。这种修改还表现在对杨蔷云个人情感描写内容的删除：例如：“她告诉自己说：‘我也需要抚爱，需要关切，我也是软弱的啊。’……杨蔷云是热烈而合群的么？当然。但她的热烈，不正包含着对一个虚妄的姑娘易有的冷淡之感的惧怕？她的合群，不正表现着对一小点孤独的敏感和难于忍受？”(1957年连载版）修改为“她告诉自己说：‘我也需要抚爱，需要关切的啊’……”(1979年版)；1957年连载版中“不就是那扰乱人的、挑动人的、引起了青春的无限焦渴的大自然的微妙的变化中最可珍贵的一刻吗？努力体会吧，尽情吸吮吧。莫负春光！这样，无论是难熬的严寒和酷热的盛暑，都不会把生气洋溢的春之形冲去。”到了1979年版则干脆删除。1957年连载版浓郁地传达出了杨蔷云感伤、脆弱、迷惘、忧郁的心绪，而这种情绪在特定语境下正是所谓的由于资产阶级的软弱性所流露的不健康感情的典型体现，修改后的 1979 版或删除，或改变，以此弱化乃至消除个人的情感表达。

除了苏联话语、爱情话语的修改外，小说结尾的修改也构成了《青春万岁》版本修改的重要内容。从三个版本的对比来看，2014 年文集版恢复了 1957 年连载版最初的原貌，1979 年版则将最后关于毛主席出场及情节设置的描写进行了大删改，主要可归纳为以下两点：首先，连载版中的毛主席于午夜两点钟出现在了天安门广场，并下车和来庆祝毕业的中学生们进行交流。而在 1979 年版中，毛主席的出现与否是不确定的，只是出现了一辆急驶的汽车，并借人物袁新枝之口道出了："我说，那一定是毛主席！"[5]也就是说，1979 年版中提到的毛主席的出现只是一个推测而非事实，这与 1957 年连载版的描写有本质的区别。其次，由于 1979 年版中毛主席的出现并不是一个既定事实，所以删除了在 1957 年连载版出现的其后一大段关于毛主席与中学生交谈的内容，包括主席询问学生们生活学习状况、祝贺毕业、安慰呼玛丽、订十年合同等情节。事实上，这样的变化对表达文意有重要的影响，1957 年连载版的描写塑造出了一个伟岸、平易近人、辛勤劳作的高大亲切的毛主席形象，而在删改后的 1979 年版中，毛主席却是一个"缺席的在场"。

从 1979 年版与 1957 年连载版的对比来看，1979 年版的修改主要是减少提到毛主席的部分、弱化毛主席的形象以及给中学生带来的影响，这主要发生在以删除不健康内容为目的的 1978 年的修改中。值得注意的是，在 1979 版中这部分删改的内容其中有一个段落大致保留了下来："她看见毛主席慈祥的眼睛和略带严厉的眼角的皱纹，从这眼睛里，她看到的不正是祖国吗？不正是那个亲爱的、曾经失去的、永远关怀着自己的儿女的祖国吗？"[6]这里的"她"指的是呼玛丽。除了用"严厉"替换了"严峻"，增加了两个"正"字之外，1979 年版保留了 1957 年连载版的这个段落。不同的是 1957 年连载版中这一情节发生在呼玛丽追赶主席的车和主席下车与她谈话之后，而 1979 年版中呼玛丽所看到的毛主席则是潜意识中的形象。尽管 1979 年版这样的修改大大淡化了小说的浪漫主义气质，但呼玛丽的行为反而更暗示出了更加美好的未来。1979 年版保留的这一段落既不会与前边已删除的毛主席出现的情节产生脱节，同时也强化了人物性格的变化发展。

此外，并不涉及内容健康与否的小说的最后一段也发生了变化，如下："汽车驶去，穿过天安门前淡蓝色的曙光，高高的修建人民英雄纪念碑的架子顶端已经发亮，新的一天就要到来了。"（1957 年连载版）修改为了"她们高声歌唱着走向学校，行进在天安门前淡蓝色的曙光里，高高的，修建人民英雄纪念碑的脚手架的顶端，已经发出金色的光辉了。"（1979 年版）比较而言，1957 年连载版的表达更为简洁流畅，暗含着"我们"的新的一天就要来临的深意。1979 年版的描写则稍显繁杂，且蕴含不够，2014 年文集版也因此恢复了 1957 年连载版的原始表述。

四

就版本流变而言，《青春万岁》主要经历了四次大的修改：分别是 1956 年、1962 年、1978 年和 1997 年，究其原因，主要有以下几个方面。

时代政治语境的变化。《青春万岁》的版本变化，离不开对政治语境的考察。政治语境的变化是《青春万岁》版本修改的关键乃至决定性的因素，例如关于苏联话语的修改。50年代创作《青春万岁》时，中苏关系良好，因而小说原稿有大量关于苏联的描写，且多是歌颂、赞美。但随着后来国家关系的变化，这种描写显然是不再适宜的，因而在1962年的修改中将大量有关苏联的话语进行了删改。

尽管《青春万岁》写作资源、背景以及话语生成都是典型的“十七年”文学的范畴，仍然极大地影响了小说版本的变化。《青春万岁》是在“十七年”文学之“文艺从属于政治”观念下创作的，文艺对政治的反映势必要保持一种同步的姿态。但就小说题材而言，关于中学生生活的选材已经逆反了国家意识形态所规定的“工农兵方向”，这决定了其修改以及坎坷的出版经历就在所难免。在政治语境发生变化的前提下，为了与时代—政治语境保持一致，作者不得不反复对文学作品进行修改以纳入到规范的体系当中，这其实是许多当代文学作品的共同命运，不是《青春万岁》所独有。

“一体化”进程下的文学生态。由上可知，《青春万岁》的修改大都是在“指导”下进行的，包括第一次的萧殷和萧也牧、第二次的冯牧以及第三次的韦君宜，并非作者的自愿、自主行为。事实上，在这些文学“把关人”的背后是一整套成系统的文学制度——文学组织方式、生产方式，即“一体化”的文学模式，其实质是党对文艺工作的组织和领导。《青春万岁》不同版本之间的变化即是“一体化”文学生态的必然结果。“一体化”的文学生态对文学阅读和评价机制有重要影响：“文学阅读没有达到促使文学不断创新的作用，而促使文学生产不断走向了规范和统一。”[7]新的阅读秩序和评价机制之下，文学批评的声音似乎具有了某种对未知的先验性和预见性，对《青春万岁》的修改即是如此。王蒙在一篇文章中写道：“您说：‘可如果发表了，会有人提出批评的。他们会说，为什么没有写和工农兵相结合呀……’我说：‘可我写的是在校的中学生啊……’‘是啊，是啊。’您沉吟着，‘不过，以你的处境，你恐怕经不住再一次批判了……’”[8]在小说出版之前，时任作协党组书记的邵荃麟已经预感到了可能会有的批评声音，而小说的“难产”最终也耽于对此的顾忌和担忧，在“指导”下进行的小说修改同样是对已形成的文学阅读和评价秩序的规避和臣服。

创作主体的身份转换与角色认同。王蒙的“身份”构建及转化对《青春万岁》版本修改等产生了潜在影响。王蒙的首个身份是“少年布尔什维克”，而在创作《青春万岁》时，他已经是一名团干部。从革命干部到青年作家的身份转换意味着进入一个新的领域，随后，王蒙以《组织部来了个年轻人》在文坛上引起轩然大波，一跃成为一颗共和国文学“新星”并受到了毛主席的高度重视，但也因此被错划为“右派”。“右派”的身份使已排印好清样的《青春万岁》，只能再次搁置。1978年，尽管江青反革命集团已经倒台，但王蒙的身份仍然是“右派”分子，遵从审稿人的意见对小说进行第三次修改就具有了身份认同意义上的必然性。《青春万岁》多次修改而具有的不同版本就是这种身份转换的产物。

《青春万岁》从一开始便贴上了“异类”的标签。但事实上这种规范性的力量与作家自身的实际创作观念有巨大的差异与背离，尽管迫于政治的压力作家不得不修改自己的作品以逐渐符合规范，但二者的裂缝与鸿沟仍是难以完全消弭的，这导致了作家创作观念的矛盾与裂变。“少共”的身份使王蒙一直都与政治和革命保持着亲密的联系，“文学与革命是天生地一致的和不可分割的，……文学是革命的脉搏、革命的信号、革命的良心，而革命是文学的主导、文学的灵魂、文学的源泉”[9]。这本应是与以政治和革命为主要方向的当代文学规范相合拍的写作，但事实上“革命”与“政治”仅仅是意识形态对文学进行规范的旗号，尽管他为此付出了沉重的代价，但王蒙与当代文学仍然有统一的因素，那便是对革命的虽九死其犹未悔的忠诚和坚守，为此他不惜多次对小说《青春万岁》进行修改，从而使小说表现出更革命化、更政治化的倾向。经过几次修改，《青春万岁》伴随着“革命性”不断强化的是“青春爱情”的逐渐淡化与模糊，这无疑与王蒙的创作观念是相排斥的，这样的修改在作家创作观念裂变的时代难以避免，而一旦作家重新获得了自身创作观念与创作实践相统一的自由，就必然会对作品加以修改，1997 年小说再版时王蒙将小说恢复原貌的修改也就具有了情理上的必然性。

《青春万岁》已成为一个文学时代的纪念碑。王蒙对《青春万岁》一直持有深厚感情，“《青春万岁》应该成为时代的天使、青春的天使，飞入千家万户，拥抱千千万万个年轻人的身躯，滋润千千万万个年轻人的心灵，漾起千千万万个年轻人的微笑，点燃千千万万个年轻人的热情”[10]。从《青春万岁》的版本流变，我们可以看到中国当代文学发展的一个侧影。

＊本文系国家社科基金项目“中国新时期小说隐喻叙事研究”【15BZW035】之阶段性成果。

注释：

[1] 郜元宝：《当蝴蝶飞舞时——王蒙创作的几个阶段与方面》，《当代作家评论》2007 年第 2 期，第 30 页。

[2] 王蒙：《我的第一部小说》，《王蒙文集》第 23 卷，北京：人民文学出版社，2014 年，第 76 页。

[3] 王蒙：《我在寻找什么？》，《王蒙文集》第 23 卷，北京：人民文学出版社，2014 年，第 120 页。

[4] 王蒙：《青春万岁六十年》序言，北京：人民文学出版社，2013 年六十周年纪念版，第 5 页。

[5] 王蒙：《青春万岁》，北京：人民文学出版社，1979 年 5 月，第 344 页。

[6] 王蒙：《青春万岁》，北京：人民文学出版社，1979 年 5 月，第 345 页。

[7] 王本朝：《中国当代文学制度研究（1949—1976）》，北京：新星出版社，2007 年，第 182 页。

[8] 王蒙：《祭长者——邵荃麟同志》，《王蒙文集》第 16 卷，北京：人民文学出版社，2014 年，第 35页。

[9] 王蒙：《我在寻找什么？》，《王蒙文集》第 23 卷，北京：人民文学出版社，2014 年，第 122 页。

[10] 王蒙：《半生多事（自传第一部）》，《王蒙文集》第 41 卷，北京：人民文学出版社，2014 年，第 151页。

“文学生活”主张的学理价值与思想启示

张斯琦

（吉林大学文学院，吉林长春，130012）

内容摘要：温儒敏提出的“文学生活”主张，是中国学术史上的一个有价值的事件。从研究领域和研究方法来看，“文学生活”的主张具有跨学科的性质，源于对多学科交叉研究的构想，在研究方法上它更倾向立足于文学本体的外部研究；从学术资源来看，它是对早期文学审美日常化理论和文学生产与消费机制研究思潮的提升和创新；从深层思想机制来看，它是对文学研究和文学学科发展困境的一种突围。“文学生活”主张带来了学术批评领域与研究方法的改变，拓展了新的文学研究空间，同时“文学生活”的理论主张和研究实践带给当下文学研究诸多思想启示。

关键词：“文学生活”；文学研究者；民众；研究方法

当下我们不得不承认，传统意义上的阅读特别是文学经典的阅读遭遇冷场已经是一个不争的事实，这种现象与上世纪八十年代全民性的文学阅读盛况形成了鲜明的对比。上世纪八十年代，昂扬向上的社会激情，渴望现代化的开放风气，都反映出当代中国思想文化极其难得的健康发展态势。与这种思想文化状态相一致，全民性的文学阅读曾屡屡产生强烈的社会轰动效应。然而，当前社会文化走向多元，思想文化的分裂和社会弥漫的暴戾情绪，也影响了当下人们的精神状态，继而带来文学阅读的萎靡不振。面对当前社会文学阅读的失衡状态，作为社会个体，或许无法改变文学阅读整体困顿的局面，但改变和调试自己的阅读行为却是一种力所能及的文学生活方式。而在学术研究领域，相关研究也存在着研究方法的过度理论化、研究重心的偏移以及研究风气浮躁等问题，特别是不少研究者忽视了普通民众的实际阅读行为和阅读生活。因此，思忖和咀嚼温儒敏提出的“文学生活”主张，便有了一种特别的意味。

一、“文学生活”主张的阐发渊源

何谓“文学生活”，按照温儒敏自己的解释：“‘文学生活’主要是指普通国民的文学阅读、文学消费、文学接受等活动，也牵涉到文学生产、传播、读者群、阅读风尚，以及社会生活各个领域文学渗透的现象，等等。所谓‘普通国民的文学生活’，是相对专业的文学创作、批评等活动而言。我们的研究主要关注普通国民的文学生活，或者与文学有关的社会生活。‘文学生活’这一概念既是文学的，又是社会学的，二合一，就是文学社会学。”[1]他进一步说明：“‘文学生活’，关心的并非个别人的阅读个性，而是众多读者的‘自然反应’，是寻找能构成精神现象的共性的方面，因此要借鉴运用社会学的方法，关注文学发生行为，包括文学的生产、传播与消费，那些‘匿名集体’（普通读者）的阅读接受状况，然后分析某些作品或文学现象在社会精神生活中起到的结构性作用。在这个过程中，调查、取得数据、进行分析、事实说话，都是必不可少的内容。除了社会学的引入，‘文学生活’研究还要利用传播学、心理学、人类学等领域的知识理论。”[2]如果从温儒敏、钱理群等人近些年的具体工作经历来看，“文学生活”主张在某种程度上，是他们对于中国社会改造和教育改革失望之后的一种迂回性的底层实验，仍带有启蒙主义理想，即使这种理想带有一些无奈心理和悲壮色彩：“目前我国大学普遍存在‘官场化’、‘市场化’、‘平面化’以及‘多动症’，所谓四大弊病，提出必须要多讲点大学文化，当年蔡元培树立的‘思想自由，兼容并包’的办学理念，理当成为北大的校训。”[3]当钱理群经过自己长时间到中小学亲身苦心尝试，进行语文教育改革实践遇阻宣布“告别教育”后，温儒敏慨叹道：“教育改革是个‘系统工程’，得整个社会多方面入手来做，内外的工作都要有耐心，步步为营，稳步挺进。有时恐怕还要有些平衡，进两步，退一步。具体到个人，则尽量少抱怨，从我做起，能做一点就是一点。”[4]

实际上，对温儒敏的“文学生活”主张的构想渊源还是可以进一步探究的。从研究领域和研究方法来看，“文学生活”的主张具有跨学科的性质，源于对多学科交叉研究的构想，同时，在研究方法上它更倾向立足于文学本体的外部研究。在西方的文学研究方法中，文学的内部研究与外部研究各有侧重，内部研究的焦点在于文学本身的内在特征，包括语言、形式、文体等等，而外部研究则更关注文学发生与发展的外部世界，如社会、历史、文化等外部因素带来的影响。显然，“文学生活”要采用传播学、社会学、人类学等多学科交叉的研究方式，从社会历史角度观察文学行为产生的社会效应，考察社会消费及大众文化心理机制与文学发展走向的双向制约与引导。

从学术资源来看，“文学生活”主张是在日新月异的网络化时代里，对于早期文学审美日常化理论和文学生产与消费机制研究思潮的提升和创新。消费社会及互联网时代的来临，打破文学创作与研究的旧格局，严肃文学及精英身份所强调的严肃审美已被逐渐消解，取而代之的是文学审美的日常化、平庸化乃至商业化。人们对“文学”这一概念的理解发生了改变，单一的由上至下的文学话语的推行，很难再形成大范围的文化集群效应。由于市场和商业运营模式的介入，文学必然需要接受多向的信息反馈。不仅是文学创作和文学研究，甚至是文学史的书写，都会面临新媒体与文学碰撞过程中产生的新的“化学反应”。与此同时，普通读者的文学阅读行为也理应纳入到文学研究和文学史的视野之中。因此，“文学生活”主张的提出正是基于这样一个新的时代契机，面对消费社会与新媒体时代衍生出的新型文学特点，试图以数据分析和调查报告为基本方法，来整合诸多研究领域。

从深层思想机制来看，研究者对当下中国社会思想状况十分焦虑，“文学生活”的提出，是对文学研究和文学学科发展困境的一种突围。当下社会思想文化的极度分化和暴戾情绪已然渗透到文学研究领域，盲目的汉学心态带来的学术泡沫化和平面化、文学研究思想史热引起的学术格局的失衡，以及泛文化研究风气的盛行，使现代文学史研究偏离了此前相对踏实、严谨的研究学风，呈现出不稳定的摇摆状态。这样一种文学学科研究的氛围变化，引发温儒敏等学人对当下文学学科健康发展的担忧。因此，“文学生活”主张的提出，也是出于对既有的文学研究观念和研究方法的一种警醒与突破。近年来，现代文学研究不断向其他学科领域开疆拓土，逐渐模糊甚至丧失了文学研究关注文学本身的本义。温儒敏近年来始终致力于提倡关注文学领域内文学学科自身的发展，强调在学风上应反省文学研究中的非文学化状态，倡导文学研究要回归关注文学本身。

文学研究究竟如何回归到关注文学自身上，逐渐遇冷的中文学科如何更好地参与到社会发展的“热循环”之中呢？“文学生活”这一理论主张在研究范围上，将普通民众的日常文学活动纳入到文学研究的范畴之中，在研究领域上，主张加强与传播、历史和社会学等领域的合作，实现对中文学科学术重心的纠偏，合理引导外部研究。“文学生活”的提出可以收束当前不良的文学研究倾向，它是温儒敏对文学研究格局和中文学科发展思考的具体落脚点和尝试路径。

二、“文学生活”主张的学理价值

如果单纯地对“文学生活”这一主张进行浅表化的理解，只视其为将关注普通国民的文学阅读活动与实际文学研究相结合，那么就极容易忽视它为文学研究带来的学术能量和学理价值。

“文学生活”主张首先带来了学术批评领域与研究方法的改变。宏大叙事曾一度成为中国文学创作与研究的重要视点，实际上，宏大叙事与中国文学的历史传统是分不开的，在强调社会责任、弘扬人文关怀和精神担当等方面都起到了重要作用，因此宏大叙事在中国一直以来都是一种重要的文化情结，但是我们也应当重新审视和辩证理解宏大叙事，因为抽象性的宏大叙事也必须有真实的接受过程。“大家对现有的文学史及现当代文学研究有些不满，主要是陈陈相因，只在作家作品——批评家（文学史家）这个圈子打转，很少关注社会上普通读者的反应，我称之为‘内循环’式研究。其实普通读者的接受构成了真实的社会文学生活，最能反映作品的实际效应，理所当然要进入文学研究的视野。”[5]“文学生活”主张的实践，将促使文学研究方法由宏大叙事与抽象思辨转换到田野调查的实证研究，实现从整体性研究走向个案的研究。这是对长期以来文学批评的宏大叙事与自我叙事（即温儒敏所言“内循环”）两种方向的平衡与补充，同时也是对于先验话题研究的纠偏。温儒敏近些年来一直非常关心中小学语文教育，他逐渐从文学史研究转向语文教育研究与实践。他积极参与基础教育的语文课程改革，主持全国义务教育语文课程新标准的修订，并且到全国各地的中小学去调研和座谈。他亲自动手主持编写了多套语文教材，连续出版了三部论教育的文集。这些工作不只是一种学术方向的转变，更是一种思想立场的转变。这些工作，使温儒敏有机会更为直接地了解文学的当下社会影响以及民众的阅读反馈，由此而来的直观感受也推动了“文学生活”主张的阐发。

就文学史研究而言，“文学生活”主张的提出拓展了新的文学研究空间。这一主张不单为现代文学研究开辟了新的研究视阈，可能伸展出新的研究方向，同时也体现了温儒敏以实际的研究行动来引导治学风气的努力。“生活是阅读的无尽源泉。‘文学生活’所关注的是‘事实’、‘文学生产’、‘文学传播’、‘精神结构’、‘接受行为’等，这些内容有可能生发出许多新的话题，甚至可以拓展现当代文学研究的新生面。”[6]温儒敏的“文学生活”主张中最为具体的内容就是社会性的文学阅读，“从关注‘语文教育’到‘文学生活’，我都是一个思路：希望自己从事的学术工作更贴近社会”[7]。山东大学“文学生活馆”采取走出去请进来的方式，对中国大众的文学阅读进行田野调查，通过设定讲座主题，搞了44期讲座，包括作家进课堂，其听众多来自大学、中学的学生和普通民众。该实践形成微型文学史与历史时代相呼应的模式，始终追求“文学生活化”和“生活文学化”，注重对于城市公共文化空间的创造，对社区空间与虚拟空间营造。不仅如此，“文学生活”主张的实践也涉及对文学再传播、移动阅读方式等的考察，甚至囊括对民众在乘坐地铁、高铁以及出租车等交通工具时的阅读行为的考察，考察非常细致且全面。实际上，固化的文学研究总是在强调文学对社会产生的影响和文学社会功能的研究逻辑，始终未能逃出文学功能单向输出的桎梏。“文学生活”主张则实现了文学与社会之间联系的双向流动，在加强学科之间多向联系的同时，调动更广泛的学科和学术研究资源，以多维视角切实考察文学功能的实际社会效果，让文学研究更接地气。

“文学生活”的提出，不只是对国民文学阅读情况的单纯考察和信息反馈，它更强调聚焦于最广泛的国民大众的“文学生活”及他们的文学阅读选择，使普通读者对文学作品的阅读感受进入文学研究、进入文学作品的价值考量视野，甚至进入文学史书写，以此作为相对客观的民众阅读反应的一种记录。也就是说，在“文学生活”论的理念中，文学研究要从微观上走入民众的生活，作为普通读者的广大民众不再片面充当被动的文学接受者。相关调查证实了在新媒体传播形式的多样化和文学阅读取向多元化的情况下，普通民众对文学接受的自主性在不断增强，他们的取向在一定程度上也引导了文学市场的发展走向和部分商业文学的创作趋势。“文学生活”也体现了一种文学观念的转变，当读者群体从被动走向主动，必然会更新一些旧有的文学创作与研究的观念。“文学生活”主张的实践将更准确地掌握大众的阅读层次和审美水准，加强文学创作者和普通读者之间的交流与互动，更好地引导当代文学的创作。与此同时，“文学生活”主张的实践也将加强文学创作者、文学批评家和读者三者之间的互动，强化文学创作、文学批评与文学消费的联系。就“文学生活”主张的当下意义而言，弄清楚文学创作在普通民众之中的接受程度和阅读反馈，对文学创作（特别是不完全依托于商业化运作鼓吹和营销、具有相对文化意义的文学创作）而言，其意义更为重大。以往的文学创作在主题上关注宏大文学主题和叙事，在研究上强调理论深度、哲学及社会意义，对文学的审美价值和读者的阅读反馈关注不够。“文学生活”主张以文学的“生活”为基点，要将文学创作的基础——普通民众最大限度拉回到文学创作与文学研究的视野。因此，它强调的不仅仅是文学阅读与接受的单向度的问题，而是涉及文学创作与研究的最终指向问题，即创作和研究的意义，重视普通读者在文学生产与消费之中至关重要的作用，这些能为当下的文学创作和研究提供借鉴参考。

三、“文学生活”主张的思想启示

如前所述，温儒敏提出的“文学生活”主张，具有重要的学理价值和实践意义，带给文学研究诸多思想启示。

第一，是研究立场的日常性与平民化。在理解这一主张的过程中，不应把“文学生活”仅仅看作一种研究方法或者一个研究领域，它体现了一种文学观的建构和确认。无论是田野调查还是个性化的文学史梳理，都不是单纯方法的改变，文学阅读和文学批评回归于普通生活，相对于学院派的繁琐阐释和抽象理论思辨，是一种很好的调整和补充。“在中国喊喊口号或者写些痛快文章容易，要改革就比想象难得多……我们光是批评抱怨不行，还要了解社会，多做建设性工作。”[8]温儒敏主持的第一批调查报告包括9个选题：《农民工当代文学阅读情况调查》、《学校教育背景下的大学生文学阅读状况的调查》、《近年来长篇小说生产与传播的调查报告》、《网络文学生态的调研报告》、《茅盾文学奖获奖作品接受情况调查报告》、《当下文化语境中鲁迅作品的阅读与接受》、《金庸武侠小说读者群调查》、《城市白领文学阅读情况调查》、《影视互动及观众接受情况调查》。调查显示出一个非常有意思的状况：“农民工的文学阅读高于普通国民的阅读状况”，“业余时间较多用于阅读文学作品的农民工比例为14%，高于职员阶层的12%和学生的10%”，“中小学生和大学生的文学阅读存在纵向上的偏至与下滑，大学生的文学阅读状况可能不如中学生，中学生的文学阅读状况可能不如小学生”。对此，温儒敏等认为“很明显，是由于应试教育的负面影响”，“阅读对于人的成长太重要了，说得极端一点，宁可不上语文课，也不能不读书。可是现在的中小学受制于中考和高考，多做题，少读书，学生中学毕业了，读书的习惯和爱好并没有培养起来，这是语文教育的悲剧，离天天挂在口上的‘素质教育’远着呢，对千百万青少年一生的发展都会有负面影响”，“让语文教学贴近学生的生活实际，让课堂阅读教学往课外阅读伸展，让课堂内外的阅读教学相互交叉、渗透和整合，联成一体”，“在应试教育还不可能完全取消的情况下，学生最好还是要兼顾一些，除了‘为高考而读书’，适当保留一点自由阅读的空间，让自己的爱好与潜力在相对宽松的个性化阅读中发展”[9]。这样的调查将研究推向了最贴近生活实际的日常，建议和对策更具可操作性。在当下文学研究中，应该淡化玄学化，也要避免过度“学者化”倾向，促使文学研究由封闭的本体研究走向开放的人生，植根平民化的研究立场，去发现文学的日常化价值。

第二，对既有的学术前提保持警惕。“文学生活”主张追求阅读和研究过程的感受性和真实性，打破了惯常的学术研究方式。这一理念的提出不只是带动现当代文学研究新的理论生长点的建立，还促使了文学的功能从理论走向实践。“《青春之歌》等小说在上世纪五六十年代那样受到普通读者的欢迎，这些作品在一代人的精神结构上产生巨大的影响，这种‘文学接受’及相关的‘文学生活’，恐怕不能简单地用什么意识形态‘询唤’去命名，或者做所谓‘体制内，体制外’的政治分析了事。可是现在学者研究五六十年代那些革命文学，顶多就是用某种现成理论去阐释文本，即使对当时的读者接受（其实很多仍然是评论家的言论）有所顾及，那也是为了证说某种预定理论，极少把目光投向当时的阅读状态与精神转化，并不顾及那种鲜活的‘文学生活’。我们有理由期待那种知人论世的文学史，能真实显示曾经有过的‘文学生活’图景。”[10]以往的部分文学研究往往拘泥于预设的诸多学术研究前提下，对文本进行固有学术框架内的预定理解和阐释，即“通过什么……，表达了……”诸如此类。因此，“文学生活”主张在一定程度上引发了我们对文学功能的新理解，我们需要跳出预设，直接接触“文学生活”的本源，来了解和分析归纳出真实的、全面的、当下的“文学生活”境况，给新的文学研究提供第一手资料。

第三，文学研究应以提升大众的阅读文化品位为出发点。“文学生活”主张关注的是普通人的日常文学活动，隐含着接续改造国民性的启蒙主义主题。它强调的是有关个体阅读选择和倾向的考察，同时力求提升民众整体的阅读文化品位，张扬文学阅读的社会活力。“一个大的社会，全体都是用无数的锁链穿成的，都是息息相关的，文学是人生的活动之一，虽然与教育，宗教、政治等，不是根于同一出发点，但与社会上的关联，与人类情感的贯注，总是不甚相远。”[11]梳理文学与社会的关系过程，也是为了提升阅读者的思想和文化品位。重回“五四”新文学初起时“文学为人生”的朴素主张，可以作为文学化生活来理解。林语堂在《文学生活》一文中说：“一切有价值的文学作品，乃为作者心灵的发表，其本质上是抒情的，就是发表思考的文学也适用这种原理——只有直接从人们心灵上发生的思想，始值得永垂不朽。”[12]从文学场域上来看，对审美的和人性的普遍追求最能够弥合社会思想文化的分裂。在这样一个时代里，阅读具有了新式社会功能，阅读使人安静和沉思。文学大众化的最终目的是“化大众”，提升大众的文化品位和个性气质。“大众化”不应是弱化贵族气质和人文精神，更不能粗鄙化和娱乐化，全民娱乐的时代绝不是一个昂扬向上的时代。娱乐是心理的而不只是生理的，娱乐化不是文化品位的提升，而是生活的平庸化。因此，在这样一个娱乐化盛行的时代，“文学生活”接续改造国民性的启蒙主义主题，使得民众能够聚集在人文精神旗帜下。

第四，警惕和避免乾嘉学派考据风的回流。从民众的文化生活和学者的学术研究来看，“文学生活”主张具有其特殊的意义与价值。“自然不能要求所有学者评论家都改弦更张来研究‘文学生活’，但鼓励一部分人进入这块领域，起用不同于传统的研究方法，起码会活化被‘学院派’禁锢了的研究思路，让我们的学术研究和文学评论更‘接地气’。”[13]即使改弦更张的研究者也应该注意避免方法论至上的技术流倾向。作为一种新颖的文学主张，“文学生活”的潜在能量是很大的，在强调它的学术价值的同时，还需避免矫枉过正。与报刊研究热相似，不能停留于调研和数据阶段。任何历史研究都是为了追求当下意义，任何材料和数据可能都反映某种意义，研究者有责任将其感受阐释出来。不能是始于材料而终于材料，特别是在当下思想困境之下，还是需要深刻的思想阐释。

文学生活是人类生活的内容与方式，近年来浮躁暴戾的社会风气使民众日益疏离了健康的文学生活。“文学生活”理论强调加强对于经典读本与思想文化关联性的研究，串联起文学创作、传播、接受，将历史性的“文学生活”转向现实性的“文学生活”。在倡导全民重拾文学生活的同时，学者研究更应重返文学生活领域，从微观上走入民众的生活。当然，文学生活不只是单向度的文学研究者与民众之间互动的结果，有传播、历史和社会学等方面学者参与联合调查也是非常必要的。因此，“文学生活”主张的提出理应成为中国学术史上一个有价值的事件。

*本文系国家社科基金项目“新媒体发展对中国文学叙事方式的影响”【14CZW049】及“吉林大学青年学术骨干支持计划”【2015FRGG04】的阶段性成果。

注释：

[1] 温儒敏：《把国民“文学生活”纳入研究视野》，《文学报》2012年10月26日，第3版。

[2] 温儒敏：《关注我们的“文学生活”寻找阅读与研究的源泉》，《人民日报》2012年1月10日，第20版。

[3] 温儒敏：《温儒敏论语文教育·前记》，北京：北京大学出版社，2010年，第7页。

[4] 温儒敏：《把国民“文学生活”纳入研究视野》，《文学报》2012年10月26日，第3版。

[5] 温儒敏：《把国民“文学生活”纳入研究视野》，《文学报》2012年10月26日，第3版。

[6] 温儒敏：《关注我们的“文学生活” 寻找阅读与研究的源泉》，《人民日报》2012年1月10日，第20版。

[7] 余三定：《“中国现代文学”学科的建构——中国现代文学研究专家温儒敏访谈》，《文艺报》2012年12月12日，第3版。

[8] 王统照：《文学批评的我见》，《王统照文集》第6卷，济南：山东人民出版社，1980年，第425页。

[9] 温儒敏：《把国民“文学生活”纳入研究视野》，《文学报》2012年10月26日，第3版。

[10] 温儒敏：《关注我们的“文学生活” 寻找阅读与研究的源泉》，《人民日报》2012年1月10日，第20版。

[11] 王统照：《文学批评的我见》，《王统照文集》第6卷，济南：山东人民出版社，1980年，第425页。

[12] 林语堂：《文学之特性》，《吾国与吾民》，沈阳：万卷出版社，2013年，第181～182页。

[13] 温儒敏：《“文学生活”概念与文学史写作》，《北京大学学报》2013年第3期，第58页。

一百五十年前的河南信阳话

——来自苏浙皖河南方言岛的证据

黄晓东

（北京语言大学语言科学院，北京，100083）

内容摘要： 由于方言岛具有一定的存古性，它们对于历史语言学的研究有着重要意义。例如我们可以用来构拟源方言的面貌，并可推断源方言发生某种音变的年代。本文以苏浙皖三省的河南方言岛为据，对比今信阳地区的河南话，拟测了一百五十年前该地区的方言特点。文章最后指出了利用方言岛构拟早期语言特点的注意事项。

关键词： 河南；信阳；方言岛；语言构拟

一、引言

丁邦新曾经说过："中国地域辽阔，许多地方可能有孤立式的方言岛存在，这一类的方言岛常常有保存古音的特例。"[1]方言岛由于在某些语言特点上具有存古性，因而可以用作重构源方言的可信材料。

其他学者也指出了方言岛的这一特殊意义，有的甚至已经进行了实践。例如李如龙等[2]调查了福鼎沙埕镇的闽南方言岛，发现早期泉州话韵书《汇音妙悟》（1800）鸡韵字（李如龙拟作［ɯe］韵）的读音还保留在该方言岛中，而在泉州本土该韵已经并入瓜韵（［ue］）了。另外，该读音还保留在宁德碗窑的闽南方言岛中（读作［ɤe］韵）（李如龙、陈章太[3]）。丘学强详细研究了粤、琼两省军话方言岛的语言特点，指出军话与明代官话有着千丝万缕的联系："也许，我们甚至还可以说'军话'就是明代'通语（包括读书音、南音和北音）'的'活化石'……深入研究军话，对明代前后官话面貌的重构将是大有裨益的。"[4]

我们既可以就单个方言岛来构拟源方言，也可通过同源异境的几个方言岛来进行这项工作。相对而言，后者应更可靠稳妥。本文即以苏浙皖三省的河南方言岛为据，对比今信阳地区的光山、新县、罗山等方言，尝试对上述方言的历史面貌进行构拟。

二、苏浙皖河南方言岛的分布和来源

由于历史上的移民运动，苏浙皖三省交界地区形成了众多河南方言岛。

据《中国语言地图集》[5]，在皖浙交界的广德、郎溪、宣城、宁国、安吉和长兴等六县市分布有大量的河南话，使用人口可达四十万。另据郭熙[6]，苏南地区的句容、溧水、溧阳、金坛、高淳、宜兴、丹阳、丹徒、吴江等县市也分布有许多河南方言岛，人口达十数万之多。因此，苏浙皖地区的河南人总计可达五十多万。不过据我们了解，实际可能更多[7]。

苏浙皖地区的河南方言岛是如何形成的？据鲍士杰[8]、葛庆华[9]和曹树基[10]的研究，苏浙皖三省交界地区的客籍方言主要是太平天国战后移民带来的。

太平天国运动历时十余年，战事波及十六省，而长江中下游地区的江苏、浙江和安徽三省是双方拉锯的主战场，受战争破坏尤其严重。原来人口稠密的苏浙皖地区，“几于百里无人烟，其中大半人民死亡，室庐焚毁，田亩无主，荒弃不耕”（王韬《弢园文录外编》卷七《平贼议》，转引自葛庆华[11]）。为改变这种状况，清政府实行“招垦招佃”、“轻徭薄赋”的政策，迁徙豫楚等地的人前来垦荒。“客民垦荒，豫楚最多，温台次之”（《长兴县志拾遗》，转引自鲍士杰[12]）。其中河南移民主要来自豫南地区的光州和汝宁府，如光山、罗山、商城、固始、潢川等县。这里本来人口密度就大，加之“发捻之役，因地处偏隅，亦少波及”（民国《光山县志约稿》卷四《艺文志》，转引自葛庆华[13]），因此战后成为最重要的移民迁出地之一。清末至民国年间，仅光山一县就向苏、浙、皖、赣四省输送了上百万移民（民国《光山县志约稿》卷一《地理志・户口》，转引自葛庆华[14]）。

据郑张尚芳[15]，皖南移民中，河南人一般以信阳地区的光山、固始、罗山一带为主，也有远自荥阳一带来的，广德县为河南移民分布的中心地区，号称“小河南”。郭熙指出：“苏南地区的河南话是在河南光山、罗山、商城等方言的基础上融合发展起来的。……光山话可以认为是苏南地区河南话的代表性基础方言。”[16]据黄晓东[17]，浙江安吉河南话的情况与苏南地区的河南话相似，也拥有自己的基础方言，即光山、新县和罗山南部一带的方言。这一带的方言比较接近。新县于 1932 年由光山、麻城和黄安三县析置，包括县城在内的多数乡镇原属光山。据闫德亮[18]和笔者调查，罗山方言大致以 312 国道为界分为南、北两片，其中南片与光山、新县方言更加接近（下文若不特别指出“南部”或“北部”时，即指罗山全境）。

由上述资料可见，苏浙皖河南方言岛的来源、形成原因和过程都基本相同，因此可以作为同源方言进行比较，从而构拟早期河南信阳话（本文指光山、新县和罗山南部一带方言）的面貌。

三、苏浙皖河南方言岛源方言的语音构拟

本文中苏浙皖三省河南方言岛的代表点分别是：江苏省句容市磨盘乡，浙江省安吉县原安城镇安城村（本文中包括邻近的湾长村在内，两村通行的河南话基本一致）和横塘村，安徽省广德县。另外，还参考了浙江长兴县仙山的河南话。在上述各点中，磨盘、安城、横塘的材料最为详细，广德次之，仙山的材料则非常简略。本文中用以比较的源方言主要包括光山（十里）、新县（浒湾）、罗山（张河代表北片，周党代表南片），为简便计，下文分别用各县名来指称。

（一）声母的构拟

1. 知系字的读音

表 1 苏浙皖河南方言岛知系字的读音（附光山话以资比较，下同）

方言	诗	扇	水	春	壮	床	虫	猪	书
磨盘	s	s	s	tɕʰ	ts	tsʰ	tsʰ	ts	s
安城	s	s	s	tɕʰ	ts	tsʰ	tsʰ	tɕ	ɕ
横塘	时 ʂ	ʂ	s	tʂʰ	ts	tsʰ	tʂʰ	tʂ	ʂ
广德	知 ts	闪 s	s	—	—	tsʰ	tsʰ	ts	s
光山	ʂ	ʂ	s	tʂʰ	ts	tsʰ	tʂʰ	tʂ	ʂ

① 有的材料缺部分例字，暂用音韵地位相同或相近的其他字代替，下同。②横塘“扇”字在材料的音系例字中记为［ʂ］声母，在《单字音》表中却记为［s］，疑后者误。

磨盘、安城与广德知系字都不读［tʂ tʂʰ ʂ］声母，与源方言不同。我们推测，这三处河南话早期都曾经有过［tʂ］组声母，后受岛内外［ts］［tʂ］不分方言的影响，［tʂ］组声母消失。证据之一就是安城河南话个别人的口音中仍保留有［tʂ］组声母，应为［ts］［tʂ］对立的残迹。

与磨盘、安城、广德三处方言岛不同，横塘河南话中的［tʂ］组声母非常普遍。横塘与安城相距仅数里，但知系字的读法却属于两种类型，其原因在于横塘村几乎是纯河南话区，来自其他方言的影响较小，因此更易保留早期语音特点；而安城则分布有吴语、安庆话和苏北话等［ts］［tʂ］不分的方言，极易对河南话造成影响。

磨盘、安城、横塘、广德四处河南话知见系分合情况与光山、新县、罗山方言一致，即遇、山、臻摄合口三等知章组字与见系字合流（磨盘遇摄除外），余皆不合。例如磨盘：专山合三。章＝捐山合三。以 ꜀tɕyɛn ｜ 船山合三。船＝权山合三。群 ꜁tɕʰyɛn ｜ 肫臻合三。章＝均臻合三。见 ꜀tɕyn。

2. 日母字的读音

表 2 苏浙皖河南方言岛日母字的读音（附“荣用”二字）

方言	如	而	二	日	热	软	认	肉	荣	用
磨盘	乳 ɥ	ər	ər	ər	ye	yɛn	zən	zəu	容 zoŋ	zoŋ
安城	y	ɚ	ɚ	ɚ	yE	yɛ̃	ʐən	ʐəu	ʐoŋ	ʐoŋ
横塘	儒 ɥ	—	ər	ər	ʐɥɛ	—	ʐen	ʐou	永 ɥen	ʐoŋ
广德	—	—	ɚ	zɿ	zɥe	—	z	z	—	ɥəŋ
光山	ɥ	—	ɚ	ɚ	ɥE	ɥɛ̃	ʐən	ʐəu	ʐəŋ	ʐəŋ

广德“认肉”二字缺韵母。

古日母字在上述河南方言岛中的读音差异较大：磨盘分归［z］［Ø］声母；广德

则有［ʐ］［z］两个音位变体；安城同横塘，分归［ʐ］［Ø］声母。在上述方言岛中，安城、横塘与源方言最接近，广德次之，磨盘变化最快。各地河南话日母字的读音差异正好反映了其发展轨迹：

［ʐ］［Ø］光山、安城、横塘→［ʐ］～［z］广德→［z］［Ø］磨盘

从日母字与梗通摄影云以母字（即张世方[19]所说的“荣”类字）的分合情况看，二者在各方言岛中读音都相混（广德河南话由于例字太少情况不详）：安城和横塘都读［ʐ］声母，磨盘都读［z］声母。说明日母字和“荣”类字在各个河南方言岛中基本上是协同变化的。这也说明早期信阳话两类字是相混的。

3. 泥来母的读音

磨盘、安城和广德河南话都有个别鱼韵泥来母字读零声母，例如磨盘：女泥＝旅来ᶜɥ｜驴来＝吕来꜁ɥ。光山和新县也有该现象，例如光山：驴꜁ɥ｜吕ᶜɥ。可见鱼韵泥来母字的特殊读法在方言岛和源方言中都得到了保留。

4. 影疑母的读音

磨盘、安城、横塘和广德河南话影疑母开口一二等字一般读［ŋ］声母，同光山、新县、罗山方言一致。例如安城：咬ᶜŋɑo｜安꜀ŋɛ̃｜恩꜀ŋən｜硬 ŋənᵓ。显然，早期信阳话影疑母开口一二等字应读［ŋ］声母。

5. 微疑影喻字的读音

微疑影喻母合口呼字磨盘读［v］声母；安城一般读零声母，个别人读［v］声母或［ʋ］声母；横塘全读零声母。

仙山部分字读［ʋ］声母，部分字读零声母，例如：闻꜁uən｜问 uənᵓ｜味 ʋeiᵓ｜尾ᶜʋei｜玩꜁uɑnᵓ。

广德合口呼零声母字“屋 u”、“威 uei”、“稳 uən”等字大都习惯带有唇齿［v］浊擦音，“外 uɛ”、“晚 uã”、“王 uɑ̃”等字大都不带唇齿动作。

在源方言中，微疑影喻母合口呼字今罗山读［v］声母，但光山和新县则读零声母，与上述方言岛的读音不合。我们认为这有两个可能：一是光山和新县方言原来也有［v］声母，但后来消失了；二是光山和新县方言本无［v］声母，苏浙皖河南方言岛继承了罗山方言的特点。从各处方言岛不约而同地拥有［v］声母来看，我们更倾向于第一个假设。

6. 晓匣母与非组合口呼字的读音

表 3　苏浙皖河南方言岛晓匣母合口呼字与非组字的分混

方言	花	发	灰	飞	虎	府	红	风	火	活
磨盘	fa		fei		fu		xoŋ	foŋ	xo	xo
安城	fa		fei		fu		xoŋ	foŋ	xɔ	xɔ
横塘	画 xua	fa	—	肺 fei	呼 fu	fu	弘 xoŋ	foŋ	xo	xo
广德	fa		fei		fu		—	—	xo	xo
光山	fa		fei		fu		xəŋ	fəŋ	xɔ	xɔ

磨盘、安城、广德三地河南话晓匣母合口字混入非组字，同新县一致，也基本同光山。横塘逢［u］韵相混，其他韵不混，与其他方言岛及源方言皆不同，该特点形成原因不明。不过可以肯定，晓匣母与非组合口字全部或部分相混，应是早期信阳话的特点之一。

（二）韵母的构拟

1. 入声韵的有无

安城、横塘、广德三地河南话今无入声韵，与源方言一致。磨盘“古入声字有些读得较短，并略带喉塞，但不独立成调，发音人认为更近于相应的舒声字”（郭熙[20]）。据《江苏省志·方言志》[21]，磨盘北边的句容话、东边的金坛话、南边的溧阳话和西边的溧水话都有入声调和入声韵。因此，磨盘话古入声字的读法应是受周围方言的影响产生的，而非保留了源方言的早期特点。

2. 开合口的构拟

表 4 苏浙皖河南方言岛的开合口字

例字	磨盘	安城	横塘	广德	光山	例字	磨盘	安城	横塘	广德	光山
歌歌	ko	kɔ	哥 ko	—	kɔ	端桓	tɛn	tɛ̃	tan	tã	tɛ̃
初鱼	tsʰəu	tsʰəu	tsʰou	tsʰəu	tsʰəu	酸桓	sɛn	sɛ̃	蒜 san	—	sɛ̃
罪灰	tsei	tsei	tsei	—	tsei	刷辖	sa	sa	sa	sa	sɑ
嘴支	tsei	tsei	tsei	tsei	tsei	寸魂	tsʰən	tsʰən	tsʰen	—	tsʰən
吹支	tsʰei	tsʰei	tsʰei	tsʰei	tsʰei	春谆	tɕʰyn	tɕʰyən	tʂʰɥn	—	tʂʰɥən
泪脂	li	li	li	—	lei	壮阳	tsaŋ	tsɑ̃	tsaŋ	床 tsʰɑ̃	tsɑ̃
水脂	sei	sei	sei	sei	sei	窗江	tsʰaŋ	tsʰɑ̃	tsʰaŋ	tsʰɑ̃	tsʰɑ̃

我们按古韵摄分别讨论：

（1）果摄字。不论方言岛还是源方言一般都读开口韵（除少数影疑母字）。

（2）遇摄字。各方言岛与源方言遇摄合口一等端系字、合口三等庄组字与流摄字相混，读开口韵。例如磨盘：组模＝阻鱼＝走侯ᶜtsəu｜粗模＝初鱼＝抽尤꜀tsʰəu｜苏模＝梳鱼＝搜尤꜀səu。

（3）蟹止摄合口字。各方言岛蟹止摄合口端知系字都读开口韵，与源方言一致。磨盘、安城和横塘个别泥来母字（如“泪”）读齐齿韵，光山则读开口［ei］韵。但据笔者调查，新县与罗山都读［i］韵。

（4）山摄合口一二等端知系字、臻摄合口一三等端系字。各方言岛都读开口韵，与源方言一致。

（5）宕江摄知系字。各方言岛都读开口韵，同源方言。

总的来看，各方言岛开合口分歧不大，与源方言也基本一致。

3. 深臻曾梗摄

古深臻摄与曾梗摄舒声字在磨盘、安城、横塘和广德河南话中都合流，都读

[ən iən]韵（臻摄合口三四等字读［uən yən］韵）或类似韵母。例如安城：参人～。深＝身臻＝升曾＝生梗꜀sən｜金深＝巾臻＝京梗꜀tɕin｜滚臻꜂kuən｜军臻꜀tɕyən。上述读法与光山、新县、罗山方言一致。可见，一百五十年来信阳话深臻曾梗摄舒声字合流的特点未曾改变。

（三）声调的构拟

1．调类

各方言岛（包括仙山）都有四个单字调，即阴平（包括古清平、清入和次浊入字）、阳平（包括古浊平、全浊入字）、上声（包括古清上、次浊上字）、去声（包括古去声和全浊上字）。上述归调与光山、罗山北部一致，但与罗山南部及新县部分地区不太一致。

据笔者调查，罗山南部存在一个入声调（但无入声韵），而新县部分地区分阴阳去。我们认为这可能保留了早期特点，但并不是源方言中的主流现象，因而未在方言岛中得到体现。

2．调值

表5 苏浙皖河南方言岛调值的比较

调类	磨盘	安城	横塘	仙山	广德	光山	罗山北部
阴平	41	53略低	53	42	42	53略低	42
阳平	44	55	55	55	55	55近445	55
上声	224	35近325	24	325	35	35近325	35近325
去声	312	312近313	214	213	312	31	312

由表5可见各方言岛四声调值都近源方言，尤其接近罗山北部方言。

四、结论

通过苏浙皖三省同源异境河南方言岛的比较，我们可以构拟出河南光山、新县及罗山南部一带方言的部分早期特点：

1．声母方面

①［ts］［tʂ］对立，知见系合口字相混。②日母字一般读［ʐ］声母，止摄开口三等字读零声母，日母字与“荣”类字相混。③部分鱼韵泥来母字读零声母。④影疑母开口一二等字读［ŋ］声母。⑤微疑影喻母合口字读［v］声母。⑥晓匣母合口字与非组全部或部分相混。

2．韵母方面

①无入声韵。②果摄字读开口韵。③蟹止摄合口端知系字都读开口韵（部分泥来母字读齐齿韵）。④山摄合口一二等端知系字、臻摄合口一三等端系字读开口韵。⑤宕江摄知庄章组混，都读开口韵。⑥遇摄合口一等端系字、合口三等庄组字与流摄字相混，读开口韵。⑦深臻曾梗摄舒声字合流。

3. 声调方面

①调类分化同今光山方言一致：只有平分阴阳；次浊上归阴上，全浊上归去声；古清入和次浊入归阴平，古全浊上归阳平。②四声调值：阴平近似［42］；阳平近似［55］；上声近似［35］；去声近似［312］。

五、余论

本文介绍了利用方言岛的存古性来重构源方言的一个实例，但是此类研究应注意以下两个问题：

1. 方言岛的假性存古

要注意鉴别方言岛“存古”现象的真伪，因为有些是假性存古现象。例如上文指出，丹阳埤城的河南方言岛有入声及一套入声韵，但其实并非是早期信阳话的遗留，而是受丹阳本地话的影响产生的。(郭熙、蔡国璐[22]、黄晓东[23])

2. 方言和文献材料的有机结合

在观察方言岛的演变时，我们经常会被这样一个问题所困扰，即如何确定某个语音特点是方言岛固有的还是受周围方言影响产生的？如果能找到有关的历史文献，而且其记载又是可信的，那么问题就迎刃而解了。有时候哪怕是一鳞半爪的记载，也足以令人兴奋。例如，旧《光山县志》记载（转引自郭熙[24]）：

> 如飞本甫微切而读如辉，晏於谏切而读如案，胡洪姑切而读如扶，饶如昭切而读如姚，冯字入一东韵而读如洪，雷之音在灰韵而读如离，则讹同支脂韵矣。

从上述记载可见，早期光山话具有晓匣母合口字与非组相混、影疑母开口一二等字合流等特点，可以印证我们的构拟。

当然，文献中的记载与语言实际并不总是相符（如“饶”读如“姚”），此时就需要进行慎重判断和取舍，不可武断。

本文的材料来源

安吉（安城河南话）、罗山（张河和周党）、光山（十里）、新县（浒湾）的材料为笔者调查；商城、潢川的材料来自张启焕等[25]及两县县志[26]；句容市磨盘河南话来自郭熙[27]；广德县河南话来自《安徽省志·方言志》[28]；安吉县横塘河南话来自《安吉县志》[29]；长兴县仙山河南话来自鲍士杰[30]。

* 本文为国家社会科学基金重点项目“城镇化背景下农村方言的社会分层研究——以浙江的10个村庄为例”【13AYY003】、浙江省哲学社会科学规划课题“浙江省境内吴语代词的语法化研究”【14NDJC03YB】及杭州市哲学社会科学规划课题“浙江下三府区域方言语法比较研究”【2016RCZX33】的阶段性成果。

注释：

[1] 丁邦新：《丁邦新语言学论文集》，北京：商务印书馆，1998年，第168～169页。

[2] 李如龙、庄初升、严修鸿：《福建双方言研究》，香港：汉学出版社，1995年，第63、119～133页。

[3] 李如龙、陈章太：《碗窑闽南方言岛二百多年间的变化》，《中国语文》1982年第5期，第354～364页。

[4] 丘学强：《粤、琼军话研究》，暨南大学博士学位论文，2002年，第62页。

[5] 中国社会科学院和澳大利亚人文科学院：《中国语言地图集》，香港：朗文出版（远东）有限公司，1988年，图B10。

[6] 郭熙：《苏南地区的河南方言岛群》，《南京大学学报》1995年第4期，第121～125页。

[7] 黄晓东：《浙江安吉县官话方言岛研究》，北京语言大学博士学位论文，2004年，第87页。

[8] 鲍士杰：《浙江西北部吴语与官话的边界》，《方言》1988年第1期，第25～30页。

[9] 葛庆华：《近代苏浙皖交界地区人口迁移研究：1853－1911》，复旦大学博士学位论文，2000年，第60～61页；葛庆华：《晚清时期苏浙皖交界地区的土客冲突和融合》，《历史档案》2013年第3期，第110～117页。

[10] 曹树基：《中国移民史》第5、6卷，福州：福建人民出版社，1997年，第414～471页。

[11] 葛庆华：《晚清时期苏浙皖交界地区的土客冲突和融合》，《历史档案》2013年第3期，第110～117页。

[12] 鲍士杰：《浙江西北部吴语与官话的边界》，《方言》1988年第1期，第25～30页。

[13] 葛庆华：《近代苏浙皖交界地区人口迁移研究：1853－1911》，复旦大学博士学位论文，2000年，第60页。

[14] 葛庆华：《近代苏浙皖交界地区人口迁移研究：1853－1911》，复旦大学博士学位论文，2000年，第60页。

[15] 郑张尚芳，《皖南方言的分区》（稿），《方言》1986年第1期，第8～18页。

[16] 郭熙：《苏南地区河南话的归属问题》，《东南大学学报》2000年第4期，第95～101页。

[17] 黄晓东：《浙江安吉县河南方言岛的内部接触与融合》，《语言科学》2006年第3期，第61～71页。

[18] 闫德亮：《罗山方音概述》，《信阳师范学院学报》（哲学社会科学版）2004年第3期，第93～97页。

[19] 张世方：《北京官话语音研究》，北京：北京语言大学出版社，2010年，第74～75页。

[20] 郭熙：《磨盘话音系》，《南京大学学报》（社会科学版）1997年第4期，第52～61页。

[21] 江苏省地方志编纂委员会：《江苏省志・方言志》，南京：南京大学出版社，1998年，第59～61、146～148页。

[22] 郭熙、蔡国璐：《丹阳埤城的河南方言岛》，《徐州师院学报》1991年第2期，第130～136页。

[23] 黄晓东：《浙江安吉县官话方言岛研究》，北京语言大学博士学位论文，2004年，第92页。

[24] 郭熙：《苏南地区河南话的归属问题》，《东南大学学报》2000年第4期，第95～101页。

[25] 张启焕、陈天福、程仪：《河南方言研究》，开封：河南大学出版社，1993年，第319～335页。

[26] 商城县志编纂委员会：《商城县志》，郑州：中州古籍出版社，1991年，第740～761页；潢川县志编纂委员会：《潢川县志》，北京：生活・读书・新知三联书店，1992年，第636～649页。

[27] 郭熙：《磨盘话同音字汇》，《镇江师专学报》（社会科学版）1996年第4期，第72～80页；郭熙：《磨盘话音系》，《南京大学学报》（社会科学版）1997年第4期，第52～61页。

[28] 安徽省地方志编纂委员会：《安徽省志・方言志》，北京：方志出版社，1997年，第570～577页。

[29] 安吉县地方志编纂委员会：《安吉县志》，杭州：浙江人民出版社，1994年，第558～599页。

[30] 鲍士杰：《浙江西北部吴语与官话的边界》，《方言》1988年第1期，第25～30页。

丹江话“给”的功能及语义演变

余　乐

（华中师范大学语言与语言教育研究中心，湖北武汉，430079）

内容摘要： 丹江话的“给”可兼作动词、介词；可以作处置标记，但无使役、被动用法；还有一种由“给你”合音而来的特殊用法。作动词时，常可替换为复合式给予动词“给给”、“给到”；作前置介词时，可与“跟”互用。丹江话的“给”按照“动词→介词→处置标记”的语法化路径，实现了“给予→受益（受损）者→有生方向→伴随对象”的语义演变。

关键词： 丹江话；给；语法化；语义演变

“给”在丹江话（丹江口方言）中有三种读音：通常都读作“［kə^{35}］”，“V 给”式中读作“［kə^{53}］”，特殊的语境下还可读作“［kɛ^{55}］”（受普通话影响，新派现多读作“［kei^{55}］”）。“给［kɛ^{55}］”是“给你［kɯ^{35}li^{55}］”的合音，可单独加句子语气或用于由动宾结构构成的祈使句中，还可作语助词出现在单个的名词或动宾、动补结构后[1]。

1）给［kə^{35}］（给/到）他。　　例如：这些书是我给［kə^{35}］（给/到）他的。

2）给（给）［kə^{53}］他。　　例如：这些书是我给（给）［kə^{53}］你的。

3）给［kɛ^{55}］！/给［kɛ^{55}］钱！例如：给［kɛ^{55}］！拿好！/老板儿，给［kɛ^{55}］钱！

4）给钱给［kɛ^{55}］。　　例如：老板儿，给钱给［kɛ^{55}］。/拿好给［kɛ^{55}］。

一、“给”作动词的意义和用法

丹江话的动词“给”，读作“［kə^{35}］”，表“给予”义。给予物可以是“实体”或“抽象物”，供给双方可以是“生命体”或“无生命物”；供给方向包括“转入”和“转出”，后者又包含“从己方转出”和“从他方转出”[2]。常与复合式给予动词“给给［kə^{35}kə^{53}］、给到［kə^{35}tau^{53}］”互用，但三者的用法并不完全相同[3]。

5）他爹妈给（给）他唠了好几套房子。

6）第一次见面儿，你总要给（给）口人家个好印象。

7）李老师给（给）这些学生娃儿们学生们唠了很多帮助。

8）市底里给（给）他们村儿唠了十几台电脑。

9）这个城市给（给）人的感觉很好。

10）市底里订唠了十几台电脑给（给/到）他们村儿。

11）他妈妈打唠了件毛衣给（给/到）他。

1.“给”独立用作“给予”义动词时，不受介词的限制，用法比“给给”、“给到”要灵活，主要有：①给 N_3；②给 N_2；③给 N_2N_3；④给 N_3N_2；⑤N_2给 N_3；⑥作光杆动词。“给”后可只跟接收方 N_3或供给物 N_2作单宾语，N_2、N_3也同时出现在“给”后作双宾语；当 N_3是简短的人名或人称代词时，N_2、N_3的位置可互换。作为直接宾语的受事 N_2可提至“给”前作主语或话题，N_2从无定变成有定。N_2提至“给”前时，若据语境可补充出与事 N_3，“给”后的 N_3可以省略，“给”在句中作光杆动词。“给”作普通的“给予”义动词，形式上没有采取特别的手段凸显“给予”的强度或限定“给予”的方向，所以“给予”方向包括［＋转入］和［＋转出］。

12）谁叫你给她的？　（给 N_3）

13）她往婆子出嫁的时候，她娘屋的娘家就给唠了个金手镯子。　（给 N_2）

14）给本儿一本书我/你/他。给点儿钱你爹。　（给 N_2N_3）

15）给我本儿一本书。　（给 N_3N_2）

16）书给我。* 一本儿书给我。　（N_2给 N_3）

17）你约摸倒估计着给就行。　（给：光杆动词）

2.“给给”作复合动词，即在给予动词“给”后加上介引接收对象的介词“给”，指向接收者 N_3。一方面，受介词“给”的限制，“给给”的使用不如“给”灵活，有三种用法：1）给给 N_3；2）给给 N_3N_2；3）N_2给给 N_3。引介动作接收者的“给”规定了“给给”后必须有宾语，且宾语只能是接收者 N_3；“给给”若跟双宾语，作为直接宾语的供给物 N_2只能置于 N_3后。N_2还可提至“给给”前作主语或话题。另一方面，介词“给”强调了动作的与事 N_3、语气比单用的“给”要强，凸显了“给予”义的［＋转移至接收方］语义特征、N_3不能简省；因此“给给”常用来加强语气表强调；“给予”过程比“给”要完整。

18）麻地快点儿给给我！我等到用！　（给给 N_3）

19）我这回这次非要给给他个教训！　（给给 N_3N_2）

20）你爹的钱不给给你还能给给谁？　（N_2给给 N_3）

21）这些钱都是她儿子给给她的，又不是偷口人家抢口人家的！

* 这些钱都是她儿子给给的。

3.“给到”是由动词“给”和介引动作到达终点的“到”复合而成。“动作到达的终点”说明了两层意思：a.“给到”后的宾语是“给予”动作指向的接收者 N_3；b.“给予”动作到达 N_3时全部完成。前者限定了“给到”和“给给”一样，其后所带宾语只能是接收者 N_3，且 N_3不能省略、也不能带双宾语；后者规定了供给物 N_2不可能出现在 N_3的后面、只能放在“给到”的前面。因此，“给到”的使用范围受介词“到”的制约，比“给给”更小、条件限制更多，只能构成“N_2给到 N_3”。但另一方面，正因为供给物 N_2、接收者 N_3都不能省略，“给到”表达的传递过程比“给给”更为完整；又因为宾语 N_3作为“给予”动作的终点，供给物 N_2必须出现在“给到”和接收方 N_3前，“给到”的指示性比“给给”更强。所以，丹江话中“给到”的方向性和完整性强于“给给”，常用来表强调。

22）东西给到小刘儿唠了，没给到我！ （N_2给到 N_3）

*给到小刘儿东西。 （*给到 N_3N_2）

*给到东西小刘儿。 （*给到 N_2N_3）

“给到”在丹江话中，还可表示：a. 将女儿嫁给某人；b. 交纳/给予到何时；c. 给予某物达到多少数额。上述情况不能用“给”或“给给”替换。

23）刘大娘儿的大口子大女儿给到老李的小儿子唠了。

24）社保要给到啥会儿什么时候？

25）这点儿地他们竟然给到唠了三千万。

有学者发现，“给给”连用的现象虽多现于西北官话（如甘肃兰州话、宁夏中宁方言、宁夏黄河湟水沿岸方言）和晋语（内蒙古晋语区、山西文水方言、山西平定方言）中，但是在中原官话信蚌片的河南罗山方言中也同样存在，且使用普遍[4]。丹江口市位于湖北省与河南省的交界处，其方言深受中原官话的影响，丹江话中“给给”的用法可能也是长期的方言接触条件下的结果；且这种“给＋与事介词”的结构进一步扩散，形成了新的复合词式“给到”。而“到”在丹江话中原是表示“空间位移终点”的动词（例：你刚到哪儿去唠了?），虚化为介词后用于介引“动作发生的处所”（例：你埋别站到站在哪儿碍事儿！）和“动作指向的终点”（例：叫碗儿搁到放进碗柜儿里!），最终语法化为“接受者标记”，在与格结构中用来引出接受者。这种由表示“空间位移终点”的动词，语法化为引介“接受者”介词的现象还见于其他方言，如江西义安话的“到”、湖北黄冈话的“得”[5]、湖南隆回湘语中的“到”等；但隆回话的“到”还进一步发展为受益者标记（例：学校到其奖过了一千块钱）[6]。

二、“给”作介词的意义和用法

（一）“给”作介词的一般用法

丹江话的“给”作介词时，除在“V 给”类复合式词中读“［$kə^{53}$］”，其他情况均读作“［$kə^{35}$］”。介词“给”除了引介接受者时置于动词后，一般都放在动词前、构成“NP_1＋给＋NP_2＋VP”式。此时，“给”不再是为一个实际的动作或过程，其意义和所能介引的对象，多由与之搭配的谓语动词 VP 的语义类别决定[7]。丹江话的前置介词“给”可与“跟”互用。

1. 介引动作的接受者，可紧跟动词出现，构成“V（给）＋NP与＋NP受”；若动词 V 本身具有［＋给予］义，则“给”可以省略。还可以置于一组完整的动宾结构后，构成“V＋NP受＋给＋NP与”，“给”可以省略、变成双宾式“V＋NP受＋NP与”。第二种用法结构在形式、读音上与给予动词“给”趋同；“给”到底作动词还是介词，取决于动词 V 与“给”之间的语义关系。

26）老李送（给）他媳妇儿唠了一束玫瑰花儿。（V 给＋NP与＋NP受）

27）老李送唠了一束花儿（给）他媳妇儿。（V＋NP受＋给＋NP与）

2. 介引动作涉及的受益者或受损者，受益（受损）对象常可前置于话题主语的位置。介引的若是受益者，搭配的动词暗含［＋服务］义，相当于北京话的“为”、

"替"。引出的若是受损者，动作暗含［＋损耗］义。"给"后的与事宾语的生命度往往高于前面的受事主语。习惯与处置句连用，构成"NP施＋叫＋NP受＋给＋NP与＋VP"式。

28）你啥会儿什么时候也给/跟为你爹争个脸儿争脸。

29）电脑给/跟为你修好唠了。

30）书给/跟你搞脏唠了。

31）他叫把玻璃给口人家搞打打碎唠了。

3. 介引动作的有生方向、指示动作的终点。联系的多是针对性动词，类似北京话的"对"。

32）你斗就算再有理也不该这样给/跟你妈发脾气。

33）这件事儿你确实做错了，你必须给/跟他赔个不是道歉。

4. 介引动作的伴随对象，相当于北京话的"跟、和"。伴随对象和施事共同完成某相互事件、二者缺一不可。通常都与"解决"、"商量"、"说话"、"谈恋爱"这类互向动词搭配使用。

34）你给/跟他商量一下儿看这事儿咋搞怎么解决。

35）你在给/跟谁说话。

"给"后的介词宾语在说话人看来，是主要施事开展某动作的从动者，"给"前的主语才是动核结构真正联系着的施事。但这种划分带有说话人的主观色彩，事实上可能并非如此。如例（36）中，"不同意他口子女儿给/跟那个儿娃子男生谈朋友谈恋爱"说明在说话人看来，他女儿才是对"谈恋爱"这项行为起主要作用的人；而例（37）说明在说话人看来，"那个男生"才是负主要责任的人。

36）他头开始最初斗就不同意他口子女儿给/跟那个儿娃子男生谈朋友谈恋爱。

37）他头开始最初斗就不同意那个儿娃子男生给/跟他口子女儿谈朋友谈恋爱。

5. 作处置标记，介引动作的受事，构成"NP施＋给＋NP受＋VP"，相当于北京话的"把"。但丹江话表示处置更习惯用"叫"。处置式常与引进受益者（受损者）的介词"给"连用，为避免重复、一般用"叫"作处置标记，构成"NP_1＋叫＋NP_2＋给＋NP_3＋VP"。

38）他不小心给/叫杯子打碎唠了。

39）我室友给/叫我的房间打扫干净唠了。

40）老鼠子叫我的书给我啃坏玩唠了。

（二）从丹江话看"V给"和"V……给……"中"给"的词性

关于"V给"中"给"的词性，学界历来看法不一，最具代表性的有"两分说[8]、助词说[9]、动词说[10]、弱给予动词说[11]"等。刘丹青先生认为"V给"已接近一个复合词、"给"的介词性有所淡化，理由是构成复合词的迹象是体标记只能加在"V给"之后而非V之后[12]。本文借用刘丹青先生关于"复合词式"的说法。因为丹江话中"V给"中的"给"读作"［kə53］"，明显区别于它独立用作动词或介词时的读音"［kə35］"。一般认为，能够进入"V给"结构的动词有些是本身暗含"［＋给予］"义，还有一些如"［＋取得］、［＋制作］"义的动词的给予义是由"V给"式结构赋予的。所以“V给”中“给”能否省略，主要取决于进入该结构的动词：若动词V是含有“[+给予]”义的绝对给予动词、则“给”可以省略；若是不含“[+给予]”义的相对给予动词，通常需要借助“给”才能表达完整的给予含义[13]。

41）他还给我十块钱。=他还我十块钱

42）老李买给他媳妇儿唠了一束花儿。≠ *老李买他媳妇儿唠了一束花儿。

但是在“V+NP_1+给+NP_2”结构中，“给”的词性不能笼统地概括为介词或动词，要根据句式中动词V的语义特征以及“V+NP_1”与“给+NP_2”之间的语义关系来具体分析。若V是“给、送、卖、还”等这类包含“[+给予]”义的绝对给予动词，则“给”的动作性被主要动词抑制、弱化成引介接受者的介词，“V+NP_1”和“给+NP_2”描述的是一个单一给予事件的两个分离过程；此时“给+NP_2”一起组成介宾结构，充当“V+NP_1”的状语或补语。若V是不含“[+给予]”义的相对给予动词、施事需要通过完成动作V才能将NP_1让与NP_2，那么“给”的动作性虽然略弱于主要动词V、但仍代表一个独立的给予动作，“V+NP_1”和“给+NP_2”描述的是一组前后相继的行为；此时“给+NP_2”是一组动宾结构、与“V+NP_1”构成连动句式。但无论“给”到底是作介词还是动词，都可在句中省略、构成“V+NP_1+NP_2”。

43）麻烦你递杯水（给）我。

44）他交唠了十万块钱保证金（给）他公司。

45）他订唠了个金首饰给（给/到）他女朋友。

当“V+NP_1+给+NP_2”中V和“给”分别表示两个独立的动作时，“给”可以用“给给”、“给到”替换。要注意的是，若与介词“给”同时出现的是“借”、“租”、“换”等这类兼有“[+给予”]和“[+取得]”义的动词，句子理解有歧义，“给”可视作介词、也可作动词。

46）买点儿小礼物给（给/到）他就行唠了。

*送点儿小礼物给（给/到）他就行唠了。

47）他借唠了本儿词典给我。

=他借给我唠了一本儿词典。（词典是“他”的，“借”表[+给予]、“给”是介词）

或：=他借唠了本儿词典给我。（词典不是“他”的，“借”表[+取得]、“给”是动词）

三、合音词“给[kε⁵⁵]”

“给[$kε^{55}$]”是丹江话中的一种特殊用法，来自“给你[$kɯ^{35}li^{55}$]”的合音，老派读作“[$kε^{55}$]”，新派受通语影响多读作“[kei^{55}]”。丹江话的“给我[$kɯ^{35}uo^{55}$]”也曾经发生过类似的合音现象，读作“[kuo^{55}]”。但该用法现已逐渐消失，“给[$kε^{55}$]”的用法则固定了下来。

“给[$kε^{55}$]”的分音词“给你”可用作介宾短语和动宾短语，而“给[$kε^{55}$]”则表达祈使语气，在丹江话中仅用于特定的场合：(1)单独加句子语气表强调；(2)后接供给物，常与加强语气的“给[$kε^{55}$]”一起构成“给+NP受+给”；(3)作句末语助词，仅用于祈使句，只有语用义而无词汇义，常置于动宾或动补短语后。由于是“给你”的合音，“给［kɛ55］”只能用于供给方“当面给予”接收方，即供给双方都在现场、交接过程正在发生；不但具有“给予”的意义，还包含“具体的传递动作”，且有“提醒对方接收”的意味。

48）给！叫钱装好！

49）服务员儿，给钱（给）！

50）拿走给！　吃饭给！

“给［kɛ55］”单独与句子语气连用时，一般续接表示命令、指示的小句，或是构成一组连贯的事件，或是对受事宾语的解释说明。“给［kɛ55］”后隐含的与事宾语即后面小句的施事，不在句中出现。作语助词时，用于谓语是动补或动宾结构的句子末尾；该用法与丹江方言中的“看”的语法化过程类似[14]。

51）给！叫把碗儿递给你妈。＝（我）给你（碗），（你）把碗递给你妈。

52）给！这是上次找你借的书。＝（我）给你（书），这是上次找你借的书。

53）给！接到接着（给）。＝（我）给你（某物），（你）接着！

54）服务员儿，给钱（给）！＝服务员，（我）给你钱（给你）！

四、丹江话“给”的语义演变路径及特点

（一）丹江话“给”的语义演变路径

给予动词“给”在汉语方言中兼作与格标记、处置标记的现象并不少见，前人对于“给”的多功能形式和语义演变的研究也十分丰富。江蓝生将方言中“给”的语义演化路径归纳为“给予动词→使役动词→伴随介词→连词”[15]。蔡燕凤、潘秋平将“给予”动词的语义演变归纳为“给予动词＞与格标记”和“给予动词＞使役标记＞被动标记”两条独立的语法化链条[16]。张敏在对一百多个汉方言点进行总结的基础上，将Haspelmath的“工具语及相关角色的语义地图”进行了调整，构建出一幅“汉语方言主要间接题元的语义地图”[17]。结合前人对“给”的语义演变的研究，我们对丹江话“给”的语义类别和语法化路径作出以下推断。

1. 给予动词＞接受者；给予动词＞受益（受损）者。学界大多认为与格标记、受益者标记由给予动词虚化而来，但就与格标记和受益者标记之间是否存在演变关系看法不一。Heine & Kuteva基于英语的［＋言说］义动词（say/tell）和［＋交易］义动词（sell）归纳出一项“GIVE（给予动词）＞BENEFACTIVE（受益者标记）＞DATIVE（与格标记）”的语法化链条[18]。晁瑞将“给”的语义发展路径解释为“给予动词＞接受格标记＞受益格标记”[19]。洪波则发现“给”字引介“受益对象、与事对象、关涉对象”的功能是受“与”字的类化而产生的；“给”引介接受者的用法最早见于《太平广记》，比《朱子语类》中引介受益者的用法出现得早[20]。但这也只能说明二者产生时间的先后顺序，不能推断说较晚出现的用法就一定由出现较早的发展而来。张敏[21]、金小栋[22]在考察了汉语方言中“受益者标记”和“接受者标记”的使用情况后，提出这两种标记之间并无语义上的演化关系，而是“给予”动词在两个语法化方向上的不同发展。

我们认为丹江话“给”的用法印证了最后一种观点。首先，出现的位置不同：a. 当给予动词“给”出现在动词后、构成“V给”或“V＋NP_1＋给＋NP_2”时，若动词本身包含［＋给予］义，“给”的动作性受到主要动词的抑制而逐渐减弱、但给予义尚存，最终被重新分析为引介接受者的介词。b. 当给予动词出现在动词前、构成“NP_1＋给＋NP_2＋VP”时，“给”不是一个实际的给予动作或过程，“给”弱化为引介动作的受益（受损）者的标记。其次，读音上存在明显的差异，在“V给”中作接受者标记时声调由阳平变为去声。此外，当“给”作“受益者标记”时在丹江话中可以替换为“跟”，而作“接受者标记”时则不行。因此我们有理由认为，给予动词“给”在丹江话中的语义演变路径为“给予动词＞接受者”、“给予动词＞受益（受损）者”。

2. 受益（受损）者＞有生方向＞伴随对象。张敏将“方向”的概念重新区分为“（空间）位移方向”和“指人动作方向”；张定明确就“方向”、“来源”和“处所”的概念进行了界定，将“有生方向”定义为“言说等行为所达及指向的有生对象”，将“来源”划分为“处所来源”和“有生来源”、区别于表静态空间或时间关系的“处所”和“时间”[23]。丹江话的前置介词“给”具有引介“受益（受损）者、有生方向、伴随对象”的功能，我们对其语法化路径作出如下推断。

a. 受益（受损）者＞有生方向。“给”介引“有生方向”的用法最早见于《醒世姻缘传》，也是由“与”类化而来[24]。马加贝则提出“与”的语法化路径为“所为＞所对”[25]，即“受益（受损）者＞有生方向”。当“NP_1＋给＋NP_2＋VP”中的VP不再具有明显的［＋服务］或［＋损耗］义，“给”的受益或受损意味便逐渐减弱，只用来表示动作的方向；NP_1是动作的发出者、是起点，NP_2是动作指向的对象、是终点，动作从左至右发生、“给”弱化为引介动作方向的介词。且这类动作一般都是“言说”类动词，指向的NP_2由有生名词充当，“给”引介有生方向。在普通话和方言中，有些引介“有生方向”的介词也可以引介“有生来源”（如“从、与、向、问、和”等），但是丹江话中介引“有生来源”时用“跟”(eg. 你去跟你爹要点儿钱赔给口人家)，“给”并未发展出引介“有生来源”的功能。这说明普通话或其他方言中，介引“有生方向”的用法很可能要早于“有生来源”。以闽西永定方言的“问”为例，其介词用法来源于“询问”义动词，唐代时出现介引“有生方向”的用法，唐五代时开始用来引进“有生来源”[26]。这是因为在“NP_1＋给＋NP_2＋VP”结构中，“给”原本就是由右移的“给予”动词虚化而来的介词，所以很自然就能产生介引“有生方向”的用法。只有当“给”的功能扩大到与左移的［＋索取］义动词搭配时，“给”才能转化为引介“有生来源”的介词。类似的演化路径也发生在“替”字身上：表示“代替”义的动词“替”用于不分主次动作的连动结构中时，意义的重点逐渐落在后一动词上、“代替”义随之弱化，最终发展为表示“所为”、“所对”、“求索”的介词[27]。

b. 有生方向＞伴随对象。Liu&Peyraube通过分析“与”、“及”、“共”、“和”、“同”、“跟”等虚词的语义演变历程，发现了汉语“动词＞介词＞连词”这一重要语法化链条；吴福祥进一步归纳出SOV型语言中的两种伴随介词演化模式：“伴随动词＞伴随介词＞并列连词”和“伴随介词＞工具介词＞方式介词”，汉语中只存在第一种模式[28]。刘丹青论证了吴语“帮”的语法化路径是“受益介词＞陪同介词＞并列连词”[29]。据此，我们推断丹江话的“给”也是沿着相同的轨迹发展。当“NP_1＋给＋NP_2＋VP”中的 VP 是表［＋协作］义的互向动词时，要求两个个体共同协作来完成该动作；NP_1 发出动作、NP_2 有所反馈，二者一起完成 VP。语义关系的变化导致了对结构的重新分析，“给”被重新分析为引介“伴随对象”的介词。此时，“方向”的限定性减弱，由单一方向的“有生来源”扩展为双向、甚至循环往复。

3. 给予动词＞处置标记；给予＞受益（受损）者＞处置标记。学界对于“给予”动词如何演化为处置标记的看法较为一致。佐佐木勋人认为“给”作处置标记的功能是连动句“GIVE1＋Theme＋GIVE2＋Goal”语法化的结果，实现了“位置变化”到“状态变化”的语法化过程[30]。石毓智也认为在由“给”的双宾结构组成的连动式中，若间接宾语移前或者省略，“给”就具有了向处置式标记语法化的句法环境“（S）＋给＋$NP_{受事}$＋VP 动作”；把“给”后的直接宾语变成有定的，动词加上适当的结果补语，就得到一个处置式[31]。林素娥在此基础上细化出“不同的句法结构和语义特点对应着给予义动词作处置标记的不同来源”：“给”的双宾结构＞广义处置式，“给”作与事介词＞狭义处置式，“给”的致使功能＞致使义处置式[32]。丹江话的“给”未发展出“致使”用法，据此我们推测丹江话“给”作处置标记可能有两种来源。一是直接来源于“给予”动词。当“给”作“给予”动词出现在连动句“给V＋（NP_1）＋NP_2＋VP”时，作为接受者的“NP_1”提至话题主语位置或在句中省略，句子转化为“（NP_1）＋给 v＋NP_2＋VP”；“给”虚化为处置标记，“NP_1”被重新分析为施事，供给物“NP_2”被重新分析为受事。二是来源于“受益（受损）”标记。“给”作前置介词出现在“给＋NP＋VP”句式时，NP 是 VP 的“受益（受害）者”、带有“遭受义”，NP 被重新分析为受事。

（二）丹江话“给”的特点

丹江话的“给”作前置介词时常与“跟”混用。经李炜考察，根据 1893 年的《华西官话汉法词典》记载，当时的西南官话尚未出现“给”，而“跟”的用法大致与古代汉语的“与”相一致，有给予动词、与事介词、并列连词以及跟随义动词等语法功能；“跟”的多功能用法在现代西南官话中普遍出现萎缩，基本遵循“给予动词—接受者—与事介词”的顺序从实到虚依次消失[33]。丹江话的“给”已完成了对“跟”作“给予”动词、介引“接受者”等功能的替代，与介引“受益（受损）对象、有生方向、伴随对象”等前置介词功能的“跟”共存，但尚未发展出引介“有生来源、平比对象、关系对象”的用法。

丹江话的“使役”标记和“被动”标记来源于［＋呼喊］义动词“叫”，“给”在丹江话中并未发展出使役和被动用法，但可以作处置标记。Croft（1991）基于“致使顺序假说”（Causal Order Hypothesis）从语义关系的角度将格标记区分出前项（antecedent）角色和后项（subsequent）角色，并指出人类语言中没有一个表层的格标记能同时涵盖这两项语义角色。按照 Croft 的分法，工具、方式、手段、伴随、被动施事、作格、原因这类在事件中处于动作之前的角色等被归为前项语义角色，而受益者、接受者、结果这些受动作发生后影响的角色则属于后项语义角色。而蔡燕凤、潘秋平发现，“给”在18世纪到20世纪中前期的北京话口语中一直未出现使役和被动标记的功能，直至20世纪中后期，才发现了这两种用法。因此，结合Croft的观点，他们提出“给”在现代汉语北京话中作“使役”和“被动”标记的功能，并非自身发展的结果，而是因方言接触而产生的后期的层次；“给”作“受益标记”才是固有的层次[34]。丹江话的“给”有“受益”而无“使役”、“被动”的用法佐证了这种推断。

但是按照Croft的分法，“受益”属于后项角色、“伴随”属于前项角色；那么丹江话中“给”的“受益＞伴随”便是从后项语义角色扩展到前项语义角色，这就与“致使顺序假说”从前项扩展到后项的顺序相违背。吴语中更是存在“伴随介词＞受益介词”的“搭”和“受益介词＞伴随介词”的“帮”这两种相反的语法化链条。在Croft看来，“Sam baked a cake for Jane”一例中，“Jane”是“Sam做了蛋糕”这个事件发生后的受益者，因此与“接受者”同属于后项标记。但沈家煊认为，“给x”置于动词前表示预定的目标，“S＋给x＋VO”句式表达的整体意义是“对某受惠目标发生某动作”，与动作的参与者是否是惠予终点无关[35]。对待上述现象，蔡燕凤、潘秋平指出Croft的“致使链”应当有所调整，将“受益者”区分为“有意受益”和“无意受益”。前者是在事件发生前有意志得到益处、属于前项标记，后者则是在动作发生后无意识地受到事件的影响、属于后项标记。由此，Croft所述的“受益者”便兼具前、后项双重语义角色，是将前、后项语义角色联系起来的枢纽[36]。

五、结语

丹江话的“给”独立用作动词或介词时一般读作“[kə³⁵]”，在“V给”式中读作“[kə⁵³]”。还有一种由“给你”的合音而来的“给”读作“[kɛ⁵⁵]”，专门用于动宾结构组成的祈使句中或在动宾（动补）结构后作语助词。“给”独立用作给予义动词时，常可替换作“给给”、“给到”；但三者的使用范围、语气强弱及表义的完整性有区别：在使用范围上，给＞给给＞给到；在表义的完整性和语气的强弱上，给到＞给给＞给。

丹江话的“给”遵循“给予动词＞介词”的语法化规律，在“给予”义动词的基础上发展出引介动作行为的接受者（位于动词后）和受益/受损者（位于动词前）的用法。引介“受益（受损）”者的“服务（损害）”义进一步减弱，仅保留了“给”的“方向性”，且指向“有生方向”。随着方向义的逐步减弱，“给”又发展出了引介动作伴随对象的“跟”义。但最终未像河南确山[37]等地的方言那样进一步发展出“有生来源、比较/关系对象、并列连词”的用法。此外，丹江话的“给”受“叫”的抑制，没有“使役”和“被动”用法，却在“给予”动词和引介“受益（受损）对象”的基础上发展出“处置标记”的用法。我们基于前人的研究和丹江话“给”的特点，初步构拟出丹江话“给”的语义演变路径为：

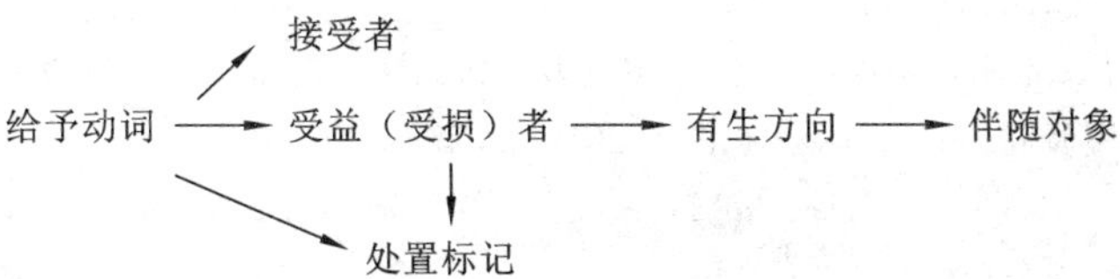

丹江话的“给”作介词用时，若置于动词后介引“接受者”、只能用“给”，若作前置介词或处置标记时，可与“跟”互用。这与“给”在西南官话中对多功能词“跟”的替代顺序一致。而丹江话的“给”可介引“受益者”，不能用作“使役”、“被动”标记的现象，说明“给予＞与事介词”与“给予＞使役＞被动”是两条平行的多项语法化链条。与江蓝生等学者总结的“给予动词→使役动词→伴随介词→连词”单项语义演变路径略有不同。

＊本文得到教育部人文社会科学重点研究基地重大项目“湖北中西片语言问题研究”【2015JJD740012】和教育部人文社会科学重点研究基地重大项目“湖北方言及汉语方言语法比较研究”【17JJD740013】基金资助。

注释：

[1] 苏俊波：《丹江方言语法研究》，武汉：华中师范大学出版社，2012年，第27页。

[2] 沈家煊：《“在”字句和“给”字句》，《中国语文》1999年第2期，第94～102页。

[3] 刘丹青：《汉语给予类双及物结构的类型学考察》，《中国语文》2001年第5期，第387～398页。

[4] 王东：《河南罗山方言的“给给”》，《语文研究》2008年第2期，第58～61页。

[5] 张敏：《“语义地图模型理论”：原理、操作及在汉语多功能形式研究中的运用》，《汉语多功能语法形式的语义地图研究》，北京：商务印书馆，2015年，第17页。

[6] 丁家勇、张敏：《从湘方言动词句式看双及物结构语义地图》，《汉语多功能语法形式的语义地图研究》，北京：商务印书馆，2015年，第241页。

[7] 施关淦：《“给”的词性及与此相关的某些语法现象》，《语文研究》1981年第2期，第31～38页。

[8] 黎锦熙：《新著国语文法》，北京：商务印书馆，1959年，第124页。

[9] 向若：《关于“给”的词性》，《中国语文》1960年第2期，第64～65页。

[10] 朱德熙：《与动词“给”相关的句法问题》，《方言》1979年第2期，第81～87页。

[11] 李炜、石佩璇：《北京话与事介词“给”、“跟”的语法化及汉语与事系统》，《语言研究》2015年第1期，第45～54页。

[12] 刘丹青：《汉语给予类双及物结构的类型学考察》，《中国语文》2001年第5期，第387～398页。

[13] 周国光：《现代汉语配价语法研究》，北京：高等教育出版社，2011年，第180页。

[14] 苏俊波：《丹江方言语法研究》，武汉：华中师范大学出版社，2012年，第244页。

[15] 江蓝生：《汉语连-介词的来源及其语法化的路径和类型》，《中国语文》2012年第4期，第291～308页。

[16] 蔡燕凤、潘秋平：《从语义地图看〈左传〉的受益表达》，《汉语多功能语法形式的语义地图研究》，北京：商务印书馆，2015年，第297页。

[17] 张敏：《“语义地图模型理论”：原理、操作及在汉语多功能形式研究中的运用》，《汉语多功能语法形式的语义地图研究》，北京：商务印书馆，2015年，第47页。

[18] B. Heine, T. Kuteva, *World Lexicon of Grammaticalization*, Cambridge: Cambridge University Press, 2002, p. 154.

[19] 晁瑞:《汉语“给”的语义演变》,《方言》2013 年第 3 期,第 248～257 页。

[20] 洪波:《“给”字的语法化》,《南开语言学刊》2004 年第 2 期,第 140 页。

[21] 张敏:《“语义地图模型理论”:原理、操作及在汉语多功能形式研究中的运用》,《汉语多功能语法形式的语义地图研究》,北京:商务印书馆,2015 年,第 19 页。

[22] 金小栋:《西华方言多功能词“给”的语义演变》,《语言研究》2016 年第 4 期,第 62～67 页。

[23] 张定:《汉语方言“工具—伴随”标记多功能性的 MDU 视角》,《汉语多功能语法形式的语义地图研究》,北京:商务印书馆,2015 年,第 174 页。

[24] 洪波:《“给”字的语法化》,《南开语言学刊》2004 年第 2 期,第 141 页。

[25] 马贝加:《汉语动词语法化》,北京:中华书局,2014 年,第 388 页。

[26] 李小华:《闽西永定客家方言虚词研究》,广州:华南理工大学出版社,2014 年,第 22 页。

[27] 王锳:《语文丛稿续编》,济南:齐鲁书社,2013 年,第 114 页。

[28] 吴福祥:《汉语伴随介词语法化的类型学研究》,《语法化与语法研究 1》,北京:商务印书馆,2003 年,第 438～480 页。

[29] 刘丹青:《语法化中的共性与个性,单向性与双向性——以北部吴语的同义多功能虚词“搭”和“帮”为例》,《语法化与语法研究 1》,北京:商务印书馆,2003 年,第 125～144 页。

[30] 佐佐木勋人:《由给予动词构成的处置句》,《语法研究和探索 11》,北京:商务印书馆,2002 年,第 242 页。

[31] 石毓智:《兼表被动和处置的“给”的语法化》,《世界汉语教学》2004 年第 3 期,第 15～26 页。

[32] 林素娥:《北京话“给”表处置的来源之我见》,《汉语学报》2007 年第 4 期,第 84～90 页。

[33] 李炜、刘亚男:《西南官话的“跟”——从〈华西官话汉法词典〉说起》,《中国语文》2015 年第 4 期,第 358～363 页。

[34] 潘秋平:《从语义地图看给予动词的语法化:兼论语义地图和多项语法化的关系》,《语法化与语法研究 6》,北京:商务印书馆,2013 年,第 262～307 页。

[35] 沈家煊:《“在”字句和“给”字句》,《中国语文》1999 年第 2 期,第 98 页。

[36] 蔡燕凤、潘秋平:《从语义地图看〈左传〉的受益表达》,《汉语多功能语法形式的语义地图研究》,北京:商务印书馆,2015 年,第 295 页。

[37] 刘春卉:《河南确山方言中“给”的语法化机制考察》,《语言科学》2009 年第 1 期,第 68～75 页。

汉语方言频率副词“肯”的语义演变

李玉晶

（广东海洋大学文学与新闻传播学院，广东湛江，524088）

内容摘要：汉语部分方言中“肯”有频率副词的用法，表“经常”义。根据其相关语义功能在不同方言中的分布，构拟“肯”的概念空间和语义地图，深入分析“肯”的多种语义功能间的内在联系，认为频率副词“肯”是表愿意的助动词“肯”进一步语法化的结果。

关键词：“肯”；频率副词；概念空间；语义地图

在部分方言中，“肯”有频率副词的用法，表示事情发生的频率高，义为“经常”、“时常”。本文主要从共时角度，考察“肯”相关语义功能在不同方言中的分布，构拟概念空间，通过绘制语义地图，讨论“肯”表频率副词用法的来源及演化轨迹。

一、现代方言中“肯”的四种用法

现代方言中，“肯”有表“愿意”外的其它用法，如“容易”义、“爱好、习惯”义、“经常、时常”义，即“偏于”义——“乐于、易于、惯于、常于”，其中频率副词“常于”义的用法最为广泛。本文所涉及“肯”的用法主要有以上四种，分别记作肯$_1$、肯$_2$、肯$_3$、肯$_4$。李玉晶（2015）在讨论南阳话中的“肯”时，已将这四种用法作了具体的描述和概括[1]。

（一）肯$_1$：“愿意”、“乐意”义

现代方言中“肯”表“愿意”义的使用范围一般比普通话小，如在南阳话中，单独回答问题时会用“中”、“行”；询问对方意愿的时候多用“愿意”、“想”；“肯”也不与“会”连用[2]。如：

（1）我明天想去赶集，你肯$_1$不肯$_1$跟我一路？我明天想去赶集，你愿不愿意和我一起？（南阳）

（2）不管咋说，老大都不肯$_1$去上学。不管怎么说，老大都不愿意去上学。（南阳）

（二）肯$_2$：“容易”、“易于”义

用于说明物性或事理的倾向，表示容易处于某种状态或是导致某种结果。如：

（3）这纸质差，用钢笔写字肯$_2$洇。这纸质量差，用钢笔写字容易向四处浸。（关中）

（4）小孩儿断奶早不好，身体弱肯$_2$生病。小孩儿断奶早不好，体质弱容易生病。（西华）

(5) 菠菜要淋尿才肯$_2$长。菠菜要淋尿才容易长。(成都)

在以上各例中,“肯$_2$”与表“易于”义的词语都不能共现,在我们考察的50多个方言点的用例中,目前为止还未发现共现的情况,这说明“肯$_2$”确表“易于”义。同时,在调查中我们还发现,在“易于”义的用法中,如例(5)类的用法分布更为广泛。即主体是处于发育期的动植物(包括孩子),表示其长势、食欲好。

(三) 肯$_3$:“爱好”、“习惯”义

表示某人喜爱或习惯做某事,主观性较强,意愿性的语义比“肯$_1$”减弱了,更突出嗜好、习惯义。如:

(6) 这孩子可馋痨了,最肯$_3$吃鸡。这孩子很嘴馋,最喜欢吃鸡了。(徐州)

(7) 老年人肯$_3$看戏,年轻人不喜欢。老年人喜欢看戏,年轻人不喜欢(看)。(南阳)

(四) 肯$_4$:“经常”、“时常”义

表示经常实施某种行为或是处于某种状态,即某类事件发生的频率高。“肯$_4$”作状语,修饰VP,为频率副词。例如:

(8) 这句话儿洛阳肯$_4$说。这句话(在)洛阳经常讲。(洛阳)

(9) 他肯$_4$来我家坐。他常来我家坐。(临汾)

(10) 肯$_4$骑车子就费裤儿。经常骑车子就费裤子。(平遥)

“肯”在现代方言中的用法所呈现出的特征,如表1:

表1 现代方言中的“肯”用法特征[3]

用法	语义	语义指向	主语	后接动词	词类	评价意义
肯$_1$	愿意	+S、+VP	+有生、+施事	+自主、+积极	动词	+肯定
肯$_2$	容易	-S、+VP	±有生、-施事	-自主、-积极	副词	-肯定
肯$_3$	爱好、习惯	-S、+VP	+有生、+施事	+自主、+积极	动词	±肯定
肯$_4$	经常	-S、+VP	±有生、±施事	±自主、±积极	副词	±肯定

关于此表有两点需要补充说明:一、关于后接动词的感情色彩及评价意义,“肯$_2$”后接动词的感情色彩和评价意义所对应的“-积极”、“-肯定”,分别指“肯$_2$”后更倾向于接消极色彩的谓词,说话人的评价意义也更多的是否定义。二、关于词类,“肯$_1$”、“肯$_3$”动词性特征较明显,“肯$_2$”副词性特征较明显,“肯$_4$”是典型的频率副词。

二、语义地图分析

(一) 副词“肯”的地域分布

“肯$_2$”、“肯$_4$”作为副词在现代方言中普遍存在,且用法丰富。据调查发现:“肯$_2$”、“肯$_4$”主要分布在现代方言的官话区、部分晋语区和赣语区,具体分布情况如表2:

表2 副词“肯”的分布情况

方言区	方言区	方言片	方言点举例
官话区	中原官话	郑曹片	郑州、南阳、唐河[4]、许昌、临沂、阳谷（肯$_2$）[5]、亳州、柘城
		蔡鲁片	周口、西华[6]、驻马店、确山[7]
		洛徐片	洛阳[8]、徐州[9]、沛县[10]
		汾河片	临汾[11]、浮山县[12]、万荣[13]
		关中片[14]	西安[15]、商县[16]
		陇中片	天水[17]
	兰银官话	银吴片	银川[18]
		金城片	兰州[19]
	冀鲁官话		山东西部[20]、河北南部[21]
	江淮官话	洪巢片	（肯$_2$）南京
		黄孝片	（肯$_2$）黄陂区、黄冈、孝感
		鄂西片	（肯$_2$）竹山、竹溪
	西南官话	滇中小片	昆明[22]
		鄂北小片	（肯$_2$）十堰、郧西、南漳、谷城、襄阳
		鄂中小片	（肯$_2$）荆门、恩施、武汉[23]
		湘北小片	（肯$_2$）公安
		成渝小片	（肯$_2$）成都[24]
		凉山小片	（肯$_2$）西昌
赣语		昌靖片	（肯$_2$）南昌[25]
		鹰戈片	（肯$_2$）贵溪
		吉茶片	莲花[26]
晋语		并州片	平遥[27]、太谷[28]
		大包片	包头[29]
		张呼片	乌兰察布
		邯新片	新乡（肯$_2$）、辉县、林州、济源

（二）“肯”的语义地图

在对以上五十多个方言点调查的基础上，我们选取了一些方言点将“肯”的与本文讨论有关的四种用法都作了考察，根据“肯”拥有用法的数量发现有以下六种分布类型。

类型一：完全具备“肯$_1$”、“肯$_2$”、“肯$_3$”、“肯$_4$”四种用法。属于这种类型的方言如南阳话等。例如：例（1）、（11）、（7）、（12）。

(11) 被卧被子老是不晒肯$_2$长霉。

(12) 咱家妮儿女儿肯$_4$去她姑那儿。

类型二：具备“肯$_1$”、“肯$_2$”、“肯$_4$”三种用法。属于这种类型的方言如确山话、唐河话、西华话、银川话、万荣话等。例如：

确山话（陈媛 2011）：

(13) 求了他好几回人家斗就是不肯$_1$答应。

(14) 你走这上头肯$_2$摔着。

(15) 这一窝儿这一段时间小王也不肯$_4$来找我了。

类型三：具备“肯$_2$”、“肯$_3$”、“肯$_4$”三种用法，如徐州话等。例如：

徐州话（吴继光 1986）：

(16) 土墙一遇上连阴天就肯$_2$容易倒。

(17) 老张肯$_3$爱好、习惯吸烟，你望，弄得一屋烟味儿。

(18) 徐州的春天肯$_4$经常刮风。

类型四：具备“肯$_2$”、“肯$_4$”两种用法，如兰州话、天水话等。例如：

兰州话（兰州大学中文系语言研究小组 1963）：

(19) 你这么开车，肯$_2$出事你这样开车，容易出事！

(20) 我肯$_4$到我老丈人家去我常到我岳父家去。

类型五：a）具备“肯$_2$”和“肯$_1$”两种用法，如贵溪话、柘城话；b）具备“肯$_2$”的部分用法和“肯$_1$”的用法，如武汉话、阳谷话、十堰话、南昌话、西昌话等。例如：

武汉话（李荣主编 2002：2197）：

(21) 他不大肯$_1$愿意说话。

(22) 这伢蛮肯$_2$容易长，跟大人一样高了。

类型六：只有“肯$_1$”一种用法，如普通话。例如：

普通话（吕叔湘 2009）[30]：

(23) 只要你把道理说清楚，我想他们会肯$_1$的。

“肯$_1$”、“肯$_2$”、“肯$_3$”、“肯$_4$”四个项目暂时不考虑方向性，根据“语义地图连续性假说”（The Semantic Map Connectivity Hypothesis），Croft（2003）将这一假说表述为：“与特定语言及（或）特定构造相关的任何范畴必须映射到概念空间里的一个连续区域。”（参看张敏 2010）[31]，我们结合其分布类型，基于相关方言的比较构建“肯”的概念空间，如图 1：

图 1 “肯”的概念空间

下面的图 2-图 7 是我们以图 1 的概念空间为底图绘制的相关方言和普通话“肯”的语义地图，从中可以看出，这些方言“肯”的不同功能都在“肯”的概念空间内占据连续区域。在我们以上考察的五十多个方言点中未见一种方言“肯”的语义模式违反连续性要求。再扩大考察视野，图8是英语情态词will的语义地图，也符合语义地图连续性假说。可见图1所示的概念空间具有普遍意义。

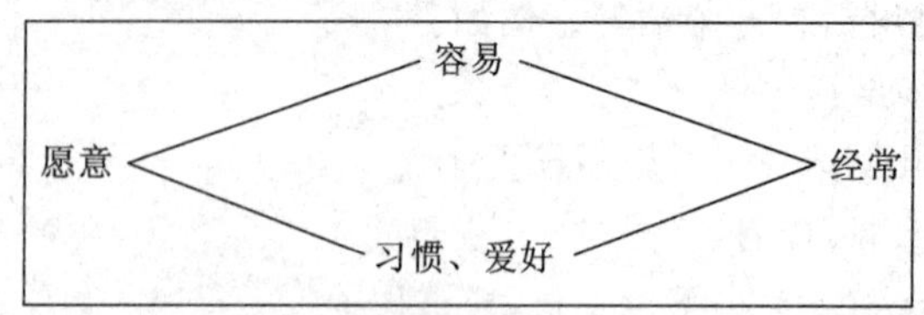

图2 南阳话“肯”的语义图

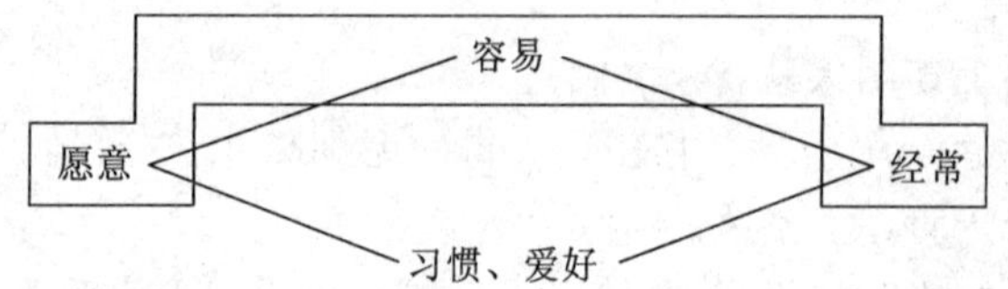

图3 银川、万荣、确山、西华和唐河话“肯”的语义图

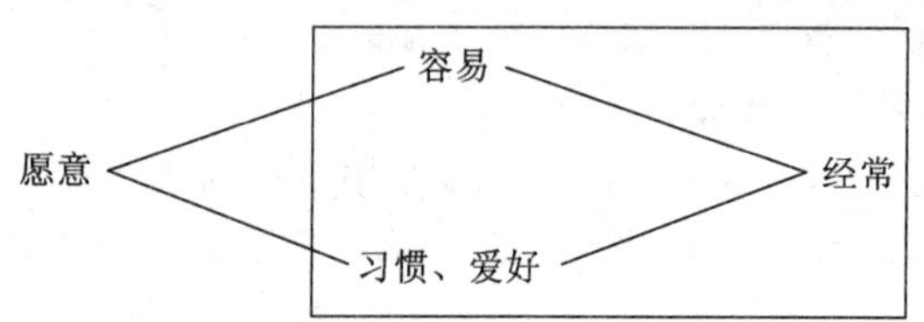

图4 徐州话“肯”的语义图

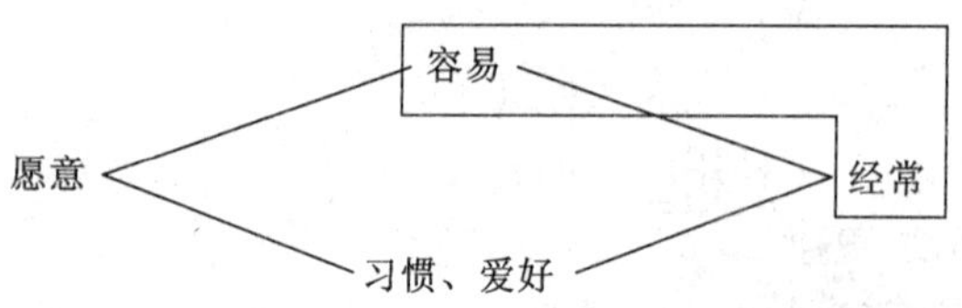

图5 兰州话和天水话“肯”的语义图

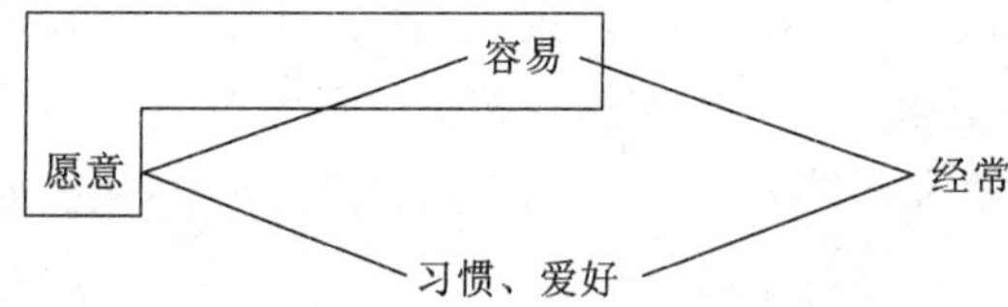

图6 贵溪、柘城、武汉、阳谷、南昌和西昌话“肯”的语义图

图7 普通话“肯”的语义图

英语表主观意愿的情态动词 will 有愿意义，“You use will to say that someone is willing to do something. You use will not or won't to indicate that someone refuses to do something. ”[32] 如：Will you phone me again?（你愿意再给我打电话吗?）；也有习惯义和经常义，“You use will to indicate that an action usually happens in the particular way mentioned. ”[33] 如：Some birds will fly away to the south when the weather turns cold.（有些鸟习惯在天气变冷时飞向南方。）；He will spend hours in the library.（他经常在图书馆一待就是几小时。）。如图 8：

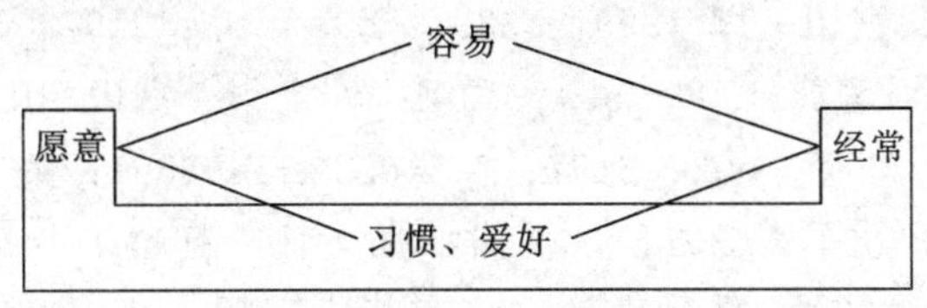

图 8 英语“will”的语义图

（三）“肯”的演化路径

概念空间及其表示的意义之间的共时蕴含关系可以有历时的解读（参见吴福祥：2009）[34]。我们依据上文“肯”的语义地图，将图 1 的概念空间动态化为图 9，得到“肯”的语义演化路径，如图 9：

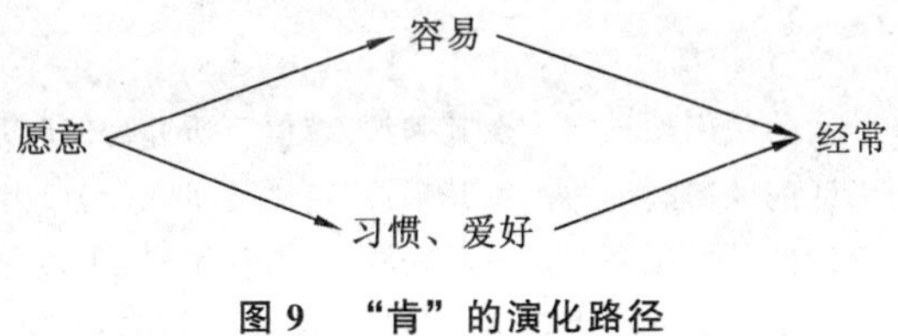

图 9 “肯”的演化路径

据图 9，可得“肯”的演化路径：

$肯_1$→$肯_2$→$肯_4$

$肯_1$→$肯_3$→$肯_4$

语义演化路径：

愿意→容易→经常

愿意→喜好、习惯→经常

形态句法演化路径：

助动词→副词

三、小结

“肯”在现代方言中有丰富的用法和很高的使用频率。据共时的语义地图分析，表频副词“肯”同表愿意的助动词“肯”关系密切。表愿意的助动词“肯”发生了两个路径的演化：一是先语法化为表“容易”义的副词，再引申为表“经常”义的频率副词；一是先引申出“爱好、习惯”义，再语法化为表“经常”义的频率副词。副词“肯”主要分布于官话区、部分晋语区和赣语区。

*本文系广东省哲学社会科学“十二五”规划项目【GD15YZW04】、广东海洋大学2016年科研启动项目【R17042】阶段性成果。

材料来源：

唐河、西华（胡卫 2012）；阳谷（董绍克等 1997：107）；确山（陈媛婧 2011）；沛县（袁长会 2010）；莲花（曾海清 2013）；太谷（马启红 2003）；浮山（秦悦 2008）；洛阳（许宝华、宫田一郎 1999：3332、李荣 2002：2197、曾光平等 1987：71）；徐州（许宝华、宫田一郎 1999：3332、李荣 2002：2197、李申 1985：225、吴继光 1986）；临汾（潘家懿 1990：95）；武汉（许宝华、宫田一郎 1999：3332、李荣 2002：2197）；西安（李荣 2002：2197、兰宾汉 2011：156）；关中片（景尔强 2000：172、205）；天水（穆建军等 2011）；兰州（张文轩、莫超 2009：315、兰州大学中文系语言研究小组 1963）；冀鲁官话（许宝华、宫田一郎 1999：3332、闵家骥等 1995：289）；昆明（张华文等 1997：243、301）；平遥（侯精一 1995：193）；万荣、银川、南昌（李荣 2002：2197）；商县、成都、包头（许宝华、宫田一郎 1999：3332）；郑州、南阳、许昌、临沂、亳州、柘城、周口、驻马店、南京、黄陂区、黄冈、孝感、竹山、竹溪、十堰、郧西、南漳、谷城、襄阳、荆门、恩施、公安、西昌、贵溪、乌兰察布、新乡、辉县、济源、林州（笔者调查）。

注释：

[1] 李玉晶：《河南南阳话的频率副词“肯”及其来源》，《语言研究》2015年第4期，第50～51页。

[2] 李玉晶：《河南南阳话的频率副词“肯”及其来源》，《语言研究》2015年第4期，第50页。

[3] 李玉晶：《河南南阳话的频率副词“肯”及其来源》，《语言研究》2015年第4期，第51页。

[4] 胡卫：《西华方言副词研究》，河南大学硕士学位论文，2012年，第22～23页。

[5] 董绍克、张家芝：《山东方言词典》，北京：语文出版社，1997年，第107页。

[6] 胡卫：《西华方言副词研究》，河南大学硕士学位论文，2012年，第22～23页。

[7] 陈媛婧：《确山方言中的几个助动词》，河南大学硕士学位论文，2011年，第21～25页。

[8] 许宝华、宫田一郎：《汉语方言大词典》，北京：中华书局，1999年，第3332页；李荣：《现代汉语方言大词典》，南京：江苏教育出版社，2002年，第2197页；曾光平，等：《洛阳方言志》，郑州：河南人民出版社，1987年，第71页。

[9] 许宝华、宫田一郎：《汉语方言大词典》，北京：中华书局，1999年，第3332页；李荣：《现代汉语方言大词典》，南京：江苏教育出版社，2002年，第2197页；李申：《徐州方言志》，北京：语文出版社，1985年，第225页；吴继光：《徐州话中的“肯”、“很”、“管”》，《徐州师范学院学报》（哲学社会科学版）1986年第3期。

[10] 袁长会：《沛县方言研究》，广西师范大学硕士学位论文，2010年，第79～80页。

[11] 潘家懿：《临汾方言志》，北京：语文出版社，1990年，第95页。

[12] 秦悦：《浮山方言的副词研究》，《山西煤炭管理干部学院学报》2008年第1期，第121页。

[13] 李荣：《现代汉语方言大词典》，南京：江苏教育出版社，2002年，第2197页。

[14] 景尔强：《关中方言词语汇释》，西安：陕西人民出版社，2000年，第172、205页。

[15] 李荣：《现代汉语方言大词典》，南京：江苏教育出版社，2002年，第2197页；兰宾汉：《西安方言语法调查研究》，北京：中华书局，2011年，第156页。

[16] 许宝华、宫田一郎:《汉语方言大词典》,北京:中华书局,1999 年,第 3332 页。

[17] 穆建军,等:《〈朴通事谚解〉助动词“敢”、“肯”探析》,《甘肃广播电视大学学报》2011 年第 1 期,第 50～52 页。

[18] 李荣:《现代汉语方言大词典》,南京:江苏教育出版社,2002 年,第 2197 页。

[19] 张文轩、莫超:《兰州方言词典》,北京:中国社会科学出版社,2009 年,第 315 页;兰州大学中文系语言研究小组:《兰州方言》,《兰州大学学报》(社会科学版)1963 年第 2 期,第 135 页。

[20] 许宝华、宫田一郎:《汉语方言大词典》,北京:中华书局,1999 年,第 3332 页;闵家骥,等:《汉语方言常用词词典》,杭州:浙江教育出版社,1991 年,第 289 页。

[21] 许宝华、宫田一郎:《汉语方言大词典》,北京:中华书局,1999 年,第 3332 页;闵家骥,等:《汉语方言常用词词典》,杭州:浙江教育出版社,1991 年,第 289 页。

[22] 张华文、毛玉玲:《昆明方言词典》,昆明:云南教育出版社,1997 年,第 243、301 页。

[23] 许宝华、宫田一郎:《汉语方言大词典》,北京:中华书局,1999 年,第 3332 页;李荣:《现代汉语方言大词典》,南京:江苏教育出版社,2002 年,第 2197 页。

[24] 许宝华、宫田一郎:《汉语方言大词典》,北京:中华书局,1999 年,第 3332 页。

[25] 李荣:《现代汉语方言大词典》,南京:江苏教育出版社,2002 年,第 2197 页。

[26] 曾海清:《江西莲花方言的“肯”》,《新余学院学报》2013 年第 5 期,第 83～84 页。

[27] 侯精一:《平遥方言民俗语汇》,北京:语文出版社,1995 年,第 193 页。

[28] 马启红:《太谷方言副词说略》,《语文研究》2003 年第 1 期,第 64 页。

[29] 许宝华、宫田一郎:《汉语方言大词典》,北京:中华书局,1999 年,第 3332 页。

[30] 吕叔湘:《现代汉语八百词》(增订本),北京:商务印书馆,1999 年,第 338 页。

[31] 张敏:《“语义地图模型”:原理、操作及在汉语多功能语法形式研究中的运用》,《语言学论丛:42 辑》,北京:商务印书馆,2010 年,第 1011 页。

[32] John Sinclair: *Collins Cobuild Advanced Learner's Dictionary*, Glasgow: Harper Collins Publishers, 2014, p. 1795.

[33] John Sinclair: *Collins Cobuild Advanced Learner's Dictionary*, Glasgow: Harper Collins Publishers, 2014, p. 1795.

[34] 吴福祥:《从“得”义动词到补语标记——东南亚语言的一种语法化区域》,《中国语文》2009 年第 3 期,第 203 页。

面向汉语信息处理的“二标四句式”复句句法语义判定

吴锋文

（四川外国语大学中文系，重庆 400031）

内容摘要：复句句法语义关系判定对汉语复句信息处理和自然语言理解具有重要意义。以“复句关系标记为主，分句关联特征为辅”的研究思路，探讨“二标四句式”复句的层次划分和语义关系问题，总结抽取出“二标四句式”复句的 14 种标记序列模式，区分“二标四句式”标记序列的充盈态和非充盈态。研究得到有关充盈态“二标四句式”复句的 7 条句法语义判定规则和非充盈态“二标四句式”复句的 14 条句法语义判定规则。该研究为汉语有标复句的层次关系识别奠定了基础。

关键词：信息处理；复句；小句关联体；标记充盈态；语义关联；层次关系

一、引言

汉语复句信息处理，是计算语言学的重要议题，也是中文信息处理领域的一项基础性课题。当前中文信息处理正面临“句处理”攻坚阶段[1]，要取得“句处理”的重大进展，复句的句法语义判定问题必须受到重视[2]。

计算机对汉语复句进行自动句法分析，其核心任务是对分句间的层次结构和语义关系进行判定，这种判定工作是以分句的确认和关系词语的识别作为基础的。据吴锋文（2011），有标复句可划分为充盈态和非充盈态两类，标记充盈态模式与复句实例的层次关系之间存在“一对一”的映射关系，其复句实例可以采用基于规则方法来识别；标记非充盈态模式与复句实例间不存在“一对一”的映射关系，因而非充盈态有标复句层次关系的确定需要引入分句间的语义分析[3]。目前面向机器语义理解还很薄弱，而“在句法分析中加入语义信息，将句法语义综合分析”则成为自动句法分析领域的共识[4]。因此，计算机要能够进行汉语“句处理”，充分挖掘可供计算机理解的形式化句法语义知识已成共识。

根据邢福义（2001）、姚双云（2008）归纳，复句在大规模文本中所占比重达35％～60％，而二重复句、三重复句又是最常见的复句类型[5]，因而加强对由四个分句构成的复句（四句式复句）的句法语义关系的判定研究极有意义。故本文将面向机器“句处理”的研究对象限在“二标四句式”复句，着重探讨“二标四句式”复句的层次划分和语义关系。例如：

（1）①道歉的魅力，不是来自花言巧语，②而是来自真诚，③来自心灵的沟通和感情的交流，④来自为纠正过失而采取的实实在在的行动。（《人民日报》1997-11-3）

（2）①他若被困在别的地方，②也许还有人会去救他，③但他被困在少林寺，④天下只怕没有一个人能救得了他。（古龙《多情剑客无情剑》）

例（1）～（2）是非充盈态有标复句，句中仅有的关系词不能明确地标示分句间的层次结构或语义关系。如例（1）“不是”“而是”尽管构成搭配，但分句③④连续无标，故“而是”的语义辖域是分句②，还是分句②和③④，计算机无法以标记对“不是……而是”给出准确判定，且无标分句③④和分句②之间是什么语义关系，也无法判定。

基于上述背景，加强对“二标四句式”复句的句法语义关系的研究，是中文信息处理领域“句处理”的客观需求，有助于汉语复句的自动理解与生成，不仅对计算机处理汉语多重复句具有先验性的作用，甚至对汉语篇章理解也有启示意义[6]。

二、“二标四句式”复句的知识表示及其分类

“二标四句式”复句是汉语有标复句的一个子类，是指由四个分句构成的、有且仅有两个分句各出现一个复句关系词语的有标复句。如上例（1-2）所示。本文采用邢福义（2002）复句理论体系[7]，将汉语复句分为广义因果、广义并列以及广义转折三大类，分句间的逻辑语义关系设立因果（yg）、推断（td）、假设（js）、条件（tj）、目的（md）、并列（bl）[8]、连贯（lg）、递进（dj）、选择（xz）、转折（zz）、让转（rz）、假转（jz）等12个语义类别。为行文表述方便，本文给出如下约定：

（a）复句CS的分句构成函数记为Numb（CS），则四句式复句的Numb（CS）取值为4。

（b）复句CS中分句集表示为{C_i | i代表分句位序，i∈N且1≤i≤Numb（CS）}。

（c）若分句C_i的关系标记缺省，则表示为kb。

（d）任一复句关系词RW表示为三元组〈R，i，s〉，Ri的搭配位置（配位）表示为Pos（Ri），Ri的关系类别表示为Sem（Ri），则有Pos（Ri）∈{f（前）、b（后）}，Sem（Ri）∈{yg、js、td、tj、md、bl、dj、xz、lg、zz、rz、jz}。

（e）若分句C_i、C_{i+1}为相邻分句，则二元有序对（C_i，C_{i+1}）表示C_i、C_{i+1}存在语义关联，形成小句关联体Clause Union（简记为CU）。

（f）相邻小句关联体CU1、CU2的语义规约原则：若CU1、CU2结构平行，则CU1、CU2规约为并列关系，即Sem（CU1，CU2）=bl；否则，规约为因果关系，即Sem（CU1，CU2）=yg。

本文首先采用中科院张华平、刘群开发的 ICTClAS 分词系统对大量四句式复句语料进行关系词自动标注，然后对标注结果进行人工校对，结合复句关系词语的配位、语义类别以及分句序位，总结抽取出四句式复句的 14 种“二标四句式”标记联结序列。如下表 1。

表 1 “二标四句式”复句的标记联结模式

序号	标记序列	序号	标记序列	序号	标记序列
M1	Rif-kb-Rif-kb	M6	kb-Rif-Rib-kb	M11	Rif-kb-Rjf-kb
M2	kb-Rib-kb-Rib	M7	kb-Rif-kb-Rib	M12	kb-kb-Rib-Rjb
M3	kb-Rib-Rjf-kb	M8	Rif-kb-kb-Rib	M13	kb-Rib-Rjb-kb
M4	Rif-Rib-kb-kb	M9	kb-kb-Rif-Rib	M14	kb-Rif-Rjb-kb
M5	Rif-kb-Rib-kb	M10	Rif-kb-Rjb-kb		

对表 1 里的“二标四句式”复句标记序列模式进行配位信息、语义类别及句序制约分析，我们发现有些标记序列模式实例化后凭借所显现的两个关系词语就能确定该复句的层次构造及其相应的逻辑语义关系，这类“二标四句式”标记序列是一种标记充盈态模式，其相应的复句实例是充盈态有标复句。以标记序列模式 M1、M2 为例，请看下例：

（3）①如果我看得上他，②可以跟他一根竹竿走天涯；③如果看不上，④亿万富翁也不嫁。（安顿《绝对私隐》）

（4）①她想呐喊，②可是她没力气，③她想冲进去，④可是她不能动。（古龙《多情剑客无情剑》）

例（3）分句①③有假设标记“如果”，例（4）分句②④出现转折标记“可是”。其相应的句法分析树如图 1、图 2 所示。因为标记“如果”“可是”重复出现且句序结构平行，故例（3-4）为并列复句。

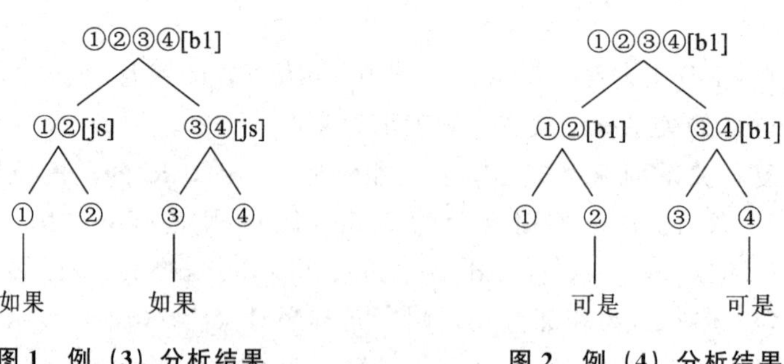

图 1 例（3）分析结果　　**图 2 例（4）分析结果**

从复句关系词语对相应复句格式句法语义关系的标示能力强弱角度考察，上表 1 中的 14 种标记序列模式可分为两类：

（Ⅰ）标记充盈态模式：M1、M2、M3、M5、M6、M7、M11 共 7 种。这些标记

序列模式实例化后形成充盈态有标复句，如上例（3）～（4）。

（Ⅱ）标记非充盈态模式：M4、M8、M9、M10、M12、M13、M14 共 7 种。这些标记序列模式实例化后形成非充盈态有标复句，如上例（1）～（2）。

本文研究发现，上表 1 所述 14 种"二标四句式"复句的标记序列所能形成的复句层次结构有六种类型。如下表 2。

表 2　"二标四句式"复句的结构类型及分句组合顺序

复句结构	分句组合顺序	复句结构	分句组合顺序
2-2 式	([C_1, C_2], [C_3, C_4])	(1- [1-2]) 式	(C_1, [C_2, (C_3, C_4)])
3-1 式	([C_1, C_2, C_3], C_4)	(1- [2-1]) 式	(C_1, [(C_2, C_3), C_4])
1-3 式	(C_1, [C_2, C_3, C_4])	([1-2] -1) 式	([C_1, (C_2, C_3)], C_4)

上述知识表示及其分类目标在于，对给定的任一"二标四句式"复句实例，能够将其划归为表 1 里某种标记序列模式，并采用"复句关系标记为主，分句关联特征为辅"的研究思路，以期确定该序列模式与相应复句实例层次构造间的句法语义关系。

三、充盈态"二标四句式"复句的句法语义关系判定

关联词语是复句中标示分句关系的重要构件，它不仅影响着分句的语义，也影响着复句层次关系的识别[9]。如前所述，在充盈态标记序列和复句层次关系之间存在一种"一一对应"的映射关系，可以唯一确定充盈态复句的层次构造和语义关系[10]。本文拟利用这种映射关系，挖掘不同序位关联标记的特征，制订一系列句法语义规则，采用规则方法来判定充盈态"二标四句式"复句的句法语义关系。下面将具体阐述表 1 七种标记充盈态模式的复句的层次关系判定问题。

规则 1：若任一复句 CS 的 Numb（CS）＝4，分句 C_1、C_3 复现关系标记 Rif 且 Pos（Rif）＝f，而分句 C_2、C_4 无标，则复句层次构造为（[C_1，C_2]，[C_3，C_4]），小句关联体（C_1，C_2）、（C_3，C_4）的关系均由 Sem（Rif）确定，复句关系类别为并列。例如：

（5）①如果你爱一个人，②让他去纽约；③如果你恨一个人，④让他去纽约。（曹桂林《北京人在纽约》）

例（5）分句①③出现标记"如果"，标示分句①②是假设关系，分句③④是假设关系，分句①②与③④之间结构平行，规约为并列关系。

规则 2：若任一复句 CS 的 Numb（CS）＝4，分句 C_1、C_3 无标，分句 C_2、C_4 复现关系标记 Rib 且 Pos（Rib）＝b，则复句层次构造为（[C_1，C_2]，[C_3，C_4]），小句关联体（C_1，C_2）、（C_3，C_4）的关系均由 Sem（Rib）确定，复句关系类别为并列。例如：

（6）①她想呐喊，②可是她没力气，③她想冲进去，④可是她不能动。（古

龙《多情剑客无情剑》）

例（6）分句②④出现标记“可是”，标示分句①②是转折关系，分句③④是转折关系，分句①②与③④之间结构平行，规约为并列关系。

规则3：若任一复句CS的Numb（CS）＝4，分句C_1、C_4无标，C_2、C_3分别出现标记Rib、Rjf，且Pos（Rib）＝b，Pos（Rjf）＝f，Sem（Rib）≠Sem（Rjf），则复句层次构造为（［C_1，C_2］，［C_3，C_4］），小句关联体（C_1，C_2）的关系由Sem（Rib）确定，（C_3，C_4）的关系由Sem（Rjf）确定，复句关系类别为因果。例如：

（7）①那个青衣独臂人武功高不可测，②而且是个怪物，③如果不是我想出这法子，④你怎么能把我从他手里救出来？（古龙《七星龙王》）

例（7）分句②出现标记“而且”，标示分句①②是递进关系，分句③出现标记“如果”，标示分句③④是假设关系，分句①②与分句③④之间规约为因果关系。

规则4：若任一复句CS的Numb（CS）＝4，分句C_1、C_3分别出现标记Rif、Rib，且Pos（Rif）＝f，Pos（Rib）＝b，Sem（Rif）＝Sem（Rib），分句C_2、C_4无标，则复句层次构造为（［C_1，C_2］，［C_3，C_4］），小句关联体（C_1，C_2）、（C_3，C_4）的关系均规约为并列，复句关系由Sem（Rif、Rib）确定。例如：

（8）①若有人认为你这样做得不对，②认为你是个心狠手辣的女人，③那么这人一定是个伪君子，④是个大混蛋。（古龙《九月鹰飞》）

例（8）分句①③的标记“若-那么”形成搭配，分句②④无标，因分句①②复现谓语“认为”，③④复现谓语“是”，故（①，②）、（③，④）均规约为并列关系，“若-那么”标示分句①②与分句③④之间为假设关系。

规则5：若任一复句CS的Numb（CS）＝4，分句C_1、C_4无标，C_2、C_3分别出现标记Rif、Rib，且Pos（Rif）＝f，Pos（Rib）＝b，Sem（Rif）＝Sem（Rib），则复句层次构造为（C_1，［C_2，（C_3，C_4）］），小句关联体（C_3，C_4）的关系规约为并列，（C_2，［C_3，C_4］）的关系由Sem（Rif、Rib）确定，复句关系类别为因果。例如：

（9）①活也有很多种方式，②你若真的为我好，③就该让我好好活下去，④堂堂正正地活下去。（古龙《多情剑客无情剑》）

例（9）分句②③的标记“若-就”形成搭配，分句①④无标，因分句③④复现谓语“活下去”，故（③，④）规约为并列关系，然后分句②与（③，④）规约，“若-就”标示假设关系，最后分句①与②③④规约为因果关系。

规则6：若任一复句CS的Numb（CS）＝4，分句C_1、C_3无标，C_2、C_4分别出现标记Rif、Rib，且Pos（Rif）＝f，Pos（Rib）＝b，Sem（Rif）＝Sem（Rib），则

复句层次构造为（C_1，［（C_2，C_3），C_4］），小句关联体（C_2，C_3）的关系规约为并列，（［C_2，C_3］，C_4）的关系由 Sem（Rif、Rib）确定，复句关系类别为因果。例如：

（10）①上官金虹一直在等着机会，②只要老人的神志稍有松懈，③手腕稍不稳定，④他立刻便要出手。（古龙《多情剑客无情剑》）

例（10）分句②④标记“只要-便”形成搭配，分句①③无标，因分句②③复现副词“稍”，故（②，③）规约为并列关系，然后（②，③）与分句④规约，“只要-便”标示假设关系，最后分句①与（［②，③］，④）规约为因果关系。

规则7：若任一复句CS的 Numb（CS）＝4，分句 C_1、C_3 出现标记 Rif、Rjf，且 Pos（Rif）＝f，Pos（Rjf）＝f，Sem（Rif）≠Sem（Rjf），分句 C_2、C_4 无标，则复句层次构造为（［C_1，C_2］，［C_3，C_4］），小句关联体（C_1，C_2）的关系由 Sem（Rif）确定，（C_3，C_4）的关系由 Sem（Rjf）确定，复句关系类别为因果。例如：

（11）①她若要咱们的命，②必定会在旁边瞧着咱们死的，③如今既然走了，④想必是算定咱们必有救星。（古龙《武林外史》）

例（11）分句①出现标记“若”，标示（①，②）为假设关系，分句③出现标记“既然”，标示（③，④）为推断性因果关系，然后（①，②）与（③，④）之间规约为因果关系。

四、非充盈态“二标四句式”复句的句法语义关系判定

非充盈态标记序列实例化后形成的有标复句是非充盈态有标复句。这种复句尽管也有关系标记显现，但关系标记不足以确定分句间的句法语义关联，使得一些无标分句层次归属不明，因而还需要结合分句间的句法语义关联特征进行无标分句层次消歧。

根据舒江波（2010）、吴锋文（2011）的观点，影响分句语义关联的特征表现在主语指称一致性和谓语语义相关性两方面[11]。主语指称一致性有主语指称完全一致和部分一致两种情形，而谓语语义相关性主要有三种类型：谓语部分特定词汇复现、谓核语义范畴相同以及谓语句法结构相似等。例如：

（12）①这两人都是不世的奇才，②但是萧大师却将自己最得意的刺击之术传给了第三个弟子，③而且将泪痕剑也传给了他。（古龙《英雄无泪》）

（13）①你本来已非他不嫁，②叶开本来也已非你不娶，③但这时却忽然出现了个叫上官小仙的女人。（古龙《九月鹰飞》）

（14）①她知道现在无论说什么，②做什么，③都愚蠢极了。（古龙《多情剑客无情剑》）

例（12）分句②③谓核动词“传给”复现，是特定词汇复现；例（13）分句①②谓核“嫁”“娶”是类义关系，语义范畴相同；例（14）分句①“说什么”和分句②“做什么”同属谓词结构“V 什么”，谓语结构相似。

正是上述分句间主、谓语方面出现某种关联特征，使得分句间的语义关联形成，从而为分句的句法关联提供了语义基础，使得这些分句在结构上聚合为一个层次。因而，分句语义关联度判定，为非充盈态有标复句的层次消歧提供了思路。

下面将引入分句间的语义关联特征给无标分句层次归属消歧，并讨论表 1 里 M4、M8、M10、M12-M14 等 7 种非充盈态“二标四句式”复句的句法语义判定问题。

4.1　模式 4：Rif-Rib-kb-kb

“Rif-Rib-kb-kb”是指分句 C_i、C_{i+1} 出现搭配标记对 Rif、Rib，且 C_{i+2}、C_{i+3} 无标的复句标记隐现模式。此模式实例化后确定其层次关系需分两种情况：

规则 8：若分句 C_2、C_3、C_4 复现某种关联特征，则 C_2、C_3、C_4 优先结合为（C_2，C_3，C_4），关系规约为并列，然后分句 C_1 与（C_2，C_3，C_4）形成复句，层次构造为（C_1，[C_2，C_3，C_4]），复句关系由 Sem（Rif、Rib）确定。例如：

（15）①道歉的魅力，不是来自花言巧语，②而是来自真诚，③来自心灵的沟通和感情的交流，④来自为纠正过失而采取的实实在在的行动。（《人民日报》1997-11-3）

例（15）中③④无标，和分句②均复现谓语“来自”，故②③④形成并列小句关联体。

规则 9：若分句 C_3、C_4 出现某种关联特征，则 C_3、C_4 优先结合为（C_3，C_4），关系规约为并列，C_1、C_2 优先结合为（C_1，C_2），关系由 Sem（Rif、Rib）确定，然后（C_1，C_2）、（C_3，C_4）形成复句，层次构造为（[C_1，C_2]，[C_3，C_4]），关系规约为因果。例如：

（16）①他们既已准备本王前去受降，②必定更无准备，③本王正可乘此良机进击，④正好杀得他们片甲不留。（古龙《武林外史》）

例（16）分句③④无标，谓语部分复现副词“正”，故③④形成并列小句关联体。

4.2　模式 8：Rif-kb-kb-Rib

“Rif-kb-kb-Rib”是指分句 C_i、C_{i+3} 出现搭配标记对 Rif、Rib，且 C_{i+1}、C_{i+2} 无标的复句标记隐现模式。此模式实例化后确定其层次关系需分两种情况：

规则 10：若分句 C_1、C_2、C_3 出现某种关联特征，则 C_1、C_2、C_3 优先结合为（C_1，C_2，C_3），关系规约为并列，然后（C_1，C_2，C_3）与 C_4 形成复句，层次构造为（[C_1，C_2，C_3]，C_4），复句关系由 Sem（Rif、Rib）确定。例如：

(17) ①如果基层信访工作人员能够耐心热情一点，②把信访工作能够做得细致周到一点，③对来访群众的利益诉求能够及时处理落实，④那么许多越级上访事件是可以避免的。

例(17)②③无标，和分句①均复现能愿动词“能够”，故①②③形成并列小句关联体。

规则11：若分句C_2、C_3复现某种关联特征，则C_2、C_3优先结合为(C_2，C_3)，关系规约为并列，然后分句C_1与(C_2，C_3)结合为(C_1，[C_2，C_3])，关系规约为并列，最后(C_1，[C_2，C_3])与C_4形成复句，层次构造为([C_1，(C_2，C_3)]，C_4)，关系由Sem(Rif、Rib)确定。例如：

(18) ①她笑得虽然花枝招展，②说不出的娇媚，③说不出的动听，④但笑声中那份轻蔑之意，却委实叫人难堪。(古龙《武林外史》)

例(18)②③无标，但谓语部分复现“说不出＋AP”结构，故②③形成并列小句关联体。

4.3 模式9：kb-kb-Rif-Rib

“kb-kb-Rif-Rib”是指分句C_i、C_{i+1}无标，分句C_{i+2}、C_{i+3}出现搭配标记对Rif、Rib的复句标记隐现模式。此模式实例化后确定其层次关系需分两种情况：

规则12：若分句C_1、C_2复现某种关联特征，则C_1、C_2优先结合为(C_1，C_2)，关系规约为并列，分句C_3、C_4优先结合为(C_3，C_4)，关系由Sem(Rif、Rib)确定，然后(C_1，C_2)、(C_3，C_4)形成复句，层次构造为([C_1，C_2]，[C_3，C_4])，关系规约为因果。例如：

(19) ①她渴望能投入沈浪怀中，②渴望能与沈浪紧紧拥抱在一起，③即使她将在这拥抱中粉身碎骨，④她也在所不惜。(古龙《武林外史》)

例(19)①②无标，谓语部分复现“渴望能＋VP”结构，故①②形成并列小句关联体。

规则13：若分句C_1、C_2没有复现某种关联特征，但C_1的主语和C_2、C_3的主语指称是一种整体与部分的关系，则分句C_3、C_4优先结合为(C_3，C_4)，关系由Sem(Rif、Rib)确定，然后C_2与(C_3，C_4)结合为(C_2，[C_3，C_4])，关系规约为并列，最后C_1与(C_2，[C_3，C_4])形成复句，层次构造为(C_1，[C_2，(C_3，C_4)])，关系规约为并列。例如：

(20) ①他们已被折磨得不成人形，②朱七七显然地憔悴了，③熊猫儿虽想

怒骂，④却连说话都已没有力气。（古龙《武林外史》）

例（20）分句③④“虽-却”标志（③，④）为让转关系，分句①的主语“他们”与分句②③的主语“朱七七”、“熊猫儿”形成一种总分关系，故分句②与③④规约为并列关系。

4.4　模式10：Rif-kb-Rjb-kb

“Rif-kb-Rjb-kb”是指分句C_i、C_{i+2}各出现标记Rif、Rjb且x（Rif）＝f、x（Rjb）＝b，而C_{i+1}、C_{i+3}无标的复句标记隐现模式。此模式实例化后确定其层次关系需分两种情况：

规则14：若分句C_3中Rjb为让转标，则C_1、C_2优先结合为（C_1，C_2），关系由Sem（Rif）确定，C_3、C_4优先结合为（C_3，C_4），关系规约为因果，然后（C_1，C_2）、（C_3，C_4）形成复句，层次构造为（［C_1，C_2］，［C_3，C_4］），关系由Sem（Rjb）确定。例如：

（21）①他若被困在别的地方，②也许还有人会去救他，③但他被困在少林寺，④天下只怕没有一个人能救得了他。（古龙《多情剑客无情剑》）

规则15：若分句C_3中Rjb不是让转标，且分句C_2、C_3复现某种关联特征，则C_1、C_3优先结合为（C_2，C_3），关系由Sem（Rjb）确定，然后C_1与（C_2，C_3）结合为（C_1，［C_2，C_3］），关系由Sem（Rif）确定，最后（C_1，［C_2，C_3］）与分句C_4形成复句，层次构造为（［C_1，（C_2，C_3）］C_4），关系规约为因果。例如：

（22）①若不是他，②我根本不会落在那白飞飞手中，③更不会落在快活王手中，④我根本不必感激他。（古龙《武林外史》）

例（22）分句②③的谓语部分复现“不会落在＋NP”结构，故分句②③优先结合为（②，③），“更”标示递进关系，然后分句①与（②，③）结合，“若”标示假设关系。

4.5　模式12：kb-kb-Rib-Rjb

“kb-kb-Rib-Rjb”是指分句C_i、C_{i+1}无标，C_{i+2}、C_{i+3}分别出现标记Rib、Rjb且x（Rib）＝b、x（Rjb）＝b的复句标记隐现模式。此模式实例化后确定其层次关系需分两种情况：

规则16：若分句C_1、C_2复现某种关联特征，C_3、C_4也复现某种关联特征，则C_1、C_2优先结合为（C_1，C_2），关系规约为并列，C_3、C_4优先结合为（C_3，C_4），关系由Sem（Rjb）确定，然后（C_1，C_2）、（C_3，C_4）形成复句，层次构造为（［C_1，C_2］，［C_3，C_4］），关系由Sem（Rib）的类别确定。例如：

(23) ①马车里堆着好几坛酒，②这酒是那少年买的，③所以他一碗又一碗地喝着，④而且喝得很快。(古龙《多情剑客无情剑》)

例（23）分句①“好几坛酒”和分句②“这酒”属于宾主同指的情形，分句③④谓核复现“喝”，故分句①②、③④分别规约为并列小句关联体。

规则 17：若分句 C_1、C_2 复现某种关联特征，且分句 C_3 的标记 Rjb 为让转标记，则 C_1、C_2 优先结合为（C_1，C_2），关系规约为并列，C_3、C_4 优先结合为（C_3，C_4），关系由 Sem（Rjb）确定，然后（C_1，C_2）、（C_3，C_4）形成复句，层次构造为（[C_1，C_2]，[C_3，C_4]），关系规约为让转。例如：

(24) ①年老孑然一身的他渴望家的温情，②渴望能与子女见面团聚，③但他们父子毕竟分离得太久，④因而他的子女一时难以接受这个不称职的父亲。(江西卫视《金牌调解》台词)

例（24）分句①②谓语复现“渴望＋NP”结构，故①②规约为并列小句关联体；分句③④的主语“他们父子”“他的子女”指称一致，故结合为（③，④），“因而”标示因果关系。

4.6　模式 13：kb-Rib-Rjb-kb

“kb-Rib-Rjb-kb”是指分句 C_i、C_{i+3} 无标，C_{i+1}、C_{i+2} 分别出现标记 Rib、Rjb 且 x（Rib）＝b、x（Rjb）＝b 的复句标记隐现模式。此模式实例化后确定其层次关系需分两种情况：

规则 18：若分句 C_2 中 Rjb 为让转标，且 C_3、C_4 复现某种关联特征，则 C_3、C_4 优先结合为（C_3，C_4），关系规约为并列，然后 C_2 与（C_3，C_4）结合为（C_2，[C_3，C_4]），关系由 Sem（Rjb）确定，最后 C_1 与（C_2，[C_3，C_4]）形成复句，层次构造为（C_1，[C_2，（C_3，C_4）]），关系规约为让转。例如：

(25) ①有一些人怀念他们的过去，②但过去的东西永远不会再来了，③因此他们感到将来的渺茫，④从不把希望寄托在将来。(陶铸《崇高的理想》)

规则 19：若分句 C_2 中 Rjb 不是让转标，且 C_1 与 C_2、C_3 与 C_4 分别复现某种关联特征，则 C_1、C_2 结合为（C_1，C_2），关系由 Sem（Rib）确定，C_3、C_4 结合为（C_3，C_4），关系规约为并列，然后（C_1，C_2）、（C_3，C_4）形成复句，层次构造为（[C_1，C_2]，[C_3，C_4]），关系由 Sem（Rjb）确定。例如：

(26) ①闰土给我讲海边瓜田的趣事，②并且教我雪天捕鸟的方法，③因而我对闰土的乡村生活满怀向往，④盼望着能有一天到海边瓜田抓猹。(《少年闰土》改写)

例（26）分句①②谓语结构相似，故①②规约为（①，②），“并且”标示并列关系，分句③④的谓核“满怀向往”和“盼望着”语义范畴相同，故③④规约为并列小句关联体。

4.7 模式14：kb-Rif-Rjb-kb

“kb-Rif-Rjb-kb”是指分句C_i、C_{i+3}无标，C_{i+1}、C_{i+2}分别出现标记Rif、Rjb且x（Rif）=f、Sem（Rif）=yg、x（Rjb）=b的复句标记隐现模式。此模式实例化后确定其层次关系需分两种情况：

规则20：若分句C_2、C_3复现某种关联特征，则C_2、C_3优先结合为（C_2，C_3），关系由Sem（Rjb）确定，然后（C_2，C_3）与C_4结合为（[C_2，C_3]，C_4），关系规约为并列，最后C_1与（[C_2，C_3]，C_4）形成复句，层次构造为（C_1，[（C_2，C_3），C_4]），关系规约为因果。例如：

（27）①我非常喜欢年轻人，②因为年轻人他们蛮开放，③而且不会保守，④他们代表了我们的未来。（《中国日报》2003-12-11）

例（27）分句②③谓核“开放”与“保守”语义范畴类同，故分句②③结合为（②，③），“而且”标示递进关系，然后（②，③）与分句④结合为（[②，③]，④），关系规约为并列。

规则21：若分句C_3、C_4复现某种关联特征，则C_3、C_4优先结合为（C_3，C_4），关系规约为并列，然后C_2与（C_3，C_4）优先结合为（C_2，[C_3，C_4]），关系由Sem（Rjb）确定，最后C_1与（C_2，[C_3，C_4]）形成复句，层次构造为（C_1，[C_2，（C_3，C_4）]），关系规约为因果。例如：

（28）①我们必须大力反腐，②因为贪腐败坏了社会风气，③并且损害了党和政府的形象，④损害了国家和人民的利益。（人民网理论频道2014-6-3）

例（28）分句③④谓语部分复现“损害了”，故分句③④结合为（③，④），然后分句②与（③，④）谓语部分都是“V了”结构，故结合为（②，[③，④]），规约为并列关系。

*本文系国家社科基金青年项目“面向信息处理的汉语复句句法语义关系判定研究”【14CYY035】、教育部人文社科重点研究基地重大项目“基于小句中枢理论的有标复句层次关系自动识别研究”【16JJD740013】。

注释：

[1] 陆俭明：《关于句处理中所要考虑的语义问题》，《语言研究》2001年第1期，第1～12页。

[2] 吴锋文：《汉语复句信息处理二十年》，《中文信息学报》2015年第1期，第13～18页。

[3] 吴锋文：《基于关系标记的汉语复句分类研究》，《汉语学报》2011年第3期，第63～73页。

[4] 杨开城:《一种基于句法语义特征的汉语句法分析器》,《中文信息学报》2000 年第 3 期,第 46～53 页。

[5] 邢福义:《汉语复句研究》,北京:商务印书馆,2001 年,第 543～544 页;姚双云:《复句关系标记的搭配研究》,武汉:华中师范大学出版社,2008 年,第 19～20 页。

[6] 刘云:《复句自动分析的目标和意义》,《宁夏大学学报》(人文社科版)2009 年第 3 期,第 40～44 页。

[7] 有关复句三分理论的介绍可参见邢福义:《汉语复句研究》,北京:商务印书馆,2001 年,第 38～47 页。

[8] 并列复句包括平列、对照、解注三个子类,本文所涉例句对“并列”语义关系的标注不作子类区分。有关并列复句参见邢福义:《汉语语法学》,长春:东北师范大学出版社,1996 年,第 351～354 页。

[9] 胡金柱、吴锋文:《汉语复句关系词库的建设及其利用》,《语言科学》2010 年第 2 期,第 133～142 页。

[10] 吴锋文:《基于关系标记的汉语复句分类研究》,《汉语学报》2011 年第 3 期,第 63～73 页。

[11] 胡金柱、舒江波、罗进军:《汉语复句中分句的语义关联特征》,《语言文字应用》2010 年第 4 期,第 121～130 页;吴锋文:《基于主谓语知识挖掘的分句语义关联研究》,《语言文字应用》2011 年第 4 期,第 132～142 页。

香港中文法律中的词汇规范问题

郑友阶

（黄冈师范学院语言应用研究所，湖北黄冈，438000/
教育部语言文字应用研究所，北京，100010）

内容摘要：香港“两文三语”的语言生活现实状况导致香港立法机构对于《法定语文条例》所规定的“中文和英文是香港的法定语文”中的“中文”含义理解存在差异。这种差异体现在中文法律文本中出现的三种词汇类型中：标准中文词汇、港式中文词汇和标准中文和港式中文都使用但意义有差异的词汇等。法律的本质决定着它的用词不同于一般的语言生活用词，法律语言上的规范性更容不得有任何歧义或者别样的解释。香港中文法律中的用词标准或者规范化应该采用的原则是“中文”必须理解为普通话，同时港式中文词汇的应用不得同国家通用中文词汇相抵触。

关键词：香港法律；中文；词汇规范

一、引言

香港中文法律文本的产生有一个历史过程，这个过程同香港不同时期语言政策下的语言生活密不可分。在回归前的英国殖民期间，英语是香港官方语文，香港法律文本自然也采用英文。1974 年香港政府所颁布的《法定语文条例》中明确规定“中文除在法律范畴外，成为其他范畴的共同法定语文”[1]。这充分说明了当时香港政府的语言政策就是通过立法来维护英语作为官方语言的地位。1984 年中英签订了《中英联合声明》，香港回归成为历史大势，中文的法律地位不容回避。1987 年香港政府公布的《法定语文（修订）条例》规定“新法例须以中英文制定，中英文同为法律正式文本”，这一规定正式确定了中文在香港的法律地位，中文法律文本成为现实。香港政府成立了“双语法咨询委员会”，其目的在于确保香港回归后全部法律能够有中英文两个版本。“双语法咨询委员会”的主要工作就是将原来的香港英文法律译为中文本，确保香港全部法律具有中英文两个版本的设想得以实现。但是，从具体双语法律应用的现实来看，中文的地位远不如英文[2]。在香港回归后，按照《中华人民共和国香港特别行政区基本法》（以下简称《基本法》）第八条之规定香港实行双语法律制度，所有法律均有中文及英文两种版本。虽然香港律政司在《香港法律草拟——文体及实务指引》（2012：250）中明确表示“虽然草拟的工序往往是先着手草拟其中一个文本，再以此为基础拟备另一个文本，但不应将后者称为或视为前者的译本”[3]，但由于香港回归前百多年来的官方语言是英文，香港法律人士和司法体系都是按照英国模式培养起来的，而且现行香港法律英文版是香港原有法律按照《基本法》规定进行适应化修改后的保留部分，所以在相当长的一段时期内英文版法律影响并不会被削弱。香港的中文法律是“双语法咨询委员会”按照英文法律翻译过来，再按照《基本法》进行相应修订。这种翻译和修订必定要受到当前香港“两文三语”多元化的语言生活影响，并在法律文本的各个语言要素中体现出来，词汇便是其中之一。

本文选用的《释义及通则条例》是“香港双语法律资料系统”中1181章中的第一章，本章由13部102条款、外加9个附表构成。13部标题分别是：简称及适用范围，字和词句的释义，有关条例的一般条文，生效日期、拒准、修订及废除，附属法例[4]，权力，各类委员会，公职人员及政府或公共机构条约，特区政府、行政长官及行政长官会同行政会议，时间及距离，在香港实行的全国性法律，新闻材料的搜查及检取和杂项。可见，《释义及通则条例》是对香港法律的总体解释，包括香港法律的用词用语以及相关程序和释义进行法律上的界定。对《释义及通则条例》中的词汇选用标准为例进行研究，可以揭示各种对香港中文法律中词汇选用产生影响的因素，为解读香港中文法律文本、理解香港法治提供事实依据，为香港双语立法提供借鉴。香港中文法律用词的对比分析会丰富世界华语研究内容，中英文用词的对照分析会推动双语立法良性循环，特别是香港社区语言生活同法律用词关系探讨会丰富社会语言学的研究内容。总体来讲，香港中文法律的用词研究会给香港语言政策和规划提供语料和微观证据，为香港双语立法打下坚实的语言基础。

本文回答的主要问题有：香港中文法律的用词有哪些类型？不同类型的词汇产生的原因是什么？如何解决香港中文词汇的标准问题？

二、香港中文法律词汇分类

香港中文法律所使用的词汇，苏金智和石定栩（2013：49）认为“大体上与我们长期以来研究的香港书面语一致，与标准中文存在着一定的差别……并且存在着一些香港言语社区的独创成分”[5]。本文探讨香港中文法律文本的词汇选用，其对照的标准有两个：一个是现代汉语书面语，主要参考工具是《现代汉语词典》和《元照英美法词典》；另一个是港式中文，主要参考依据为《港式中文与标准中文的比较》、香港律政司在线的《汉英法律词汇》和《英汉法律词汇》[6]以及《全球华语词典》。依据这两个标准，香港中文法律的用词可以归结为三类：标准中文用词；港式中文用词；标准中文和港式中文都使用但意义不同的词。

（一）标准中文用词

标准中文用词是指在香港法律中使用的现代汉语书面语词汇。尽管香港地区所运用的标准中文与内地的标准中文是属于同一类型，但仍有区别，尤其是某些香港中文中夹杂的粤方言以及英语或者文言成分形成了同标准中文大相径庭的意义。苏金智和石定栩（2013）通过港式中文与标准汉语的比较来探讨香港法律文本中的日常用语词汇特点，这些特点主要体现在古词语、方言词语、英译词语和社区词语四个方面。从法律专业用词的角度来看，香港中文法律文本中所采用的法律术语的绝大部分也进入了标准中文词库之中，并被广泛接受和应用。这些词如“大律师”、“公务员”、“公众”、“公职人员”、“不动产”、“行政长官”、“律师”、“终审法院”等等，它们占据中文法律专业词汇的主体部分，使用中文的人士一般对这些词汇的专业意义理解都能达到95%以上。由于这类词汇不会对使用标准中文或者港式中文的人带来理解上的偏差，也就是说操中文者对于这些词汇都能够达到相同的理解，因而本文将其当做标准中文的一部分，在此不作研究阐述重点。

（二）港式中文用词

港式中文是“具有香港地区特色的汉语书面语”[7]，主要在香港地区使用，具有地域色彩。在判断依据上，石定栩等（2006）提出了两个参照点：一是标准中文，主要观察其不同点；二是粤语书面语、英文以及文言文，主要观察它们的相似点。这样的词汇在《释义及通则条例》这样的法律文本中是大量存在的，比如“法例”、“详题”等。

香港的各种中文法律并没有使用标准汉语中的“某某法”的称谓，而是统称为“某某条例”，如“释义及通则条例”、“陪审团条例”、“法定语文条例”等等。这些“条例”对应的英文为“ordinance”。《元照英美法词典》（第1009页）对“ordinance”的解释有三项：1. 条例；2. 法令；3. 条令。《现代汉语词典》（第6版）（第1291页）中对于“条例”的释义为“由国家权力机关制定或批准的规定某一类事项的规范性文件，或由国务院对某一方面的行政工作做比较系统规定的规范性文件”。所以，“条例”尽管在内地使用上不及“法”那么具有权威，但是作为国家权力机关制定的规范性文件来说，还是可以为普通操中文的受众所接受。但是，在指法律这一主题概念的时候，香港条例中所使用的中文词汇为“法例”，其对应的英文为“law”。“法例”是香港所有成文法的总称，对应于标准中文的“法律”概念。但是在《现代汉语词典》（第6版）中找不到“法例”一词。《全球华语大词典》（第410页）对“法例”一词的解释为“法律条例”，使用例句为“相关法例/现行法例”，但并没有标注该词使用的地区与范围，说明它是全球华语通用词汇。这两种工具书的查询结果表明，“法例”一词是在大陆以外地区通用的中文词汇，等同于现代汉语的“法律”一词。为了检验这种结论，在北大现代语料库中以“法例”进行了检索，检索结果有376条语料。在这376条检索结果中，与香港用法相同指法律概念的有327条，其中303条是来自港澳台地区的法律报道，其他的15条来自港澳台作家语料，8条来自网络语料，还有1条涉及日本的法律。在国家语委语料库在线的现代汉语语料库中再次以“法例”为检索词，进行模糊检索，检索结果为零。两种语料库查询结果表明，“法例”不是内地通用词汇，主要在港澳台地区使用，而且已进入港台一般文学作品之中，统指“法律”。在《元照英美法词典》对于“law”的解释却没有“法例”这一义项，可见“法例”不是现代汉语的标准书面语，而应该归为港式中文范畴。

除了“法例”外，“详题”也是香港中文法律文本中的一个重要概念。《现代汉语词典》（第6版）中并没有收录此词。在北大现代汉语语料库中进行查询，查询结果为零。这两种查询结果表明“详题”也不是现代汉语的标准书面语，应归为港式中文范畴。鉴于香港中文法律条文语与英文条文对应，查询香港英文法律的第一章 INTERPRETATION AND GENERAL CLAUSES ORDINANCE 中“详题”对应的英文是“long title”，但是“long title”在《元照英美法词典》中并没有查询到对应的中文翻译。在香港律政司在线的《英汉法律词汇》中以“long title”进行查询，其对应的中文为“详题”。所以，我们有理由确定“详题”是一个港式中文的法律词。

在维基百科网页上以“long title”为检索词进行查询，显示结果为该词条仍然处于讨论状态，是同“short title”一并出现的法律用语。维基百科对“long title”的英文和中文解释如下：

> The long title (properly, the title in some jurisdictions) is the formal title appearing at the head of a statute (such as an Act of Parliament or of Congress) or other legislative instrument. The long title is intended to provide a summary description of the purpose or scope of the instrument; it contrasts with the short title, which is merely intended to provide a convenient name for referring to it.
>
> ……
>
> The long title was traditionally followed by the preamble, an optional part of an Act setting out a number of preliminary statements of facts similar to recitals, each starting Whereas……
>
> 通常用于法域，指成文法或者其它立法文书题头的正式标题，主要是为法律文书的目的和辖域提供纲要性的描述。与“简称”形成对比，“简称”指该法律文书的简称。
>
> ……
>
> 惯例上“详题”位于序言之后，作为法律对于大量说明性事实进行基本陈述的可选部分，不同法域用词并不相同。在英国，一般会以“An Act to”来表示。在美国，国会通过的法律一般以“An Act to”来表示，拨款法案一般以“An Act making appropriate for”，法案一般以“A Bill for an act”来表示。新西兰在2000年后停止使用该术语。[8]

以上查询结果表明“详题”是英美普通法系成文法中的一个陈述性部分，是对相关法律立法目的进行阐述，类似于大陆法系的“总则”。香港中文法律将其定为“详题”，表面看来是一个非常地道的中文词，似乎读者可以直接理解为“详细的题解”，就比较切合“long title”的英文含义。但是对于作者这样的内地受众而言，何为“详题”，实在是不知所云。可见，使用“详题”是英国法系“long title”在香港中文法律的对等词汇，它真实再现了香港普通法系对于香港律政制定中文版法律的影响。正如前文所述，内地受众无法理解“详题”是因为它不是标准汉语的词。无论是在《现代汉语词典》还是《全球华语词典》工具书中，均查不到这个词汇。在北大现代汉语语料库和国家语委的语料库在线中，以“详题”检索的结果为零。所以有理由相信，

“详题”应当视为港式中文法律特有的词汇，是典型的港式中文法律词汇，只有结合其对应的英文才能理解其意义。对于港式中文使用者，特别是接受英美法系教育背景的人士来说，“详题”这样的词是标准的中文，确实表达了“long title”法律含义。他们并没有意识到，对于香港范围之外的其他使用标准中文的读者而言，这些词汇不仅不是标准的词汇，而且根本不会被使用，他们自然也意识不到这些词汇会对其他使用标准中文的受众带来理解上的困难。所以这种词汇的使用，对于非香港地区的汉语使用者会造成误解，势必影响非香港地区人士对于香港相关法律的理解。当然，如果未来香港法律越来越被内地民众所熟悉的话，这类词也可能当做法律专业词汇或者新造词被接受。

（三）港式中文和标准中文都使用、但意义不同的词

香港中文法律中有些词汇在标准中文中也使用，但是结合其所在的条文来看，其意义并不等同标准中文中该词的意义。苏金智、石定栩（2013：48-60）将其称为同形异义现象[9]。苏金智（2015）指出同形异义词有三种情况：所指的范围比标准汉语宽；所指范围比标准汉语窄；各有所指[10]。这三种情况也都出现在《释义及通则条例》中。

第一种情况是同形异义词中，港式中文词汇的意义比标准中文宽的情况，具体可见苏金智（2015：78）对“文件”、“刊物”等词的阐述。此外还有“人”、“人士”、“个人”等等，不仅指人，还指法团、机构和团体。

第二种情况典型的词就是“文书”。《释义及通则条例》中的“文书”对应的英文词有“the context”［见《释义及通则条例》第一条附注（3），原文为“或任何其它条例或文书的内容出现用意相反之处”］和“instrument”。“context”在《元照英美法词典》（第309页）中解释为：上下文，语境，文章的前后联系。“instrument”是指“宪报内有法律效力的公布”。而《现代汉语词典》（第6版）对“文书”的解释为“1. 指公文、书信、契约等。2. 机关或者部队中从事公文、文书工作的人员”。所以，港式中文中的“文书”不包括从事该工作的人员。另外，“instrument”在《元照英美法词典》（第707页）中的中文解释为“文契和票据”。因此，“文书”一词在香港法律中的含义比标准汉语的含义范围要窄许多。

第三种情况典型的词是“公印”。“公印”在香港法律中解释为“香港特别行政区公印”。查阅对应的英文为“public seal”，标准中文应为“公章”。仔细推敲，“公印”一词的构成应该是“公共印章”的缩略，但在香港中文法律中“公印”专指香港特别行政区的印章，并非内地公认的一般“公章”的统称。此外还有“简称”一词，也应归为此类。香港中文法律中的“简称”并非是“简写的称谓”，也不是某个词的简写，而是“引称”。其英语对应词为“short title”，与上文的“long title”相对照，是英美普通法系成文法的一个构成要件。这里“简称”是对“详题”的简写称谓。此外还有“公共机构”、“公众”、“公众人士”等等，其在香港中文法律中的含义不同于其在标准中文中的意义，它们的意义专指某一法律特定的对象，比其标准汉语意义要窄得多。这里不再一一赘述。

三、原因及对策

标准中文在狭义的层面来讲就是普通话，它是以典范的白话文著作作为语法规范。各种地方普通话可以看作标准中文的地域变体。港式中文因为受到香港特定的社会状况影响自然要呈现出香港地域变体的特色，但这个特色恰好说明其作为标准中文变体的本质。所以，从标准语与地域变体的关系来看，尤其不考虑语音因素时，港式中文的绝大部分还是采用标准中文的词汇，是“具有香港特色的汉语书面语”[11]，在比例上相同部分占到50%以上。从标准语同地域变体来看，香港中文法律中的绝大部分用词采用标准中文是合乎《中华人民共和国香港特别行政区基本法》和《法定语文条例》的相关条款，也合乎香港作为中央政府管辖的地方政府的语言政策的。

香港毕竟又不同于一般的地方政府，实行的是“一国两制”。为了同“一国两制”相适应，香港在法律上采用了双语法制。由于香港特定的历史、地域和现实状况，形成了“两文三语”的语言生活现实。这样的语言生活现实决定着港式中文用词必定在香港中文法律文本中体现出来。长期以来，香港立法人员接受的是英文教育，司法活动都按照英国司法程序进行。Bolton（2011）的研究显示，目前80%的香港立法会文件还是以英文起草，然后翻译成中文[12]。这一点即同保持香港繁荣稳定的政策导向相关，也同英文仍然是最重要的国际工作语言地位相关。另一方面，在香港历史上标准中文的教育长期缺失相关。香港人概念中的中文母语其实是粤语，标准中文是他们的第二语言。在香港回归后的近15年的2011年，香港特区政府的人口普查统计结果显示89.5%的香港人仍使用粤语。按照特区政府2013年的人口普查统计结果，将普通话作为第二语言应用的人口比例也仅为46.5%，还不过半数。所以受到英文、粤语影响的港式中文仍然会占据较大部分，起着较大的影响。本文中那些看似标准词汇的“法例”“详题”“公印”等的使用说明港式中文存在本身就是香港语言生活的真实反映。

单就中文而言，香港特区还存在“语”和“文”分家的现实。尽管《基本法》和《法定语文条例》都规定“中文”是官方语文，但是香港人眼中的“中文”并不同于标准中文。侍建国、卓琼妍（2015）指出“在香港教育部门的各类文件里，港人的母语为中文，中文的书面语基本等同现代汉语的书面语，而中文语音则为粤音”[13]。由于粤语具有相对独立的词汇和语法系统，所以结果是导致港式中文的语音为一种形式，词汇和语法为另一种形式[14]。这一点反映在书面语上，就是采用大量粤语词汇和句式，既有标准中文的，也有介于标准中文和粤语之间的，还有就是直接采用粤语词汇的。再加上英文和文言的影响，自然就会出现同形异义的情况。

香港中文法律用词出现的三种情况，从根本上来说是香港中文语言规范的标准不明确导致的。因此，确立香港中文法律的语言规范刻不容缓，它关系着香港法律的实施和公正，进而关系着香港的稳定和繁荣。

首先要确认双语立法中的“中文”含义。在立法上要确认官方语言中的“中文”指标准中文。中文法律各项条款和用词首先要符合“标准中文”的词汇、语法和句法规范。特别是保持原有英文法律来拟定中文法律文本时，香港律政司草拟科需要以标准中文为规范来草拟中文文本。

第二，香港政府要加强与内地法律语言工作者的合作，就当前香港中文法律文本存在的问题进行系统的研究，主要解决依据英文来草拟中文法律文本所出现的各种词汇、语法和句法问题。还要确立香港中文法律的受众对象，使得中文法律发挥其应有的作用。

第三，香港语言文字规范的引导工作，建立类似大陆的“语言文字工作委员会”的专门机构推行语言规范工作。通过语言文字政策和语言教育政策的规划来推动标准中文的推广。这种语言政策和语言规划的目的是最终推动标准中文立法并将其作为法律用语。

四、结语

香港中文法律用词的三种情况说明香港中文法律文本确实存在中文用词规范不明确的事实，势必会影响到法律实施过程的不公，尤其是对于不懂英文的中文牵涉者后果严重。在香港已经导致了杨振权（2002）等学者提出的“现有中文法律词汇的数量和准确性亦远远不足以应付普通法的需求”这种局面[15]。这种认为汉语不适应于表达普通法的观点，实际上是一种误解。无论哪一种语言，都是一种精准的表达体系。香港中文法律所出现的词汇问题，不是汉语语言本身的问题，而是在将英文法律文本翻译为中文的时候，翻译者所采用的中文标准不规范或者是受到香港中文规范不明确的影响。只有确立法律语言的规范，香港中文法律才会同其英文法律一样地传递法治精神、法律理念，一定会为维护一个繁荣稳定的法治香港起到应有的作用。

＊本文系教育部人文社科青年基金项目【12YJC740151】、黄冈师范学院博士基金项目【2013032203】、黄冈师范学院高级别培育项目【201708403】的阶段性成果。

注释：

[1] 田小琳：《香港语言生活研究论文集》，北京：人民出版社，2012年，第26页。

[2] 杨振权：《双语司法与法律中译(代跋)》，《法律与语言：从实践出发》，香港：中华书局，2002年，第361～374页。

[3] 电子版香港法例。[2017年5月15日]https://www.elegislation.gov.hk/draftingleg?_lang=sc.

[4] “法例”是香港法律中文版文本中使用的词汇，等同于普通话的“法律”，见下文的解释。本文使用“法例”时表示其出处使用该词，下同。

[5] 苏金智、石定栩：《两岸四地现代汉语对比研究新收获》，北京：语文出版社，2013年，第49页。

[6] 电子版香港法例。[2017年5月15日]https://www.elegislation.gov.hk/glossary/chi; https://www.elegislation.gov.hk/glossary/en.

[7] 石定栩、邵敬敏、朱志瑜：《港式中文与标准中文的比较》，香港：香港图书公司，2006年，第6页。

[8] 维基百科。[2017年5月15日]https://en.wikipedia.org/wiki/Long_title.

[9] 苏金智、石定栩：《两岸四地现代汉语对比研究新收获》，北京：语文出版社，2013年，第48～60页。

[10] 苏金智:《香港法律双语化中的语言规范化问题》,《中国社会语言学》2015 年第 2 期,第 76～82页。

[11] 石定栩、邵敬敏、朱志瑜:《港式中文与标准中文的比较》,香港:香港图书公司,2006 年,第 6 页。

[12] Bolton Kingsley,"Language Policy and Planning in Hong Kong:Colonial and Post-colonial Perspectives",*Applied Linguistics Reviews*,2,2011,pp. 51-71.

[13] 侍建国、卓琼妍:《香港的"两文三语"问题》,《中国社会语言学》2015 年第 1 期,第 109～115 页。

[14] 侍建国、卓琼妍:《香港的"两文三语"问题》,《中国社会语言学》2015 年第 1 期,第 109～115 页。

[15] 杨振权:《双语司法与法律中译(代跋)》,《法律与语言:从实践出发》,香港:中华书局,2002 年,第 361～374 页。

现代汉语非典型宾语的界定

陈 蓓

（华中师范大学文学院，湖北武汉，430079）

内容摘要：现代汉语中的非典型宾语是动宾结构中的一个特殊的类别，其句法表现和典型宾语有很大的不同，本文在现有研究的基础上参考必须性、隐性因素、共现性质、语法关系和重复性等五项标准考察非典型宾语相关的论元结构，从句法的角度分析非典型宾语的界定，讨论非典型宾语的命名，并进一步提出非典型宾语虽然在语义上不是动词的必有成分，但是在句法上构成动词的论元。

关键词：非典型宾语；论元结构；界定

一、引言

宾语是句子的句法结构中最重要的句法成分之一。近年来，非典型宾语引起了不少学者的关注，比如“吃食堂”、“写毛笔”、“织平针”、“跑生意”等虽然不合常规，但却有着系统的规律和生成机制。本文以非典型宾语为研究对象，由于非典型宾语的特殊性，不同的学者对其命名也有所不同，比如“受限制宾语”（李临定 1983[1]）、“代体宾语”（邢福义 1991[2]）、“伪受事”（陶红印 2000[3]）、“非选择宾语”（Lin 2001[4]）、“非典型受事宾语”（张云秋 2004[5]）、“旁格宾语”（孙天琦 2010[6]）以及“非典型宾语（non-canonical objects）”（Barrier & Li 2012[7]）等等。本文沿用 Barrier & Li（2012）的名称进一步对非典型宾语进行界定。

二、研究现状

学者们发掘了大量跟非典型宾语相关的语言事实，深化了对汉语现象的认识，启发了进一步的思考。关于非典型宾语的界定，代表性的观点有如下几种：

第一类以宾语的区别性特征命名，如邢福义（1991）第一次把及物动词的非施事宾语称为“代体宾语”，认为代体宾语是可以代入常规宾语位置的非常规宾语，如（1）所示。常规宾语是指动作和事物的联系是常规的，是说汉语的人所共同认识和共同接受的。邢福义（1991）认为代体宾语与动词的关系非常复杂，其类型难以穷尽类举，列举了工具宾语、处所宾语等主要类型[8]。

(1) a. 常规式：[及物动词] ＋ [常规宾语]　　如：写字
　　b. 代入式：[及物动词] ＋ [↑]　　　　如：写毛笔
　　　　　　　　　　　　＜代体宾语＞

第二类以受事作为区分点进行命名，如陶红印（2000）以动词“吃”为例，把“吃”后的非受事宾语称为“伪受事”，并归纳了抽象工具、处所、角色不清（表达“生活依赖对象”，比如“吃父母”）等类别[9]。任鹰（2000）区分了受事宾语句和非受事宾语句，将受事界定为广义的受事，把狭义的受事及结果、与事等所有客体格都包括在内，分析了施事宾语句、工具宾语句、材料宾语句和处所宾语句等几种主要的非受事宾语句[10]。张云秋（2004）以受事宾语句作为研究对象，把传统上的非受事宾语如“结果宾语”、“致使宾语”、“对象宾语”、“工具宾语”、“材料宾语”、“方式宾语”和“处所宾语”等都归为广义的受事宾语，认为这些成分是“非常规受事宾语”，非常规受事宾语经宾语化后，向典型受事宾语靠拢，由于其拥有的受事宾语范畴的共同特征没有常规受事宾语的多，也称为非典型受事宾语[11]。

第三类以句法地位作为区分点，把和动词的选择关系作为判断标准，如 Lin（2001）认为汉语动词与其宾语之间不存在选择关系，由轻动词 USE、AT、FOR 等选择动词后的论元，把动词后的这类宾语称为“宾语的非选择性”（unselectiveness of object），并重点分析了工具、处所、时间和原因等四种宾语类型[12]。

第四类，直接从论元结构的角度命名，如孙天琦（2010）把非核心的外围语义成分称作“旁格宾语结构”，认为这一类宾语是旁格成分直接占据宾语位置，包括材料、工具、时间、处所、目的、方式、原因、凭借等非核心成分[13]。Barrie & Li（2012）认为一些由介词引导的旁格论元省略介词后可出现在动词后的直接宾语位置，这些旁格论元就叫做非典型宾语（non-canonical objects）[14]。

以上几种代表性的观点从不同的角度对非典型宾语的现象做出了分类和界定，由于标准和角度的不同，造成了界定的差别，仍存在一些待解决的问题，比如，非典型宾语和受事的关系，非典型宾语和材料宾语的关系，等等。因此有必要给非典型宾语建立统一的界定和判断标准，以助于对问题的规范统一和深入研究。

三、非典型宾语结构的论元结构

非典型宾语作为汉语中一类特殊的宾语，其语义角色表现丰富，例如：

(2) a. 吃食堂
　　b. 吃父母
　　c. 写毛笔
　　d. 排戏票

在例（2）中，动词和宾语在句法表层结构上并没有体现出和常规动宾关系不同的地方，但是它们之间的结构关系却不同于常规的动词和宾语的关系。非典型宾语的语义角色并不是由动词的必选成分（obligatory）受事承担，而是由“处所”、“工具”、“方式”等和动词相关的可选择性（optional）语义角色承担。如例（2）所示，宾语“食堂”、“父母”、“毛笔”等就分别承担了处所、来源、工具、原因等语义角色。

再以动词“吃”为例，如例（3）所示：

（3）a. 我吃饭

b. 我吃食堂

c. 今天我在食堂吃饭

根据论元结构理论（argument structure）[15]，论元是充当主语和宾语等主要成分的名词短语，是句子中的必有成分，论元结构规定了论元的数目和每一个论元的语义角色，这些内容都作为谓词的词汇语义特征记录在词库中。每个谓词都能激活一个特定的语义场景，每个语义场景都包括事件参与者以及各参与者之间的关系。根据谓词所需要的论元数目，谓词被划分为：一元谓词（one-place predicates）、二元谓词（two-place predicates）及三元谓词（three-place predicates），顾名思义，一元谓词带一个论元，二元谓词带两个论元，三元谓词带三个论元，大体上相当于传统语法的不及物动词、及物动词以及带双宾语的及物动词。例（3）中，动词“吃”涉及两个论元，分别是“吃”这个动作的执行者和被吃的东西，这两个论元是动词“吃”的必有成分，它们的存在与否影响句子的合法性。这样我们就说“吃”是一个二元动词并且分配两个论元角色，把施事角色分配给主语，把受事角色分配给宾语。由此我们可以知道，在例（3）中，（3a）“吃饭”是一个典型的动宾结构，“饭”是受事，是动词必须有的论元，（3b）“吃食堂”是一个非典型的动宾结构，其宾语也就是我们所说的非典型宾语，承担的语义角色是“处所”，（3c）中，宾语“饭”是动词的论元，时间词“今天”和处所词“食堂”对于动词来说不是必需的，是可选成分，它们的存在不改变动词的性质也不影响句子的合格性。

根据题元理论，谓词的词汇特征决定了句子的结构特征，但是在一个句子成分中，除了必须出现的论元之外，还有一些其它成分，这些时间、处所、方式、原因、目的等成分在句子中被称为附加语（adjunct）（这些成分有时候也可以做一些动词的论元），它们和论元有本质的区别：论元是句子必需的成分，由谓词的词汇特征决定，其数量是固定的，而附加语在句子中则不是必需的成分，带有选择性，其数量不是固定的，只要句子语义允许就能加入一定数量的附加语。比如，例（3c）就同时允许两个附加语“今天”和“在食堂”同时出现。

典型宾语是动词的补足语（complement），是动词的论元，非典型宾语虽然在语义上并不是动词的必有成分，但是在句法上也成了动词的论元。这一表现与我们前面给出的对论元的定义相矛盾，这也造成了非典型宾语的特殊性。Forker（2014）[16]总结了五个标准来区分典型的论元和典型的附加语，即必须性（obligatoriness），隐性因素（latency），共现限制（co-occurrence restrictions），语法关系（grammatical relations）和重复性（iterability）。结合这五个标准，我们逐一对非典型宾语进行考察。

第一个标准是必需性，即论元是由谓词选择的必有成分，而附加语则不是。必需性是区别论元和附加语最重要的特性，必需性又可分成句法上的必需性和语义上的必需性。比如英语被动句中的施事成分虽然是语义上必需成分，但在句法上则是由介词引入的附加语。非典型宾语在语义上并不是动词的必有成分，但是一旦出现在动词后就成为句法上的必有成分，和典型宾语一样，非典型宾语在句法上也是不能删除的，一旦删除句子的意思就不完整。在这一点上，非典型宾语的表现更接近论元。

第二个标准是隐性因素，即典型的论元有一个确切的所指或解释，即使这个部分没有表达出来。这是一个纯语义的标准，相对而言，比如时间、空间等成分虽然没有在语义上表达出来，但是能够不受限制的被听者所解读。非典型宾语对动词而言并不能成为隐性因素，也就是说在语义上并不是动词的必有成分，而是附加语。

第三个标准是共现限制，共现限制是针对动词而言，指典型的宾语经常和特定的动词搭配，而附加语的出现则不受限制，常常和动词自由搭配。根据本文的考察，能和非典型宾语搭配的动词数量很少，而且在语义上也有特点，比如大多是表放置类或者表示创造和转换等类别。据此可以看出，非典型宾语也表现出了类似论元的共现限制特征，它们的出现依赖于动词的语义。

第四个特征是语法关系，即典型的论元应该是主语，直接宾语或者间接宾语等成分，这是一个纯句法的特征。非典型宾语出现在动词后宾语的位置，在句法表层充任动词的宾语，也就是说在语法关系的表现上，非典型宾语更像论元。

第五个标准是重复性，即附加语能自由重复的添加在任何句子中，而论元则不行。比如时间、处所等成分能自由和谓词组合（Vater 1978[17]）。如例（4）所示：

（4）我们今天晚上九点吃饭。

例（4）中，时间成分“今天”、“晚上”和“九点”重复出现在句子中，它们都是附加语。而非典型宾语并不能自由重复地出现在动词后面，在这一点上，非典型宾语的表现更像论元。

还有一些其它的判断标准，比如英语中用“do-so”替换测试来检测论元和附加语：在一个“V x y”的结构中，如果“V x”能单独被“do so”所替换，并且与 y 隔离开来，那么 y 就是 V 的附加语，如果“do so”必须替换整个结构，那么 x 和 y 都是 V 的补足语（Carnie 2002[18]）。Zhang（2002）认为汉语中的“这样（做）”成分和“do-so”替换测试有同等的功效[19]。比如：

（5）我经常吃食堂，他也<u>这样</u>。

根据替换测试，“这样”能替换整个动宾结构“吃食堂”，因此非典型宾语在句法上是动词的论元，而不是附加语。

综合以上分析，非典型宾语占据表层宾语的位置，以语义上附加语的身份成为动词的论元，这一句法位置对论元结构、投射原则等造成了挑战，其句法上的允准也成为一个问题，对此将另文展开论述。

四、非典型宾语结构的命名

在一些有关宾语的论著中，学者们普遍认为动词的典型宾语由受事承担。比如，Dowty（1991）认为，最基本的语义角色只有原型施事和原型受事[20]。陈平（1994）赞成Dowty（1991）关于原型施事和原型受事的分类，并总结出汉语主宾语选择和主题选择的两条语义角色优先序列，概括了汉语中主题、主语和宾语与语义成分的对应规律，并制定了充任主语和宾语的语义角色的优先序列：施事＞感事＞工具＞系事＞地点＞对象＞受事。认为在充任宾语方面，“＞”右边的语义角色优先于左边的角色，在充任主语方面则刚好相反[21]。张云秋（2004）认为典型的宾语应该是受事和焦点（自然焦点）的重合，但也有非典型宾语，如非受事和焦点的重合、受事和话题（对比焦点）的重合等等[22]。邢福义（1991）认为常规的受事宾语包括对象宾语（如“挖野草”）和目标宾语（如“挖地道”），它们都可以转化为受事主语，比如，“挖野草”可以转化为“野草被挖了”[23]。单个动词的研究方面，比如谢晓明（2002）从历时的角度考察了单个动词“吃”所带宾语的语义演变过程，并指出“受事宾语是动词‘吃’所带宾语中最为典型的宾语类型，它不但出现早，而且用例最多”[24]。这些研究都表明，动宾结构中典型宾语的语义角色以受事为主。

根据认知语法的原型范畴理论，一个范畴中既存在着典型成员，又存在着非典型成员，本文认为，以受事为主的必有成分作为宾语的是宾语的典型成员，还包括结果、与事、对象、系事等成分[25]，而以工具、材料、时间、方式、原因、来源等各种非必有成分为宾语的是非典型宾语。

综上所述，本文对非典型宾语的定义是：语义上，非典型宾语不是动词的必有成分，比如处所、工具、来源、方式等等语义角色，但是句法上，非典型宾语占据表层宾语位置，是动词的论元。本文沿用Barrier & Li（2012）的名称“非典型宾语”[26]，是因为在表层位置上，这一类名词占据动词后的宾语位置，但其句法表现又跟典型的宾语有很大不同，并且语义角色上这些宾语表现得很丰富。

在这里我们要排除几种情况：

1．有些动词的宾语由处所、工具、来源、方式等语义角色充当，它们是动词必有的论元，不应看作非典型宾语。比如：

（6）a．去上海
b．需要三天
c．放桌上一本书

例（6a）中，动词“去”是一个二元谓词，处所宾语“上海”是动作的终点，（6b）中，“需要”是一个二元谓词，宾语“三天”指明时间，（6c）中，动词“放”

是一个三元谓词，除主语外还需要直接宾语“一本书”表对象和间接宾语“桌上”表示处所。因此，处所成分“上海”、“桌上”和时间成分“三天”都是动词的论元，是必有成分，不作为非典型宾语考虑。

2. 一些动宾结构的惯用语不看作非典型宾语。惯用语简短精练，在结构上表现为词组，由于意义具有整体性，所以不能单从字面意义上去理解，比如惯用语“吃现成”，从字面上分析，“现成”应该是“吃”的非典型宾语，但是“吃现成”应该从整体上理解，即“比喻不劳而获，坐享其成”[27]。例：

(7) 可你看的清楚，我胳膊、腿都还结实，我凭什么坐着吃现成。（李魂、欧琳《远方的星》）

又如“喝西北风”中“喝”的典型宾语应该是液体或者流食，故而字面上看“西北风”应该是其非典型宾语，但实际上，该词组应该整体理解为“①没有东西吃，挨饿；②比喻闲待着，没事干，没有收入”[28]。因此，惯用语虽然符合非典型宾语的定义，由于它有另外的意思，所以将其排除在非典型宾语之外。

3. 一些特殊的非典型句式并不是真正的非典型宾语，如汉语中的存现句（方位倒装句）和不及物动词带计数宾语，如：

(8) 台上坐着主席团。

(9) 立定跳远跳了三十个人。

例（8）和正常语序相比，逻辑主语“主席团”和动词“坐”位置颠倒，处所成分“台上”前置，其中动词后的成分“主席团”是动词的论元，是句子的必有成分。例（9）中动词“跳”是一个不及物动词，选择了一个计数短语做宾语，分析其论元结构可知，这类结构中，动词后的计数短语如“三十个人”实际上是动词“跳”的论元，根据孙天琦、潘海华（2012）的研究，这种非常规的句法实现是信息结构和句法结构共同作用的结果，属于信息结构引发的语序异变[29]。这两类句式都是必有论元出现在动词后，与本文的语义上的非必有成分论元占据核心论元位置不一样，因此不予考察。

4. 材料宾语的归属问题。过去针对动词及宾语的研究并没有把材料宾语列为一个单独的类别，如李临定（1983）[30]、孟琮等（1999）[31]。但也有一些学者如谭景春（1995）对材料宾语和工具宾语进行了详细的区分，认为材料宾语表示一种材料，随动词表示的动作附加在别的物体上[32]。在语义上，材料宾语与工具宾语有明显的区别，材料宾语附着在其它的物体上，随着动作被消耗掉，比如“刷油漆”、“浇水”中的“油漆”和“水”就伴随着动作附着在其它物体上或者是消耗掉。所以材料宾语结构中的动词能加上“完/光”，如：

(10) a. 刷完了油漆　　b. 油漆刷完了

（11）a. 浇完了水　　b. 水浇完了

例（10）和例（11）中动词后都能加“完”表动作的完成或者是材料被用完。但工具宾语只是动作凭借的工具，往往能多次重复使用，如“打板子”、“抽鞭子”等。任鹰（2000）也对材料宾语进行了分析，但她认为并不存在真正意义上的材料宾语，材料宾语集材料与受事于一身，受动性和变化性都十分明显，当材料进入宾语位置后以受事身份出现在语句中[33]。本文认为，虽然材料宾语和典型宾语在句法表现上有很多相似之处，但是材料宾语仍属于非典型宾语。以“刷油漆”为例，如下所示：

（12）a. 油漆刷了
b. 把油漆刷了
c. 油漆被刷了
d. 他刷的是立邦的油漆
e. 他刷的油漆质量很好
f. 刷什么？——刷油漆

从例（12）可以看出，材料宾语“油漆”和典型的受事宾语在句法表现上并无明显区别，可以话题化，如（12a）；可以进入把字句、被字句，如（12b）和（12c）；可以进入分裂结构，如（12d）；可以关系化，如（12e）；还可以直接用“什么”进行提问，如（12f）。这些句法特征都显示材料宾语有很强的［＋受影响］的特征，也反映了材料宾语结构的高施事性。Dowty（1991）总结了受事的原型角色（Patient proto-role），具体表现为：经受状态变化；递增客体；受另一个参与者影响的原因；相对于另一个参与者是固定的[34]。而材料宾语就展现了大多数特征，其受动作的影响表现突出，经历状态的变化，比如材料自身的消耗。但是，并不是所有的材料成分都能进入动词后宾语的位置，比如，跟动词“刷”相关的“牙膏”就没有“刷牙膏”的说法。

本文穷尽式地逐一考察了《汉语动词用法词典》（1999）[35]中的1223个动词在大规模语料库——“中文十亿词语料库”（Chinese GigaWord Corpus）中的带宾情况，发现能带材料宾语的动词共有20个，分别是：

（13）包 补 擦 缠 打 点 垫 钉 缝 灌 浇 抹 泡 喷 铺 砌 烧 刷 填 涂

观察可知，以上能带材料宾语的动词都是及物动词，没有不及物动词带材料宾语。而且这些宾语都能用介词“用”进行转化，Lin（2001）[36]指出“用”属于高施事性的词语，而且只和高施事性的动词连用，可见这些带材料宾语的动词都具有高施事性。李临定（1990）把这类动词都看作“双系动词”[37]，即能联系两种宾语的动词，“系”指动词联系宾语的数量情况。他指出例如动词“编”就是工具和结果双系动词，“编柳条”、“编帽子”；动词“刷”是工具和处所双系动词，如“刷油漆”、“刷桌子面”，只是在本文中“柳条”和“油漆”都被看作是材料。根据 Dowty（1991）提出的“论元选择规则”（Argument Selection Rules）[38]，这两个客体作宾语的能力是一样的。但是对动词的选择有要求，在句法表现上也并非完全相同。

五、余论

本文从宾语的区别性特征、语义角色及句法地位等几个方面梳理、介绍了现有研究对于非典型宾语的界定。在此基础上，进一步以 Forker（2014）[39]区分典型论元和典型附加语的标准为基础分析了非典型宾语的论元结构，认为非典型宾语虽然不构成动词的“隐性因素”，但在“必须性”、“共现限制”、“语法关系”和“重复性”等方面却与论元的表现并无差别。因此，本文进一步指出非典型宾语构成动词的论元，由动词的可选择性语义成分占据动词后的宾语位置。然而作为特殊的一类宾语，非典型宾语语义构成灵活多样，句法特点也与典型宾语有很大的不同，这些特征及其生成机制将另文展开论述。

＊本文系教育部人文社会科学研究青年基金项目“事件结构理论视角的汉语非典型宾语句法—语义界面研究”【16YJC740006】阶段性成果。

注释：

[1] 李临定:《宾语使用情况考察》,《语文研究》1983 年第 2 期,第 31～38 页。

[2] 邢福义:《汉语里宾语代入现象之观察》,《世界汉语教学》1991 年第 2 期,第 76～84 页。

[3] 陶红印:《从“吃”看动词论元结构的动态特征》,《语言研究》2000 年第 3 期,第 21～38 页。

[4] Lin, Tzong-Hong, *Light Verb Syntax and the Theory of Phrase Structure*, PhD dissertation. University of California, Irvine, 2001, pp. 201-249.

[5] 张云秋:《现代汉语受事宾语句研究》,上海:学林出版社,2004 年,第 1～46 页。

[6] 孙天琦:《现代汉语非核心论元允准模式及机制研究》,北京大学博士研究生学位论文,2010 年,第 11～49 页。

[7] Barrie, Michael and Audrey Li, “Noun incorporation and non-canonical objects”, *Proceedings of WCCFL*, 30, 2012, pp. 1-5.

[8] 邢福义:《汉语里宾语代入现象之观察》,《世界汉语教学》1991 年第 2 期,第 76～84 页。

[9] 陶红印:《从“吃”看动词论元结构的动态特征》,《语言研究》2000 年第 3 期,第 21～38 页。

[10] 任鹰:《现代汉语非受事宾语句研究》,北京:社会科学文献出版社,2000 年,第 8 页。

[11] 张云秋:《现代汉语受事宾语句研究》,上海:学林出版社,2004 年,第 1～46 页。

[12] Tzong-Hong Lin, *Light Verb Syntax and the Theory of Phrase Structure*, PhD dissertation. University of California, Irvine, 2001, pp. 201-249.

[13] 孙天琦:《现代汉语非核心论元允准模式及机制研究》,北京大学博士研究生学位论文,2010 年,第 11～49 页。

[14] Barrie, Michael and Audrey Li, “Noun incorporation and non-canonical objects”, *Proceedings of WCCFL*, 30, 2012, p. 3.

[15] 何元建:《现代汉语生成语法》,北京:北京大学出版社,2011 年,第 48 页。

[16] Forker, Diana, “A Canonical Approach to the Argument/Adjunct Distinction”, *Linguistic*

Discovery,2,2010(12),pp. 27-40.

[17] Vater, Heinz, "Distinguishing between complements and adjuncts", Werner Abraham, Valence, Semantic Case, and Grammatical Relation, Amsterdam: Benjamins, 1978, pp. 21-45.

[18] A. Carnie, *Syntax: A Generative Introduction*, Oxford: Blackwell, 2002, pp. 161-169.

[19] Zhang, Ren, *Enriched Composition and Inference in the Argument Structure of Chinese*, PhD. Dissertation, York University, 2002, pp. 42-46.

[20] 参见 D. Dowty, "Thematic proto-roles and argument selection", *Language*, 67, 1991, pp. 547-619. 受事和客体虽然是两类语义角色，但由于它们都属于 Dowty(1991) 划分出来的典型受事角色，所以本文不做进一步区分。

[21] 陈平：《试论汉语中三种句子成分与语义成分的配位原则》，《中国语文》1994年第3期，第161～167页。

[22] 张云秋：《现代汉语受事宾语句研究》，上海：学林出版社，2004年，第1～46页。

[23] 邢福义：《汉语里宾语代入现象之观察》，《世界汉语教学》，1991年第2期，第76～84页。

[24] 谢晓明：《相关动词带宾语的多角度考察》，湖南师范大学博士学位毕业论文，2002年，第29页。

[25] 参见袁毓林：《一套汉语动词论元角色的语法指标》，《世界汉语教学》2003年第3期，第24～35页。受事、结果、与事、对象、系事等语义成分的原型受事典型性逐渐减少。

[26] Barrie, Michael and Audrey Li, "Noun incorporation and non-canonical objects", *Proceedings of WCCFL*, 30, 2012, pp. 1-5.

[27] 施宝义，等：《汉语惯用语词典》，北京：外语教学与研究出版社，1985年，第61页。

[28] 施宝义，等：《汉语惯用语词典》，北京：外语教学与研究出版社，1985年，第177页。

[29] 孙天琦、潘海华：《也谈汉语不及物动词带"宾语"现象——兼论信息结构对汉语语序的影响》，《当代语言学》2012年第4期，第331～342页。

[30] 李临定：《宾语使用情况考察》，《语文研究》1983年第2期，第31～38页。

[31] 孟琮，等：《汉语动词用法词典》，北京：商务印书馆，1999年，第3～21页。

[32] 谭景春：《材料宾语和工具宾语》，《汉语学习》1995年第6期，第28页。

[33] 任鹰：《现代汉语非受事宾语句研究》，北京：社会科学文献出版社，2000年，第192页。

[34] D. Dowty, "Thematic proto-roles and argument selection", *Language*, 67, 1991, pp. 547- 619.

[35] 孟琮，等：《汉语动词用法词典》，北京：商务印书馆，1999年，第1～487页。

[36] Tzong-Hong Lin, *Light Verb Syntax and the Theory of Phrase Structure*, PhD dissertation. University of California, Irvine, 2001, p. 206.

[37] 李临定：《现代汉语动词》，北京：中国社会科学出版社，1990年，第172～176页。

[38] D. Dowty, "Thematic proto-roles and argument selection", *Language*, 67, 1991, pp. 547-619.

[39] Forker, Diana, "A Canonical Approach to the Argument/Adjunct Distinction", *Linguistic Discovery*, 2, 2010(12), pp. 27-40.

规则优先还是语感优先？

祁 峰

（华东师范大学对外汉语学院，上海，200062）

内容摘要： 本文以动词“出于”为例来谈汉语二语语法教学是基于语法规则还是基于语感的问题。通过对动词“出于”用法的语法规则推导、语感测试和语料证明，本文认为，在汉语二语语法教学过程中应该分两步走：首先，要基于语法规则来告诉学生语法知识点的释义及其用法；其次，在基于语法规则的同时，注重培养学生的汉语语感能力。对外汉语教师要用当代语言学理论来解释汉语二语语法教学中外国留学生所提出的一系列“为什么”的问题，从而探索理论语法和教学语法的接口问题。

关键词： “出于”；语法规则；语感；二语语法教学

一、问题的提出

对外汉语教学的目的是培养外国留学生的汉语能力，这种语言能力的直觉反应或心理学表达可以概括为语感（Language Intuition）。关于语感，陆俭明（2005）认为：“语感不妨可以理解为凭个人的直觉对某个语言表达的好坏，其中包括语言表达得体与否、到位与否、贴切与否、精当与否、简练与否、正确与否甚至还包括怎么表达才更好、怎么修改一个欠妥的甚至是错误的表达等所做出的判断。”[1]可见，语感可以理解为同一语言现象的不同表达存在着一个接受度高低的差异，也就是王培光（2005）所提到的“语感幅度”[2]，即有的语言表达接受度高一些，而有的语言表达接受度要低一些，接受度的高低主要依据这种表达是不是人们常用的表达。

我们在教学中发现，在处理一些语法知识点时，经常会遇到一种情况：在教给外国留学生某一个语法知识点的使用规则之后，学生相应的表达虽然符合老师所讲的语法规则（Grammatical Rule），但是不符合汉语为母语者的语感。例如，在《发展汉语·中级综合（Ⅰ）》第10课《给咖啡加点儿盐》中，出现了“出于”一词的语法知识点[3]。原文例句如下：

（1）晚会结束的时候，他勇敢地邀请她一块儿去喝咖啡，她呢，尽管很吃惊，然后出于礼貌，还是答应了。

课文标注“出于”一词为动词，英语释义是“out of”，语法知识点的解释如下：表示由于某种原因，而做某件事情，常用于书面语。并给出如下例句：

（2）出于种种原因，许多职员离开了这家公司。

（3）出于对他们的尊重，记者没有和他们讨论那个话题。

（4）大家出于同情，纷纷捐钱给那个可怜的孩子。

结合教材中对“出于”一词的解释和示例，我们可以得到动词“出于”的语法规则Ⅰ：

第一，动词“出于”后面可以连接名词性短语，如“种种原因、对他们的尊重”；

第二，动词“出于”后面也可以连接双音节名词（如“礼貌”）或双音节动词（如“同情”）。

根据上面的语法规则，我们让留学生进行练习，练习的要求是让学生用“出于”完成下列句子：

（5）____________________，他每天走路上班。（出于）

对此，学生的回答各种各样，有些回答虽符合上面所概括的语法规则，但不符合汉语为母语者的语感；有些回答虽然不符合上面概括的语法规则，但符合汉语为母语者的语感。为此，我们以动词“出于”的用法作为个案分析，来谈谈汉语二语语法教学是基于语法规则还是基于语感的这一问题。

二、动词“出于”用法的语法规则推导与语感测试

我们把上面练习（例5）中留学生的回答做了分类，主要是四类，见例（6）—例（9），具体如下：

（6）出于健康的问题/出于身体的健康/出于身体锻炼的方面/出于健康的原因/出于健康的考虑/出于他的健康/出于健康身体

（7）出于要节省/出于保持健康/出于锻炼身体/出于不喜欢公共汽车

（8）出于他决定坚持减肥/出于身体好/出于他不喜欢坐地铁去那儿/出于身体健康/出于他要健康他的身体/出于他身体锻炼/出于他的身体有问题了/出于他想锻炼身体/出于他的工作地方不远/出于离公司不远

（9）出于健康/出于方便/出于减肥/出于省钱

例（6）表示动词“出于”后面连接名词性短语（简化为“出于＋NP”），例（7）表示动词“出于”后面连接动词性短语（简化为“出于＋VP”），例（8）表示动词

“出于”后面连接小句（简化为“出于＋Clause”），例（9）表示动词“出于”后面连接双音节词，包括双音节形容词、双音节动词或双音节的动词性短语（简化为“出于＋Disyllable”）。

针对上面的四类25个回答，我们做了一次小规模的语感测试，语感测试的对象是40名华东师范大学对外汉语学院汉语国际教育专业的中国本科生，学生来自广东、广西、四川、江西、安徽、湖南、浙江、上海、江苏、河南、北京、河北、黑龙江等地，采用“六点量表”（six points scale，参照王培光2005）表示对被调查句子的接受程度[4]，要求学生做出该句子可接受度高低的判断，并把不恰当的部分改正。“六点量表”具体如下：

（10）完全接受［6 | 5 | 4 | 3 | 2 | 1］绝对不接受

上述每一类回答的语感测试结果按其测试分值的高低排序，见例（11）—例（14），具体如下：（下面括号内的数字是该句子的语感测试分值）

（11）出于健康的考虑（5.5）/出于健康的原因（5.38）/出于健康的问题（3.96）/出于身体的健康（3.31）/出于他的健康（3）/出于健康身体（2.69）/出于身体锻炼的方面（2.42）

（12）出于锻炼身体（4.15）/出于保持健康（3.88）/出于不喜欢公共汽车（3.62）/出于要节省（3.31）

（13）出于离公司不远（3.96）/出于他想锻炼身体（3.92）/出于他不喜欢坐地铁去那儿（3.54）/出于他的工作地方不远（3.54）/出于身体健康（3.42）/出于身体好（2.35）/出于他决定坚持减肥（2.27）/出于他的身体有问题了（2.15）/出于他身体锻炼（1.88）/出于他要健康他的身体（1.77）

（14）出于方便（5.58）/出于省钱（5.04）/出于健康（4.12）/出于减肥（3.85）

需要说明的是，由于测试采样的对象和规模不同，上述语感测试统计出来的数据具有一定的相对性和倾向性，这主要是因为人们的语感并不是相同的，但是上述语感测试的数据可为下面讨论的问题提供一种量化证明。

下面需要讨论的问题是：

1.“出于＋NP”、“出于＋VP”、“出于＋Clause”和“出于＋Disyllable”这四类回答是否都可以？

根据结合教材概括出来的语法规则，“出于＋VP”、“出于＋Clause”这两类回答一般不可以说。上面的语感测试数据也证明了这一点。“出于＋VP”、“出于＋Clause”这两类回答的语感接受度普遍不高，所有回答的语感测试分值都没有超过4.5。比如在“出于＋VP”中，“出于锻炼身体”的语感接受度相对最高，其语感测试分值为4.15；而“出于要节省”的语感接受度相对最低，其语感测试分数为3.31。

又如在“出于+Clause”中，“出于离公司不远”的语感接受度相对最高，其语感测试分值为3.96；而“出于他要健康他的身体”的语感接受度相对最低，其语感测试分值为1.77。

之所以出现这样的语法偏误，很可能是因为留学生把“出于”的用法等同于“由于”了，根据《现代汉语词典》（第6版），“由于”可以是介词或连词，表示原因或理由[5]。例如：

(15) **由于**老师傅的耐心教导，他很快就掌握了这门技术。（介词）

(16) **由于**他工作成绩显著，因此受到了领导的表扬。（连词）

可见，留学生把动词“出于”等同于连词用法的“由于”，所以在“出于”后面连接动词性短语或小句。如果把学生回答中的“出于”换成“由于”，那么句子就可以成立。例如：

(17) **由于**不喜欢公共汽车，他每天走路上班。

(18) **由于**他的工作地方不远，他每天走路上班。

2. 同样是“出于+NP”或“出于+Disyllable”，是否每个回答都可以接受呢？

根据汉语为母语者的语感，在上面这些“出于+NP”或“出于+Disyllable”中，每个回答的可接受度是不同的，即有的接受度比较高，一般可以说，但是有的接受度比较低，好像不能说。

根据上面提出的这两个问题，我们有必要梳理一下动词“出于”一词在词典中的释义和用法，为此我们查阅了以下两部工具书：《现代汉语词典》（第6版）和《现代汉语规范词典》。《现代汉语词典》（第6版）对“出于”的解释是：“（言行）从某一角度、方面出发”，举到的例子有：“**出于**好心；**出于**安全考虑，切勿酒后开车。”[6]《现代汉语规范词典》对“出于”的解释是：“从某种立场、态度出发”，举到的例子有：“批评你完全是**出于**对你的爱护。”[7]

根据词典的释义和相关问题的讨论，我们认为，动词“出于”的用法要综合考虑以下两个步骤：

首先，要基于语法规则。根据上面的分析，我们可以把第一部分中概括出来的语法规则Ⅰ修改为语法规则Ⅱ：

动词“出于”后面可以连接名词性短语或双音节词，即“出于+NP”或“出于+Disyllable”。

其次，在基于语法规则的同时要兼顾语感。下面我们来看留学生的具体回答，即例（11）和例（14），基于上述的语法规则Ⅱ，上面例（11）和例（14）中留学生的回答都能成立，但是需要注意的是，根据汉语为母语者的语感，它们的可接受度是不同的。

先看例（11）的这些例子，“出于健康的考虑/出于健康的原因”的可接受度比较高，其语感测试分值分别是 5.5 和 5.38，但是“出于健康的问题/出于身体的健康/出于他的健康/出于健康身体/出于身体锻炼的方面”的可接受度比较低，其语感测试分值分别是 3.96、3.31、3、2.69 和 2.42，一般好像都不能说。不过，这些例子可以依次修改为“出于健康问题的考虑/出于身体健康的原因/出于对他健康的考虑/出于健康身体的考虑/出于身体锻炼方面的考虑”，修改之后，这些“出于＋NP”例子的用法可接受度就提高多了。

需要说明的是，这种修改能力也是一种语感能力，根据王培光（2005），语感可以具体分为以下三种能力：判断偏差能力、指出偏差能力和改正偏差能力[8]。可见，这种修改能力就是一种改正偏差能力，而我们前面所讨论的语感能力主要是指判断偏差能力和指出偏差能力。我们再来看上文所提到的语感测试，该测试一方面要求汉语为母语的学生判断并指出句中有偏差的部分，即采用“六点量表”表示对被调查句子的接受程度；另一方面也要求汉语为母语的学生对有偏差的句子进行修改。从学生的修改情况来看，多数学生均对上述有偏差的句子做出了“出于……的考虑”或“出于……的原因”这样的修改。

当然，这里需要解释的是：为什么“出于健康的考虑/出于健康的原因”的可接受度比较高，而“出于健康的问题/出于身体的健康/出于他的健康/出于健康身体/出于身体锻炼的方面”的可接受度比较低？对此，我们认为，这还是跟动词“出于”的词汇意义（Lexical Meaning）有关，如前所述，“出于”在词典中的释义是“（言行）从某一角度、方面、立场或态度出发”，也就是说，言行从某一角度、方面、立场或态度来考虑，或者以某一角度、方面、立场或态度作为其原因或目的，所以“出于＋……（的）考虑（或原因或目的）”这一表达方式符合动词“出于”的词汇意义。不过需要注意的是，上面这种解释动词“出于”用法的能力是一种系统的语言感知能力，但它不属于语感能力[9]。（王培光，2005）

再看例（14）的这些例子，“出于＋Disyllable”有的接受度比较高，如“出于方便”和“出于省钱”，其语感测试分值分别是 5.58 和 5.04；但是有的接受度就相对而言比较低了，如“出于健康”和“出于减肥”，其语感测试分值分别是 4.12 和 3.85，一般要说成“出于健康的考虑”和“出于减肥的目的”。

这里的问题是：同样是“出于”加“双音节词”，为什么有的接受度比较高，但是有的接受度相对而言就比较低呢？我们认为，这一方面跟动词“出于”的词汇意义有关，如“出于健康”一般不能说，“出于健康的考虑”就可以说，这一点跟对“出于＋NP”的解释是一样的，即从动词“出于”的词汇意义出发来进行解释；另一方面，由于某些双音节词（如“方便”）和动词“出于”的高频组合，从而导致“2＋2”（如“出于＋方便”）这种韵律结构固化为一种半固定结构。也就是说，在这里，该表达式的韵律结构压制了其语义结构，其中的动因是该表达式的高频使用。

如果我们不做上述四类（即“出于＋NP”、“出于＋VP”、“出于＋Clause”和“出于＋Disyllable”）的区分，仅仅把语感测试分数最高和最低的 5 个回答找出来分析。测试分数最高的 5 个回答依次是：出于方便（5.58）；出于健康的考虑（5.5）；出于健康的原因（5.38）；出于省钱（5.04）；出于锻炼身体（4.15）。测试分数最低的5个回答依次是：出于他要健康他的身体（1.77）；出于他身体锻炼（1.88）；出于他的身体有问题了（2.15）；出于他决定坚持减肥（2.27）；出于身体好（2.35）。可以看到，语感测试分数最高的4个回答全部在5分之上，而且是出现在“出于＋NP”和“出于＋Disyllable”这两类中。语感测试分数最低的5个回答平均分值为2.08，而且都出现在“出于＋Clause”这一类中。因此，取高值和取低值的分析也符合上文基于语法规则推导的分析结果。

三、动词“出于”用法的语料证明

以上对动词“出于”用法的分析是基于语法规则推导和语感测试的，下面我们用语料来看上面的这些分析是否正确。我们用百度（www.baidu.com）在网上搜集动词“出于”的语料，根据语料，可以看到，“出于＋NP”中的“NP”主要有以下两种情况：

一种情况是“NP”是名名组合，即“名词＋名词”，例如：

（19）拉霍伊称，国王退位“完全**出于个人原因**”。

上面例句加上“的”，句子同样成立，如“出于个人的原因”。可见，名名组合中“的”字的隐现是比较自由的。

另一种情况是“NP”是一个“的”字短语，“的”字后面一般是动词，例如：

（20）职业运动员无论在哪些场合，都能保有对自己专项的热情，他们并不是在竞争，而是**出于对生命的热爱**。

从语料来看，“出于＋NP”的用法基本上是根据动词“出于”的词汇意义的。

下面再看“出于＋Disyllable”这种组合情况，有的组合是高频出现的，例如“出于＋方便”，我们在语料中发现这样的用例是非常多的，例如：

（21）我在成都，**出于方便**，买了一辆电瓶车，现在想回家，想把车带回去。

而有的组合，如“出于健康”、“出于减肥”、“出于省钱”这样的用例极少，相同意思的表达在语料中的例子如下：

（22）议案中称，**出于健康考虑**，要求当地民众实行“周一不吃肉”计划，即鼓励市民在每个星期一吃素一天。

（23）如果你只是**出于减肥的目的**吃素，不吃肉，可别不吃鸡蛋不喝牛奶酸奶。

（24）无论你是**出于省钱的目的**，还是因为无可奈何，转机一定是所有旅行者躲不掉的。

可见，“出于健康”或“出于减肥”的可接受度比较低，一般不能说，而要说成“出于健康（的）考虑”或“出于减肥的目的”，这说明“出于＋健康/减肥”这种组合的韵律结构还没有压制住其语义结构；而“出于＋省钱”这样的例子尽管在语感测试中可接受度比较高，其语感测试分值是 5.04，但是在真实语料中这样的用例却很少，而且据笔者的语感，“出于＋省钱”的可接受度是比较低的。这一方面跟每个人的语感差异有关，另一方面也说明“出于＋省钱”这一组合情况还未成为一个高频出现的组合，也就是说，其韵律结构还没有压制住语义结构。

这里需要注意的是，动词“出于”后面加上某些双音节词，其语感的可接受度是非常高的，在语料中，发现“出于＋Disyllable”的例子很多，其中双音节词可以是名词、动词或形容词。

先是“出于＋双音节名词”的例子，例如：

（25）深圳失踪女孩**出于好心**跟陌生女子离开。

也有“出于＋双音节动词”的例子，例如：

（26）凤姐称范冰冰不好看，称是**出于嫉妒**。

还有“出于＋双音节形容词”的例子，例如：

（27）奇葩男子凌晨放火烧毁两车，被抓后称是**出于好奇**。

此外，“出于”后面有的双音节词还可以是兼类词，例如：

（28）在一起，因为爱情还是**出于便利**？

例（28）中的“便利”是形动兼类词。

可见，动词“出于”后面可以连接双音节名词、双音节动词或双音节形容词，但需要注意的是，不是所有的双音节名词、动词或形容词都可以很自然地出现在动词“出于”之后，有些双音节词后面加上“（的）考虑（或原因或目的）”更符合汉语为母语者的语感，如上面提到的“出于＋健康、出于＋减肥”等，但是有的双音节词却能很自然地出现在动词“出于”之后，如“出于＋方便”、“出于＋好心”等。这可以视为“出于＋Disyllable”这种组合中语义结构和韵律结构的博弈，其博弈的准则是这一组合是否高频出现。

根据上面的分析，可以看到，网络语料可以为动词“出于”的实际用法提供一个很好的证明。

四、汉语二语语法的教学建议

一般认为，语感与语言能力有着密切的关系，那么语感到底算不算语言能力呢？

对此，王培光（2005）指出，语感是和语言相关的能力，属于“广义的语言能力”[10]。周健、陈群（2011）认为，语感是语言能力的核心，语感就是对语言的直觉能力，是个人在长期的言语实践中培养出来的对语言文字的直接感知、领悟和把握能力[11]。可见，无论语感是和语言相关的能力，还是语言能力的核心，它实际上就是语言能力的直觉反应。可以这么说，语感能力是留学生汉语能力的一个重要组成部分，因此在对外汉语教学中应该加强学生语感能力的培养。

基于对动词“出于”用法的分析，如前所述，我们认为，在汉语二语语法教学过程中应该分两步走：首先，要基于语法规则来告诉学生这一语法知识点的释义及其用法，这里所说的用法既包括这个语法知识点的使用条件和使用范围，也包括这个语法知识点的语义背景和语用特征。其次，在基于语法规则的同时，注重培养学生的汉语语感能力，即对语法知识点的讲解需要考虑汉语为母语者语感的可接受度。换言之，在汉语二语语法教学过程中，宜采取基于语法规则的同时兼顾语感这一教学策略，而不只是基于语法规则进行汉语二语语法的教学。二者需要有机地结合在一起，在编写对外汉语教材时也要考虑到这方面的因素。

具体而言，在培养留学生汉语语感能力的过程中，一方面，教师可以结合汉语的特点，比如动词“出于”的教学可以结合汉语音节和韵律的特点，所以我们在上文着重分析了“出于＋Disyllable”这种组合情况，这种组合的高接受度源于汉语“2＋2”这一韵律组配模式，即双音节动词后面的成分最好也是双音节的。当然有时也会出现该表达式的韵律结构和语义结构的博弈情况。

另一方面，还要区分不同的语体，这一点在中高级阶段的汉语二语语法教学过程中尤为重要。因为人们的口语语感和书面语语感是有差异的，一般来说，人们的语感对于书面语有比较高的要求，对口语有比较低的要求[12]（王培光，2005）。如上面所提到的动词“出于”一词常用于书面语，所以在汉语语感培养过程要注意区分口语语体和书面语语体的不同用法。

此外，就动词“出于”的释义来看，“出于＋……（的）考虑（或原因或目的）”这一表达式也可视为一个“语块”（chunk），具体来说，它是一个词语组合搭配语块[13]（周健、陈群，2011）。一般来说，“语块”是一种兼具词汇与语法特征、介乎传统的词汇与语法之间的语言板块，通常有多个词构成，具有特定的话语功能。如上所述，就“出于＋NP”这种组合而言，“出于＋……（的）考虑（或原因或目的）”这一表达式更符合汉语为母语者的语感。因此在汉语二语语法教学中，教师需要更加关注这种词汇层面上高频出现的、具有一定习语性的词汇型“语块”。

最后需要注意的是，在汉语二语语法教学过程中，对外汉语教师需要了解、学习当代语言学理论，并用这些当代语言学理论来解释汉语二语语法教学中外国留学生所提出的一系列“为什么”的问题。就本文所分析的动词“出于”的用法而言，这里涉及语感理论、韵律语法理论、语体理论、构式语法理论、语块理论等，这些语言学理论一方面有助于提高对外汉语教学效率，另一方面也有助于更新现行的二语语法教学思路，因此在汉语二语语法教学中，有必要研究如何深入浅出、简明易懂地把汉语语法规则教给外国留学生，并用当代语言学理论进行相应的分析与解释，从而探索理论语法和教学语法的接口（interface）问题。

＊本研究得到上海市浦江人才计划“基于中介语语料库的在沪留学生汉语学习偏误研究”【16PJC026】资助。初稿曾在第四届“华文作为第二语言之教与学”国际研讨会（新加坡义安理工学院，2015.9）、语言教学与研究国际学术研讨会（南开大学，2016.11）上宣读，此次发表有较大修改。王培光、施春宏等先生提出了宝贵的修改意见，在此深表谢意。

注释：

[1] 陆俭明：《序》，王培光：《语感与语言能力》，北京：北京大学出版社，2005年，第1～2页。

[2] 王培光：《语感与语言能力》，北京：北京大学出版社，2005年，第11页。

[3] 徐桂梅、崔娜、牟云峰编著：《发展汉语·中级综合》(Ⅰ)，北京：北京语言大学出版社，2011年，第119页。

[4] 王培光：《语感与语言能力》，北京：北京大学出版社，2005年，第11页。

[5] 中国社会科学院语言研究所词典编辑室编：《现代汉语词典》第6版，北京：商务印书馆，2012年，第1573页。

[6] 中国社会科学院语言研究所词典编辑室编：《现代汉语词典》第6版，北京：商务印书馆，2012年，第192页。

[7] 李行健主编：《现代汉语规范词典》，北京：外语教学与研究出版社、语文出版社，2004年，第194页。

[8] 王培光：《语感与语言能力》，北京：北京大学出版社，2005年，第5页。

[9] 王培光：《语感与语言能力》，北京：北京大学出版社，2005年，第5页。

[10] 王培光：《语感与语言能力》，北京：北京大学出版社，2005年，第1页。

[11] 周健、陈群：《语感培养模式——对外汉语教学的理念与实践》，北京：外语教学与研究出版社，2011年，第1～2页。

[12] 王培光：《语感与语言能力》，北京：北京大学出版社，2005年，第11页。

[13] 周健、陈群：《语感培养模式——对外汉语教学的理念与实践》，北京：外语教学与研究出版社，2011年，第33页。

熟语化标记的复句构式及其教学策略论析

肖任飞

（华中师范大学国际文化交流学院，湖北武汉，430079）

内容摘要： 传统教学语法在复句层面是着墨很少的，一般以逻辑—语义对复句进行分类，其教学也基本采取逻辑—语义和关联词语结合的教学策略。我们不否认逻辑—语义和关联词语教学在复句教学中的重要作用，但针对熟语化标记的汉语复句构式，我们更应该采用"构式—语块"教学策略。本文在探讨熟语化标记汉语复句构式类型的基础上，针对不同类型的熟语化标记汉语复句构式，提出了切实可行的"构式—语块"教学方案。

关键词： 复句构式；熟语化标记；框架性标记；习语化标记；构式—语块

一、问题的缘起

标记，尤其是关联标记，在汉语复句研究中有着特殊的地位，历来受到研究者们的重视。在过去百来年的汉语复句研究中，关联标记的选择与搭配，与单复句的界限和划分、复句关系的分类和判断"三足鼎立"，近二三十年来，学界重视汉语复句普—方—古"大三角"及跨语言关联标记的比较，在描写基础上注重认知功能及形式解释，在语言学研究基础上注重与中文信息处理和对外汉语教学等交叉研究[1]，近来开始关注关联标记与语篇的互动关系[2]。

汉语复句还通过不少熟语化标记关联，比如"之所以……是因为……"，"与其……不如……"，"既然……就……"等是规则性强的框架式标记，"说什么"、"怎么说"、"更不用说"等则是与复句关联的实体性固化结构体，这在以往复句以及复句教学研究中并未引起足够重视，前者通常被当作一般关联标记来处理，关于后者的研究一直到近十年才有相关成果出现。

在传统教学语法中，复句层面是着墨很少的，一般只是以逻辑—语义对复句进行分类，其教学也基本采取逻辑—语义和关联词语结合的教学思路。以因果复句为例，国内主要的教学语法参考书，大体都将其作为偏正复句（主从复句）的一类，解释如下：前一分句偏句提出原因、前提，后一分句正句说明结果或推断，常用的关联词有"因为……所以……"，"由于……"，"……因此……"，"既然……就……"等等；有些复句，原因在后一分句，前一分句却是结果，常用的关联词有"之所以……是因为……”。我们不否认逻辑—语义和关联词语教学在复句教学中的重要作用，但对于形式—意义配对的构式来说，这种方法还是存在不少局限。本文先是探讨熟语化标记的汉语复句构式的类型，进而提出相应的教学策略。

二、熟语化标记复句构式的类型

构式，通常认为是形式—意义对（form-meaning pair），如果它的形式和意义的某些方面不能完全从其组成成分或业已建立的其他构式中推导出来，这个配对体就是构式[3]。尽管构式语法宣称低层面的词和语素以及高层面的语篇都是构式，但在实际的构式语法中仍是集中在两个方面，一个是实体性或准实体性的习语性构式，包括结构形式完全固定的特殊短语（如 let alone）和部分固定的特殊句子（如 What's X doing Y），另一个是规则性或图式性的带有较强规则性的句法结构，尤其是各类特殊句式，比如双及物构式的探讨等[4]。汉语复句也存在两类熟语化标记，这刚好跟构式语法研究的两个传统对应：一类由实体性熟语化标记关联，另一类通过规则性熟语化标记关系。

（一）实体性熟语化标记的复句构式

实体性熟语化标记，也可称作习语性熟语化标记，是指结构上固定、形式和意义的某个方面不能从其组成成分推导出来的、关联复句关系的特殊标记，比如构式语法研究的经典例子 let alone，其形式完全固定，意义并不能从其组成成分 let、alone 或两者的组合推导出来，表达的是整体性意义。汉语跟 let alone 相近的是“更不用说”，在现代汉语里，“更不用说”不是“更＋不用＋说”的短语用法，而是表达一种熟语化意义。例如：

（1）奖金人选发表以后，据说中国人民全体动了义愤，这位作家本人的失望更不用提。（钱钟书《灵感》）

（2）祖祖辈辈生活在雪山高原上的藏族同胞先前从来没有听说过种蔬菜，更不用说吃新鲜蔬菜了。

例（1）、（2）中，“更不用说”跟动词“说”、副词“不用”都没有直接关系，中间不能有语音停顿，不能出现发出言语行为的施为性主语，“不用”后面也不能插入兼语成分，“说”不能有时体变化，是熟语化、习语化或词汇化很高的短语。在复句语义关系上，“更不用说”构成一种反逼性递进关系，其中也隐含着推论性因果关系，复句前件既是递进基点，也是推论根据，复句后件既是递进终结，也是推论结果[5]。此外，其在句法形式、语义机制以及语义韵等方面还有不少特征和限制条件，由于篇幅所限和本文主旨原因，此不展开讨论[6]。

关于实体性熟语化标记，还有两篇文献要提：根据肖任飞[7]、谢晓明和肖任飞[8]报道，汉语“说・什么”表示无条件让步关系，这是国内较早报道实体性熟语化标记的作品，尽管没有站在复句构式高度，但为后续研究提供了一条线索。此后董正存从构式紧缩角度对其句法—语义后果进行了更深入的讨论，并提出了跟“说・什么”功能类似的“怎么·说”[9]。例如：

（3）说什么咱们也得干一下吧，不然，不好交差。

（4）咱们怎么说也得干一下吧，不然，不好交差。

这类“说什么”和“怎么说”是留学生所需要学习的内容，根据《高等学校外国留学生汉语教学大纲》，“说·什么”、“怎么着”紧缩句位列高等阶段语法项目当中[10]。“说什么”、“怎么说”中间不能有语音停顿，“说”后不能插入时体成分，也不能拆开，“说”的语义比较泛化，不表示具体言语动作，不能用其他“说”类动词替换，也不能省略。此时，“说什么”、“怎么说”的语义已经趋于专门化，用来表示无条件让步语义，词汇化程度很高，经常与副词“也、都”配合使用。作为施事或与事的“咱们”既能出现在“说什么”、“怎么说”之前，也能出现在“说什么”、“怎么说”之后，语义上指向谓词“不能灰心”，不指向“说”。

（二）规则性熟语化标记的复句构式

规则性熟语化标记，也可称图式性熟语化标记，是指带有较强规则性的、关联复句关系的句法结构标记。这大概有两种类型：一类是传统意义上的配套式关联标记，比如“一来……二来……”、“也罢……也罢……”、“与其……不如……”、“要么……要么……”、“之所以……是因为……”、“既然……那么（就）……”等，它们同一般关联标记不同，不是简单地遵守“联系项居中原则”[11]，关联标记前件和后件的互信息值都非常之高[12]。这些关联标记有些是汉语独有，并且形式和意义配对的某些方面并不能从其组成成分推导出来。例如：

（5）我病了。我认为我之所以生病是因为我亵渎了神灵，大家都不相信我的说法。（池莉《让梦穿越你的心》）

（6）那些细节我终生难忘。之所以如此是因为我爱上了另一个女人。（莫怀戚《透支时代》）

例（5）、（6）“之所以……是因为……”是汉语独有的关联标记[13]，除逻辑上的原因—结果关系之外，关联标记“之所以……是因为……”具有释因功能，“之所以”在句中起照应和回指上文的作用，如例（5）“生病”照应上文“病了”，例（6）“如此”回指“那些细节我终生难忘”，同时启示后面将解释原因，“之所以”在其中扮演承上启下的角色。

除上述传统意义上的配套式关联标记以外，还有些句法结构也具有较强的规则性且关联某种特定复句关系。例如：

（7）老师见安娜有点不舒服，就让她先回宿舍休息了。

（8）一下雪就堵车，又碰上一起交通事故，我的车在路上整整堵了二十分钟。（杨寄洲主编《汉语教程》第二册上·《我的眼镜摔坏了》，第120页）

例（7）我们可称作“见”类因果复句构式，原因分句由“见＋（$S_{兼}$）＋量范畴”组成，结果分句经常存在关联副词“就”，当“就”进入该构式框架之后，压制着它不再表示条件、假设以及顺承，而是表示因果关系。例（8）是与复句结构模式相关的构式，可码化为“P（x，$y_{叉}$），Q”因果构式，n＋1（n≥2）是该因果构式的基础模式，语义上强调原因的累积。

此外，实体性熟语化标记和规则性熟语化标记并非截然分开，比如前面所说的无条件让步的“说·什么”紧缩句，“说·什么”是一个实体性的熟语化标记，但也经常跟关联副词“也、都”配套使用，规则性和图式性也很强。

三、熟语化标记复句构式的教学策略

学界普遍认为，教学语法是客观存在的，目前最困难的就是基于什么理论和方法编写对外汉语教学语法，教学语法应该怎样变通才能使学生学起来最有效。然而传统教学语法在复句层面是关注不够的，大多数教学语法参考书在复句层面跟理论语法没有多少差异，只是采用“逻辑—语义”标准对复句分类，列举出典型的关联词语。但这种教学语法至少有以下问题：一、同英语等依赖形态的语言不同，汉语多数复句不使用关联标记[14]，如果学生受母语迁移的影响，复句都使用关联标记，自然会造成偏误；二、关联标记，即便是概念意义接近的关联标记，比如 then 和“然后/于是/接着”、so 和“所以”、but 和“但是/不过”，在具体用法上也存在差别；三、学生还有泛化使用“所以、但是、然后”的现象[15]。

随着构式—语块理论的引入，基于“构式—语块”的教学法在存现句、兼语句、“把”字句等特殊句式的教学中具有很明显的作用[16]，在国家语委公布的 2015 年立项名单中，“基于构式理论的对外汉语教材资源库建设”也被列为重点项目，可见政府和学界对基于构式理论教学语法和语法教学的重视。我们认为，许多复句，比如推论性因—果复句、判断性果—因复句、无条件让步“说·什么”紧缩句、“P（p，$q_{叉}$），Q”因果复句、“X 是 X”转折复句、“更不用说”递进推论句等，都可采用“构式—语块”教学法。初步实验证明，基于“构式—语块”的复句教学方法，相对传统“逻辑—语义”和关联词语教学法，对于熟语化标记的汉语复句构式教学具有一定优势。

四、熟语化标记复句构式的教学方案

在具体教学实施方案上，针对实体性熟语化标记复句构式的教学跟规则性熟语化标记复句构式的教学不太相同，但具体实施过程基本没有差异。首先是研究备课阶段：我们需要将所要教学的复句转化成对应的构式，概括其构式义，分析其内部语义关系，然后据此将构式切分为若干语块，得出该构式的语块链。其次是课堂教学过程，先是用各种方法展示构式的语言实例，引导学生从认知角度理解句子所表示的构式义，其次是引导学生理解构式语块之间的关系，接着根据语义关系将构式分成若干语块，并形象化地展示出来，然后告诉学生语块与语块之间的联结关系和衔接顺序，最后向学生详细说明每个语块内部的要求。

（一）实体性熟语化标记复句构式教学方案

我们以“更不用说”推论性递进复句为例探讨实体性熟语化标记复句构式的教学过程。首先是备课阶段，我们应清楚，“更不用说”构式在形式上由P和$Q_{更不用说}$两个语块组成，P既是递进的基点，也是推论的根据，$Q_{更不用说}$既是递进的终结，也是推论的结果。例如：

（9）宋华：我们在说，你们这些老外快成“中国通”了，力波当然就不用说了。（刘珣主编《新实用汉语课本》第二册，第246页）

在教学例（9）的时候，首先展示实例，让学生理解复句所表示的构式义，即理解该复句表示“你们这些老外快成‘中国通’了，力波当然就更是中国通了”。其次引导学生理解构式中的“不用说”与言语动作无关，前面可以添加副词“更”，“更不用说”语义上表示反逼递进推论关系，在形式上可变换为“你们这些老外尚且快成‘中国通’了，力波当然就不用说了”和“既然你们这些老外快成‘中国通’了，力波当然就不用说了”。接着拓展更多实例，通过句型变换练习，让学生加深对“更不用说”构式的理解。例如：

（10）即使在他这个外行看来，也觉得五百万是不够的，更不用说只有一百五十万了。

（11）除了哥哥给他一些零用钱外，他父母从来没给过他一个子儿，更不用说去看他了。

通过扩展我们要让学生知道，“更不用说”构式都能形象化地表示为递降和递升两种结构。例（9）是递升结构，例（10）、（11）为递降结构。可分别表示如下：

（9’）一般老外…不能成为“中国通”→（箭头向右表示递升）你们这些老外…成了中国通→……→力波不是老外…是中国通→力波不是老外，且对中国很了解…更是中国通

（10’）内行看来…五百万不够←（箭头向左表示递降）在他这个外行看来…五百万也不够←……←在…三百万肯定不够←一百五十万…更加不够

（11’）一般父母…去看孩子←（箭头向左表示递降）一般父母…给孩子钱←他父母…没给过他钱←……←看他…更不可能

最后向学生讲清楚“更不用说”构式的内部要求，有些$Q_{更不用说}$信息需要从前面递进基点和推论根据中补充，比如例（9）“中国通”并不能从“力波当然就不用说了”获知，而要结合前文才能推导出来，例（10）同样如此，“不够”并不能从“更不用说只有一百五十万了”直接获知，例（9）、（10）还有一个特征，即$Q_{更不用说}$主宾能够易位，“力波当然就不用说了”可说成“更不用说力波了”，“更不用说只有一百

五十万了”可变成“只有一百五十万就更不用说了”；而有些$Q_{更不用说}$能直接提供信息，比如例（11）“更不用说去看他了”，“去看他了”就是$Q_{更不用说}$提供的信息，“去看他”和“没给过一个子儿”之间形成递降关系。

（二）规则性熟语化标记复句构式教学方案

我们以“P（p，$q_{又}$），Q”因果复句构式为例探讨规则性熟语化标记复句构式教学过程。“P（p，$q_{又}$），Q”因果复句构式是指下面一类句子：

（12）骑车的人太多，｜｜有的人又不遵守交通规则，｜也是造成交通拥挤的主要原因之一。（杨寄洲主编《汉语教程》第二册上·《我的眼镜摔坏了》，第121页）

备课阶段，我们应清楚该构式有原因语块和结果语块两大语块构成，二者构成原因—结果关系，其中原因语块又由并列或递进、转折关系的几个小语块构成。构式表示一个原因还不足以推出后面的结果，两个或多个原因累积才得出后面的结果，构式强调原因的累积。

课堂教学过程中，先展示语言实例，引导学生从认知角度理解复句的构式义，比如例（12）让学生知道“骑车的人太多”和“有的人又不遵守交通规则”是“造成交通拥挤”的两个原因，其次展示更多实例，让学生理解构式语块之间的关系。例如：

（13）田忌知道自己的马没有国王的好，｜｜但是又不好意思说不赛，｜就答应了。（杨寄洲主编《汉语教程》第二册上·《赛马》第35页）

（14）你们俩原来都学得不错，｜｜有一定的基础，｜坚持学下去的话，一定能学好。（杨寄洲主编《汉语教程》第二册下·《我们还想学下去》）

通过展示更多实例，学生可以了解到，例（13）和例（14）由原因语块和结果语块两大语块构成，其中原因语块又由并列/递进、转折的两个小语块构成，两个小语块之间存在或可添加副词“又”，结果语块可能是一个小句，也可能是存在语义关系的分句。接着根据语义关系将构式分成若干语块，并形象化地展示出来，我们可以在教学课件上这样概括：

骑车的人太多，	有的人又不遵守交通规则，	也是造成交通拥挤的主要原因之一。
田忌知道自己的马没有国王的好，	但是又不好意思说不赛，	就答应了。
你们俩原来都学得不错，	有一定的基础，	坚持学下去的话，一定能学好。
cause1 +	cause2 →	result
P（p +	$q_{又}$） →	Q

最后为学生介绍“P（p，$q_{又}$），Q”因果复句构式的内部要求，比如复句结构基本采用n+1或n+n模式，原因语块内部是并列/递进或转折关系，不可能为连贯关

系，副词“又”表示原因的累积，不表示时间的顺承。此外，还告诉学生该构式在语篇中也经常使用。例如：

(15) 昨天我给山本打电话，约她晚上一起去看京剧。|｜但是她说晚上有事，去不了。|所以我们就决定今天晚上去。（杨寄洲主编《汉语教程》第二册下·《她有事，去不了》第62页）

(16) 正是上下班时间，|||路上人多车也多。||公共汽车上不去，|我们只好打的。（杨寄洲主编《汉语教程》第二册下·《她有事，去不了》第62页）

值得注意，例（16）看起来是两个句子，但从构式角度来说，“我们只好打的”是由“正是上下班时间，路上人多车也多”和“公共汽车上不去”共同推导出来的结果。

五、结语

综上所述，除一般关联标记以外，汉语复句也存在两类熟语化标记，即实体性的习语化标记和规则性的图式化标记两类。前者指那些结构形式固定、形式和意义的某个方面并不能从其组成成分推导出来的熟语化标记，后者指那些规则性很强、经常标记某类复句的熟语化标记。这在过去的复句研究中并未引起足够的重视。

对于由实体性的习语化标记和规则性的图式化标记关联的复句构式，我们主张在教学语法中采用“构式—语块”教学策略，并从备课和上课操作两方面提供了具体的教学方案。初步实践证明，这种教学方法是学生易于接受的，能获得良好的教学效果，不过由于篇幅原因，本文暂未报道实验结果，拟再专文报告。

*本文系教育部人文社科基金项目“汉语因果复句多样性与倾向性实证研究”【13YJC740110】、中央高校基本科研业务费项目“面向CSL的汉语因果复句搭配的实证性研究”【CCNU16A06010】、中国博士后科学基金“基于心理实验的汉语复句习得句法发展研究”【2013M531713】阶段性成果。

注释：

[1] 郭中：《近三十年来汉语复句关联标记研究的发展》，《汉语学习》2014年第5期，第80～88页。

[2] 姚双云：《连词与口语语篇的互动性》，《中国语文》2015年第4期，第329～340页。

[3] A. E. Goldberg, *A Construction Grammar Approach to Argument Structure*, Chicago: Chicago University Press, 1995, p. 5.

[4] C. J. Fillmore, P. Kay, & M. Katherine, "Regularity and Idiomaticity: The Case of *Let Alone*", *Language*, 3, 1988, pp. 501-538; P. Kay & C. J. Fillmore, "Grammatical Constructions and Linguistic Generalizations: The *What's X doing Y construction*", *Language*, 1, 1999, pp. 1-33.

[5] 邢福义：《汉语复句研究》，北京：商务印书馆，2000年，第237～241页。

[6] 肖任飞、张芳：《熟语化的“更不用说”及其相关用法》，《语言研究》2014年第1期，第112～118页。

[7] 肖任飞:《非疑问用法的“什么”及其相关格式》,华中师范大学硕士学位论文,第 26～34 页。

[8] 谢晓明、肖任飞:《表无条件让步的“说·什么”紧缩句》,《语言研究》2008 年第 2 期,第 99～104 页。

[9] 董正存:《无条件让步构式的紧缩及其句法—语用后果》,《中国语文》2013 年第 4 期,第 332～340 页。

[1] 国家对外汉语教学领导小组办公室:《高等学校外国留学生汉语长期进修教学大纲·附表三》,北京:北京语言学院出版社,2002 年,第 26 页。

[11] 储泽祥、陶伏平:《汉语因果复句的关联标记模式与“联系项居中原则”》,《中国语文》2008 年第 5 期,第 410～422 页。

[12]姚双云:《复句关系标记的搭配研究与相关解释》,华中师范大学博士学位论文,第 60～61 页。

[13] 郭中:《因果复句关联标记模式与语序的蕴涵关系》,《语言研究》2015 年第 1 期,第 113 页。

[14] 参见姚双云:《复句关系标记的搭配研究与相关解释》,华中师范大学博士学位论文,第 13 页;肖任飞:《现代汉语因果复句优先序列研究》,华中师范大学博士学位论文,第 35 页。

[15] 周小兵、梁珊珊:《韩国学生叙述性口语语篇逻辑连接情况调查》,《语言教学与研究》2014 年第 3 期,第 20～27 页。

[16] 参见苏丹洁、陆俭明:《“构式—语块”句法分析法和教学法》,《世界汉语教学》2010 年第 4 期,第 557～567 页;苏丹洁:《试析“构式—语块”教学法——以存现句教学实验为例》,《汉语学习》2010 年第 2 期,第 83～90 页。

东南亚华文教师的跨文化阅读研究
——教师阅读研究的一个新方向

王　耿

（中南财经政法大学国际教育学院，湖北武汉，430073）

内容摘要：大陆基础教育界关于教师阅读的研究方兴未艾，但忽略了海外华文教师这一群体。由于文化环境的差异，海外华文教师的阅读动机、需求及阅读内容的深度和广度与大陆教师应有所区别。本文以东南亚华文教师为例，根据其所处的多元文化背景，提出跨文化阅读这一概念并探讨其内涵和价值，同时厘清东南亚华文教师跨文化阅读研究亟须解决的几个基本问题。

关键词：海外华文教师；东南亚；跨文化；阅读

一、引言

教师阅读是提升教师素养和专业水平的一条重要途径。本世纪初学界开始将教师阅读与教师专业发展紧密结合起来，从不同角度分析了教师阅读的内容、动机、类型以及教师阅读的意义，取得了丰硕的成果。而且，学者们还针对不同的教师群体进行了差异化研究，比如对幼儿教师、英语教师、数学教师、农村教师、中小学教师、高校教师甚至特殊学校教师的阅读状况进行了调研，促使教师阅读研究向精细化、专门化方向发展。然而，从目前的研究来看，学界忽略了奋战在基础教育领域的一个重要群体——海外华文教师，关于他们的阅读环境、阅读状况、阅读需求等问题还未曾深入研究。从教学内容来看，华文教育无疑属于基础教育范畴，郭熙（2004）明确指出“海外华人社会的汉语教学就总体而言是一种语文教育”[1]，但由于我国学科分类所致，海外华文教育研究一般隶属于国际汉语教育界，而华文教师阅读这一课题还未得到应有的重视。简而言之，我国基础教育界在进行教师阅读研究时忽略了海外华文教师这一群体，国际汉语教育界又未能重视教师阅读对华文教师专业发展的作用。因此，本文试图将二者所忽略的因素结合起来，探讨关于东南亚华文教师跨文化阅读研究的一些基本问题。

二、东南亚华文教师基本情况

（一）华文教师队伍现状

据国务院侨办最新统计，现在海外华人华侨有6000多万人，分布在世界198个国家和地区，拥有巨大的华文教育需求。海外华文教学，指的是“海外华人华侨（或曰华族）子弟的汉语教学”[2]。由国务院侨办委托华侨大学进行的“海外华文教育情况普查及动态数据库建设”项目正在进行中，初步估计国外华文学校大约有两万所，在职华文教师数十万人。郭熙（2013）指出：“各地华文教师呈现出多样性，基本由四部分人员组成：（1）当地教师，以华人居多；（2）旅居当地的华侨、留学生；（3）中国志愿者；（4）其他。”[3]近年来，人们越来越关心海外华文教师的质量，周健（1998）指出：“东南亚地区的华文教师多为第二、三代华侨，母语多为汉语粤闽方言。他们热爱中华传统文化，能长期在逆境中坚持开展华文教育，与华裔学生有着天然的密切的联系。但他们普遍没有受过汉语教学理论和方法的训练，也不大熟悉汉语发展的现状，文化素质偏低，年龄偏大。”[4]自上世纪九十年代起，国务院汉办、侨办、华文教育基金会及各高等院校举办了多批次培训班，培训的主要内容有二：一是第二语言教学法；二是必要的汉语和文化知识。二十多年来，各类培训确实改变了海外华文教师整体面貌，然而，培训的时长、内容及针对性有限，并不能取代教师的自主学习。徐天云（2013）指出：“通常情况下，培训只能算作华文教师成长过程中的一个小插曲。”[5]培训之外，华文教师如何主动提升自身素质是令人深思的，而“教师阅读”则提供了一条可行之路。

（二）华文教师阅读研究现状

关于华文教师的阅读问题，尚未引起学界的重视。目前，面向华裔学生的汉语教材琳琅满目，品类繁多，但是写给教师的读本却不多。商务印书馆曾出版了一套国际汉语师资培训教材，包含《汉语课堂教学技巧 325 例》《汉字知识与汉字问题》《国际汉语教师手册·新教师必备 81 问》等，这些教材偏重于汉语基础知识技能的讲解，只是解决了华文教学的燃眉之急。然而，很多华裔学生本身具有一定的汉语基础，有的学生汉语水平还很高，所以仅仅对他们进行基础知识讲解远远不够，还要进行更深层次的浸润着民族精神的中华文化教学，因此华文教师也要不断充实自己。

迄今为止，还没有关于东南亚华文教师阅读的专题研究，只有陈旭（2014）在《海外华文教师专业知识来源的个案研究》中谈道：“专业阅读能够促进华文教师解决教学问题，带动教师知识增长。”[6]该文通过对 25 名华文教师的调查指出，华文教师的专业知识主要来源于六个方面，其中就包括教师的阅读积累。陈旭在文章中还指出：“现有的教师培训内容中并未曾见对华文教师专业成长方式的培训。”[7]我们认为这一见解切中肯綮，阅读是教师成长的重要途径，华文教师的培训不应只关注知识教学，还应该引导教师增强主动阅读的意识和能力。

三、跨文化阅读的内涵及价值

（一）跨文化阅读的内涵

跨文化阅读有两层含义，一是由于海外华文教师身处多元文化环境，教师阅读语境具有跨文化特点；二是在多元文化环境中，海外华文教师阅读内容也具有跨文化特点。

先来看东南亚华文教师的阅读环境。东南亚地区南岛语系、南亚语系、汉藏语系交织融合，中华文化、印度文化、伊斯兰文化、西欧文化交汇共生，形成了纷繁复杂的多元文化语境。文化语境（context of culture）最初是语言学概念，由英国人类学家马林诺夫斯基提出，文化语境包括社会心理，时代环境、民族习俗、思维方式和文化传统等，这些因素能够影响人们的语言交际行为。在多元文化语境中，华文教师往往视野开阔，能从不同的视角对中华文化进行思考，其阅读过程也常常伴随着对文本的跨文化解读。例如有一位信奉基督教的新加坡华文教师喜欢读儒家的《孝经》，因为她觉得基督教与儒家的孝文化有很多相似之处，比如《孝经》的《谏诤章》讲的是儿女对父亲的不义行为有劝谏义务，而基督教教义里也有对父权约束的内容。可见，跨文化语境中的文化共鸣能促使文化“正迁移”，加深读者对文化的理解与吸收。

但是，多元文化语境使得中华传统文化产生了不同程度的变异，从而影响华文教师与华语文本的互动。以菲律宾的宗教文化为例，随着天主教的传播和地方化，来自中国的神明也以种种方式被吸收进来，比如关公被看作是华人的保护神，观音的形象常常同圣母玛丽亚联系起来。因此，菲律宾华文教师在天主教语境中阅读《三国演义》《西游记》等古典名著时，需要注意关公、观音的本源含义。另外，在多元文化语境中，华语产生了各种变体，华文教师阅读时可能会遇到障碍。宋飞（2016）调查了《全球华语词典》（李宇明主编）中东南亚特有的华语词，其中包括174个同形异义词，比如“一小撮”在中国大陆是贬义，在新加坡为中性。又如“干粮”在大陆为“做好的干的主食”，在新加坡指“干的蔬菜、豆类、海味等副食品”，在中国台湾还指“喂猫狗的饼干”[8]。如果华文教师对这些词语在不同国家使用状况不了解，可能影响对文本的理解。

再来看东南亚华文教师阅读的内容。首先，阅读文本具有多语性。东南亚许多国家如马来西亚、新加坡、菲律宾、印度尼西亚等都有被殖民的历史，因此通行殖民国语及本族语等多种语言，比如菲律宾官方语言有英语和他加禄语两种，新加坡官方语言有英语、马来语、华语、泰米尔语四种，马来西亚官方语言虽然只有马来语，但实际上在马来西亚各领域，英语是非常强势的第二语言。因此，在上述这些国家，华文教师所面对的阅读文本往往不止一种语言。其次，多语文本所承载的内容具有跨文化性。中华文化虽然对东南亚文化的影响深远，但毕竟只是多元文化中的“一元”。在跨文化环境中，“文化折扣（culture discount）”现象会影响华文教师对阅读文本的选择。文化折扣指因文化背景差异，国际市场中的文化产品不被其它地区受众认同或理解而导致其价值的减低[9]。华文教师的成长环境较为复杂，因此对不同语言、不同文化的亲和度也不同，他们在阅读时喜欢挑选自己擅长的语言文本，而且当他们阅读文化背景不熟悉的文本时，其理解力就会打折扣。许多东南亚土生土长的年轻教师没有父辈们对中华文化的切身体验，中文也是作为第二语言、第三语言在生活中使用，因此他们对于华文文本的接受度也有限。

（二）跨文化阅读的价值

一般而言，阅读对教师有双重价值，首先是对教师个人精神世界的塑造及综合素质的完善；其次是对教师专业发展的促进。教师所承载的社会责任使阅读并不能止步于个人情操的陶冶，而是需要在教育活动中将其转化为“生产力”，实现社会价值。

阅读的双重意义同样适用于海外华文教师，但是，由于海外华文教师群体的多元文化背景，跨文化阅读对于他们个人及职业发展赋予了特殊的意义。

首先，跨文化阅读有助于华文教师加深对中华文化的理解。在异域环境中，华文教师不仅讲授华语，他们更是中华文化的鲜明符号，因此华文教师本身对中华文化的理解尤为重要。多元文化环境为华文教师接近和认识中华文化本真设置了障碍，但同时又提供了便利，因为只有在多元文化的阅读和对比中，才能抓住中华文化有别于其它文化的特质。比如东南亚华人披荆斩棘、开拓进取的精神举世公认，然而其他类型文化中不乏这一精神，如大航海时代欧洲人对世界的探索、英国人对美洲的征服等。但是欧洲人的地理大发现伴随着的是对异族的入侵、掠夺和消灭，这与中国文化的包容性有本质区别。再如“面子文化”也不是中国人所特有，在韩国、日本乃至欧美都存在程度不同，表现方式各异的面子文化。所以，华文教师站在东西文化交融的十字路口，背倚异域文化，重读中华经典，更有利于对中华文化进行反思和扬弃，从而真正体会到中国文化所蕴含的“和而不同”“天人合一”“天下为公”“开放变革”等核心精神，为中华文化在多元文化中精确定位，同时也找准自身在华文教育中的位置。

其次，跨文化阅读有助于培养华文教师的跨文化意识。跨文化意识是对于与本民族文化有差异或冲突的文化现象、风俗、习惯等有充分正确的认识，并在此基础上以包容的态度予以接受与适应。华文教师对待中华文化有两种倾向，一是妄自尊大，最初华人“下南洋”带去了先进的生产力和生产关系，并通过艰苦创业积累了大量财富，在工商业界具有很强的话语权，因此有的教师唯中华文化而独尊。在多元文化环境中，这种“民族中心主义”心态不利于和其他文化沟通交流，教出的学生很难融入当地社会；二是妄自菲薄，东南亚很多国家西化程度及英语普及程度高，加上本土民族意识的觉醒，华侨华人在政治上一直受到压制，于是有的华文教师对待华文教育事业热情不高，仅仅当做一份谋生的职业，所传授的中华文化也停留在技能层面，比如剪窗花、包饺子、练书法等等，看似热闹非凡，其实形式大于意义。上述倾向出现的根源在于华文教师跨文化意识不强，没有正确认识中华文化同异族文化的关系，而跨文化阅读能够扩大华文教师视野，帮助其了解中华文化和当地文化的异同，建立包容、平和的心态，这种心态能够潜移默化地影响华族学生，使其更好地适应当地社会。

再次，跨文化阅读有助于培养华文教师跨文化教学能力。华文教育的基础是华语教学，而语言与文化是息息相关的。邢福义（1990）指出：“语言是文化的符号，文化是语言的管轨。好比镜子或影集，不同民族的语言反映和记录了不同民族特定的文化风貌；犹如管道或轨道，不同民族的特定文化，对不同民族的语言的发展，在某种程度、某个侧面、某一层次上起着制约的作用。”[10]正因为语言和文化之间水乳交融的关系，所以在跨文化环境中进行华文教学时须注意文化对语言的影响。跨文化阅读能够给华语教师提供充足的文化背景知识，从而体察学生由于“文化缺省”而造成的语用偏误。笔者有一个菲律宾华裔学生无论何时何地都用“吃了没”这句话和人打招呼，甚至从卫生间出来遇到熟人也是如此，问其原因，他说是在菲律宾时华文启蒙老师教的。原来，教师在讲授语言知识时没有考虑文化环境和语用条件，在当代中国，用“吃了没”打招呼的情况越来越少，更多的是直接说“你好”。海外华族在坚守文化传统的同时不可避免地出现了文化断层，而跨文化阅读是弥合断层，提升华文教师教学能力的重要途径。

四、跨文化阅读研究的基本内容

（一）海外华文教师阅读情况的调查

由于目前尚未有人对海外华文教师阅读情况进行专题研究，因此必须采取问卷调查和个案访谈的方法获得第一手资料。调查内容包含阅读时间、阅读动机、阅读态度等传统问题，同时考虑到海外华文教师群体的特殊性，还应涉及以下三方面内容。一是阅读语言，即阅读文本的语言，以东南亚为例，东南亚许多国家都是双语或多语社会，因此提供给教师的阅读文本不止一种语言，但是据初步调查，除新加坡以外，菲律宾、印度尼西亚、马来西亚等可供教师阅读的华文资源很少，除了华文教材以外，集中在几家华文媒体，如菲律宾的《世界日报》《商报》，马来西亚的《南洋商报》，印度尼西亚的《国际日报》。另外，由于中国台湾在东南亚经营华文教学多年，加上东南亚没有统一的华文规范政策，因此“规范汉字、繁体字、异体字、不规范的简化字、旧印刷字形、日本汉字、旧计量用字和韩国汉字都有使用”[11]。通过调查阅读文本语言情况，可以描摹出华文教师的阅读语言环境。二是阅读偏好，即阅读时偏好的类别，如时事政治类、自然科学类、艺术文化类、教育教学类、哲学思想类等。文化环境会影响人们对阅读内容的选择，举例来说，中国上世纪八十年代中国人喜欢阅读诗歌、小说，九十年代经济类、计算机类图书很热门，进入21世纪后网络文学兴起。那么，多元文化环境中华文教师的阅读偏好值得进一步调查，从而有针对性的建设阅读资源。三是阅读渠道，即接触、获得阅读文本的方式，比如传统渠道有图书馆、书店、报刊亭等，进入网络时代后，新媒体的兴起带来了阅读方式的更新，各种数字化媒体充斥着人们生活的各个角落，丰富的阅读资源通过新媒体得以广泛传播。那么，海外华文教师倾向于利用何种渠道获得阅读资源值得探究，因为掌握了阅读渠道，就能更好地传播阅读资源。

（二）海外华文教师阅读资源的建设

阅读资源建设是为了解决“读什么”的问题，华文教师阅读资源的建设首先要考虑的是文本语言。从阅读对华文教师个人情操的陶冶和素养的提升来讲，哪一种文本语言并不十分重要，只要华文教师能够认真阅读自己熟悉的语言文本，必会有所收获。但是，从阅读对华文教育事业的促进来看，华文教师的阅读必然以华文文本为佳，因为语言是文化的载体，只有透过华文才能还原最原始、最完整的中华文化信息。因此，华文教师的专业阅读应该以华文文本为主，阅读资源的建设也应采用规范的华文和规范的汉字。其次，阅读资源的内容须在中华文化的基础上突出跨文化特点。海外华文教师所面对的是多元文化环境，因此需要在跨文化比较中体验中华文化的精髓。任翔（2016）主编的六卷《教师素养读本》在跨文化方面做出了有益尝试[12]，该读本不仅选取了中国学者的文章，还吸收了很多国外学者的文章，二者交相辉映，相辅相成，让读者能够跨越时间和空间的阻隔，均衡地汲取营养。再次，应注重纸质资源和电子资源共同发展。纸质资源能够提供最原始的阅读乐趣，而电子资源传播便捷，华文教师远在海外也能方便的获取，所以在阅读资源建设时应综合考虑。

（三）海外华文教师阅读能力的培养

许多华文教师侨居海外多年，或者是土生土长的移民后代，已经脱离了纯粹的华文环境，华文阅读能力堪忧，因此对其进行阅读能力的培训尤为重要。目前大陆针对海外华文教师的培训侧重于华语知识、文化知识、第二语言教学法相关知识的传授，短期内很有效果，但培训的时长有限，而且教师往往处于被动参与状态。学界一致认为，教师的成长很大程度上取决于自己的反思性学习，而阅读是教师反思性学习的重要组成部分，只有教师真正理解了文本的内涵，才能很好地传递给学生，特别是对华文水平有限的华裔学生，教师的正确引导和启发是至关重要的。因此，应将华文教师阅读能力培养纳入培训体系，比如开设“阅读方法”“名著导读”类课程，使华文教师逐步提升阅读能力。

五、结语

海外华文教师主要分布在东南亚地区，而东南亚是“一带一路”战略的重要节点，因此推进华文教师阅读研究有助于推动华文教育事业的发展，扩大中华文化的影响力。由于东南亚华文教师身处多元文化环境，因此其阅读语境及阅读内容不可避免地带上了跨文化的特点。在多元文化背景中进行跨文化阅读，有助于加深华文教师对中华文化的理解并提升其跨文化意识及跨文化教学能力。进行东南亚华文教师的跨文化阅读研究，首先需对华文教师阅读情况进行调查，从而有针对性的建设跨文化阅读资源，同时通过培训加强华文教师的阅读能力。

目前，实施东南亚华文教师的跨文化阅读研究有两个有利条件，一是依托国务院侨办“海外华文教育情况普查及动态数据库建设”项目，对东南亚华文教师的阅读情况进行普查，一是借鉴国家语委重大课题“面向基础教育的阅读行动研究”的研究方法和思路。我们相信两个领域的研究相结合，必能获得有价值的成果。

＊本文为国家语委2015年重大课题“面向基础教育的阅读行动研究”【ZDA125-123】、中央高校基本科研业务费项目“互动语言学视野下的汉语口语关系从句研究”【CCNU17A06013】、中南财经政法大学学院创新团队资助项目“对外汉语教师评价研究”【31541511402】阶段性成果之一。

注释：

[1] 郭熙：《海外华人社会中汉语（华语）教学的若干问题》，《世界汉语教学》2004年第3期，第83页。

[2] 李宇明：《海外华语教学漫议》，《暨南大学华文学院学报》2009年第4期，第6页。

[3] 郭熙：《对海外华文教学的多样性及其对策的新思考》，《语言教学与研究》2013年第3期，第3页。

[4] 周健:《浅议东南亚华文教师的培训》,《暨南学报》(哲学社会科学版)1998年第4期,第67页。

[5] 徐天云:《海外华文教师培训的策略选择——以印尼为例》,《肇庆学院学报》2013年第1期,第91页。

[6] 陈旭:《海外华文教师专业知识来源的个案研究》,华东师范大学硕士学位论文,2014年,第48页。

[7] 陈旭:《海外华文教师专业知识来源的个案研究》,华东师范大学硕士学位论文,2014年,第70页。

[8] 宋飞:《东南亚特色华语词汇的区域和国别比较研究》,《语言文字应用》2016年第4期,第112页。

[9] C. Hoskins, R. Mirus, Reasons for the U. S. Dominance of the International Trade in Television Programmes, *Media Culture & Society*, 10, 1988(4): 499-504.

[10] 邢福义:《文化语言学》,武汉:湖北教育出版社,1990年,第1页。

[11] 刘华:《东南亚主要华文媒体用字情况调查》,《华文教学与研究》2010年第1期,第17页。

[12] 任翔:《教师素养读本·序言》,济南:济南出版社,2016年,第1～6页。

交互式远程汉语教学项目个案分析
——堪萨斯大学孔子学院“星谈”（STARTALK）项目

刘　雯

（华中师范大学文学院，湖北武汉，430079）

内容摘要：交互式远程教学（又称为视频会议教学）在美国已取得了丰富的理论和实践成果。本文依据实地教学经历，对堪萨斯大学孔子学院短期汉语项目——星谈（STARTALK）从项目目标、技术手段、课程设置和教学评价等方面进行了一个较为全面的考察和分析，发现该院的“星谈”项目充分调动了各种有利因素，发挥了交互式远程课堂的优势，采用远程加面授的混合式教学，较高水准地实现了项目目的。本文从项目的整体构想和微观技巧入手，探寻美国本土交互式远程汉语教学的规律和可借鉴之处。

关键词：交互式远程教学；混合式教学；汉语教学

一、“星谈”（STARTALK）项目介绍

（一）“星谈”（STARTALK）项目

星谈——STARTALK 意为开始谈话，是美国国家安全语言倡议中一个最新的组成部分，由时任总统布什于 2006 年 1 月提出，旨在扩大和提高几种并未被广泛开展的重要战略语言在美的教学。

“星谈”的使命是向 K-16 的学生和老师提供夏令营课程，使更多的美国人参与到几门关键外语的教与学中来，让学生获得引人入胜的学习体验，使老师的教学也得到启发，最终形成一个广泛的学习社区，以目标导向的设计程序、标准化的课程设置、以学习者为中心的教学方法、优秀成熟的教学资源和有意义的教学评估这五个方面作为出发点，持续不断地对外语教学进行改进。

“星谈”项目提出了如下八个核心原则和教学理念以保证有效的教学和学习。

① Standard-based；Student-centered（标准基础；以学生为中心）

② Target language（使用目标语言）

③ Appropriateness（适合学习对象）

④ Reflection（反思）

⑤ Time on task（保证投入任务时间）

⑥ Application to new contexts（将语言运用于新的语境）

⑦ Learning outcomes（学到的语言知识和技能要能输出）

⑧ Knowing is doing（在做中学）

这八个核心原则的首字母拼合在一起组成项目名称STARTALK。这些理念体现了美国外语教育的主流理念。不局限于语法词汇的教学，而更注重目的语文化的体会和认同，以及创造性地使用外语。

因为“星谈”的国家项目属性，其经费预算达到几百万美元，许多学生项目减免学费或提供补助、免费午餐等，免去了学生及家长的后顾之忧。“星谈”为学生提供丰富多彩的学习经历。有的高中和大学合作，让高中生提前领略大学生活，有的项目把学生带到大自然中，还有的派遣教师和学生到中国体验文化等。除此之外，“星谈”还为语言老师和项目管理人员建立了一个资源分享的网络平台。这些都令“星谈”项目对全美的外语教育持续发挥作用，成为一个在世界语言教学领域的国家财富[1]。

截至2017年4月，“星谈”把其外语语种从最初的两个扩大到当前的十一个（阿拉伯语、汉语、达里语、印地语、韩语、波斯语、葡萄牙语、俄语、斯瓦希里语、土耳其语和乌尔都语），项目总数从34个增加到151个。参与人数持续增长。无论是“星谈”的学生项目还是教师项目，中文一直是最大的语种，包含中文的项目数达到92个。学生项目几乎遍布美国所有州。其中堪萨斯大学孔子学院的项目以通过远程互动的方式教授中文为特色，是一种典型的混合式教学。

（二）堪萨斯大学孔子学院与“星谈”（STARTALK）项目

堪萨斯大学孔子学院（以下简称堪大孔院）于2006年成立，由美国堪萨斯大学、国家汉办和华中师范大学联合创办。基于地广人稀的地理特征以及汉语教师缺乏的现状，该孔院从办校伊始就开始通过互动性电视会议技术向本地及偏远地区学生提供汉语课程，目标就是要把堪萨斯大学孔子学院建成一个IDL交互式远程汉语教学研究中心[2]。

堪大孔院从2008年第一次成功申请“星谈”项目，截至2017年一共举办了7届。我们可以把“星谈”项目看作堪大孔院远程汉语教学的浓缩精华版，它取得了卓有成效的反馈，它吸收和体现了最新的远程教育成果和理念，是交互式远程汉语教学的优秀范本，值得我们深入探究。

二、堪萨斯大学孔子学院“星谈”(STARTALK) 项目面面观

（一）教学对象

该项目面向的是堪萨斯州及附近的7～12年级（初中和高中）的中学生，大多数是零起点，少部分有过汉语学习经历。以2014年“星谈”项目为例，参加该项目的学生总计55人，分别来自堪萨斯州、密苏里州、阿肯萨斯州和南达科他州的六所学校。

（二）教学安排

该项目为暑期项目，持续时间为2周10天，60个学时左右。学生们先在自己的

学校与堪大孔院定时连线，通过视频会议系统上完8天的远程汉语课，然后集合到堪萨斯大学参加为期2天的营地活动，最后回到堪萨斯大学爱德华校区（孔院所在地）参加中国文化体验课，拍摄微电影，参加电影节。具体课程及活动安排见表1：

表1 堪萨斯大学孔子学院“星谈”项目课程及活动安排表

时间	第1～7天	第8天	第9天	第10天
上午	8:30—9:20 IDL远程课堂 9:30—10:20 IDL远程课堂		回到孔院 个人海报演讲彩排 拍摄微电影	Linguafolio网上调查问卷 红毯采访 电影节——全体电影展映
	10:30—11:20 自主学习(Blackboard线上任务＋海报、剧本等线下任务)	明尼苏达孔子学院三方连线IDL远程课堂		
中午	11:30—12:20 IDL远程课堂		午餐:西餐	午餐:中餐
下午		破冰游戏 评选最佳海报 递出邀请卡	编辑微电影 文化体验课:民乐/书法 演讲比赛	评分票选 颁奖 后续派对 文化沙龙 长城畅谈
晚上		师生一同入住堪萨斯大学学生宿舍	回到学生宿舍	结束

（三）技术手段

远程教育是科学技术的产物，有效的远程课堂离不开现代技术的支持，本部分主要从同步视频教学、异步网络技术和线上软件三个方面进行介绍。

1. 同步技术

堪大孔院拥有7间远程视频教室，每个教室配备了远程设备，包括：安装有Polycom视频系统的电视（传输师生影像），装有TS Series软件的电脑（切换电脑界面和电视画面），电话，摄像头，麦克风，文件摄像机（特写、白板展示），白板，马克笔，传真机和扫描仪（传输作业及文件）。

2. 异步技术

网站黑板Blackboard是一个应用广泛的在线教学管理平台，教师可以创建、发布和管理课程内容，包括课程介绍、课程计划表、通知等。“星谈”项目按照日期分配好每天的学习内容，让学生对自己的学习任务一目了然。平台上的内容形式丰富多样，主要包括：音频、网页链接、作业、自测试题、视频。平台还指导学生下载汉字输入法软件，让学生练习汉字输入。除此之外，邮箱、论坛等也是师生沟通必不可少的工具。

3. 几种线上软件

(1) Goanimate。Goanimate卡通动画制作平台是一个在线的卡通短片制作服务网站，具有功能强大的场景、人物、动作、语言、音乐设置。用户选定场景和角色以后，可以自行编辑对话进行配音。因为有生动可爱的卡通人物和对话情景，学生很容易被吸引。“星谈”项目第一天的项目介绍视频就是由孔院管理者和汉语教师一起录制的。

（2）Voki。Voki是一个教学辅助工具网站，学生和老师都可以创建账户，通过选择制作出个性化的卡通人物形象，用打电话，麦克风，上传录音或打字的方式导入音频，创造一个属于自己的角色。老师可以要求学生用Voki录制一段自我介绍，自行练习和上传，老师随后在网站上收听，点评和互动。

（3）Imovie。Imovie是苹果设备上的一款视频编辑软件，为“星谈”的微电影制作提供服务。因为这是非常普及和简易的视频制作软件，许多学生自己也能很好地操作，为电影节的顺利开展起到不可忽视的作用。

（四）课程的设计思路及实践

堪大孔院“星谈”项目的课程设置和教学计划随着时间的推移、经验的积累，一直处于逐步完善和丰富之中。孔院执行院长韦雪瑞女士和全院教师员工都亲身参与教学计划的设计，在保留往届项目的精华之外也积极创新、集思广益，不断更新以设计出最佳方案。

1. 课程设置的基本思路

为了更符合孔院的办学特色，“星谈”项目从早期起已确立了交互式远程教学、线上研究性活动与营地体验相结合的混合式教学思路。贯彻以学生为中心的宗旨，建立远程学习圈（即远程教育运行系统中学生、教师和资源三个要素相互作用的时空区域）[3]。

各个单元的语言功能项目以贴近中学生日常生活与兴趣为主。线上活动通过Blackboard系统进行。营地体验活动中包括展示自制海报，采访汉语母语者，与汉语母语者游戏互动，分小组拍摄微电影并进行比赛。最终目标是把之前所学习的内容串联在一起，使得整个项目浑然一体，拍摄微电影是孔院的独创，其所具备的创新性和挑战性对于活泼的中学生来说极具吸引力。

2. 课程的准备工作

在确定单元主题与最终任务之后，我们需要细化到每一节课的每个活动的可操作性上，孔院的教学基本上以各式的游戏及任务为载体。教学准备工作除了课程计划、课件，还包括各式道具，并把游戏活动需要的材料提前邮寄给各个学区。比如：(1) 中文名（包括汉字意义和笔顺）；(2) 印有图片的“最喜爱的运动项目”调查表格；(3)“能做”（can-do statement）单元自测表格；(4) 教学大纲；(5) 手写邀请卡片；(6) 海报纸板；(7) 印章设计纸。另外还包括熊猫道具（用来转换课堂语言模式）和手持摄像机等工具。

（五）教学评价

教学评价是指教学是否达到教学目标的评价方法和标准。不同于普通课程的评价手段，“星谈”项目作为短期夏令营项目，更多的是鼓励学生参与学习过程，体验学习乐趣。

教学评价采用表现性的评估方法，即要求学生出于实际目的而使用语言，如信息交换、向指定人群陈述观点、写信、理解他人观点等。评估系统包括两部分，一是形成性评价，也就是指平时学生学习过程中的课堂任务以及作业。二是总结性评价，是指学习结束后的总评价。

1. 形成性评价

学生需要完成的形成性评价主要包括：回答老师问题，和搭档角色扮演，向全班同学表演对话。面向搭档和全班同学的调研，逐步完成海报制作。发出和回复邀请信。以班级小组为单位编写剧本，上传音频到 Voki 账户，制作中文名印章，网上票选最受欢迎中文歌曲等。除了这些课堂任务和作业，还包括每节课的课后自测表，自测表在每节课结束时当堂进行，这一环节既可以起到复习作用，也能令学生有成就感，或及时发现自己的问题。

2. 总结性评价

“星谈”项目的总结性评价包括营地体验和电影节相关活动。

(1) 营地体验。学生们在堪萨斯大学的学生活动大楼集合，每个校区的学生被打乱分区，随机组成新的团队。团队一起做破冰游戏“抢凳子”，最后抢到凳子的同学接受采访并得到小礼物。每个组围坐成一个圆圈，每组安排一个中国留学生作为采访嘉宾，每个队的队员需要在规定时间内，使用学过的问句对嘉宾轮番发问，所提问题数最多的团队获胜。之后学生们对墙上的海报用贴贴纸的方式投票，票选出最受欢迎海报。

(2) 演讲比赛。结束营地活动之后，学生们一起来到孔院，每一个学生都被要求拿着自己的海报，介绍自己。最后由教师组成的评委会选出最佳演讲者。

(3) 拍摄中文微电影。微电影由师生一起在一天时间内完成，是最具挑战也是最激动人心的环节。孔院为每个团队配备一部手持摄像机，安排专业剪辑师为他们提供支持。

具体流程：学生完成剧本—确定电影类型—演职人员分工—借道具、场地—拍摄—合成、剪辑和配乐—中英文字幕。另外还需要拍摄采访演职人员的花絮，作为宣传广告于电影节正式开始之前在大屏幕上滚动播放。

(4) 参加“星谈”电影节。流程如下：①孔院院长韦雪瑞致欢迎辞，宣布电影节开幕。②红毯采访，由自告奋勇的学生担当主持人，对每一个团队进行红毯采访，采访问题包括“你们叫什么名字，来自哪个高中?”“今天心情怎么样?”“你们拍的是什么电影，谁是导演?”等。③电影展映。学生和教职人员一起欣赏全体电影。④评审团和观众投票评选各类电影奖项。包括最佳电影，最佳创意，最佳配乐，最佳男女主角，最佳男女配角等。⑤颁奖典礼。获奖团体和个人上台领取奖杯，发表得奖感言。孔院院长宣布闭幕。

(5) 后续派对。与其他同学自由交谈，为其他同学的海报留言，参观孔院精心准备的中国传统文化项目的展览，参加互动游戏，包括剪纸，象棋，脸谱，穿上中式戏服拍照等等。派对期间播放学生们之前在 Blackboard 平台上票选出的最受欢迎中文歌曲。

三、教学规律和可借鉴之处

（一）课程总体设计具有情境针对性

该项目以拍摄微视频作为总结性评价，围绕学生兴趣爱好展开教学，充分调动学生的积极性。教学内容和环节有的放矢，环环相扣。例如在制作海报的形成性评价设计上，每学完一个知识点，学生就能在每天的自主学习时间里完成相应的板块，等到学完所有内容，海报也就完成了，最后学生带着自己的海报，来孔院参加海报设计大赛和演讲比赛。同样，为了能在星谈电影节红毯采访环节中准确回答主持人的问题，学生也要努力学习关于自己的基本信息、兴趣爱好等问答方式。这些具有针对性的设计能增加学生的参与度，对项目起到非常积极的作用。我们在设计课程的时候，可以参考堪大孔院的做法，将学习内容和学习任务放置在特定情境中，把学生的学习变得像通关游戏一样有趣。

（二）同步异步、线上线下相结合

该项目的日常课程除了汉语老师授课，还包括异步的线上和线下的学习和交流。每天的第三节课是学生们的自学时间，他们在 Blackboard 教学平台上根据提示自行复习生词，完成线上任务，包括去指定网页阅读和学习进度相关的内容，观看视频，听中国音乐，票选最爱的歌曲，试题自测，和老师、同学们在交流区互动。这种做法的优势表现在以下方面：

（1）异步技术和网络平台让学生发挥自主性，给了学生将新内容内化，建构成自己内在知识的机会。美国学者 William Horton 指出，实时性的合作性强的互动工具例如视频会议可能会影响甚至打击学习者的自信心，他们更倾向于使用 E-mail 或论坛，让他们可以有足够时间思考和组织话语[4]。根据这一研究结论，同步异步结合的方式可以起到兼顾不同类型学习者的不同需要的作用。

（2）扩大了知识面的外延，孔院紧密结合每天课程，根据学习进度安排学习内容，既有基础的关于当天学习内容的听音频复习生词，跟读句子并录音，也有课外读物及文化背景知识，令学生们的学习更加全面立体。

（3）培养了学生的学习兴趣。众所周知，汉字是欧美学生的老大难问题。在 Blackboard 汉字知识栏中，孔院副院长刘海汶亲自录制了视频，演示如何设计属于自己的汉字姓名印章，很好地激发了学生们书写汉字的愿望。

（三）利用资源，创造机会，保证交互性

远程教育专家 Michael G. Moore 曾提出交互距离理论，指出增加师生之间的对话、回应学习者的个别需要能缩短远程教学中的“交互距离”，反之亦然[5]。那么身处不同空间的远程视频教学中的师生，如何保证有效互动呢？堪大孔院经过多年的探索，在交互手段上主要有如下技巧：

（1）妙用道具创设语境。孔院的每一间远程教室中都配备了多个透明工具箱，装有多种角色的手偶、布偶，实物和仿真道具，例如水果，运动器材，色板，仿真食物等等。老师们可以利用这些道具，一人分饰多个角色，设计情景对话，或与学生互

动。这些丰富的道具可以激发教师及课堂的创造性，起到意想不到的效果。

(2) 充分利用多媒体计算机技术，运用图片，视频，音频各式手段，其中包含孔院老师们为了迎合学生兴趣和学习进度而自己制作的素材，吸引学生注意力。

(3) 设计多种课堂活动，以学生为中心，让学生在做中学，在玩中学。孔院的课堂就是由各式各样的活动和任务组成的。学生随时需要回答老师的问题，和搭档角色扮演，对全班学生就某个问题进行调研等等。这些活动保证了学生与老师、学生与学生、学生与学习内容之间的交互，也正是充足的交互保证了良好的教学效果。

(四) 重视情感交流，远程和面授相结合

完全的远程教学无疑不利于学生和老师之间的情感交流。学生可能会将老师当作“电视里的人物”，堪大孔院的做法是运用远程课堂和营地体验相结合的模式，在学生们参加项目之初，他们就从教学大纲得知通过前 8 天的学习，他们最终将来到堪萨斯大学参加营地活动，与老师们和其他学校的同学们面对面交流，这种安排使得学生们处于期待的心情之中，从而强化他们的学习动机。在堪大孔院的常规教学中，老师们一个学年会有一到两次机会去所教学校进行实地访问和面授。不管是老师还是学生，当真正见到彼此，那种既熟悉又陌生的感觉会令双方都产生激动而奇妙的心情。一位来自堪萨斯州南部沙怒特市高中班的学生史瑞娜在接受笔者电话访谈时表示，和老师见面会让她有一种真正的联系的感觉，包括不同种族的人们呈现不同的身体特征这种真实的感官体验，令她感觉到自己确实是在和来自地球另一边的人进行交流。这种珍惜的心情会对课上的学习起到促进作用。同样，许多老师在见到学生们本人以后，也会增加责任感和使命感。所以，我们建议开展远程教学的学校和组织在有条件的情况下尽量安排学生和老师见面，增进情感交流，达到促进教学的目的。

(五) 目标导向教学

以目标为导向的逆向设计是堪大孔院课程设置的特色，“逆向设计”(Backwards Design) 理论由美国教育家威金斯 (Grant J. Wiggins，1998) 和麦克泰格 (Jay McTighe，1998) 提出。该理论主张从一开始就设定好预期的教学成果，然后针对这个目标由大到小地设计教学活动[6]。孔院为了调动学生最大的积极性，发挥青少年爱创造的个性，把项目的主题设定为根据兴趣交朋友，拍摄微电影。然后细化到每一个单元，一个单元一个主题，最后到具体的教学内容和教学活动。这种以目标为导向的设计使得老师的教和学生的学都能有的放矢。

(六) 体现了汉字和语音的特殊性

由于汉语与印欧语系语言的不同特性，汉语的汉字和语音对于美国学生来说十分具有挑战性，而在堪大孔院的“星谈”项目中，孔院在线上的学习资源中特别设置了汉字和拼音专题板块，学生每天的必做任务中包含了观看汉字、拼音的教学视频，完成辨音练习，汉字创意绘画，设计名字印章等等。这些练习脉络清晰，循序渐进，形式多样，富有趣味性。这种精心的设计既为学生打下良好基础，扫清学习障碍，也能激发兴趣，体现了孔院开发团队的用心，值得其他汉语项目开发团队学习参考。

四、结语

“星谈”项目是一种理想化的教学，没有传统教学中的考试压力，有的是一场精心策划的充满新奇的汉语言之旅。对于“以学生为中心”的教育理念，一些学者和教师存有质疑，但是从项目的效果来看，却令人十分乐观，学生们有了新奇的体验，发展了兴趣，产生了继续学习的意愿。这一点对于我们的汉语国际推广有重要的借鉴意义。

从远程教育角度来说，学生的自主学习是远程教育所追求的目标。作为提供远程教育的一方，发展方向应该是往更精致更具有交互性的教学设计和更多样的教学资源上走。我们的课程设计总体规划应该具有较高的情境针对性，让学生能从中找到参与感和学习的乐趣。信息技术的发展让许多的不可能成为可能。老师们作为活动策划者和“导学者”，需要充分利用信息技术，转变观念，大胆创新，真正让学生成为学习主体，加大学生进行探究性学习、合作学习的比重；与此同时，提供内涵丰富、外延扩展的学习资源，为每个学生打开汉语言及汉文化知识的大门。

注释：

[1] G. Hu & S. C. Wang:《STARTALK是中文学习者和老师的“资源宝库”》。[2012年8月2日]http://www.mandarininstitute.org/zh-hans/node/123.

[2] 刘程:《美国堪萨斯大学孔子学院远程交互式汉语短期培训项目STARTALK概况及启示》,《国际汉语教育》2011年第1期,第18页。

[3] 丁兴富:《论远程学习的理论和模式》,《开放教育研究》2006年第12期,第17～27页。

[4] W. Horton, *Leading E-learning*. 转引自刘程,安然:《国外远程交互式教学研究及其在对外汉语教学中的应用综述》,《中国远程教育》2011年第23期,第35～40页。

[5] M. G. Moore, *Handbook of Distance Education*, New York: Routledge, 2013, pp. 66-86.

[6] G. Wiggins & J. McTighe, *Understanding by Design*, Alexandria: Association for Supervision and Curriculum Development, 1998, pp. 13-15.

中华优秀传统文化传承发展视野下的中国民间文学笔谈

刘守华　等

当代中国的文化形态充满了丰富的张力，多元与合流、西化与本土的复杂关系，深深地植根于全球化与传统文化的碰撞之中。2017 年 1 月 25 日，中共中央办公厅、国务院办公厅印发了《关于实施中华优秀传统文化传承发展工程的意见》（下简称《文化工程意见》），并发出通知，要求各地区各部门结合实际认真贯彻落实。《文化工程意见》首次以国家纲领性文件的形式明确指出，作为优秀传统文化的中国民间文学需要在两个方向上努力：一是编辑、出版中国民间文学大系；二是经典中国民间故事的动漫改编与创造性转化、创新性发展。基于此，我刊邀请国内八个中国民间文学学科、民俗学科博士点单位的相关学者笔谈，就中华优秀传统文化传承发展视野下的中国民间文学提出理论与实践的思考和建议。国内外知名学者刘守华先生也愉快地应允了笔谈邀请，我们还邀请了文化产业界代表和语言学方面的专家，从多个维度讨论中国民间文学的当下语境与传承发展趋势，以期在国家文化发展战略背景下对中国民间文学学科提出建设性意见。

由重申民间文艺的重要价值说起

刘守华

（华中师范大学文学院，湖北武汉，430079）

笔者作为在中华民间文学园地耕耘达半个世纪的学人，读到《文化工程意见》深受启迪和鼓舞。现仅就近日读书所得之管见略书一二。

一、民间文艺重要价值的评估新议

2016 年 6 月，中国民间文艺家协会举行第九次全国代表大会时，中宣部部长刘奇葆在会上致辞中的这一段话特别受到笔者的关注：

可以说，民间文艺是传统文化遗产中最基本、最生动、最丰富的组成部分，印刻着中华民族独特的文化记忆和审美风范，值得我们礼敬和传承。[1]

在1990年中国民间文艺家协会成立40周年之际，李瑞环同志所发的贺词中，认定“民间文艺是我国各族人民劳动和智慧的结晶，她既是中华民族优秀传统文化的重要组成部分，又在当代人民文化生活中起着重要作用”。这两段话所表达的肯定民间文艺价值的基本意思虽然是一致的，现在却加了三个“最”字，以“最基本、最生动、最丰富”来凸显出它在中华传统文化宝库中的重要位置，所表达的对民间文艺的尊崇与礼敬就更为鲜明强烈了。

这三个“最”字来自何处？笔者按自己的记忆线索，查找到1950年3月29日北京成立中国民间文艺研究会时，被推举为首任会长的郭沫若先生的讲话，开宗明义道：

如果回想一下中国文学的历史，就可以发现中国文学遗产中最基本、最生动、最丰富的就是民间文艺或是经过加工的民间文艺的作品。[2]

原来这三个“最”是这位文化巨匠从中国文学发展史中概括而来的科学论断。由于民间文艺“出身低微”，长时期受上层封建文化的压伏和社会的轻视。直到五四新文化运动浪潮汹涌，北京大学成立歌谣研究会和创办《歌谣周刊》，才使得民间文艺学进入新兴人文学科的殿堂，并且在新中国建立后获得了长足发展。但民间文艺学受到漠视的境遇并未完全改变，至今在高校的学科目录中，它还没获得独立位置，而是在“社会学”的二级学科中，以“民俗学（含民间文学）”这样的别致方式来处置，严重地影响了这门学科及民间文艺事业的发展，亟待引起有关方面的关注和解决。现已有人建议在“艺术学”门类中列入“民间文艺学”分支，或恢复80年代学科设置中将“民间文学”同“中国古代文学”、“中国现代文学”并列的体制，我以为都是可取的。

民间文艺的价值评估本是老生常谈，却成为当下不得不面对的新话题。

二、深入审视中国民间文艺学的鲜明特质

以上是对中华民间文艺总体价值的评说。由于民间口头文学及其采录研究活动在世界各国具有普同性，中国现代民间文艺学从“五四”时期发端之日起，就深受日本、苏联和欧美学界的影响，在一定程度上以同国际接轨为前进趋向，其间有利有弊。在建设中国特色社会主义现代经济、文化大潮汹涌澎湃向前的今天，深入体察中国各民族创造传承的民间文学的特质和百年来中国几代学人奋力耕耘所取得的辉煌成就，无疑是有十分重要的意义。刘锡诚先生的巨著《20世纪中国民间文学学术史》已对此作了系统清理而备受好评。笔者也撰有《映日荷花别样红》[3]一文给予称道。此稿借用一句宋诗“映日荷花别样红”，强调它紧密联系中华国情来考察这门学术发展而有别样发现与魅力。因匆忙成篇，意犹未尽，这里再略作补充。

立足于中国国情，充分认识中国民间文艺学的民族特质，是中国民间文艺学真正

走向成熟的首要标志。例如由于中国地域辽阔，历史悠久，民族众多，因而孕育生成的民间文学不论在生活内容还是在艺术表现上便格外丰富多彩；又如，民间文学的普遍形态本是口头传承，而中国丰厚的上层文化，繁复的中层通俗文化和扎根泥土的下层民间文化却保持着密切的互动关系，既相对独立又彼此融合，显得十分复杂纷繁；再如民间文学主要是农业文明的产物，20 世纪初期和中期的中国社会，民间文学正保持着它最鲜活的姿态，发散出最强旺的生命力，因而这期间采录得来，以民间文学集成为代表的这些作品特别光彩照人；特别是民间文学中所饱含的下层民众要求挣脱黑暗、渴求光明的心声，正应和了一批民族精英立志改天换地的宏图大略，于是才有了“五四”时期北京大学征集歌谣，知识分子到民间去这些破天荒之举。关注民俗和民间文学，虽然是 20 世纪初叶西学东渐而兴起的，其根柢却深深扎在中华大地的沃土之上。这同西方列强伴随殖民主义扩张而兴起民俗学之类学科实有天壤之别。这也就是中国民间文艺学很早就受到共产党人的青睐，以至于成为左翼文化一个侧面的历史机缘。

笔者无意就此问题泛泛而论，只说一下近日阅读刘锡诚先生新作《双重的文学》，书中所引录毛泽东于 1940 年就如何估价旧中国乡村文化写给周扬的一封信而生出的感想。曾长期担任中共中央宣传部部长，后来又被推举为中国民间文艺家协会主席的周扬，既是著名的马克思主义文艺理论家，又是中国文艺战线的卓越领导人，堪称中国民间文艺学的主帅，刘锡诚撰写的长文《周扬与我国民间文学事业》，对他组织领导新中国民间文艺事业作了翔实而全面的回顾与评说。最引人注意的是此文引录了毛泽东 1940 年 11 月 17 日，读到周扬刊登在延安《中国文化》杂志上的《对旧形式利用在文学上的一个看法》一文后所写的一封信，信中既肯定周扬此文“写得很好，有大影响”，又对一些“不大妥当的地方”作了修改，进行讨论。他认为此文“有把古代中国与现代中国混同，把现代中国的旧因素与新因素混同之嫌”，特地强调指出：

> 不宜于一般地说都市是新的而农村是旧的，同一农民亦不宜说只有某一方面。……不宜于把整个农村都看作是旧的。所谓民主主义的内容，在中国，基本上即是农民斗争，即过去亦如此，一切殖民地半殖民地亦如此。现在的反日斗争即是农民斗争。农民，基本上是民主主义的，即是说，革命的，他们的经济形式、生活形式、某些观念形态、风俗习惯之带着浓厚的封建残余，只是农民的一面，所以不必说农村社会都是老中国。在当前，新中国恰恰只剩下了农村。[4]

毛泽东的这封信，直到 2002 年才收录于《毛泽东文艺论集》正式发表。刘锡诚说，“毛泽东给周扬的这封信，对于理解周扬这篇文章的一些观点以及如何理解农民都极为重要”，作为标志，他的这篇文章毕竟完全改变了他本人以及“左联”朋友们曾经的贬低和忽视民间文学的偏见，同时也为两年后毛泽东《在延安文艺座谈会上的讲话》中对民间文艺的重视和提倡作了铺垫[5]。（毛泽东的《讲话》稿曾交由周扬做过不少修改）

可见在中国，民间文艺学的兴起，特别 40 年代延安文艺座谈会之后，重视和提倡民间文艺之风介入文学主潮，新中国建立后又作为国家文化建设的一个重要侧面持续发展，是同共产党人重视乡村，重视农民的历史创造作用分不开的，我们不能只是简单地从西学东渐和少数学人对新学的探求来解释。我曾以《走向成熟，走向世界——中国民间文艺学百学历程》为题撰文，在1999年12月出版的加拿大华文学刊《文化中国》刊出，文章开头写道：

> 行将结束的20世纪，在中国历史上是一个风雷激荡，翻天覆地的历史时期。千百年来紧密伴随民众生活，真实记录他们历史足迹，直接抒写他们爱憎苦乐与梦想追求的民间口头文学，也相应地备受文化界的关注，终于构成为一门现代人文学科——民间文艺学，并获得了长足发展。从五四时期北京大学成立歌谣研究会，创办《歌谣》周刊，到90年代末规模宏大的民间文学三套集成陆续问世；从鲁迅称道众多的民间故事讲述人为“不识字的作家”，到毛泽东亲自倡导采集民歌，向民间文艺学习以补益新文艺创作；从《故事会》这样的刊物每期发行几百万份，到一系列口头文学家的口述作品专集纷纷问世，享誉全国并走向世界，等等。诸多事例构成百年中国文化史上别开生面的崭新篇章。[6]

我个人从上世纪50年代起，投身于民间文艺学园地耕耘不息，也是从新中国诞生后在洪湖师范学校就读，被安排参加土地改革运动，搜求洪湖革命歌谣，由珍爱这一草根艺术的社会氛围所吸引而以之为业的。新中国诞生后，即组织了第一个半官方的群众文艺社团——中国民间文艺研究会，作为推进全国民间文艺事业的核心部门持续至今，尔后的少数民族地区民间文艺调查，民族民间文艺集成志书的编纂，一直到非物质文化遗产的保护等等，被誉为采录研究民间文艺的几个黄金季节接踵而至，所获成果蔚为壮观。不论是少数民族的部分史诗，被誉为“文化长城”的民族民间文艺十套集成志书，还是现今列入国家规划的中国民间文学大系出版工程，都是在国际上超群出众，值得我们引以为豪的文化珍品。而这些都是在共产党和人民政府的重视和推动下，作为社会主义建设中的文化工程来实施所取得的。从采录研究到高校讲坛，不断涌现的几代民间文艺学家，也正是在这样的社会背景和学术文化热潮中迅速成长和显露头角。对上述“学科与国情”给予深入审视和充分尊重，将使中国民间文艺学的“本土化”步伐更坚实有力，也将进一步增强我们的文化自信。

＊本文系中央高校基本科研业务费专项资金重大培育项目“中国民间文学资源创造性转化研究与实践”【CCNU2016018】阶段性成果。

注释：

[1] 刘奇葆：《坚守民间文艺就是守护我们的精神家园》，《人民日报》2016年6月14日，第4版。

[2] 郭沫若：《我们研究民间文学的目的——在中国民间文艺研究会成立大会上的讲话》，《人民日报》1950年4月9日，第4版。

[3] 刘守华:《映日荷花别样红》,《中国艺术报》2016 年 10 月 12 日,第 12 版。

[4] 刘锡诚:《双重的文学》,南昌:百花洲文艺出版社,2016 年,第 54 页。

[5] 刘锡诚:《双重的文学》,南昌:百花洲文艺出版社,2016 年,第 55 页。

[6] 刘守华:《走向成熟,走向世界——中国民间文艺学百学历程》,《文化中国》,1999 年第 6 卷第 4 辑,第 55～60 页。

关于马克思主义民间文艺学的几个问题

高有鹏

(上海交通大学人文学院，上海，200420)

理论是对社会历史与社会现实的总结，对于社会发展具有重要的指导意义。所有的理论发展，都面临着一定的机遇。改革开放几十年之后，我们更多地接受了西方学说和话语，总是喜欢用现代主义、后现代主义的理论套用中国社会现实。如此，一方面显得很时尚，很前卫，不落后于时代发展；另一方面则非常轻松，不必像马克思主义所强调的深入其里，进行艰苦之至的调查和分析。当然，世界进入全球化，博采众长是一个基本道理。人文社会科学的发展中，曾经流行告别马克思主义的思潮，一些人更喜欢用五花八门的人类学理论解释问题。而回过头来，重新思索，会发现在解决社会发展等问题时，马克思主义有着经久不衰的魅力。这不仅是因为马克思主义创造性地吸收和发展了其同时代及其以往的社会发展学说，更重要的是其来自社会现实生活的实践，其始终强调最广大人民群众的利益。人民群众是一个极其广大的群体，是人类社会最重要的主体，因而，马克思主义永远在发展中，永远具有不可替代的价值。

以人民为中心，是一个时代的文化主题。所以，我们需要建设具有中国特色的马克思主义民间文艺学，真正建设一个以人民为中心的民间文艺学学科，为文化发展提供必要的思想理论保障。

今天的文化发展进入多元化，林林总总，绚丽多彩。其中，一个响亮的声音发出：以人民为中心。人民的意志、人民的情感、人民的审美，都成为文化发展的前提。这与马克思主义民间文艺学形成必然的联系，它告诉我们，马克思主义建立的思想文化基础，其实就是人民大众的需要，就是顺应社会发展，只有脚踏实地地面对民众，走进民众，满足人民大众的物质与精神的需要，才能使马克思主义获得日日新的生命力。尤其是我们迎来传承和弘扬中国优秀传统文化的新时代，建设以人民为中心的文化生态和文化体系，实现中华民族伟大复兴，需要马克思主义民间文艺学理论的指导。

马克思主义民间文艺学形成于马克思、恩格斯所生活的年代，是马克思主义的一部分。马克思是欧洲人，熟悉古希腊神话、荷马史诗等民间文学，其早年关注欧洲民间文学的见解，主要体现在《关于伊壁鸠鲁、斯多葛派和怀疑派哲学的笔记》等著述中。恩格斯也非常喜爱民间文学，早年发表过《德国民间故事书》等著述。自然，马克思与恩格斯不仅热心于民间文学，喜爱民间文学，而且把民间文学视作自己的思想文化资源，深切揭示社会历史文化发展的实质与规律。这是因为，马克思主义的核心在于为了人民，为了人民的解放和自由，而民间文学具有最直接的人民性，最全面地体现人民意志和情感，代表着人民利益。其中，辩证唯物主义和历史唯物主义非常重视人民大众对社会历史发展的重要贡献，强调人民大众是社会历史发展的重要动力。同时代的欧洲，广泛形成人类学、民俗学的热潮，直接服务于欧洲殖民主义，诸如英国学者爱德华·泰勒他们，用进化论解释民间文学的价值意义，把古老的民间文学视作野蛮人的艺术。马克思与恩格斯看到的是民众的创造力，从民间文学中看到人民大众的聪明智慧，和他们对人类文明的发展所做出的伟大贡献。在他们的《德意志思想体系》、《〈政治经济学批判〉导言》、《家庭、私有制和国家的起源》等著述中，把民间文学视作人类文明的重要源头，把"荷马的史诗和全部神话"看作"希腊人由野蛮时代带入文明时代的主要遗产"[1]，是希腊艺术等文化发展的宝库。他们非常看重神话在人类文明历史上的特殊价值，如马克思把神话总结为"任何神话都是用想象和借助想象以征服自然力，支配自然力，把自然力加以形象化"，"通过人民的幻想用一种不自觉的艺术方式加工过的自然和社会形式本身"[2]。他们更看重民间文学的社会文化功能，如恩格斯所论述的："民间故事书的使命是使一个农民做完艰苦的日间劳动，在晚上拖着疲乏的身子回来的时候，得到快乐、振奋和慰藉，使他忘却自己的劳累，把他的贫瘠的田地变成馥郁的花园。民间故事书的使命是使一个手工业者的作坊和一个疲惫不堪的学徒的寒伧的楼顶小屋变成一个诗的世界和黄金的宫殿，而把他的矫健的情人形容成美丽的公主。但是民间故事书还有这样的使命：同《圣经》一样培养他的道德感，使他认清自己的自由，激起他的勇气，唤起他对祖国的爱。"[3]其对格林童话论述道："自从我熟悉德国北部草原以后，我才真正懂得了格林童话。几乎在所有的这些童话里，都可以看出它们产生在这种地方的痕迹，这地方一到夜晚就看不见人的生活，而人民幻想所创造的那些令人畏惧的无定形的作品，就在这些地方孕育出来，这地方之荒凉就是在白天里也会叫人害怕的。这些作品体现了草原上孤独的居民在这样风号雨啸的夜里，在祖国的土地上散步或从高楼上眺望一片荒凉的景象时心中所起的情绪。那时候从幼小就留下来的关于草原风雨的印象，就浮现在他的面前，就采取了这些童话的形式。"[4]这些理论是马克思主义学说的一部分，是马克思主义民间文艺学形成的重要标志。马克思主义民间文艺学形成于当时的欧洲，但是，它深刻揭示出民间文学的实质、特征和价值，超越了其所处的时代，也超越了他们所生活的欧洲。

自然，马克思主义是发展的学说，马克思主义民间文艺学是在社会实践中逐步形成，不断丰富和完善的。在二十世纪世界风云突变中，马克思主义民间文艺学与马克思主义一样，在世界各国无产者追求独立自由和解放事业的进程中，不断发展壮大。尤其是文化人类学与民族学、历史学、艺术学等思想理论，被合理吸收进马克思主义民间文艺学，形成富有时代特色与民族特色的理论体系。中国有礼失求诸野和通过风俗观察民心的文化传统，历史上的有识之士总是强调人民的利益与国家社稷安危的密切联系，强调亲民、富民。中国共产党人代表了最广大人民群众的根本利益，非常重视团结和教育广大民众，强调密切联系群众。中国现代民间文学思想理论成为马克思主义民间文艺学的重要组成部分，既有对西方人类学等现代文化理论的吸收运用，又有李大钊、鲁迅、茅盾、瞿秋白、郑振铎、胡愈之等学者的自觉不自觉的创造性发展，马克思主义民间文艺学在无产阶级政权建设的学说中建立发展起来。特别是阿英、向林冰、何其芳、吕骥、柯仲平、冼星海、周文、周扬等，深入调查民间文学，搜集整理出《陕北民歌选》等民间文学，而且大胆吸收各种现代文化理论，认真总结国语运动、“五四”歌谣学运动、现代民俗学运动、乡村教育运动、边疆建设运动和大众文艺运动等文化运动，使中国马克思主义民间文艺学发展到一个新阶段。特别是在抗日战争的烽火中，中国知识分子运用民间文学宣传抗日救国，鼓舞民众，民间文艺学融入中华民族追求独立自由解放的伟大事业中，以《在延安文艺座谈会上的讲话》为重要标志，形成中国马克思主义民间文艺学的成熟发展。毛泽东为代表的中国马克思主义民间文艺学，确立了为人民服务的方向，是对马克思主义民间文艺学的重要贡献。一直到新中国建立之后，强调文艺为人民服务，尊重民众，实现民族平等，强调古为今用、洋为中用，深入挖掘和保护民族文化遗产，成为中国民间文学思想理论的重要职责和使命。由于多种原因，中国民间文艺学也出现用破除迷信简单理解民间文学的文化失误。但是，在总体上，并不影响中国各民族民间文学的搜集整理与理论研究取得辉煌成就。诸如著名的民族史诗《格萨尔》、《江格尔》、《玛纳斯》等民间文学经典，得到必要的抢救和整理。在相当长的时期，我们理解民间文学，总是过于强调其中的人民性所体现的阶级对立，强调意识形态的倾向性，而相对忽视民间文学所体现的社会文化发展的丰富性，尤其是民间文学所具有的社会历史文化价值及其所指示的社会文化发展方向。如此，在革命战争年代，民间文学成为唤醒民众的号角和旗帜，在和平发展年代，民间文学的社会历史文化价值就越来越突出了，所以，抢救与保护民间文学等非物质文化遗产，挖掘和研究其价值，便成为一项非常重要的任务。

马克思主义民间文艺学的魅力来自其对历史与时代的总结，更在于其实事求是，尊重社会发展规律。笔者以为，中国马克思主义民间文艺学面对两个非常重要的理论难题，一个是如何面对中国和世界各民族民间文学历史发展问题，一个是如何面对新的历史时期一些民间文学面临灭绝的问题。特别是前一个问题，是中国与世界各民族共同面对的难题，尤其是中国，民间文学非常丰富，先人们留下众多的民间文学等民族文化遗产。除了大量的口头传说，更有浩瀚的文献。当年，我们进行民间文学故事、歌谣和谚语的大规模搜集整理，取得了巨大成就，但是，对于民间戏曲，没有进行必要的系统整理，成为一个重要的教训。因为民间戏曲是我国民众生活的重要内容，不仅包含了丰富的传说故事，还包含了音乐、舞蹈、美术，语言极其生动，具有典型的地方性，富有多种多样的审美与功能。中国不是一个简单的现代意义上的多民族国家，而是一个非常典型的文明国家，无论是历史文献，还是口头传承，它都有大量的民间文学等民族文化遗产的文本。而且，传统的农耕生产方式结束，民间戏曲的消亡日益加剧，大量的活形态的民间戏曲没有得到及时的抢救，成为民族文化遗产整理工作的缺憾。至今，我们强调修订、编写《中国民间文学大系》，却一直忽略中国民间文学的历史存在。如此，我们严重忽略了一个学科的基础问题，就是中国古代民间文学思想理论。从屈原、孔子他们，到王充、董仲舒、应劭和司马迁、班固，到干宝、张华，到欧阳修、朱熹、冯梦龙、汤显祖、李调元、黄遵宪、陈季同、薛福成等，到胡适、鲁迅等不同身份的思想家，都提出了具体的民间文学思想理论。这段历史应该得到总结，有许多理论问题需要重新理解认识。这是中华民族对人类文明的重要贡献。从这些现象来看，民间文艺学应该成为一个独立的学科。这不仅能够使学科自身得到发展，而且有益于整个人文社会科学的发展，尤其是有益于当前如火如荼的文化发展事业。

当前，国际文化发展与文化交流，越来越显示出普遍性与复杂性。马克思主义民间文艺学的建设不断遇到新问题，特别是全球化背景下如何理解民间文学的民族性问题，如何看待民间文学中的传统文化观念与信仰的问题，如何看待民族文化的自觉性、自主性及文化产业、文化事业等问题，都需要深入研究。特别是如何发出中国声音，向世界讲好中国故事，让世界看到一个充满活力、充满正义的中国。多少年来，我们过于强调二元对立，即文化交流中的非此即彼，强调此消彼长，甚至你死我活，而忽略文化的超越性与多元性。在与世界的交流中，许多人过于简单理解国际化与保持自我身份认同之间的关系。一方面，我们许多人追求跟着别人学说话，以为如此才是面向世界，一味崇洋媚外，一切依照所谓的西方标准即世界标准，忽视自身价值；另一方面，许多人看重眼前，急功近利，忽视人类文明的漫长历史，尤其是中华民族几千年来饱经风霜而绵延不绝的历程，以土为丑，矮化自我。固然，见贤思齐，善于学习，是我们的美好传统，应该放眼世界，敢于学习，使自己不断强大。尤其是众说纷纭的人类学理论，其产生于十九世纪的英国，成为英国殖民主义的工具。其目的在于服务于殖民主义的掠夺财富与控制殖民地，严重违背殖民地人民的意志。其理论发展有许多蔑视人民大众的成分，而我们一些学者无视于此，更多运用其所谓的普遍价值，在一个时期，几乎成为民间文艺学的核心话语。当然，马克思主义民间文艺学尊重一切有价值的学说，但是，思想文化的发展和文化交流，需要平等的心态，独立自由是文化发展的境界，文化发展需要尊严，需要从容。在烈火中锻炼的民族精神，是我们的立身之本，我们不能轻易丢弃。文化是人民的精神家园，是民族的灵魂，保存着中华民族神圣的信仰和信念，需要不断清洁自身，保持健康的发展，引导人民，服务人民。在全世界范围内，正兴起抢救和保护民族文化遗产的热潮，中国有多项文化遗产纳入世界保护名录，成为全人类文化遗产的代表作，为自己加深加重了保护的责任。同时，文化的生产性保护越来越受到广泛重视，文化产业的合理性开发成为文化发展的重要方式，这就更需要我们树立以人民为中心的理念。马克思主义民间文艺学需要深入研究文化发展的多重世界，既要重视世界范围内文化产业、文化事业的经验和教训，又要研究历史上文化发展的成败得失，特别是中华民族包括各民族民间文学为主要内容的文化发展，在文化选择与认同中弘扬和发展中华民族优秀传统文化。总之，研究马克思主义民间文艺学，建立有中国特色的马克思主义民间文艺学，高举以人民为中心的旗帜，是文化健康发展的重要思想理论保障。

注释:

[1] 恩格斯:《家庭、私有制和国家的起源》,北京:人民出版社,1972 年,第 24 页。

[2] 马克思:《〈政治经济学批判〉导言》,《马克思恩格斯选集》第 2 卷,北京:人民出版社,1972 年,第 113 页。

[3]《马克思恩格斯论艺术》第 4 卷,北京:人民文学出版社,1966 年,第 401 页。

[4] [苏联]伊瓦肖娃:《十九世纪外国文学史》第 1 册,杨周翰译,北京:人民文学出版社,1958 年,第 383 页。

民间文艺学思想的依附性与自主性

毛巧晖

(中国社会科学院民族文学研究所,北京,100732)

依附性与自主性的意思为:依随前进与自主发展,当然这两个词只是相对意义上使用。纵观 20 世纪下半叶民间文艺学思想史,我们可以看到民间文艺学整个学术历程和思想脉络中清晰的两个层面,即依附性和自主性。由于特殊的学术背景与经历,民间文艺学思想首先存在对西方相关学术理论而言的依附性与自主性;其次,20 世纪下半叶民间文艺学思想发展中,它对作家文艺学思想显著的依附性以及一定意义上的自主性;再次,民间文艺学与民俗学之间密切的关系,使得在思想史历程中存在着对民俗学思想的依附性与自主性。

中国学科意义上的“民间”从清末民初开始。当时的知识分子意识到了“民间”的主体“民”,及其文化知识,从政治、思想的视角将“民间”引进 20 世纪中国学术界。20 世纪初“民权、民智、民识”成为知识分子关注的中心,至 30 年代民间成为各领域知识分子关注和讨论的焦点,尽管他们从各个视角出发所关注的侧重点以及层次不同,有的是关心“民”——农民或平民,但在他们眼里,“民”都是未开化、无知识之民众;有的则是强调民生活的“空间”——农村或城市;有的重视民众的文化知识。他们都意识到了“民间”的重要性,认为拯救和改造民间是中国的必由之路,但他们“提倡‘平民文学’是为了启蒙,而不是为了俯就”[1],知识分子的立场是民众的导师,民众的领路人,他们将“民间”视为他者,与西方如出一辙。从 20 世纪 30 年代中期至 40 年代末期,国统区、沦陷区、解放区的“民间”表现出了不同的发展趋势。国统区的“民间”从原来汉族农村的单一领域扩展成了多民族,在地理空间上就演化为农村以及少数民族的生活空间,文化承载者成为农民和少数民族,以及他们的知识系统。沦陷区主要是指东北地区,“民间”演化成为东北地区中国人的生存空间及生活于这一空间的中国人之文化系统。解放区的民间文艺学思想影响着建国后民间文学的发展。解放区的研究者广泛使用“民间文学”一词,基本上没有提及“民俗学”。

按照多尔逊的说法，“这一强调口头语言传统和习惯的词语，与‘民俗学’的意义非常接近。它之所以被党接受，只是由于‘民间’具有‘来自民众’的意义”[2]。我们不完全同意多尔逊的观点，但是他所说“民间”受到党的青睐则是符合事实的。其所指民间文学，“民间”在地理空间上指的是工农兵生活空间，文化承载者——民就是工农兵。新中国成立初期（1949—1966），民间文学作为“新的人民文艺”之重要形式，处于新型意识形态的前列，其地位得到前所未有的重视。从“人民的口头创作”的推崇到新民歌运动，这些如果仅仅用当前的民间文学概念来考量，则只会得出跃进与错误的结论。实际上如果结合具体情境，对民间文艺学基本问题和学人的思想进行具体分析，就可以看到民间文艺学自身思想推进的轨迹。

新时期随着思想的解放，学人则将人民的内涵进一步扩大，不仅仅再局限于工农兵，而成为以劳动人民为主的广大人民。“民间”演化为人民，研究者对于它而言不再是他者，这种阐释与理解推进了民间文学研究范围的扩大，促进了中国民间文艺学的自主发展，在一定意义上来说，它促进了民间文艺学史上一个辉煌期的出现。

中国民间文学在资料搜集的方法上对于西方民俗学思想的自主性非常明显。它延续了中国的求诗传统，形成了中国化的资料搜集方法。这种方法存在弊病，有需要改进的地方，但并不意味着需要全方位引入西方人类学与民俗学田野作业，这从80至90年代田野作业发展可以略见一斑。21世纪初学人呼吁重新审视田野，仅仅是对新时期以来田野作业高扬的反省，尚未完全意识到中国民间文艺学在资料与整理中思想的自主推进，相反西方学者倒是意识到了。

新中国成立后，政治文化对文学的要求使得民间文学作为文学的特殊性与优越性得以彰显，民间文学在新的政治体制中于文学领域获得了一席之地，但其追随和模仿作家文艺学的痕迹非常明显，民间文艺研究理论与问题之间出现偏差。但是对于民间文学文学性之阐释可以补充作家文学文学性理解之偏颇，构建完整的文学性；同时也能清晰地阐明民间文学的特性，为学科的发展奠定坚实的理论基础。新世纪开始，学人注意到民间文学研究本体——即文学性的丧失，开始注重它的文学性阐释，在新一轮的阐释中，应该对20世纪民间文学文学性阐释之思想史有一了解，在其基础上争取有新的推进，以免再次出现偏差，走向误区。

总之，20世纪下半叶民间文艺学思想的发展，会看到它的单薄，我们不能仅仅将其归属到学科问题，它自身思想推进中对作家文艺学和民俗学的依附则是更重要的因素，同时对于中国民间文艺学思想推进中若隐若现自主性之忽视与缺乏反思也是一个重要因素。新世纪民间文艺学的发展中，民间文艺学思想必须摆脱这种依附，走向自身的独立，这才可能在研究范式转换中重新构建自身的基本问题、基本话语与基本理论，为学科的发展奠定坚实的理论基础；纠正作家文艺学之偏颇，构建完整的文学理论。

* 本文系国家社会科学基金青年项目“国家话语与民间文学的理论建构（1949—1966）”【13CZW090】阶段性成果。

注释：

[1] 陈平原:《“通俗小说”在中国》,《上海文化》1996 年第 2 期,第 5～12 页。

[2] 安德明:《多尔逊对现代中国民俗学史的论述》,《北京师范大学学报》(社会科学版)1996 年第 6 期,第 66～71 页。

作为国家基础文献的民间文学

高丙中

（北京大学社会学系，北京，100871）

从事民间文学研究的学人都会有一种使命感，就是义不容辞地为民间文学争地位。原来被称为“摆龙门阵”、“日白”、“野曲”、“瞎话”的语言活动被一群学者认定为某种“文学”，等于是草帽换成了桂冠。民间文学也是文学呀。在近代以来不断为普通人争取平等与尊严的历史大趋势里，民间文学工作者无疑做了一件已经很了不起的事业。民间文学圈子的学人犹不甘心，还想在“文学”的台阶上把民间文学拔到最高，优选其中一些篇目，尊之为“经典文学”。这份用心是可敬的，但是坦率地说，其目的却难以达到。“民间文学”这个概念能够把涉及的对象纳入“文学”，其必要条件是用“民间”来修饰，其实是说它们虽然是文学，却不是通常所说的文学，更不是标准意义、绝对不是经典的文学。其实，从民间文学的命名开始就约定了我们可以从各种角度论述民间文学作品的价值和意义，但是有一个边界是不可逾越的，这就是“经典文学”，因为“民间文学”的基本意思就是非经典文学。

但是，用“经典文学”概念来提升民间文学价值和意义的用心和努力是值得肯定的，因为内中包含着某种正确的感觉：民众的语言艺术表达和交流借助“民间文学”概念仍然是边缘与末流的地位，尽管民众是公民的多数。这种状态从传统等级社会来看，算得上是进步；但是从现代民主政治的追求来看，算不上功德圆满。民间文学工作者有心继续提升“民间”的地位，苦于不得门径。非物质文化遗产保护运动在世界的开展以及在中国的盛况一下子鼓舞了这帮学者，把“民间文学”推上“经典文学”或“文学经典”，是一种顺势而为的努力。我个人也十分热衷在普通人的日常活动中寻找他们被平等对待、受尊重的机会和条件。我不认为我们把少数几篇民间文学作品命名为经典文学能够取得多大的效果，但是这个思路给我启发，我认为我们大可作为的是引入“国家基础文献”的概念来达到我们孜孜以求的目标。

Folk-lore 在 1846 年被汤姆森拼造出来的时候是用“lore of the people”来注解的，而这个注解被习惯地翻译为“人民的知识”。我现在倒是有一个新的建议，可以把 folk-lore 翻译为“民间文献”。“知识”是一个内容概念，“文献”是一个载体概念。早期对于 folklore 的使用主要是指神话、故事、歌谣等语言体裁，也就是一个民间文学的概念。即使是后来学界更流行把它的范围等于包括更广的“民俗”时候，也有一派学者坚持用它仅指民间文学。我在我的硕士学位论文里就在论证归入“民间文学”的内容并不都是文学，西村真志叶后来在她的博士学位论文里也在证明民众的语言实践要在民间文学体裁的内外同时理解。民间文学工作者的采风、资料搜集到特定体裁的文本整理，积累了远远比民间文学范畴更丰富多样的文献。这些文献是专业工作者与民间传承人合作的产物。民俗学者（包括民间文学学者）的完整工作是在与传承人的合作中记录资料、整理文本，形成相应的文献，并在公共知识的生产与传播中把其中一部分文献确立为国家或民族的公共文献。非物质文化遗产保护对于众多项目确立为四级名录项目，使之成为经过行政程序确立的公共文化，实质上是在把它们确立为国家的基础文献。

通过非物质文化遗产保护确立国家的基本文献（当然还有其他的部分、其他的途径再确立国家基本文献），并不在意它们是不是“经典”。非物质文化遗产名录的遴选并不是在选经典，而是在选代表作。前者由杰出性决定，后者由代表性决定。杰出性是要参照专业的、职业的水准来判断的，而代表性完全是从项目与被认同的民众的关系来判断的。以代表性衡量，任何社群都会有他们的非遗代表作；但是以杰出性衡量，恐怕很多情况下都是要落空的。我们参透了非遗保护的价值和逻辑，就能够一下子明白“经典文学”的概念是不能让“民间”被广泛地肯定的。

我们现在要真正使传统文化得到传承与发展，对“优秀”的标准是要慎重的。非遗保护的国际实践给我的启示是：与其谈优秀，不如贯彻代表性。把那些具有充分的代表性的项目确立为地方或国家的基础文献，成为共享的文化，可能是民间文学工作者在今后更好地追求社会进步的着力点。

民间文学：经典属性的定位与建构

田兆元

（长江大学文学院，湖北荆州，434020/
华东师范大学社会发展学院，上海闵行，200241）

关于民间文学，过去的表达整体上是定位为下里巴人一类。虽然有一种认为民间文学是作家文学的成长土壤与养成之道的说法，但是这也是拿作家的成长来提高地位，显然也是作家文学更高的潜台词。对于作家来说，有一些人的成长确实是与民间文学有关的，但是很多作家与民间文学是没有关系的。要说民间文学养成了作家文学，只能说是个案，不能说是普遍现象。在现当代文学中，尤其是城市文学中，很难说有多少人受到民间文学的熏陶。因此，拿作家文学被民间文学养成来说民间文学重要，并不是一条提高民间文学地位的理由。民间文学的地位建立，主要应该把经典建设放到首要位置。也就是说，必须将民间文学的经典类型建构起来，才会得到社会的认同，也才会产生更大的影响力。

过去，说到文学经典，就会提到《诗经》、《楚辞》，李白、杜甫，唐宋八大家的作品等等，《三国演义》、《水浒传》的小说地位是现代以来才确定的。经典是一个不断认识和建构强化的过程。如果一个学科门类，没有自己学科的经典，没有在所有文化中共同的经典，那就很难在学科群中获得地位，自然，也就难以在社会文化建设活动中获得地位和发挥作用。

中国现代民间文学的发生，从1918年北大《歌谣》运动开始，迄今近百年了。但是那时作为学科的民间文学概念并没有清晰地凸显出来。很难说《歌谣》就是一个完全的民间文学的东西。我们可以把1918年北京大学的歌谣研究会作为现在民间文学研究的序曲，但民间文学以一个明确的名称提出来，则是1921年胡愈之在上海出版的《妇女杂志》第7卷1号上的一篇文章，该文名曰《论民间文学》，把“民间文学”这个概念以一篇文章的论题标示出来，可以将其作为中国民间文学研究的开端。

胡愈之在论文中写道：

> 民间文学的意义，与英文的Folklore，德文的Volkskunde大略相同，是指流行于民族中间的文学：像那些神话、故事、传说、山歌、船歌、儿歌等等都是。[1]

他还提出了民间文学的两个特质：一是创作者是民族全体，不是个人；二是民间文学是口述的文学，不是书面文学。这个定义及其类属在今天看来还是非常重要的，其基本观点把握住了民间文学的核心内容，是我们理解民间文学的基础。当然这个概念今天要更新了。但胡愈之的论文“成为中国现代文化史和现代民间文学学术史上的第一篇全面系统论述民间文学及其特征的文章”[2]。

我国第一本民间文学的概论是1927年出版于上海的《民间文学》，它是世界书局的ABC丛书之一种，距今90年了。作者徐蔚南，时任世界书局的编辑，是文学研究会成员，翻译家，民间文学家。他说：“民间文学是民族全体所合作的，属于无产阶级的、从民间来的、口述的、经万人修正而为最大多数人民所传诵爱护的文学。”[3]该书吸收了已有的各种民间文学的研究成果，列举了生动的例证，是早期的系统的民间文学读物。该书的出版标志着中国民间文学体系的初步成型[4]。

无产阶级、劳动人民的文学，这是民间文学最初的主体确认。这种定位一直延续到钟敬文先生的《民间文学概论》那里。虽然从政治的角度大家都会承认这是不错的，是劳动人民的智慧，但是民间文学在经典的文学教学活动中，并没有获得很高的地位。

这种情况直到上个世纪五十年代，华东师范大学的罗永麟先生的“四大民间故事”概念的提出，才发生了重大变化。四大民间故事（后来也有称为四大民间传说者）概念的出现及其传播，极大地提升了民间文学在文学领域与社会领域的影响。今天在百度中搜索“四大民间传说故事”关键词，竟然有三百多万个网页。“四大民间故事”显然成为不折不扣的具有广泛影响力的文学经典。

如何才能成为经典，当然首先是这些作品的内涵与既有的影响力。但是仅仅内容丰富，没有特定的经典建构的文化行为，它也是很难成为经典的。文化经典的诞生需要一系列的条件。没有研究，没有传播，不可能成为经典。哪些条件最重要呢？

第一，恰当的称谓。经典的称谓和名称，非常重要。它就像商品的商标与广告，关系到作品影响力及其成败。四大民间故事或者四大民间传说，现在已然成为一个想当然的既定概念，至于是谁提出来的，已经不重要了。比较通行的说法是华东师范大学罗永麟先生在上个世纪五十年代的一个讲话稿，提出《白蛇传》、《梁祝》、《孟姜女》和《牛郎织女》等传说故事为“四大民间故事”。但是这个讲稿当时没有发表，所以究竟是谁提出来的，人们也有很多的看法。今天我们讨论“四大民间故事”是谁的发明固然重要，但是进一步把四大民间故事弘扬开去却更为重要，而认识这“四大民间故事”或者“四大民间传说”的名称何以具有如此影响力，是更为重要的事情。

“四大”是中国民间话语中最为重要的事件的一个标准话语，是能够形成影响力的对象的基本模式。“四大名著”，“四大发明”，“四大文明古国”，“四大家族”等词汇，明确标识出“四”在中国文化中的话语霸权地位。我们过去比较关注“三”，比如“三才”、“三光”、“三元”等，认为“三”是重要、是多的意思，因此学界对于“三”的讨论较多。但是对于“四”就相对忽视。我们认为“四”和“三”一样的是：强调相关事物在某种类型中的重要性。遴选在“三”和“四”的叙事中就是重要的，而在此之外就是“不三不四”。当然，中国话语中，“五”、“六”、“七”、“八”、“九”、“十”同样具有重要性。但是为什么当时会选择“四大民间故事”而不是五大民间故事呢？固然四大民间故事的影响力确实很大，但是有一些民间故事，比如“知音”故事，“西施”故事，同样也是非常具有影响力，为什么没有选择进去呢？这不仅仅是作品本身的问题，而是“四大”的叙事惯例造成的，关于文化事象，较少“五大”、“六大”的表述习惯。当时已经有“四大名著”等叙事话语存在，再弄出来一个“五大民间故事”似乎难以得到认同。相对于中国文化丰富的文化典籍和故事类型来说，“三”似乎少了点，而作为文化接受的限度，超过“四”又似乎多了一点。所以“四”就是中国文化类型的重要对象的标准之数。

所以我们看到，除了“四大名著”，古来就有“四库全书”、“四书五经”、“四大才子书”、“四大才子”、“四大美人”、“民国四大才子”、“某门四学士”等称谓，仿佛才子就必须是四人，经典就必须是四部。因此，“四”便成为文人及其作品的标准表述形式。但是“五”就不行，“五虎将”有的，但是“五才子”就没有这样说的。或许有人会说，我们为什么有“五经”呢？这也有值得讨论的问题。原来是“七略”，“六艺”，“六经”，但是“七略”变成了“四库”，“六经”先是变“五经”，后来“四书”有取代之势，有宋以来，“四书”的地位是覆盖了“五经”的。文化类型的“四大”，是中国文化的一种选择表述，是对于文化的“数”的一种恰当认知。它体现出一与多的关系的恰当选择，统一性与多元性的均衡选择。

“四大民间故事”恰如其分地使用了标准套语，成就了四部民间文学的经典，也极大提高了民间文学的地位。所以，我们认为“四大”的模式切入，是“四大民间故事”被学界和社会接受的很重要的因素。不管后来我们是使用“四大民间故事”还是“四大民间传说”，还是“四大传说”，都不舍“四大”模式。民间文学界非常庆幸，前辈使用了恰当的概念。

第二，跨界传播。四大民间传说故事之所以成为经典，跨界影响是最为重要的。四大民间传说早就跨越了民间文学的藩篱，为文学界、美术界、影视界、音乐界、网络游戏界，以及工商旅游界所广泛参与，因此，民间故事的经典已经成为社会的经典。如果四大民间传说至今还在民间文学的小圈子里面交流，那也是很难成为真正的文化经典的。跨界影响是非常重要的经典生成的因素。所以，我们要成就民间文学的经典，就要将民间文学推向多元的文化世界，使之成为普遍的文化资源，并被广泛应用。

这是我们从民间文学传统经典的建构经验中找出来的两个重要因素：恰当的命名，跨界影响。我们从这两条经验中可以吸收相关元素参与当代民间文学的经典建构。

首先，在民间文学经典中，继续实行“四大”的遴选叙事。鉴于“四大”某某是一个好的框架，可以遴选有价值的民间文学作品进行经典化实践。比如，选择新“四大民间传说”，与老的“四大民间传说”相呼应，如：选择“妈祖传说”，“关公传说”，“龙母传说”和“黄大仙传说”为新的四大传说。与那些爱情悲剧不一样，这些传说都是拯救型的，且在整个中华民族生活中都是非常有影响力，在海峡两岸、全球华人中具有广泛的影响力。这些作品成为经典没有任何疑义，所以也就可以迅速构建全民族对于民间文学的认知。同样的模式，可以提出“中国四大民间叙事诗”经典，“中国四大史诗”经典，“中国四大民间戏曲”经典，“中国四大民歌”经典等。通过遴选这些经典，进行一定时段的研究传播，形成认同，然后再去选择“新四大”某某，这样经典就会慢慢扩容，逐渐形成全社会的认知。

这些“四大”是国家层面的，可以考虑省级层面的“四大”某某，县市级的“四大”某某。这样，民间文学就会形成自上而行的全民选择运动，是一次全民的发动。经典在选择中自然传播，形成认同。

同样，促进这些经典的跨界传播。有些经典本来就是跨界的，比如我们说的“新四大民间传说”，妈祖、关公、龙母、黄大仙等，本来就是民间信仰的对象，也是旅游的对象，更是影视表现的对象。可以通过遴选出对象，进行全媒体深度传播，跨学科深入研究，形成更大的社会影响力。

以上是我们通过原先的“四大民间故事”经典的建构的经验，提出的当下民间文学经典化的一些意见。但是，民间文学的经典化有赖更多的因素，包括：

> 对于民间文学学科及其属性的诠释。民间文学是广大劳动人民创造的生活作品，还是文化精英与民众共同完成的经典作品？这是一个问题。民间文学是人创造出来的，那就一定有一个确定的主体。把民间文学说成是笼统的人民群众，是不是一种不负责任的说法？我们在讨论民俗的属性的时候，发现民俗是精英与民众共同创造认同的不朽的传统文化精华。我们提出了“两精”的概念，一个是精英，一个是精华。两个关键词融合在一句话里：民俗是文化精英与大众合力创造传承的文化精华，是世代流传的文化传统与不朽经典。[5]

这样解释，我们的民俗学学科便释放出活力，产生了强大的社会服务功能：民俗可以参与民族国家认同、社会经济发展、世道人心塑造等重大的社会事务。

那么民间文学这个制度上隶属于民俗学的学科，它所研究的东西就一定是经典的东西，经过千百年的文化实践，至今还具有强大的活力的那些作品。传统经典与传世经典，是对于民间文学存在状态的最好诠释。

民间文学研究不要强行与作家文学划清界限，恰恰相反，我们要为那些作品找到主体，找到创造者。我们以《九歌》、《招魂》为例，那明明是屈原的作品，明明是民间文学经典，我们为什么要羞于提屈原与民间文学的血肉关系呢？我们对于古人明确说到的历史记载，都要以忽视来对待，比如王逸讨论的《九歌》问题：

> 《九歌》者，屈原之所作也。昔楚国南郢之邑，沅、湘之间，其俗信鬼而好祠。其祠，必作歌乐鼓舞以乐诸神。屈原放逐，窜伏其域，怀忧苦毒，愁思沸郁。出见俗人祭祀之礼，歌舞之乐，其词鄙陋。因为作《九歌》之曲，上陈事神之敬，下见己之冤结，托之以风谏。其文意不同，章句杂错，而广异义焉。[6]

这个本来就不是问题了。《九歌》这样的祭神祭祀歌谣，本来就属于民间文学的范畴。屈原写作，也是见诸记载，有什么理由去怀疑呢？这就是民间文学的自我放逐、拒绝经典的典型事件。《九歌》是文化精英与民众合力完成的经典之作。为什么我们一定要把屈原从祭祀歌谣的作者中剥离呢？这是不是傻了？

还有，我们为什么要把《山海经》的作者禹、益否定掉呢？就算他们是本书的作者我们没有根据，那我们又有什么根据把他们否定掉呢？

我们能够离开冯梦龙、方成培和田汉来说《白蛇传》吗？

所以我们必须回归民间文学经典是文化精英与民众共同创造的这一基本事实（部分作者找不到不等于作者不是精英）来讨论民间文学，这不是降低民众在民间文学中的地位，恰恰相反，这是肯定民众的传承功劳共创功劳，没有他们的传承，民间文学就不会越来越好。由于民间文学有精英和民众的双重参与，因此，比较一般的作家文学，就会有更深厚的文化内涵和更强的艺术感染力。

民间文学研究一旦将民间文学视为不朽经典，摆脱那种羞羞答答的表述形式，就会站在文学场地的中央，文化事业的中央来表述，就会有底气，就会大声说话。这种底气首先是其强大的功能与应用带来的。对于民间文学经典，首先是呈现其丰富的文化形态，尤其是跨学科、跨领域的文化形态的呈现，事实就会说明一切。所以民间文学有无作者，是否集体创造并不是根本问题，跨越时空的影响，跨越领域的影响，才是民间文学确认的标准。

中国民间文学必须找到自己的话语形式。本色地呈现出民间文学的存在形式是基础，我们不要把中国的民间文学形式拿外来的话语去套，比如把竹枝词说成人类学诗，那样的话就难以成为经典，民间文学被矮化为一种附属品，是不恰当的。

寻找民间文学的理论储备，我们会发现：精华说、精英说对于民间文学的属性解释，为民间文学作为优秀文化传统传承奠定了重要基石，精英、精华说是民间文学成为优秀文化传统的理由。

于是，我们说，民间文学是阳春白雪，不是下里巴人。我们不是靠下里巴人来提升民族的审美趣味，而是靠阳春白雪来提升社会的文化境界。阳春白雪是需要保护的珍稀的文化遗产，但是下里巴人是时下的流行曲，不在保护之列。这也就是说，民间文学与昆曲、古琴那样，是一个传统精华系列。这个观点要从根本上改变过来。

民间文学是一种叙事，应该建立起中国的民间文学叙事话语体系。我们曾经探索了三种叙事形式：语言叙事、行为叙事与景观叙事的研究。我们探索了神话与民间文学的民俗学话语研究，探索了民间文学的转化研究。其实我们已经具备了应对民间文学作为民族文化经典的基本的理论储备。

而在当下，最要紧的还是开展非物质文化遗产保护视野下民间文学研究，优秀文化传统传承工程背景下的应用研究。这是一件塑造民族精神的大事，所以没有观念的改变是完成不了这个使命的。

民间文学作为经典的建构，必须从民间文学的精华说属性开始。而其应用，也是不能脱离三种经典的叙事形式（语言、行为与景观），离开了叙事的理论，就没有民间文学的存在地盘。而在当下，关注新的媒体叙事形式非常关键。而这一切都离不开一个关键词：转化——这就是创造性传承与发展。没有创新，没有应用，不成其为经典。

注释：

[1] 胡愈之:《论民间文学》,《妇女杂志》第 7 卷 1 号。

[2] 刘锡诚:《20 世纪中国民间文学学术史》,开封:河南大学出版社,2006 年,第 120 页。

[3] 徐蔚南:《民间文学》,上海:世界书局,1927 年,第 6 页。

[4] 田兆元:《民间文学概论》,上海:华东师范大学出版社,2009 年,第 1 页。

[5] 田兆元:《民俗学的学科属性与当代转型》,《文化遗产》2014 年第 6 期,第 1～8 页。

[6] 王逸:《九歌序》、《楚辞补注》,北京:中华书局,第 55 页。

民间文学经典与民族文化传承

萧　放

（北京师范大学社会学院，北京，100875）

民间文学以口头性为主要特征，但在中国这样一个文字发达的文化大国，民间文学的文献化是自然的结果，我们从诗经时代的“风谣”到三国魏邯郸淳的《笑林》，再到晋朝干宝的《搜神记》、明朝冯梦龙的民歌时调，以及当代的《刘三姐》与《阿诗玛》等无不从口头走向文献，依赖文献实现进行跨时代的纵向传播。而四大传说概念的提出与写本的确定，也为流动的口头故事传承提供了阅读的文本。民间文学在文献化的同时，也走上了经典化之路。民间文学的口头精品通过文字变成阅读的文献经典，它的变化不仅是表达形式的变化，还是传播方式的重大改变，超越时空的文献传播，大大扩充了口头文学的传播范围与影响力，假如没有民间文学的文献传播，我们的民间文学不可能获得今天这样崇高的地位。我们今天社会看故事（通过书籍、网络、电视等方式）的概率远超听故事的概率，因此民间文学的文献化记录保存与传播是当今民间文学研究者所应关注的。

同时我们应该特别关注当代留存的海量民间文学的经典化问题，当代中国正处在高速发展变化的历史时期，也是中西古今文化交汇、文化重组融合的关键时期。对于人心浮动的世界，民间文学有独特的教化力量。历经千百年淘炼的民间文学有着丰厚的文化积淀，有一批影响深远的经典作品，它们在民众生活中具有相当大的教化作用，如刑天神话、大禹治水传说、屈原沉江的传说、牛郎织女的爱情故事、路遥知马力的故事等，无论是勇武不屈、勤勉为民、忠诚家国，还是男女爱情与朋友信义等，都传递出中华民族伦理观念与奋发精神。这些内涵深厚、形态生动的民间文学作品，通过文献化、经典化，它们已经不仅属于民间文学范围，实际上它们已经成为传承文化的经典与民族生活教化的指南。

我们目前在民间文学方面急需的工作是，在全国民间故事集成搜集整理的基础上，经过认真的梳理、研究，精选一批符合当代民族文化核心价值观、具有强感染力与生活启示意义的故事精品，作为我们家庭教育、学校教育与社会教育的经典读本、绘本，或者改编为影视产品。我们需要享誉世界的中国童话、中国故事，以适应中国走向世界、世界聚焦中国的文化需要。

民俗传承的关键是文化自觉

林继富

（中央民族大学中国少数民族语言文学学院，北京，100081）

我国民俗数量之多、流传之久世所罕见。我国民俗不仅记录在古代文献典籍里，而且以生活的形态世代传承。中国民俗以文字记录和口头演述等形态传承。文献典籍以文字的形式保存和传承民俗，口头演述的民俗则伴随民众生活。在当下新型城镇化背景下，民俗传统将会出现多种状况：适合当代民众生活的传承；任由民俗传统散佚，消亡；民俗传统的误读、误解。后面两种状况将对中国民俗传统造成难以估量的损失，对传承和弘扬中华优秀传统文化非常不利。

民俗传统之于中华文化来讲是根基性的、生活性的，不同时代的民俗传统成为民众生活内容，这些内容通过传承实现了民族文化的创新发展，包括民俗传统发生、发展过程中继承与创新，文化交往关系中文化融合、文化排斥等问题。

作为民众生活传统，民俗传承包括了自觉性、自发性和制度化。以民俗为核心的优秀传统文化传承发展成为中国民众当下的重要事件，中共中央办公厅和国务院办公厅印发的《关于实施中华优秀传统文化传承发展工程的意见》，从国家文化战略层面，提出了中华优秀文化传承的自觉性和制度化保护，切中民俗传统传承的关键。

民俗是民众生活记录，是民众生活传承的积累，中国民俗在传承和创造双重张力下发展。在民俗传承中，民众自觉性、自发性占据主导位置，这是民俗生活、生活民俗的必然结果。同时，民俗传统常常作为归约民众生活秩序的手段，历来受到政府的重视，不同时代的执政者常常将民俗作为社会治理、管理的方法，其民俗传承制度化得以延续。制度化为民俗抢救保护和传承发展提供了保障，但是，从根本上来说，民俗传统传承依靠制度化的力量是暂时的，从民俗传统发生、发展来讲，民俗主体的自觉性则是关键。

民俗传统是中华文化经典文献记录的对象。在国家政权力量导向下，中华民族文献经典虽然是文人因为某种目的文字记录，但是，这种方式却是中华文化传承的自觉行动，这些经典成为文化人阅读、记忆、重建民俗传统的自主性行为。中华文献经典通过戏曲讲唱，文人行走乡村活动，经典文献记录的礼俗传统、文学故事在快乐欣赏、自觉接受中传递到乡村社会，实现了“雅俗”文化互动，上层与下层文化对流，中华民族经典文献中记录的礼仪、风俗以及各类故事在民众生活中自觉传承，在培养中国民众的人文素质和道德水平等方面发挥着重大作用。

传统中国社会由于教育不普及，识字人数不多，文字记录的民俗传承受到极大限制。生活在乡村社会的百姓绝大多数不能直接阅读经典。他们依靠民俗生活的惯性和灵活，接受民俗带来的文化熏陶和感染，诸如，传统的道德规范、优良的风俗习惯、家教门风，戏曲说唱，以及生活方式、人际交往的规则、传统节日和祭祀活动等日常生活的文化形态，通过世俗化的方式，以自觉传承优秀民俗传统，实现中华民族精神家园的建设。

中华优秀的民俗文化存在于经典文本中，存在于民间社会生活行动中。我们要正视民俗传统自觉传承中的良莠不齐，正视其存在的时代局限性。我们在传承民俗文化中，将充分体现中华优秀传统文化的理念、智慧、气度和神韵传承下来。坚持以人民为中心，以创造性转化和创新性发展的态度对待以民俗为根基的中华优秀传统文化。

让优秀的民间文学留得下、传得开、叫得响

夏一鸣

（《故事会》杂志社，上海，20002）

民间文学是中华传统文化重要的组成部分。今天当我们谈论民间文学如何传承与发展时，我们不能只满足于在历史的长河中梳理羽毛，更要立足于高山之巅极目远眺，对民间文学作一个全面的、科学的、系统的展望。优秀的民间文学既要扎扎实实留得下，又要在更大的范围、更远的将来实实在在传得开、叫得响。我们这一代要有使命担当。为此，需审慎处理以下几对关系：

一、传承与传播

像许多其他传统文化一样，作为口头文学的民间文学有其先天的脆弱性和不确定性，即使是到了纸媒时代，民间文学也面临着断代断层、青黄不接的生态危机，故传承问题首当其冲进入我们的工作视野。而出版物作为主要的也是重要的传承方式，自然得到人们的高度重视。不过，我们认为，传承固然很重要，但传播却不可或缺。因为传承解决的是民间文学的存在感，而传播更关注民间文学的生命力；传承体现的是一个相对封闭的静态文本，传播呈现的是一个开放的动态文本；传承是被动的授予式的传播，传播是主动的给予式的传承；传承是“个体经济”，而传播是“共享经济”。不妨以“三套集成”为例。“三套集成”是指《中国民间故事集成》《中国歌谣集成》《中国谚语集成》，这是一项伟大的民间文学工程，时间漫长——搜集整理工作从1984年开始至2009年结束，前后长达25年之久；卷帙浩繁——省卷本90卷（计1.2亿字），地县卷本（内部出版）4000多卷，总字数逾40亿。它是在全国范围内进行普查、广泛搜集的基础上，按照“科学性、全面性、代表性”原则编选出来的，因而具有极高的文学价值和科学价值，是中国各地区、各民族民间故事、歌谣、谚语优秀作品的总集。然而遗憾的是，“三套集成”自出版之后就束之高阁，一直没有得到很好的开发和有效的利用。其实，“三套集成”就其性质来说，仍是一项民间文学的抢救工程。它的局限性就是它只停留在传承层次而没有进化过渡到传播层次。而只有经过民间群体性、经常性的传播，民间文学作品得到了一定的检验和筛选，一部分真正受欢迎的作品才得以沉淀下来。

如果民间文学作品也像大多数的历史典籍一样，只有部分人感兴趣，只供部分人研读，那么它的生命注定不会长久。有人可能会说，如果把这些采风而来的民间文学作品数字化，是不是就实现了传播呢？其实不然。数字化与纸媒只是媒介的不同而非本质的区别，而传播是有其本质的规定的。

二、普及与提高

民间文学如若在大众中传得开，就需要在搜集整理的基础上更进一步，做艺术上的删繁就简、以简驭繁，总量上的以少总多、以少胜多的工作。概言之，民间文学需要经历一次经典化但不是终极性的“手术”。但这绝对不是简单的“三去一补”。如果说普及的功能着力于传播面，那么提高的功用则着眼于制高点。普及关心的是受众的覆盖面，越大越好；提高关心的是它的立足点，越高越妙。像卫星成像一样，需要卫星站在一定的高度，同时也需要卫星具备精确的分辨率。民间文学的制高点需要拥有权威的学术判断力和艺术鉴赏力，需要与受众保持一定的审美距离。距离不能太近，太近则“浊臭逼人”；也不能太远，太远则易成“孤家寡人”。

实际上，中华优秀传统文化在传承发展中也有不少成功的案例。中国是诗歌的国度，而唐诗代表了中国诗歌的发展高峰，不但诗歌艺术令人叹为观止，而且诗歌总量也让人望洋兴叹。于是历朝历代都有编选“唐诗全本”的学术冲动。据载，清康熙年间有人编成《全唐诗》，录诗四万八千九百多首，洋洋大观。苦于诗卷太多，时人沈德潜“反其道而行之”，以《全唐诗》为蓝本，编选《唐诗别裁》，收录诗一千九百二十八首，受到学人们的追捧。受此启发，乾隆年间蘅塘退士遂以《唐诗别裁》为蓝本，选出《唐诗三百首》，实三百一十首，从而成为流传最广、影响最大的唐诗普及读本。与此相似，另两个文人吴楚材、吴调侯对传统散文进行删繁就简的工作，编成权威版本《古文观止》。当然文学作品不是论斤计两，不是越多越好，当然也不是越少越好，最根本的是对文学本体的审美判断力。此外需要详加甄别的是，民间文学与文人文学选择的是两条文学道路。

如果说，蘅塘退士代表的是一种士大夫的趣味，所做的是经典作品通俗化，那么，民间文学的普及化则是通俗作品经典化，以满足绝大多数人的审美情趣。前者的工作需要对文本做“减法”或“除法”，而后者则需要对文本做“加法”甚至“乘法”。遗憾的是，迄今为止我们还没有一本真正被学界所承认、被市场所认可的“中国童话”，即与格林兄弟——雅科布和威廉的《格林童话》、卡尔维诺的《意大利童话》、阿法纳西耶夫的《俄罗斯童话》等相提并论的中国故事。原因是多方面的，其中的短板是缺少“关键少数”：国外从事民间文学经典化工作，他们或是著名的语言学家，或是诺贝尔文学奖获得者级别的大作家，或是国宝级民间文学家。或者说，缺少“关键少数”情趣向上、眼睛向下的学术关怀。

三、创造与创新

让民间文学在民间真正响亮起来，的确需要一批有识之士、有志之人做首创性工作。像格林兄弟，实质上是用一己之力对德国的民间文学实施创造性的转化。但我们同时也要认识到，在信息科技如此发达的今天，传统的民间文学也不能因循守旧、胶柱鼓瑟，而是要古为今用、推陈出新。惟此才可能做大、做优、做强文化消费市场。创造与创新都是突破甚至破坏原来的体制、机制。创造是“有中生无”，创新是“无中生有”。创造性转化是指原先体制有了物理性的量的变迁，而创新性发展是指化学性的质的变化。诚如鸡蛋，从外部打破是食物，而从内部突破是生命。创造常见之于体制之内，而创新往往来自体制之外。

民间文学的创造与创新主要有三种形态：

其一，以民间文学为基点，实现创造性转化。民间文学是个庞大的资源库，凝聚了中华民族数千年来在认识改造自然、从事社会实践的过程中解决难题的智慧。我们今天在现实生活中碰到的问题与难题，都有可能找到其根本和原型。近年来上海市委宣传部启动“中华创世神话项目”，集中部分人力物力财力，以“创世神话”为切入点，以“寻根意识”为创作导向，努力建构中华神话的话语体系，丰富拓展中华神话文化的传播力、感染力和影响力，从而更好地展现中华民族的精、气、神。作为项目的工程之一，首批推出《盘古开天地》《女娲造人》《嫦娥奔月》《神龙尝百草》等18种连环画，突破传统的固有的连环画格局，在文本创作、绘画语言、艺术形式等方面都有极大的创新。

其二，以民间文艺为手段，电光石火，形声色味，变平面为立体，静止为流动，单向为互动，心理为体验。2016年，岳麓书社推出中国传统“四大名著”名家演播数字版，选择该社畅销多年、口碑较佳的经典版本，邀请话剧界、配音界名人进行全文演播，利用“二维码”技术，对接名家演播音频和专家讲解视频，使“四大名著”能读、能看、能听，给读者带来全方位、立体化的阅读体验。

其三，以民间文化为杠杆，化民间文学资源为文化资本，民间创意为文化产业。这方面的案例中外皆有。灰姑娘的故事源于《格林童话》，在民间早已口口相传。后来迪士尼以此为原型建成主题公园，并通过制作动画片放大传播，成为全世界广为人知的经典故事。其实，类似灰姑娘故事的，见之于中国晚唐时期的著名文学家段成式，他所著的《酉阳杂俎》中的“叶限”就是中国式的“灰姑娘”，只不过他的影响力有限，为一般人所不知罢了。

让优秀的民间文学留得下，是前提，是基础。留得青山在，不怕没柴烧。也要让优秀的民间文学传得开，是根本，是目标，体现的是“从群众中来，到群众中去”。让优秀的民间文学叫得响，是发展，是理念。穷则变，变则通，通则久。

如何发现和认定“文化基因”

陈建宪

（华中师范大学文学院，湖北武汉，430079）

“文化基因”这个词，在《文化工程意见》中出现过三次，此外还有一些类似表述，如经典性元素、标志性符号等，可见其重要性。我们的问题是，中华文化源远流长，错综复杂，我们该怎样发现文化基因，并让这些基因得到大家的公认呢？

“基因”又叫遗传因子，源自生物学，是生物细胞内具有遗传效应的DNA片段。基因有两个特点，一是能忠实复制自己，以保持生物的基本特征；二是为了适应变化了的环境，能够发生变异。文化基因之所以也叫“基因”，应该具备同样的特点。复制是生物基因传承的基本方式，也是文化基因传承的基本方式。我在20多年前写过的一本小书中，就曾注意到生物基因和文化基因之间的相似：“我们知道，人类的遗传，主要通过人体细胞中那23对染色体上所携带的遗传基因。正是这些基因世代遗传，将我们与我们的祖先以及我们的后代紧紧联系在一起。一个人的面庞、声音、性格、容貌、禀赋等等，可能与几百年前他的某位祖先极为相像。而再过几百年，也许他的某个子孙，又会在各方面与他相似。这就是遗传基因所起的作用。在人类文化发展的链环上，母题的作用亦相当于遗传基因。”[1]

笔者在这里所说的母题，是国际民间文艺学界通用的一个概念。在1932—1937年间，美国学者史蒂斯·汤普森（Stith Thompson，1885—1970）出版了一套煌煌六大卷的巨著《民间文学母题索引——民间故事、歌谣、神话、寓言、中世纪传奇、轶事、故事诗、笑话和地方传说中的叙事要素之分析》，书中采用“母题”这个概念，对各类文献中反复出现的民间叙事元素，进行归纳和分类。后来他又对母题的内涵进行了界定：“一个母题是一个故事中的最小元素，它具有在传统中延续的能力，为了有这种能力，它必须具有某些不寻常的和动人的力量。”[2]

母题这种“在传统中延续的能力”，使我们意识到：它不仅可以用来分类，还可能发展成为一种研究方法。1997年，我在《神话解读》这本书中对母题分析法进行了尝试。我认为：研究神话，首先应抽取出它的元素形式（即它的“细胞”），以此作为核心概念和逻辑起点。而神话母题在各自文化传统中不断复制，因此是各国神话的基因。

今天，我们在中华优秀传统文化传承发展工程的实施过程中，要有效地发现和识别文化基因，并使这种基因得到公认，也可以借鉴母题分析方法。对神话研究来说，一个形象、一个情节、一种象征符号等在某个民族历史上反复出现，不断复制，成为母题，说明她是历代祖先公认的一种集体表象，是该民族神话传统的基因。对文化研究来说，某个节日习俗或人生礼仪，某个美术意象（如“连年有余”）或某个音乐基调（如“信天游”），某个建筑形式（如四合院）或某个食品制作（如热干面）等等，在一个民族的历史上不断复制，同样是历代祖先选择的结果，是这个民族的文化基因。

这里试以神话为例来说明文化基因的发现与认定过程。世界上许多民族都有神话传承，通过母题分析，我们发现不同民族神话中传承的文化基因有很大差别。大家知道，全世界都流传着洪水神话，从希伯来人的挪亚方舟，到中国南方少数民族的伏羲兄妹，都讲述洪水毁灭世界的故事。但说到洪水暴发的原因，各民族的解释就不一样了。希伯来人说大地充满强暴，上帝造人后悔了，于是用洪水灭世，只留下义人挪亚一家。华夏族讲共工与颛顼争帝，怒触不周之山，引发大洪水，幸亏女娲出来补天止水。苗族讲人与雷公是兄弟，人神反目，雷公前来劈人反被人捉了关在笼中，被俩兄妹救后上天发洪水灭世，留下兄妹传人烟。同类的故事，各自传承的母题中强调的是不同的价值观念。

为什么不同民族接受不同的神话母题呢？从接受者的视角看，不同民族有着不同的自然环境和历史境遇，有不同的物质条件与精神传统，他们各自强调的价值当然有所不同。当然，生活在不同时空的人群，虽有许多差异，但也会面对相同或相似的难题。仍以洪水神话为例，她在世界上如此流行，说明人类各族群都在反复告诫后代：人类恶行（对同类的强暴、对自然的无知等）会招致毁灭之灾；只有那些善良宽厚、善待陌生者的人，才能成为少数逃脱灭顶之灾的选民。

神话只是文化传统的一个组成部分，但传统中其他部分亦如神话一样，存在着许多不断复制的元素。我们从神话母题分析法得到启示：通过“复制”这个关键性的条件，再辅以对某个文化元素复制的频率与强度的考察，应该对我们如何确认中华文化基因有所助益。

* 本文系中央高校基本科研业务费专项资金重大培育项目“中国民间文学资源创造性转化研究与实践”【CCNU2016018】阶段性成果。

注释：

[1] 陈建宪：《神祇与英雄——中国古代神话的母题》，北京：生活·读书·新知三联书店，1994年，第16页。

[2] Stith Thompson, *The Folktale*, Holt, Rinehart and Winston, Inc., 1967, p. 415.

谚语的文化属性与当代传承

邵则遂

（中南民族大学文学与新闻传播学院，湖北武汉，430074）

关于谚语，《尚书》曰："俚语曰谚。"东汉·许慎《说文解字》："谚，传言也，从言，彦声。"清·段玉裁注："传言者，古语也，古字从十、口，识前言，凡经传所称之谚，无非前代故训。"[1]古时谚语的定义可归纳为是民间广泛流传的通俗易懂的直言或前代故训。

现代对谚语的定义比古代更为完整。比较流行的有郭绍虞对谚语的定义："谚是人的实际经验之结果，而用美的言词以表现者，于日常谈话可以公然使用，而规定人的行为之言语。"[2]《中国谚语集成》对谚语作了界定："谚语是民间集体创作、广为口传、言简意赅并较为定型的艺术语句，是民众丰富智慧和普遍经验的规律性总结。"[3]这个定义包含了谚语的来源、创作主体、语言特点及大致内容，简洁且全面。

谚语具有史料性，不仅体现人民大众的生活，还反映历史的前进与变化，朝代的产生与更迭，每个时代的谚语都打着时代的烙印。其重要程度从历代史书里记载的大量谚语就能看出。在《尚书》《左传》开启史书引谚的风气之前，谚语只在民间流传。后来史学家发现民间的谚语更能够真实地反映人民群众的苦乐，准确地传递信息，因此将谚语运用到史书中，认为谚语"更接近于历史的本原"。新史学的发展经历了两个阶段："眼光向下"的革命和"自下而上"看历史。"眼光向下"即人们从关注精英人物和重大事件转向对普通民众日常生活与文化的体察。"自下而上"看历史即史学家在实践后认识到普通民众及其文化与精英人物及其文化是不能完全割裂开来的，日常生活与重大政治事件之间也有着千丝万缕的联系，要进行全面的研究就必须在发现它们之间差异的同时寻找它们之间的联系。因此，谚语入史，成为宝贵的史料，提升了史书的文学性，使得历史学的研究范围更开阔。

谚语具有大众性，它产生和来源于人民群众。首先，谚语是集体创作。农业生产、日常生活的方方面面都是谚语的来源，是人民大众集体创作，是集体智慧的结晶，是民众对自然、社会规律的发现和总结。每一条谚语都是经受过实践的检验后得来的。其次，谚语是依靠广大群众传诵才得以流传下来。每一条经验经过实践和民众的反复检验、证明是正确的之后，才得以保留和传诵下去。谚语的语言也是大众决定的。谚语的语言定型是在符合大众的"口味"后最终保存下来。再次，谚语形成后是被用来指导人民群众的生产生活实践的。例如，在没有科学理论指导的时代，谚语对群众生产生活实践的指导作用是不可小觑的。从群众中来，又运用到群众中去，正是谚语的大众性。

谚语具有"非遗性"。谚语是语言的一部分，语言的产生、变化、融合与消亡的过程，在谚语中有着充分的体现，因此谚语注定会随历史时代的前进、更迭而变化、迁移，甚至消亡。谚语的传播方式以口耳相传为主，书面记载为辅。口耳相传也注定了谚语容易消亡。每一时代的谚语有着时代的痕迹，是人们了解和研究每个时代文化的重要资料和线索。谚语的消亡，对于身处现代的我们，甚至对于子孙后代无疑都是一种巨大的损失。这是一个世界性问题，谚语以及像谚语这样的祖先留下的且随着时间的前进会逐渐更迭甚至消亡的非物质文化有很多，如传统技艺、传统礼仪等等，这些非物质文化已经引起了重视，联合国教科文组织提出了“非物质文化遗产”这一概念，并颁布了《保护非物质文化遗产公约》。中国也颁布了《中华人民共和国非物质文化遗产法》，规定：“非物质文化遗产是指各族人民世代相传并视为其文化遗产组成部分的各种传统文化表现形式，以及与传统文化表现形式相关的实物和场所。”一共包括六类，谚语符合第一类：“传统口头文学以及作为其载体的语言。”因此，谚语的“非遗性”也是各界学者研究和保护谚语的一个重要原因。

谚语是一个民族文化基因的一部分，是民族识别符号之一，是民族经验智慧的总结，对于后辈人来说，是具有公信力的。我们应该让它世世代代传承下去。要做普及的工作，比如说在课本、作业本的“天头地脚”印上谚语。在教室里、走廊上、文化墙、公交车、地铁站都可以进行信息化发布，并且定时更新。让它印在人们脑子里，融化在血液中，就会落实在行动上，起到移风易俗、潜移默化的作用。还可以把谚语配上相应的故事，不仅仅是枯燥的说教。如“不痴不聋，难做家翁”，附上唐朝“打金枝”故事；“天要下雨，娘要嫁人”，表达毛泽东对待林彪叛逃出走的态度。这样就把历史与现实、常人与伟人拉近了，使现代人感到亲切、自然。

当然，有的谚语已经过时。对那些不符合科学，与现代法律、伦理相抵触的，要鉴别，有选择地继承和使用。

注释：

[1] 段玉裁：《说文解字注》，上海：上海古籍出版社，1988 年，第 95 页。

[2] 郭绍虞：《语文通论续编》，上海：开明书店，1948 年，第 158 页。

[3] 马学良：《中国谚语集成・总序》，北京：中央民族大学出版社，1994 年，第 3 页。

从儿童阅读入手传承民间文学经典

刁统菊

（山东大学儒学高等研究院民俗学研究所，山东济南，250100）

民间文学不仅仅是流传于民间的文学形式，不仅仅停留在陶冶情操、抒发情感的层面，它更是蕴藏着中华民族的文化及其历史发展的宝藏，是“民族的血脉，是人民的精神家园”。自从 2004 年我国加入联合国教科文组织《保护非物质文化遗产公约》

以来，轰轰烈烈的非遗保护确实发挥了很大的积极作用，民间文学项目在非遗名录中也占据了比较高的比重，得到了较好的保护、传承与发展。但是，当下我国社会正处于一个急剧变革的时期，恰逢人类历史上最深刻、最迅速的生产生活方式巨变，一方面是城镇化高速发展，民间文学传统的生存土壤发生了极大变化；另一方面，现代媒介深刻介入每一个人的生活，民间文学的传播方式迥异于以往，口头讲述不再是唯一的方式，看图画和视频成为一种更为普遍、广受欢迎的阅读方式。

对此，我们要有两手准备：第一，民间文学与生活相伴而生，它是一种生生不息的存在，当人们的生活生产方式发生变异，它的稳定性知识及其传承方式、流布手段必然也会发生变异，我们要能坦然接受这种变异；第二，针对信息化导致民间文学与网络的密切关联，我们必须要承认，网络时代一样可以有民间文学，一样可以在线上做田野作业，现在网络民族志或者虚拟民族志以及民俗学的网络谣言研究做得也是热火朝天，民间文学等于是多了一种传承的手段。尽管如此，传统民间文学的知识仍然是需要保护的，在社会变革剧烈的时期，如何将它们更好地传承下来也是一个需要思考的问题。

作为一种生活文化，民间文学本来是一种自在式的叙事活动，尤其是在熟人社会性质的村落内部，它的传承与当下流行的网络空间的传承有极大的差异。我童年的记忆，听长辈讲故事，是冬日围着煤球炉子烤火的时候，是掰玉米棒子疲劳时休息的时候，是吃完年夜饭熬年的时候，而现在生产方式和生活方式都发生了翻天覆地的变化，这种讲故事的情境都只能在回忆中再现了。取而代之的，是电视和手机等现代媒体，它们弱化或消弭了传统的讲故事的情境，拉走了大部分听故事的听众。大多数情况下，成人用手机微信传播笑话和故事，孩童听妈妈读出版社统一印刷的故事书。现代科技和传媒技术的引入，对民间文学的传承生态是一个强烈的冲击。这当然是一把双刃剑，非遗保护也可以利用多媒体技术来记录和保存文字资料和影像资料，但是假如仅仅依靠这种传承方式的话，一个共同体内部的民间文学的传承，当脱离了具体的生活再去向外传播的时候，是否会产生共同体价值的消失？或者我们要问的是，应当怎样才能体现民间文学所反映的该共同体内部文化持有者的生活实践和价值观念？应当怎样将蕴藏着中华民族精神的民间文学（尤其是经典内容）传承下去？

我们现在的孩子很幸运，整个社会都在重视培养孩子的阅读习惯，号召亲子伴读，但是他们都在读什么？我个人做母亲的经验，各大图书电商销售的大多都是国外的绘本，号称获得某某大奖的尤其受人欢迎，销售量总是遥遥领先，活跃度相比国内原创作品明显更高。可喜的是，随着国外资源被日渐“瓜分完毕”，以及国内童书市场的不断成熟，原创童书（主要是绘本）这两年正如雨后春笋般迅速崛起。

以当当网实时童书畅销榜TOP500（实时数据来自2017年6月3日晚，从5月底起当当网就在持续举办与六一儿童节相关的童书促销活动，因此当前为购书高峰期，入榜图书实力雄厚，多为优秀科普读物、获奖绘本、名家作品集等）为例，民间文学类前10名里面有1本，前100名里面有6本，都是国外经典童话，中国传统民间文学在前100～500名的有：

《最美最美的中国童话》排名106，评论数11941。

《阿凡提经典故事系列丛书（全4册）》排名228，评论数85439。

《中国儿童原创绘本精品系列（全5册）》（穿墙术、当心小妖精、晒龙袍的六月六、鹤民国、牙印儿）排名279，评论数2027。

《中国优秀图画书典藏（精装纪念版）》（猪八戒吃西瓜、小马过河、拔萝卜等），排名369，评论数1746。

《熊亮·中国绘本（全10册）》排名462，评论数437。

《写给儿童的通俗文学》（内含少量民间故事）第一、二、三辑均上榜。

用一个比喻来说，中国民间文学硕果累累，而这几套书所用的库存仅仅是太仓一粟。中国民间文学有着数不清的经典，它们承载着中华民族的历史和文化持有者的思想道德观念，其所体现的审美观念和艺术情趣具有浓郁的民族风貌和独特的地域文化特征，其所包含的内容的丰富性和思想的严谨性更是“桃李不言下自成蹊”，很多民间故事告诉我们的道理是做人要诚实守信、勤俭才能兴旺发达、遇到困难要勇往直前、兄弟同心其利断金，等等。以我曾给孩子购买过的“中国经典图画书大师卷”为例，有《小蝌蚪找妈妈》、《东郭先生》、《老虎外婆》、《金瓜银豆》、《好乖乖》、《九色鹿》、《香蕉娃娃》，这些都是经典作品，曾在众多读者中广泛传播，也曾活跃在许多妈妈的口头。这套书的绘画方式有意境悠远的中国画特色，语言饱含着汉语的独特风格，韵律感极强，令人百读不厌、百听不烦，而且内容上也能给孩子们以智慧的和道德的教育。但是像这样的书太少太少，童书质量良莠不齐，很多国内绘本不是绘画粗制滥造，便是改编随心所欲。

儿童是最挑剔、反应最真实的读者，他们喜好纯粹，几乎不掺杂其他因素的影响。但是，儿童读者具有特殊性（识字局限，通过图画认识世界），以及现代人对儿童审美能力的重视，导致“图画”的地位不断抬升，与“文字”各占半壁江山，共同组成了童书世界，甚至直接催生了童书领域一个大热的门类——绘本，学名就是“图画书”。如果能将民间文学的经典文本和绘画结合起来并进行大规模推广，那对民间文学的传承、对中华民族传统优秀文化的传承将产生极大的影响。

中华传统美德和中华人文精神蕴藏在民间文学的经典之中。民间文学经典的传承是优秀传统文化的传承的方式之一，传承民间文学经典就是延续我们中华民族的血脉，增强中华民族的凝聚力和归属感。社会各方应集中力量对民间文学经典进行创造性和传承性改编。民间文学作品的基础是有的，《民间文学三套集成》就是中国民间文学得到全面搜集、科学整理和系统出版的最好例证，其所包含的民间文学内容不仅数量惊人，而且异彩纷呈。一些优秀的传统民间故事本身就非常受孩子们的欢迎，且不涉及稿费和版权，是优质的出版资源。可惜，《民间文学三套集成》基本上都在研究者的案头上，而不是在母亲的手边。当我将自己手头的民间故事文本有选择地读给孩子听的时候，我注意到孩子听讲的兴趣一点也不比国外绘本差，且有不断追问的欲望。

传承不是将民间文学经典简单化、机械化地讲给孩子听，而是要在继承精髓的前提下，适应当代教育观念和社会发展，既要有接受又要有创造，才能真正将民间文学作品中所弘扬的中华民族优秀文化传达给孩子们，让孩子们延续、发展下去。让孩子们在听、读经典文本的过程中，不仅使他们的好奇心和听讲欲望得到充分满足，更要让他们通过中华民族的神话、传说、故事、歌谣去理解和感悟祖国的历史和荣辱，去感受中华传统文化的魅力、底蕴和灿烂文明，去习得、巩固和延续优秀的群体道德和个体经验，养成他们利他人、利社会、利国家的责任感、使命感和努力学习、奋发有为的上进心。

“势”与中国古代艺术之节奏观念

高 畅

（华中师范大学文学院，湖北武汉，430079）

内容摘要：古代艺术家以“势”范畴言说艺术创作中节奏形式的律动美感与布局结构。“势”，其一指向节奏形式的外在“体势”，“体势”显现于古典艺术中不同的节奏形式特点；其二指向节奏形式的内在“态势”，态势表现为艺术文本内部诸对立元素，即动与静、虚与实、收与放的辩证互动。本文选取书法艺术与诗歌艺术作为研究节奏形式的示例，尝试从“势”范畴的内涵出发初步总结中国古代艺术之节奏观念，认为中国古代艺术创作尤为重视节奏的布置安排，追求时间性的、流动的节奏韵味，并于具体的节奏表现中呈现出“逆”的曲折态势，形成了“尚静”“崇虚”“主放”的节奏意识。

关键词：中国古代艺术；“势”；节奏形式 ；节奏观念

节奏，是最明显而可感的生命律动形式。它在时间与空间范畴内的生成与变化，决定了生命运动的形态与特质。中国古代艺术的节奏形式彰显了其内蕴的生命气韵与情感力量。古代艺术家在创作实践中所形成的艺术节奏观念，于外在形式层面决定了艺术创作中节奏布置的章法规律与结构形态，于内在精神层面揭示出古代艺术对生命节奏律动之美的崇尚与偏爱。本文认为，作为美学范畴的“势”，凸显了艺术节奏形式所表现出的韵律、力度与风格。故而，对“势”范畴之美学内涵的阐发成为探寻中国古代艺术节奏观念的思考起点。

在先秦两汉的文献中，“势”的主要义项为权势、局势、形势等。而“势”这一表述进入文艺批评领域，较早出现在书法艺术，后又在绘画、诗歌、音乐等艺术领域中活跃起来，以至固定为一个美学范畴。在艺术批评领域，“势”范畴延续了其原初义项中所带有的动态性与力量感，古代艺术家多以“势”言说艺术节奏形式的律动美感与结构布局。“势”，其一指向节奏形式的外在“体势”，表现出某一艺术种类的节奏形态特点；其二指向节奏形式的内在“态势”，显现出艺术文本内蕴的动态倾向，其中，动静之势、虚实之势、收放之势，最能概括出古代艺术节奏形式内部元素相互生发而产生的生命力量。

一、中国古代艺术节奏形式的外在表现——生于体势

《文心雕龙·体势》云："循体而成势，随变而立功。"[1]不同的艺术体式在具体的艺术文本中游走为不同的形势风格与气质风神，成就了节奏形式于外在表现中的感染力量。此处选择书法艺术与诗歌艺术作为探寻古代艺术节奏观念的示例。

（一）书之体势——"字之体势，一笔而成"

中国古代书法艺术凭借线条字形的走势与结构，笔墨色彩的挥洒与渲染，就足以生发出内在的情感体验与生命力量。书法之体取法于自然万物的运动，因"体"而成"象"，由"象"而造"势"。故而，"体"与"象"成为分析书法艺术节奏体势的重点。

先言"体"。"体"指向书法艺术中运笔、构形、章法的节奏。"夫书第一用笔，第二识势，第三裹束。三者兼备，然后为书，苟守一途，即为未得。"[2]"用笔"与"识势"意在强调运笔的方向与速率、走势与力度。姜夔在《续书谱》中指明"势"是书法运笔的关键，笔法的走势生成于线条的运动形态，其速度有缓疾之分，力度有轻重之别，伸展有收放之差，笔锋有显隐之异，丰富的动态节奏将静态的字体点化为活跃的生命体。当然，线条自由的俯仰开合易使字体流于散漫与靡弱，所以还要兼备"裹束"。"裹束"提示书法字体的结构走向要疏导线条的走势以求和谐的空间布置。一字之内，字形之屈伸开合的节奏流动须在空间内均匀布展，而字与字之间的偃仰朝揖同样要契合整幅字的章法节奏，才能相互统领，顾盼生姿。运笔、构形、章法三者兼备方能塑成一幅节奏顺畅的好字。

再言"象"。"以象品书"是古代书论的重要特征，我们不妨也由字体之形象窥探诸类书法字体的节奏体势特点。篆书主要通行于官方典册印信当中，《篆势》言篆书"颓若黍稷之垂颖，蕴若虫蛇之棼缊"[3]，指明了篆书沉静雍容的气质，其运笔节奏迟缓而稳健，从容而内敛；笔势的节奏节点由纵向下引，圆转婉曲又一气贯通，含茹堂皇大度之雄气。隶书的出现则冲散了篆书的凝重之气，其短促方折的奋笔与一波三磔的波势相互辉映，运笔变化随节奏节点横向展开，结体呈现出相悖的张扬态势，释放出清新爽朗的风神。楷书则以一种更为抽象的点画形态更新了书艺的节奏形式，其结体分明，均匀地布展笔画的节奏节点，"拂掠轻重，若浮云蔽于晴天；波撇勾截，若微风摇于碧海"[4]；如此和煦温丽之象揭示出其泰然自若的运笔节奏，显现出其平和典雅的气质韵味。楷书的这种均匀和谐为草书所不屑，草书解散楷体，对笔画的简省与连接使其运笔节奏疾速而迅猛。"或烟收雾合，或电激星流，以风骨为体，以变化为用。有类云霞聚散，触遇成形；龙虎威神，飞动增势。"[5]草书的运笔节奏自由放纵，笔法、结体、章法的构型一并揉碎入潇洒的节奏体势，狂逸不羁之势震慑至笔墨之外。行书则介于楷书与草书之间，其浸润温和儒雅的楷意又兼有流转自适的草意，从容不迫而自在优游，"有若风行雨散，润色开花，笔法体势之中，最为风流者也"[6]，行云流水之象彰显行书生动盎然之趣。

书法艺术的节奏形式彰显于字之体势，"字之体势，一笔而成，偶有不连，而血脉不断，及其连者，气候通其隔行"[7]。古人既关注字体形势的细节布置，又关注整

体气韵的流转生成，形成了“体”—“象”—“势”书法艺术节奏美感的生成机制。于外在形态，书法艺术的线条节奏展开于有限的尺幅空间之内；而于内在气脉，时间观念则彰显于笔墨游走的气韵节奏之中。由此可见，书法运笔中的连贯脉络与生命活力，打破了空间的静止与封闭，使形态与体势的韵味在无限的时间流动中漫延开来。

（二）诗之体势——“气象氤氲，由深于体势”

诗的节奏，因其与乐的天然联系，最易为人所感知。此处尝试从诗歌文本中“声音”“文采”“法度”的节奏布置，感知诗歌艺术的节奏形式美感。

其一，声音的节奏。诗歌声音的节奏之美体现为诗歌语言荡人心弦的律动与韵调。细究其构成要素，可辨为三个部分：

一是音节在时间绵延向度中展开的行止节奏。“句”是诗歌中最自然的时间段落，诗句中字数的安排与顿处的布置，形成了声音或行或止的节奏动感。每种诗体都有固定的节奏格式，形成了相应的节奏风格：四言诗体节奏轻快明朗，五言诗体节奏雅正适中，七言诗体节奏曲折悠长。二是音调在诗联交替间形成的平仄节奏。中国语言文字所具有的平、上、去、入四种不同的声调形式，赋予了诗歌语言天然的旋律美感。诗歌发展至初唐已确立了基本的声调规范，但活泼的诗人并不愿固守平仄框架，平仄拗救的出现则使得平仄节奏的变化丰富起来。三是音韵在诗句末尾上生成的回转节奏。押韵是诗歌艺术最为突出的声音特征，着韵浑融的诗句读来气顺声和，韵脚构建了诗歌文本的层次感，使其富有韵味悠长的节奏魅力。

其二，文采的节奏。文采的节奏突出表现在虚字的使用与对偶的修辞方面。虚字本无意义，它依附于实字的表达，或是增加音节数量，或是连贯意脉走向。古体诗中的虚字随意而生，不受束于格律句型的体式规约，近体诗严密的诗律则使得虚字愈为诗人创作所规避。实际上，字之虚实各有所长，关键还在诗人用法。实字意象明朗且意蕴丰富，故由实字组合的诗句节奏紧凑，如王维的“泉声咽危石，日色冷青松”（《过香积寺》）。诗句中的虚字则能疏离紧张的意脉，使诗脉之气韵长短相宜。如杜甫的“即从巴峡穿巫峡，便下襄阳向洛阳”（《闻官军收河南河北》）。对偶句式亦是诗歌语言愈趋整饬的标志之一，在对偶严谨的辞句中，声律与意义的节奏相生相对。只是，对偶句式以节奏模式所达到的审美效果容易流于靡弱，诗艺纯熟的佳句方能不落窠臼。

其三，法度的节奏。法度的节奏彰显于诗篇中起句、转句、收句的章法，其引导了整个诗篇的流动之势。《文镜秘府论·地卷》中保存的王昌龄论诗“十七势”，就总结了诗歌创作破题、收篇的诸种方式。以律诗为例，其结构方式以四联八句为标准，首联破题，颔联、颈联为对偶，尾联收势；整个诗篇起承转合，散对相间，生成错综的节奏美感。由此可见，诗势的铺展形式生成了诗篇整体的节奏韵味，长篇的诗歌创作给予诗人足够的空间，其章法节奏的安排要收纵有度、起伏交替才能不陷入拖沓与繁冗；而短篇则更见节奏布置之功，在有限的语言空间内生发耐人寻味的节奏韵致，必定源自诗人灵动细腻的诗心与其对语言的精心锤炼，更高一层的境界则是一片天真自然而不落痕迹。

我们从声音、文采、法度的角度综合考察了诗歌艺术的节奏体势特点。古代艺术家认为，节奏是诗歌语言中的一团生气，它潜伏于诗篇之下却漫延至每一个字句。这是一种整体且辩证的节奏观念，其整体性表现在诗篇中的音律、句律、联律都要契合整篇的节奏体势；其辩证性表现在最高妙的诗篇均是对节奏形式的否定，即要求节奏浑化于诗境之中。《诗式》中云："气象氤氲，由深于体势。"[8]古代诗人追求不着痕迹的诗歌境界，但如若不深谙声韵、文采、法度的诗艺作用，何来一片充裕的氤氲气象。

中国古代艺术节奏形式的外在表现生于体势。书法艺术的体势，显现于线条的游走、笔墨的挥洒、字体的布列等节奏表现；诗歌艺术的体势，显现于声音的流淌、骈散的交替、章法的结构等节奏形态。究其节奏表现的结构深处，可以发现，古代艺术文本的内在构成有着相同的节奏形态，这些形态从内部决定了古典艺术相通的节奏韵律美。故而，我们需要继续探寻艺术节奏形式的内部构成，从其结构深处总结古代艺术的节奏观念。

二、中国古代艺术节奏形式的内在结构——成于态势

艺术表现中节奏的产生根源于其内部异质形态的交替运动，这一运动的节律构成了富有生机的节奏形式，节奏形式则在不断变化中逐渐形成了相对稳定的内在结构"态势"。我们发现，"动与静""虚与实""收与放"的表现形态最能揭示出节奏态势的丰富变化，最能突显出古代艺术节奏观的辩证色彩。节奏形式二元对立的内部结构表明，"中国古代艺术节奏论中所蕴含的结构观念侧重观照的是文艺结构内部异同要素之重复、变化、对应的相反相成关系"[9]，换言之，中国古代艺术节奏观是于整体圆融的和谐之内追求相生相对的多样变化。

（一）动静之势——"静故了群动"

动静之势是艺术表现中最为直观的节奏态势，其在流动的时间轴线上展开，主要体现为节奏的速度与力量。

节奏的速度是我们面对艺术节奏表现最直观的感受——快与慢、缓与急、疾与迟、紧与舒。"动"的表达方式活跃而紧张，"静"的表现形式平和而沉稳。书法艺术中笔势的流走尤能展示出节奏速度的变化。蔡邕指出用笔有"疾势"与"涩势"之别，疾势之笔起笔出锋迅猛而峻利，节奏干脆；而涩势之笔则缓和迂回，节奏婉转。节奏的轻重力度亦是不容忽视的节奏构成。重则势刚，轻则势柔，轻重节奏的相继展开生成了刚柔相济的和谐美感。明代琴家徐上瀛在《溪山琴况》中就总结了古琴演奏风格中的"轻"与"重"，"轻"则飘摇明朗，幽静而不浮泛；"重"则高昂纯粹，响亮而不夸张。轻重强弱的节奏变化让作品中的情感节奏鲜明起来，有最强烈的鼓舞，也有最微妙的低语。

动与静原就是自然万物生长休息的本然状态，天地阴阳、四时寒暑的自然节奏经过艺术家的创造生成了变化多样的动静节奏，而古典艺术精神中"尚静"的审美意识，使得动静结合的节奏态势生成了"静故了群动"（宋苏轼《送参寥师》）的节奏观念。中国古典艺术钟情于生命力量的表达，但其更追求"动静相生"的表意方式。这种表意方式于宇宙乾坤之内观照生命循环往复的周流节奏，在不息的时间流动中反观

至生命的静谧深处。

（二）虚实之势——“借虚以见实”

实即是有，虚即是无，虚实相间即是有无相成，虚实之势赋予了艺术文本多层次的节奏表现。“虚”的存在要以“实”为依托，才能免于空洞与浮泛；“实”的表现则要借“虚”来疏通，才能免于绝对与刻板。中国古典绘画的构图布置最能显现虚实节奏之韵致。以山水画为例，在一帧画纸中，画家通过浓淡、藏露、隐秀的虚实节奏以经营画面布置——“位置相戾，有画处多属赘疣；虚实相生，无画处皆成妙境。得势则随意经营，一隅皆是；失势则尽心收拾，满幅都非。”[10]“实”之静谧紧凑之势规约了气韵流动的具体走向，“虚”之疏朗清逸之势则给予了气韵流动的自由空间。节奏生于气，显于势，气流而不滞方显通透之势，故而画面位置之经营须拓出一片自然生机，须在静态的空间内显露出动态的时间意识，而虚实笔法即是书画艺术达到流转浑融之境的关键。

深究古典艺术的精神深处，正是庄子“无”的哲学思想启发了古典艺术“尚虚”的美学倾向。《庄子·人间世》云：“唯道集虚。”[11]此从在形而上层面赋予了“虚”这一范畴道之本源的哲学内涵，而古代艺术家则在形而下的表意实践中实现了“虚”的美学价值。在他们的艺术创作中，“借虚以见实”[12]是普遍的审美倾向，这一节奏意识于艺术文本中敞现为对耐人寻味的流动之韵的执著。正是由于时间节奏观念的渗透，一虚一实的节奏态势圆融了时间、空间的共同美感，把美的境界向天地生命深处推衍，推开一片盎然生趣。

（三）收放之势——“一收复一放”

《芥舟学画编·取势》云：“笔墨相生之道全在于势，势也者往来顺逆而已。”[13]节奏显于势，势之往来顺逆显于艺术创造中的开合收放之态。收则向内聚势，内敛而不板滞；放则向外散势，浑化而不浮夸。笪重光言山水画云：“一收复一放，山渐开而势转；一起又一伏，山欲动而势长。”[14]山水自然之势在收放交替的节奏中得以彰显，推衍至其他艺术形式，一收一放的节奏态势概括了艺术文本结构中的运动节奏——动静、虚实、浓淡、轻重、抑扬、疾徐、聚散，都于内在气势上契合一收一放的美学特质。在表现形式上，“收”尽显艺之技，于笔墨皴擦的细密、对偶炼字的精致、抚琴指法的熟稔中可寻绎。“放”则尽显艺之道，于运腕转笔的豪放、用词组句的本色、吟唱呼啸的潇洒中可意会。而于内在意境中，“收”向内转，收敛情绪而余韵无穷；“放”则向外扩，疏朗气性而一片洒落。在一收复一放的开合节奏中，中国古代艺术更青睐高古清逸的放浪，追求纵身于自然中的超逸与爽朗。

收与放的节奏态势是从艺术文本的整体层面上显示其气质风格。章法的布置、情绪的表达、气氛的渲染，都是在一收复一放的开合节奏中婉转生成。作书必须考虑笔画之间、字行之间松弛收放的安排，作文必须注意行文走势回转收放的势度。从古人们对艺术创作中收放节奏态势的论述中可见，他们极为重视艺术文本节奏形式内在结构收放开合的适度，强调内敛中和的情感抒发与有节制的表现手法；而于艺术文本的内在精神深处，仍有一种不羁的本能冲动，希冀能回归自然本真的情感释放，不拘于具体的艺术表现，而追求言外之意、画外之旨的余韵。

三、中国古代艺术节奏观念的特质内涵

通过对书法、诗歌等艺术表现中节奏体势的剖析，以及对动静、虚实、收放之节奏态势的内在发掘，我们发现，中国古代艺术的节奏观念主要呈现出以下几点特质：

其一，中国古代艺术创作尤为重视节奏的布置安排，追求流动自然的节奏美感。古代艺术追求如音乐般流动起伏的节奏美感与生动韵味。作文，“文章最要节奏。譬之管弦繁奏中，必有希声窈渺处”[15]；作诗，本就似作乐，句尾韵脚前呼后应，句中平仄相对相粘；作书，炉火纯青之处自有一种飘摇的音乐美。在古典艺术中，节奏作为生动气韵的产生根源，犹如血脉在文本中延伸开来；如音乐般典雅优美的节奏韵味，是其共通的审美追求。这亦是中国诗、乐、书、画等古典艺术存在内在相通性的深层原因。

其二，古典艺术的节奏表现呈现出“逆”的曲折态势。节奏运动的内在构成均表现为相反相成的态势，为达到气象氤氲、韵味连绵的美学效果，古典艺术追求曲折婉转的创作技巧。如沈宗骞论绘画之布局：“至于布局将欲作结密郁塞，必先之以疏落点缀，将欲作平衍纡徐，必先之以峭拔陡绝，将欲虚灭必先之以充实，将欲幽邃必先之以显爽，凡此皆开合之为用也。”[16]“逆”的节奏表现凸显了古代中国人极为辩证的思维方式，它不诉诸直接理性的表现，而是追求反转感性的相互生发、相反相成。这体现了浓郁的老、庄色彩，从事物的对立面迂回向前，不事奋力追求而最终自有心得。于艺术表现中，这一创造心理生成了耐人寻味的节奏美感与意蕴无尽的审美空间。

其三，动静、虚实、收放是最具概括性的艺术节奏态势，也是古代艺术节奏观念的结构思想内核，在古代艺术创作中表现出“尚静”“崇虚”“主放”的节奏意识。在古人看来，最高品格的古典艺术都崇尚回归至生命的静谧深处，追求以虚显实、闲适放逸的美学境界。

概而言之，基于古代文艺论著中有关“势”的论述，我们由“势”范畴之内涵的外在表现层面即“体势”，深入至其内在结构层面即“态势”，揭示出古代艺术创作之动静结合、虚实相生、收放相替的节奏审美追求，进而初步总结了中国古代艺术之节奏观念。对这一节奏观念的阐发，为进一步探寻古代艺术创构的形式美感、时空机制、美学意境提供了可靠的研究思路，亦成为继续探索中国古代艺术之节奏美学境界的思考起点。

＊本文系华中师范大学2016年研究生教育创新资助项目“中国古代艺术节奏论”【2016CXZZ180】的阶段性成果。

注释：

[1]（南朝梁）刘勰著，范文澜注：《文心雕龙注》，北京：人民文学出版社，1958年，第530页。

[2]（唐）张怀瓘：《玉堂禁经》，华东师范大学古籍整理研究室选编校点：《历代书法论文选》，上

海：上海书画出版社，2014年，第227～228页。

[3]（东汉）蔡邕：《篆势》，潘运告编著：《中国历代书论选》上，长沙：湖南美术出版社，2007年，第5页。

[4]（唐）虞世南：《笔髓论》，潘运告编著：《中国历代书论选》上，长沙：湖南美术出版社，2007年，第104页。

[5]（唐）张怀瓘：《书议》，潘运告编著：《中国历代书论选》上，长沙：湖南美术出版社，2007年，第169页。

[6]（唐）张怀瓘：《书议》，潘运告编著：《中国历代书论选》上，长沙：湖南美术出版社，2007年，第171页。

[7]（唐）张怀瓘：《书断》，潘运告编著：《中国历代书论选》上，长沙：湖南美术出版社，2007年，第182页。

[8]（唐）皎然著，李壮鹰校注：《诗式校注》，北京：人民文学出版社，2003年，第18页。

[9]黄念然：《中国文艺表意实践的同构模式及其文化心理》，《中国古典文艺美学论稿》，桂林：广西师范大学出版社，2010年，第63页。

[10]（清）笪重光：《画筌》，俞剑华编著：《中国画论类编》，北京：人民美术出版社，1986年，第809页。

[11]（清）郭庆藩撰，王孝鱼点校：《庄子集释》，北京：中华书局，1961年，第147页。

[12]（清）范玑：《过云庐画论》，俞剑华编著：《中国古代画论类编》，北京：人民美术出版社，1986年，第919页。

[13]（清）沈宗骞：《芥舟学画编》，俞剑华编著：《中国画论类编》，北京：人民美术出版社，1986年，第906页。

[14]（清）笪重光：《画筌》，俞剑华编著：《中国画论类编》，北京：人民美术出版社，1986年，第801页。

[15]（清）刘大櫆：《论文偶记》，叶朗主编：《中国历代美学文库·清代卷》中，北京：高等教育出版社，2003年，第362页。

[16]（清）沈宗骞：《芥舟学画编》，俞剑华编著：《中国画论类编》，北京：人民美术出版社，1986年，第906页。

【推荐人语】

中国古代艺术节奏观念丰富而深刻，论文选取“势”范畴所包蕴的节奏内涵，深入阐发中国古代艺术创作中节奏形式的律动美感与布局结构，揭示了古代艺术尤为重视节奏的布置安排，以及追求时间性的、流动的节奏韵味的创作特征，并深入剖析了中国古典文艺“尚静”“崇虚”“主放”的节奏意识。论文选题新颖，具有较高理论价值，对深入研究中国古典艺术节奏形式问题也有很好的启发作用，论证严谨而充分。（黄念然）

越南语分类词的类型学考察

毛志萍　［越］阮春面

（华中师范大学语言研究所，湖北武汉，430079/西南大学文学院，重庆，400715；
四川外国语大学东方语学院，重庆，400031）

内容摘要：本文以分类词的类型学理论为框架，对越南语分类词进行考察，对比分析语义、语法、指称、篇章层面相关参项的表征形式，揭示越南语分类词的类型学特征是名—分类词，数—分类词不发达。

关键词：分类词；语义；语法；指称；指代；类型学特征

国外语言学界所说的分类词（classifier），中国语言学界一般用“量词”对译，但两者并非等值，越南语学界对其定名还存在一定的分歧。如潘魁称为“前名词”，阮金坦称为“副名词”，刘云凌、丁文德、阮富丰称为“类词”，阮才谨、高春浩称为“单位名词”，叶光班等称为“可数名词”，胡黎称为“对象单位名词”[1]。本文要从分类词类型学的角度考察，所以采用分类词的说法。

澳大利亚语言学家 Aikhenvald Alexandra Y. 在《分类词——名词分类系统的类型》（*Classifier：A Typological of Noun Categorization Devices*）一书中提出应该从 11 个方面对分类词进行考察[2]，从类型学的角度为分类词的描写提供了一个统一的理论框架。凭借此理论框架，我们可以对越南语分类词进行系统的描写，借助分类词类型学的研究成果，对比分析语义、语法、指称、篇章层面的相关参项的表征形式，从而揭示越南语分类词的类型学特征。

一、分类词使用的语义参项

各类名词分类系统在给名词分类时使用的基本语义参项有 3 个：有生、物理属性、功能。每个参项下还可作进一步区分，比如有生分人类与非人类，人类再分性别、年龄、地位等，非人类分动物、植物。我们主要考察越南语分类词“有生”语义参项。

（1）越南语中对人的分类词中具有中性色彩的是“người”，但语言运用的过程中，人们为了对所涉及的对象表达爱憎意味、尊敬贬斥的感情和态度，故而采用带有情感色彩和主观评价的分类词，如“đứa”、“thằng”、“con”、“tên”、“vị”、“mự”、“chàng”、“nàng”、“bậc”、“đấng”、“ông”、“bà”、“anh”、“chị”、“em”、“chú”、 “cô”、“em”、“cậu”、“bác” 等。其中 “ông”（爷爷）、“bà”（奶奶）、“anh”（哥哥）、“chị”（姐姐）、“chú”（叔叔）、“cô”（姑姑）、“em”（弟弟、妹妹）、“cậu”（舅舅）、“bác”（伯伯）等分类词是从越南语亲属称谓中借用过来的。

黄敏中、傅成劼归纳出越南语指人分类词的语义特征[3]，见下表：

语义特征	男		女		男女均可	
	尊	卑	尊	卑	尊	卑
老年					cụ，vị，bậc，đấng	
中年	ông	lão	bà	mụ	bác，vị，bậc，đấng	tên
青少年	cậu，chú，anh，chàng	thằng	cô，chị，nàng	con	cháu，em	đứa

越南语指人分类词是非强制出现的，数词可以和指人名词直接组合。如：ba học sinh（三学生）、hai giáo viên（两老师）、một bác sĩ（一医生）。如果中间加上分类词，表达出说话人的主观感情和评价。

(2) 越南语里动物的通用分类词只有一个 “con”。“con” 适用于所有的动物。如：một con bò（一头牛）、hai con cá（两尾鱼）、năm conmèo（五只猫）。“con” 作为动物的分类词不含任何感情色彩，更不能反映任何观察角度。

(3) 越南语指植物的通用分类词是 “cây”。 “cây” 适用于所用的植物。如：bacâynho（三棵葡萄树）、sáucâytre（六棵竹子）、haicâymẫuđơn（两株牡丹）、támcâybắpcải（八颗白菜）。

(4) 无生事物的分类词非常丰富，这里不一一赘述。其通用分类词有 “cái”、“chiếc”。如：bốncáibàn（四张桌子）、chíncáibút（九支笔）、bacáikhăn（三条毛巾）、nămcáigậy（五根棍子）、mộtcáinón（一顶草帽）。以上各例中，“cái” 都可以替换成 “chiếc”，二者在许多情况下可以互换。

从以上分析中我们可以看出，越南语中有生度越高的事物不用分类词或者分类词少，而无生事物各自却有专属的分类词，纷繁复杂，丰富多样。这体现了分类词的特点是对事物进行个体化，本身并不表示数量义，即将类化的实体个体化，以数词凸显“个体”的量。有生物占据一定的三维空间，本身具有个体化功能，所以不用分类词或者分类词少，而无生物需要分类词将其个体化。比如，“书”是一个通指类名，通过分类词“本”（以自然的三维空间形态为依据）使其有界化为某一个体，再用数词表示个体的量（如：三本书）。

二、分类词的语法表现

（一）组合功能

越南语分类词都能接受数词和指示词的修饰。

数词＋分类词。例如：một cái（一个）、ba bức（三幅）

分类词＋指示词。例如：con này（这只）、quyển đó（那本）

（二）替代作用

在特定的语言环境中，分类词跟指示词、形容词、动词、名词、人称代词或词组连用，构成名词性词组，替代相应的名词。例如：

① Trong mấy cái mũ này，cái của mẹ đẹp nhất.

词译：中几顶帽子这，顶的妈妈漂亮最。

意译：这几顶帽子中，妈妈的最漂亮。

② Trongnhàtreohaibứctranh，tôithíchbứctreotrênđầugiường.

词译：里屋挂二幅画，我喜欢幅挂上头床。

意译：屋里挂着两幅画，我喜欢挂在床头的。

在这一语法环境中，通用分类词“cái”发展成了名物化标记。例如：

③ Cái ăn，cái mặc vẫn là nỗi lo của người dân nơi đây.

词译：个吃、个穿仍然是担忧的居民地方这里。

意译：吃的、穿的是此地居民所担忧的。

④ Đã là con người，ai cũng yêu cái đẹp.

词译：凡是人，谁也爱个美。

意译：每个人都爱美。

三、分类词的指称功能

分类词的跨语言研究显示，许多语言的分类词具有指称功能。

（一）“分类词＋名词”结构的定指功能

越南语中“分类词＋名词”结构作主语，一般是定指的。例如：

⑤ Con chó chạytrước，vừachạyvừangoáiđầulại.

词译：条狗跑前边，边跑边转回脖子过来

意译：那条狗在前边跑，边跑边回头看。

⑥ Khôngđầyhaiphút，chiếcxehú còilênđườngrờitrụ sở.

词译：不到二分钟，辆车鸣笛上路离开办事处

意译：不到两分钟，那辆车鸣笛上路离开办事处了。

但是，“分类词＋名词”结构的定指用法跟句法位置密切相关，作主语的“分类词＋名词”结构一般是定指的，而作宾语的“分类词＋名词”结构一般是不定指的。例如：

⑦ Thằng bé trêntaycầmchiếclồngtre.

词译：家伙小孩上手拿个笼子竹。

意译：那个小男孩手上拿个竹笼。

越南语主语位置上表有定的“分类词＋名词”构结是不是“一＋分类词＋名词”结构的省略呢？我们认为不是。因为越南语中的“分类词＋名词”结构是表单数的典

型结构，其结构本身就有“单数”的意思。因为不是省略形式，所以分类词前边也无须补上数词。分类词发展出类似英语不定冠词“a/an”的意义，所以这个结构一般是不定指的，之所以在主语位置表定指的语义特征是从结构中获取的[4]。试比较：

⑧Sách để trên bàn.（书放在桌子上）。

⑨Quyển sách để trên bàn（本书放在桌子上）。

例⑧中的 sách（书）是不定数的，可多可少。例⑨中在 sách（书）之前加上相应的分类词 quyển（本）就包含有单数的意义。

那么越南语主语位置上表有定的“分类词＋名词”构结是不是“分类词＋名词＋指示词”结构的省略呢？不是。上例所提到的“conchoi”说这句话的情景是前面只有一条狗，不需要用指示代词“đó，đấy”来指代，因为它就在前面。假设说话的情景是前面有两条狗，需要定指，则要增加定语或指示代词来表达，例如：con chó đen…（条狗黑……），或 con chóđó…（条狗那……）。

这些事实说明，越南语主语位置上表有定的“分类词＋名词”构结是不是“分类词＋名词＋指示词”省略，其定指用法直接来源于其所处的句法位置。

（二）“分类词＋名词”结构的类指功能

主语和宾语位置上的“分类词＋名词”结构还可以表类指。例如：

⑩ Bắt con tôm con cámaăn.

词译：抓只虾只鱼来吃。

意译：抓虾、鱼来吃。

⑪ Nhànôngquýnhấtcon trâu，cáicày.

词译：农家珍惜最头牛，张犁。

意译：农家最爱惜的是牛和犁。

⑫ Con ngườilàđộngvậtcấpcao.

词译：个人是动物高级。

意译：人是高级动物。

类指的核心语义是非个体性，它不指具体个体，而指向一个类或者说集合[5]。上面各例“分类词＋名词”在语义上都是类指的，在语义上并非指某一个体，而是指一类对象。可见越南语分类词发展出类似英语定冠词“the”的意义。

综上所述，越南语“分类词＋名词”结构可以独立存在，即分类词已经发展出类冠词的功能，但却并没有进一步发展成定语标记，这是因为越南语的分类词处于名词和修饰语的左端，其结构式“分类词＋名词＋修饰语”，分类词没有处于修饰语与核心之间。所以即使“分类词＋名词”结构可以独立存在，即分类词已经发展出类冠词的功能，也不能发展为定语标记[6]。

四、分类词的语篇指代功能

分类词类型学理论认为，所有的分类词的个体化特征，使其具有回指功能，用以指代篇章中已经出现的成分。不仅如此，分类词还和语篇的话题连贯相关联。从篇章来看，分类词的指代功能主要是“回指”，即必须有出现或隐含的“先行语”作为语境支撑。

越南语分类词指代功能，往往发生在“总分式复指”构式中，即在句首的提示成分是一个总说部分，句中同它相应的是分说部分，分说部分作为分句的主语。例如：

⑬ Đànbòtrongchuồng，con thìđứng，conthìnằm.

词译：群牛里边棚，头就站，头就躺。

意译：棚里的牛，有的站着，有的躺着。

⑭ Nócómấycáiquần，cáithìquángắn，cáithìquádài.

词译：他有几条裤子，条就过短，条就过长。

意译：他有几条裤子，有的太短，有的太长。

⑮ Nhữngcáibánhnàylàmchẳngđềugìcả，cáithì to，cáithìnhỏ.

词译：些个饼子这做不均一点，个就大，个就小。

意译：这些饼子一点都不均匀，有的大，有的小。

值得注意的是，我们不能认为以上例子后的分类词后省略了中心语，事实上以上各例做主语的分类词后面不能补出名词。可见这里的分类词纯粹只是起到指代的作用，在语篇中有确定性、可识别性作用，还有对比功能。

五、分类词的类型学特征

Aikhenvald提出与数词共现叫数—分类词（NUM-CL），与名词共现的叫名—分类词（N-CL），并把越南语分类词归为数—分类词，认为越南语数词和分类词先结合，然后才与名词结合，其语序是（数词＋分类词）＋名词[7]。我们认为这是不符合语言事实的。

（1）从语序上看，越南语是“数＋分＋名”，但从结构的层次来看，分类词是先跟名词组合后才跟数词搭配。读的时候特别明显。在读“một conlợn”、“bacáibát”、“nămđôigiấy”时，如果想停留，应该停在数词后边：“một/con lợn”、“ba/cáibát”、“năm/đôigiấy”。这与汉语很不一样，如“一头猪”“三个碗”，如果读的时候想停留，应该在“数词＋分类词”结构后停留：“一头/猪”“三个/碗”。可见，越南语分类词和名词结合更紧密，而且分类词和名词之间不能插入别的成分，反倒是数词和分类词之间可以插入表强调的“caìi”（个）。

⑯ Bacaìiconmeìomaìuđennaìy.

词译：三个只猫黑色这

意译：这三只黑猫

这例子中的“caìi”表强调，后面必须有指示代词“này，đó，đấy”。

（2）数名之间分类词是非强制的。不需要分类词的数名组合有如下情况：

第一种：该名词无分类词。如行政单位，“mộtchiìnhphuÒ”（一政府）、“haigiaicấp”（两阶级）“nămdântộc”（五民族）；抽象名词（多为汉越词），“bốnchínhsách”（四政策）、“nămphươngchâm”（五方针）、“haiđiềukiện”（两条件）。

第二种：该名词有分类词但不用。如机构、器官、人的名词：“mộthiệusách”

（一书店）、“haitrườnghọc”（两学校）、“bakháchsạn”（三宾馆）、“haimắt”（两眼睛）、“haichân”（两脚）、“haitay”（两手）、“bahoòcsinh”（三学生）、“bốncôngnhân”（四工人）、“mộtthanhniên”（一青年）。另外枚举时，越南语也不用分类词，例如：

⑰ Cầnmua1gà，1 vịt，3 cá.

词译：要买一鸡、一鸭和三鱼。

意译：要买一只鸡，一只鸭和三条鱼。

越南分类词有跟枚举结构分离的用法，数词结构中需要分类词，但这不是分类词最主要的用法[8]。

数名组合无须分类词可能是早期闽南语的共同特征，而越南语系数未明，有人认为是闽南语，至少跟闽南语关系密切[9]。鉴于此，我们可以认为现阶段越南语数名组合对分类词依赖性不强是早期闽南语的遗存。

（3）名—分类词典型的句法功能是回指[10]，越南语分类词具有回指功能，即上文提到的篇章功能“指代用法”，如例⑬～⑮。

（4）Aikhenvald 提出类似汉语“羌百羌”那样的拷贝型结构在数—分类词型语言里很常见，而在名—分类词型语言中却没有发现[11]。而到目前为止，越南语并没有拷贝型结构的报道。

综上所述，我们认为越南语分类词的类型学性质是：分类词本质是名—分类词，数—分类词不发达。

＊本文为教育部人文社会科学重点研究基地重大项目“汉语词汇和语法关联互动的理论探讨与专题研究”【14JJD740006】、中央高校基本科研项目【SWU1209352】的阶段性成果。

注释：

[1]［越］阮春面：《现代汉语和越南语数量短语比较研究》，华中师范大学硕士学位论文，2006 年，第 5 页。

[2] Y. Aikhenvald Alexandra，*Classifier：A Typological of Noun Categorization Devices*，Oxford：Oxford University Press，2000，pp. 14～16.

[3] 黄敏中、傅成劼：《实用越南语语法》，北京：北京大学出版社，1997 年，第 44 页。

[4] 石毓智：《论汉语的结构意义和词汇标记之关系 ——有定和无定范畴对汉语句法结构的影响》，《当代语言学》2002 年第 1 期，第 25～37 页。

[5] 刘丹清：《汉语类指成分的语义属性和句法属性》，《中国语文》2002 年第 5 期，第 411～422 页。

[6] 陈玉洁：《量名结构与量词的定语标记功能》，《中国语文》2007 第 6 期，第 516～530 页。

[7] Y. Aikhenvald Alexandra，*Classifier：A Typological of Noun Categorization Devices*，Oxford：Oxford University Press，2000，p. 104.

[8]覃凤余：《壮语分类词的类型学性质》，《中国语文》2015 年第 6 期，第 513～522 页。

[9]游汝杰：《论台语量词在汉语南方方言中的底层遗存》，《民族语文》1982 年第 2 期，第 33～

45页。

[10] Y. Aikhenvald Alexandra, *Classifier: A Typological of Noun Categorization Devices*, Oxford: Oxford University Press, 2000, p. 87.

[11] Y. Aikhenvald Alexandra, *Classifier: A Typological of Noun Categorization Devices*, Oxford: Oxford University Press, 2000, p. 103.

【推荐人语】

越南语的分类词相当于汉语的量词。文章通过语义、语法、指称等方面的对比考察，说明两者并非等值。比如，在层次关系上，越南语的“数—分—名”是分类词先跟名词组合，“分—名”再跟数词搭配；汉语的“数—量—名”先是“数—量”组合，再跟名词搭配。又比如，越南语数名之间的分类词是非强制的，分类词具有回指功能，这也反映出于越南语分类词与汉语量词的不同。文章的价值在于，通过对比考察，揭示了越南语分类词的类型学特征，从一个侧面显示了越南语和汉语的不同，有助于汉语的对越教学。（汪国胜）

城市空间与维吾尔族女性的身份建构
——以喀什老城为例

果海尔妮萨·阿卜力克木

（华中师范大学文学院，湖北武汉，430079/喀什大学人文学院，新疆喀什，844006）

内容摘要：空间是文化的表达方式之一，文化不仅创造了空间，空间同时也建构了文化。新疆喀什老城具有复杂与独特的空间形态，以清真寺、麻扎为主的公共空间规避女性群体，将女性群体空间建构在生育观之下。这种对女性群体的规避和区隔，反作用于女性群体的话语实践，即将女性权力及话语的表达限制在以家屋为中心的空间之内。上述文化现象有深层的宗教与历史源流。对老城空间文化的探讨，为进一步阐释空间内部社会角色与社会规范之间的关联开启了一条路径。

关键词：喀什老城；空间；女性身份；女性主义地理学

一、引言

空间是文化表达的方式之一，并且日益受到多学科的关注。以往的民俗学或者社会学研究中关注的是自然的空间，该空间是单一性质的。从法国社会学家列斐伏尔开始，对空间的研究转向了空间的人文性和多元化，围绕空间问题展开对日常生活、异化和城市状态的论述。列斐伏尔将空间区分为物理空间（自然）、心理空间（空间的话语建构）和社会空间（体验的、生活的空间），既从社会和历史的角度来解读空间，又从空间的角度来解读社会和历史[1]。由此可以说，文化不仅创造了空间，空间也创造了文化。爱德华·霍尔于1968年创造了“空间关系学”这个新名词，强调了空间的运用对社会交流的影响。他认为，空间是文化指明谁重要、谁有特权的主要手段，物理空间用“沉默的语言”和“隐藏的维度”来塑造人类的行为。因此，空间是文化表现价值观、影响交往模式的主要手段。空间关系学可以使我们透过空间来深入了解社会中不同群体的相对权力和相对地位[2]。霍尔将空间与社会关系联系起来进行讨论，发现社会文化中不同的“阶层”“地位”与空间有着对应关系，一言以概之，我们所处的空间位置预留了社会关系的伏笔。

性别作为社会关系中的重要一支，与文化之间存在微妙关联，日渐成为解析社会权力的重要领域，也有学者从空间与女性社会地位之间关系的角度进行了研究。20世纪70年代兴起的女性主义地理学（Feminist Geography）融合了性别研究和人文地理学的视野，注重从社会性别的角度对空间概念进行研究。在里德尔看来，物理空间和社会关系的空间都不是消极无为的、前历史的客观存在和既定条件，而是性别权力分配的结果、外化和能指。女性主义地理学通过研究这两类空间的互动来展示“性别关系和权力的集结方式”[3]。

这样的理论视野也为民俗学家研究生活空间与性别建构的关系提供了启示。在此思路的推动下，笔者从2015年6月至10月在喀什老城进行了田野调查，着重于分析老城的生活空间与维吾尔族女性身份建构之间的关系。本文以调查资料为依据，对喀什老城的城市空间与女性身份建构的关系展开具体探讨。

二、公共空间与女性性别区隔

喀什，地处南疆，西与吉尔吉斯斯坦、塔吉克斯坦、巴基斯坦等接壤，北与新疆克孜勒苏柯尔克孜自治州和阿克苏地区相连，有文献记载的历史超过两千年，是我国新疆地区重要的历史文化名城。西汉初年，汉朝在库热嘎尔设置西域都护府，喀什正式列入中国版图。作为东西文化相互连接的“金桥”，喀什是“丝路古道”上的古老要冲，是古代西域的经济、文化、商贸中心，在东西文化的影响下形成了其多元、独特的社会文化风貌。现在的喀什市于1952年设置，它是在喀什老城的基础上发展起来的，下设九乡、两镇、一个农场、四个街道办事处。

吐曼河穿喀什老城而过，老城的中心是艾提尕尔清真寺，围绕清真寺，两百余条街巷纵横交错，如同棋盘一样。居民的住宅分布在街巷的两边，若干条街巷的中间会有一个小型的清真寺，供民众进行日常的功课信仰活动。巴扎（集市）、茶馆等分布在老城的中央及周边 。麻扎位于老城的边缘区域。清真寺是最重要的宗教活动场所，用于做功课、讲经及举行传统仪式。巴扎是主要进行商品交换的集市。麻扎即圣徒的坟墓，维吾尔人在圣人的麻扎举行礼拜、诵经、祈祷等仪式活动以寻求庇护。街道是老城人家屋门前的一条条巷子，邻居们在此空间内互相交往。茶馆是市民品茶食馕、闲聊家长里短、八卦天下事，从而彼此之间传达信息的主要场所。

哈贝马斯指出：“所谓公共空间是公共领域的载体和外在表现形式，在不同的文化区域和不同民族风俗背景下的公共空间有所不同。在西方，较典型的公共空间应该是中世纪的城镇广场，它是城市居民屋外生活的主要场所，同时也可以说是集市和庆典的场地。市民在这里通过参与聚会、谈论时政、了解新闻、观察世态万象等方式来给自己的生活添加色彩。”[4]简而言之，公共空间是指外在于城市居民日常生活的室外空间。根据哈贝马斯的这一定义，我们可以将喀什老城中的清真寺、巴扎、麻扎、街道、茶馆、礼堂等归属为公共空间，它们在老城居民的日常生活中具有不同的功能，而不同的性别在这样的空间结构中也处于不同的地位。可以说，在老城的公共空间中，男性群体与女性群体往往以空间“分离”“区隔”的方式维持群体间的内在阶序，一方面强化了男性群体及男性所处空间的权力，另一方面弱化了女性群体的社会话语与权力。我们从以下方面来做一具体分析。

虽然宗教经典中并未有明确禁止女性进入清真寺的表述，但在老城维吾尔族的传统观念中，女性不能前往清真寺参加集体礼拜。同时，清真寺的麦赞、阿訇等职位都由男性来担任，即使女性中宗教知识比较渊博的布维、卡热汗也没有资格担任。这些传统观念千百年来变成了老城人严格的生活准则。清真寺这一神圣空间对女性群体的排斥，实际上是对女性地位的贬低。宗教学家伊利亚德认为：“宗教徒总是追求着把自己的居住地置于‘世界的中心’。”[5]我们可以将这一观点做进一步的延伸，在老城的语境中，神圣空间的重要性折射出的是男性群体将自己作为“生活世界”的中心，而将女性拒于“神圣”的“中心”之外的观念。

广义的神圣空间包含所有超自然的空间，如麻扎。在维吾尔族穆斯林心中，麻扎也是非常庄严与神圣的场所。老城人认为：“麻扎具有神圣的地位和超凡的力量，因此，每个穆斯林都应当对它朝拜，祈祷埋葬于麻扎中的圣徒的灵魂帮助自己获得今生和来世的幸福。他们认为，只要对麻扎进行了朝拜，就能够获得精神上的解脱，并且能够万事如意。”[6]“伊斯兰教认为男人和未成年女子上坟是合法的，便是严禁妇女上坟。如果确有这个必要，妇女可以在坟场周围祈祷。”[7]但宗教经典中没有明确表述不允许妇女上坟的理由。而老城人认为死者的灵魂看到妇女是裸身的，这样会让灵魂害羞不敢目睹，因此妇女上坟是不吉利的。他们又认为女性比男性更富于感情，她们在坟墓上高声哭泣导致死者的灵魂不安，灵魂会不舒服的。

但从现实来看，麻扎也允许女性有限地进入，允许女性前往朝拜，但其朝拜理由往往和生育有关，比如久不生育的女性去麻扎朝拜求子，这在喀什老城中非常普遍。因为在传统的观念中，婚后不育的原因总是被归结到女性身上。所以，麻扎在空间属性上虽然属于宗教性质的神圣空间，也准许女性群体对这一空间的进入，但这种准许实际上将女性的社会角色限制在生育也就是维系男性家族延续的功能之下，实际上也是对女性身份的一种限定。

在老城文化中，不同于神圣空间对女性的排斥，世俗性的公共空间对女性是包容的。世俗性质的公共空间包括巴扎、街道和礼堂等。巴扎容纳了维吾尔族人的世俗生活，是老城的人们进行社会交往、商品交换和休闲娱乐等日常生活的空间。老城女性在获得家里男性的同意后，可以跟其姐妹、邻居或亲戚朋友一起去巴扎采购和逛街。但女性在这里也不能享有与男性同样的空间。因为，女性只能去巴扎采购，但不能开店从事贸易。喀什巴扎上也能见到一些摆摊的维吾尔族女性，但她们大都来自喀什附近的县乡，因为县乡在这方面的要求没有老城那么严格。街道也是女性群体相互交往的半自由空间。每天早晨，在男性往清真寺做功课后，老城女性开始出门打扫自己门前的街道。这时，邻居们相互问候，交流谁家要办仪式、有谁生病等信息。但她们会在男性功课结束之前离开街道，以免与他们照面，在男人们各自上工之后再出来，聚在一起绣花帽，或相互送饭、大扫除、串亲戚等。总之，街道这个公共空间虽然为两性所公用，但女性要遵循回避男性的原则。礼堂是举办婚礼、摇篮礼和各种社区聚会的重要场所。这些民间社交和礼仪活动组织者和主要参与者都是女性，她们可以自由参与这些活动。总之，在礼堂这样的共同空间，女性获得了一定程度上的轻松与自由。

性别地理学（The Gendered Geography）认为，许多的地理空间设置考虑到了男女性别的差异，并说明了不同的地理体验与性别之间关联所产生的意义。空间不是中立的存在，而是刻有性别权力关系的印记。建筑物、街区、消费场所实际上都充满性别的隐喻[8]。通过上文分析，我们可以看到，老城的公共空间充满了性别的内涵和性别权力的投射。在老城的公共空间中，神圣空间一般是同女性绝缘的。以清真寺为代表的神圣性公共空间只准许男性的进入，这实际上是把女性与神圣空间区隔开来。这种区隔就是一种性别秩序建构——将男人等同于神圣，将女人等同于世俗性、亵渎性。因为，在传统社会中，宗教信仰占据中心地位，政治、经济、教育等社会公共生活都与宗教信仰结合在一起，因此这些自然都成了男性主宰的领域，从而排斥了女性。即使是麻扎这样的神圣空间，尽管准许女性的进入，但仍是从生育的角度进行的社会控制，将女性限制在生儿育女——延续男性家族这一功能之中，因此，同样反映出女性的从属地位。

三、家屋空间与女性身份的建构

公共领域与私人领域的区隔早已有之。与公共领域相对，私人领域是指每个人的家庭即维持个体生存和发展的处所[9]。老城居民的私人领域就是他们的家屋空间，它由居室和庭院两部分组成。老城房屋皆朝向院内而建，临街的一侧不能开窗，形成了以庭院中心的私密性生活空间。在家屋内部，庭院又是居室的外部空间，因此，相对于街道，庭院是一个半开放的公共空间，是通往家屋这一私人空间的缓冲地段。这一私人领域的生活空间，与性别权力以及女性身份的构建，有更直接和深入的关联。女性主义地理学认为，社会分工一直将性别关系定义为男性在公共领域，而女性在私人领域[10]。这一结论也完全可以用于喀什老城，但老城的情形有其特殊与复杂之处。

家屋空间是社会空间的主要表征形式之一，透过家屋的空间能够发现社会形态和基本的文化范畴。因为家屋空间直接形塑了性别惯习，这里边既有家庭组织结构，也有性别结构，更有权力结构，而家庭组织结构、性别结构、权力结构都与家屋空间中的日常生活有着密切关联。

家屋大多是传统土木结构的泥坯房，老城改造后以砖瓦房为主，房屋有二、三、四层等。老城维吾尔族不喜欢分家，也不轻易分家，所以往往是家族几代人同住一个家屋，房屋的层数直观地显示着一个家族人口兴旺与否。在老城的居住习俗中，老一辈一般住一层，长子和长媳住二层，其他儿子会住三层及以上，等孙辈们成家之后再另行择居。

在老城人的观念中，家屋空间对街道来说是一个内部空间，所以在家屋的大门上往往挂有帘子划出界线。这个帘子也是社会空间的界限，划分出公共空间和私人领域之间的界限。而这个私人空间，是属于女性的自由空间。在这里，她们操持家务，请客会友，安排仪式和聚会等。

这里的自由在厨房这一空间上似乎表现得更为明显。在老城人的观念中，做饭是女性主要的职分所在。维吾尔族民间有个谚语说："生下女孩，厨房的炉子会笑；生下男孩，全世界都会笑。"所以，厨房是女性负责的空间，杜绝男性的进入。笔者在调研中不止一次听老城人表达："男性进入厨房是件丢脸的事。"但在厨房空间中，女性之间也存在着一种阶序，婆婆在厨房内的权力很大。婆婆有一种象征的权威，媳妇做饭时，需要礼节性地请示婆婆调味及品尝；而且，婆婆还掌握盛饭分给家庭成员的权力，因为在维吾尔族的传统中，盛饭是一种当家作主权威的表现。在婆婆缺席的情况下，这一权力则是由大妯娌掌握的。

人活动的物理空间本质上也是一个社会空间。“在某种程度上，空间总是社会性的空间。空间的构造，以及体验空间、形成空间概念的方式、极大地塑造了个人生活和社会关系。”[11]所以，老城维吾尔族女性群体不仅是生活在家屋—社会空间内，而且，她们是从家屋空间中获得了她们在社会中合适的角色和地位。所以，对于她们而言，空间有双重性含义，即空间既是规范女性活动的物理界限，又是一种象征性秩序。女性在这有限的住宅空间里，完成了对女儿、妻子、母亲等不同阶段的女性角色的扮演。

在家屋这一私人空间之中，女性的身份看似是自由的，甚至在某些情况下表现出很大的权威。但实际上，却显示了女性身份建构中深层的男权因素。“家”既是男性空间压迫女性的场所，又是女性反抗男性压迫的空间场所[12]。男性占据公共空间，女性局限于私人空间，这一普遍性的性别规范同样表现在喀什老城。而正如男性不进厨房的习俗显示的，“在一个夫权社会中，丈夫占据公共空间而妻子占据私密空间的界限是不能混淆的。一个社会的危险就在于人们占据了错误的空间，尤其危险的是女性占据了男性的空间”[13]。还有一个例子能说明，女性尤其不能占据男性空间。这就是在家中来了男客之后，女性是不能接待的，甚至会客的客厅这一临时性的公共空间也禁止女性随便进入，而平时并无这一禁忌。所以，女性的身份，深度地局限于私人空间之内。

对喀什老城的女性而言，其生命史始终摇摆在不同的空间区隔之中，神圣性的公共空间完全排斥了女性群体，而世俗性质的公共空间，尽管容许女性的存在，却是将这种容许限制在公共生活之外。“女性的社会地位的高低是由她在公共空间与私人空间中的差异来指定的。”[14]正如梅西所说，性别关系随空间而不同：空间是象征性的性别化，一些空间以自然排出特定性别而显著[15]。喀什老城女性身份的建构跟维吾尔族历来形成的复杂、独特的文化背景密切相关。梅西认为：“女性流动性在空间和身份方面的限制，在某些文化背景中已经是一种至关重要的附属手段。”[16]

喀什老城是维吾尔族文化的结晶，而维吾尔族文化不仅包括伊斯兰文化的一些元素，而且还包括之前的萨满教文化、佛教文化、摩尼教文化等众多元素，也包括人类四大文明的结晶。在这些文明的冲淘养育之下，维吾尔族有选择地吸收了伊斯兰教，而且使伊斯兰教民族化、地方化、艺术化，创造了灿烂的文化艺术成就，为中华文明乃至世界文明做出了积极贡献[17]。可以看出，维吾尔族文化就像汉文化一样具有非常强烈的包容性，它从各种文化中巧妙地吸收精华，在此过程中更加倾向于伊斯兰教文化。维吾尔族信仰伊斯兰教以后对伊斯兰文化不断地进行改良，并形成独特的中国维吾尔伊斯兰文化。以伊斯兰为主的独特、复杂、混杂的文化环境直接影响到喀什老城的性别建构。伊斯兰教经典《圣训集》也对男性和女性的日常活动空间和范围进行了一些规范，它把整个空间以公共空间和私人空间、屋外空间和屋内空间的形式一分为二[18]。伊斯兰思想作为维吾尔族传统社会的正统规定了社会性别等级，对这一等级差异的具体要求就是生活空间的分隔。玉素普·哈斯·哈吉普在《福乐智慧》中曰："莫放松女人，要紧闭门户，女人会给男人带来不幸。"[19]优素普的这种观点自从11世纪以来在维吾尔族婚姻家庭生活中占据首要地位，由此也形成了从这一宗教—道德原则来要求女性的社会意识，违反这一道德的女人会在家庭社会中丧失尊严。

因此，喀什老城维吾尔族传统社会仍处于"男主外，女主内"的状态，男性和女性的活动场所分得很清楚，社会性别分工极其明显。读书、参政、经商、对外交往等这些外部的、公共空间的事务由男性来承担，而养育孩子、照顾老人和丈夫、洗衣做饭、纺线织布等这些内部的、私人空间的劳动一般都加在女性身上。私与内意味着女性必须以依附性的身份才能获得生存发展的机会。从中可以看出，男性与女性的社会功能与社会身份和他们的生活空间相互对应。空间呈现出性别的特征，神圣性的公共空间是男性的，世俗性的公共空间是女性的，男性权力通过空间限制了女性的活动自由。同时，从民俗文化中体现出男女两性之间有明显的角色差异和空间区隔，女性的公共事务参与度不高，女性性格被动保守，女性社会地位低，两性之间的交流合作欠缺，由此阻碍着两性自身及整体社会的发展与进步。借助空间视角能够更加清晰地看到老城女性的社会地位。

＊本文系文化部2016年重大项目"维吾尔传统文化与伊斯兰教的关系"，新疆维吾尔自治区社科基金2013年青年项目"喀什市维吾尔族居住民俗的变迁与保护研究"【13CMZ062】，新疆维吾尔自治区人文社会科学重点研究基地喀什师范学院维吾尔优秀传统文化与现代文化研究中心2015年度招标项目"喀什老城女性民俗文化调查研究"【KW150308】的阶段性成果。

注释：

[1] Henri Lefebvre, *The Production of Space*, Oxford: Wiley-Blackwell, 1991, pp. 26-38.

[2] 参见[美]朱丽亚·T. 伍德：《性别化的人生：传播、性别与文化》，徐俊、尚文鹏译，广州：暨南大学出版社，2005年，第105～106页。

[3] Jane Rendell, *Bazaar Beauties or Pleasure is Our Pursuit: A Spatial Story of Exchange in the Unknoun City: Contesting Architecture and Social Space*, Cambridge: The MTT Press, 2001, p. 111.

[4] Jürgen Habermas, *The Structural Transformation of the Public Sphere*, Translated by Thomas Burger, Oxford: Polity Press, 1989, pp. 98-99.

[5] [罗]米尔恰·伊利亚德：《神圣与世俗》，王建光译，北京：华夏出版社，2002年，第2页。

[6] 高敬：《古韵新疆》，北京：五洲传播出版社，2014年，第95～98页。

[7] 安尼瓦尔·赛买提：《维吾尔民间禁忌研究》，新疆大学博士学位论文，2001年，第92页。

[8] 黄继刚：《空间的迷误与反思：爱德华·索雅的空间思想研究》，武汉：武汉大学出版社，2016年，第152页。

[9] 张海榕：《辛克莱·刘易斯小说的叙事空间研究》，北京：外语教学与研究出版社，2011年，第182页。

[10] 黄继刚：《空间的迷误与反思：爱德华·索雅的空间思想研究》，武汉：武汉大学出版社，2016

年,第 154 页。

[11] [英]丹尼. 卡瓦拉罗:《文化理论关键词》,张卫东、张生、赵顺宏译,南京:江苏人民出版社,2006 年,第 164 页。

[12] 张海榕:《辛克莱·刘易斯小说的叙事空间研究》,北京:外语教学与研究出版社,2011 年,第 184 页。

[13] 黄继刚:《空间的迷误与反思:爱德华·索雅的空间思想研究》,武汉:武汉大学出版社,2016 年,第 155 页。

[14] Rosaldo, Michelle Zimbalist, *Women, Culture, and Society: A Theoretical Overview*, California: Stanford University Press, 1974, pp. 17-42.

[15] [英]克里斯·巴克:《文化研究理论与实践》,孔敏译,北京:北京大学出版社,第 368 页。

[16] [英]克里斯·巴克:《文化研究理论与实践》,孔敏译,北京:北京大学出版社,第 368 页。

[17] 王立胜、姑丽娜尔·吾甫力:《关于新疆文化建设的对话》,《东岳论丛》2016 年第 7 期,第 5~18页。

[18] 色依提·铁力瓦地:《伊斯兰道德礼仪问答》(维文),北京:民族出版社,2014 年,第 39 页。

[19] 玉素普·哈斯·哈吉普:《福乐智慧》,郑关中译,北京:民族出版社,1986 年,第 101 页。

【推荐人语】

空间是喀什老城女性身份建构的方式之一。对老城女性甚至所有阶层的维吾尔族女性而言，其一生的行为与其性别身份息息相关，而性别身份的塑造主要来自意识形态教育（美德培养与文化教育）、生活空间的惯习与对女性身体的改造（穿着、盖头），而空间的意义最为关键。从这个意义上讲，空间“生产”了女性身份以及帮助女性完成了对自身身份的认同。本文通过长期的田野实践和对“研究对象”自反性的审视，深入发现自我，探寻到喀什老城女性身份建构的文化路径，材料坚实、丰富，论证有力，对于当代民俗学和少数民族文化研究具有一定的启示意义。(陈建宪)

悲剧中的伦理理念

——伊格尔顿悲剧理论解读

宋政超

（同济大学人文学院，上海，200092）

内容摘要：在今天这个时代重提悲剧，并不是为某种古老的、业已消亡的艺术形式而哀叹，更不是为了某种哲学理念的复兴而摇旗呐喊。对真正的悲剧的关注，对渗透进入日常领域的悲剧现实、对悲剧在人与自身、他人、社会的关系中所体现的伦理理念的关注，才是伊格尔顿重提悲剧的初心。而怜悯与恐惧所体现出的爱，自由与必然所体现出的命运观，替罪羊形象折射出的圣性，是我们重新思考这个被利润所数字化、工具化的“主体”问题的最好机会以及有力武器。

关键词：伊格尔顿；悲剧；伦理；爱；命运；圣性

启蒙理性将上帝放逐后，以经济为运作核心的资产阶级社会无力自行生产一种如宗教那般具有强大意识形态力量的符号资源。在遍寻无果的情况下，它将视线最终投向了“人”本身，因而这个“人”被赋予了超过其自身意义的更多使命，成了资产阶级人本主义伪造出来的统一主体。对“人”的过度关注使得人类沉湎于对那个虚无主体的想象之中，直接导致了利己主义的盛行。而伊格尔顿试图从对各种经典的悲剧理论的重新解读中，为这种资本主义现代性弊病找寻到疗治的药方。因此，伊格尔顿集中探讨了“怜悯与恐惧”“自由与必然”“放逐与圣性”等经典悲剧问题所折射出的现代社会当中的个人与自身、与他人、与社会之间的关系，将对悲剧的理念的讨论置入伦理的范畴之内。

一、爱：怜悯与恐惧

与其老师柏拉图对“诗”的最终处理方式——将诗人逐出理想国——不同，亚里士多德在“怜悯”与“恐惧”的纠缠中发现了“净化”。也正是基于悲剧具有“净化”的社会作用，他否定了柏拉图的诗使民族变得软弱这一结论，找寻到了悲剧可以帮助排除过度剩余的脆弱情感的积极意义，即净化可以为人们的这种情感上的脆弱提供有效的治疗。正是基于对亚里士多德这种悲剧理论的认同，伊格尔顿首先承认悲剧在某种意义上是工具属性的，它可被用来调节和控制整体的社会情感。怜悯与恐惧之情感的存在成为这种社会控制工具达成目的的手段，悲剧作为一种美学形式首先就具有其审美意识形态作用。

在亚里士多德那里，“怜悯的对象是遭受了不该遭受之不幸的人，而恐惧的产生是因为遭受不幸者是和我们一样的人”[1]。可以看出，尽管强调了悲剧英雄的高贵与不凡，但在角色的性格及品行的定位上，亚里士多德仍然将他们限定在普通人或者接近普通人的范畴内，也就是与我们大多数人相同，非完美非罪恶。这样才能达到亚里士多德所理想的那种既能让观众怜悯这些悲剧人物的遭际，同时又让他们担心不幸也会发生在自己身上。

因此在伊格尔顿的解读中，亚里士多德的悲剧效果与情感理论仍然以利己主义为出发点，这对解决现代性将上帝谋杀之后将“人”列为创造之根基而引发的极端利己主义的弊端并无益处。亚里士多德对怜悯这一情感的来源解释是“我们因害怕可能发生在我们身上的事情而怜悯他人”[2]，这种利己主义的怜悯情绪全然来自对可能发生在自己身上的不幸的想象中。伊格尔顿对此的疑问则是，我们是否只是因为担心那样的境况发生在自己身上才可能产生怜悯的情绪。现实情况当然并非如此，正如伊格尔顿所认为的那样，我想象自己可能遭受与你同样的命运因而产生怜悯的情感，并不必然意味着我在自己内心重新演绎一遍你所遭受的痛苦，更不必说许多的痛苦不论我们发挥怎样的想象力也无法进行再现。因此，怜悯的情感并非一定来自利己主义的想象。

那么，怜悯这一情感的来源到底在何处呢？伊格尔顿给出的回答首先是“可能的情况是，我希望使你摆脱绝望，只是为了自己不那么因为同情而想要自杀”[3]，即怜悯情感来源于我们需要在道德上得到自己的宽恕。伊格尔顿将这种情感来源概括为“超我”的道德惩罚，即怜悯的来源在于它是我们抵御超我规训的一个安全气囊。尽管我们对他人的痛苦时时无能为力，但我们因为怜悯情感的存在而避免感觉到自己是在这场痛苦之中承担了什么罪恶的施虐者。

除此之外，伊格尔顿还认为怜悯情感来自我们自身对受苦的需要，尽管我们并不真的希望用自己的身体去感受苦难，但内心深处却在渴望这样一种堕落带来的快感。而悲剧恰恰成为最适合承担这种情感需要的载体，即它能够让我们在肯定地明知自己不会受到伤害的前提下，最大可能地释放我们渴望感知苦难的欲望。在伊格尔顿看来，这就是一种“从我们身上释放出披着令人尊敬的文化伪装的死亡驱力的喜悦”[4]。在悲剧的崇高的美感面前，我们放纵自己的幻想，尽情享受“死亡驱力受虐狂般的快乐，却安然无恙地明白我们是杀不死的”[5]。悲剧之中的死亡反复上演，观众可以明确地知道这是一种人为创造的死亡，一种对真正的死亡逼真而又虚伪的预演。这种预演既让观众体会到了死亡的恐惧，同时又人为地占有了死亡。

这种对死亡的预演使得悲剧这种艺术形式具备成为宗教的继任者的条件。诚如巴塔耶对文学的评价那样，悲剧在此处与文学相同，它“继承了献祭：这种对毁灭、迷失自己并从正面观照死亡的憧憬……献祭的虚构……是罪行的表演，是一个游戏”[6]。而悲剧通过种种可唤起共通情感的苦难因素，使得观众一方面因为这种恐惧所带来的焦虑而深感窒息，一方面又因为这种对死亡的模拟游戏带来的刺激感而欲罢不能。人们厌恶痛苦加诸自身，但内心深知病痛与死亡迟早会来敲响自己的房门，于是在摹仿的游戏之中提前感受苦痛。这是一种混杂了对苦痛的占有、对死亡的提前尝试、对游戏的安全性的信任、对他人的越界与自身精神临近越界极限所带来的混杂的快感。也就是说，恐惧已不再是亚里士多德所说的那种害怕发生在我们身上，因而我们在目睹了别人的悲剧之后试图规避的那种情感，那只是最为自然状态的恐惧情感，而在悲剧之中被游戏化了的恐惧情感成为观众的追求。“在人身上有恐惧：这种恐惧是令人厌恶的兽性，在人的总体性形成的时刻，我发现了这种兽性的存在。”[7]尽管我急于渴望证明自己的非兽性，但是却可以通过悲剧的模式让自己体验到这种兽性带来的快乐，并可以在安全的界限内避免失掉对自己人性的信任。这种强烈却又安全的刺激感才是悲剧之中恐惧情感存在的真正意义。

对死亡的提前占有使得我们能够在免除真正死亡的情况下，最近距离地观察到每一个体最终所不得不面对的此种命运。伊格尔顿认为，这种对非存在的惧怕，正是原教旨主义者（Fundamentalism）产生的起源，“基要主义者最害怕的正是非存在，他们用教条来填补虚无”[8]。也正是悲剧通过这种对死亡的预演提醒着我们现实恐惧的存在，而这种对于现实死亡的恐惧，能够使得在意识形态上为自身树立了大写的人（Man）这个主体性的我们最终意识到，于这个世界本身而言，我们的存在或许并非那样的意义重大，从而使得我们能够最终承认这个世界的客观性及其偶然性。“接受死亡也就能过更丰富的生活，承认我们的生命是暂时的，我们就能放松对生命神经过敏的控制，从而更好地享受生活。”[9]基要主义者所不能容忍的正是这种对生命宽容的态度。基要主义者惧怕非存在，但是又无法承受存在本身的客观性与偶然性，因此通过破坏这种存在本身来获得自己所谓永恒的存在。也正因如此，伊格尔顿认为要对抗基要主义者这种建立在非存在基础上的观念，必须用另一种不同于基要主义者的非存在观来对抗所谓基要主义者那坏的非存在观。这种非存在观可以通过悲剧的方式得到揭示，即在那些受苦难的普通世间男女的身上，我们通过悲剧的方式去承认这些被现行资本主义制度排除在外的可怜人，才有可能获得与基要主义者对抗的力量。

二、命运：自由与必然

简单地讲悲剧是关于“命运”的讨论确实有失草率，更确切的，应该将这里的命运当作一种“必然性”来“表示某种如同一连串可能或相关的因果关系般的东西而非某种形而上的宿命论”[10]。不论是《俄狄浦斯王》中难以逃脱的预言与斯芬克斯无解的谜题所展现出的命运之强大的运筹帷幄，抑或《安提戈涅》中哪怕一个偶然环节的失误都可能导致的悲剧性结尾的消失，都体现了“必然性”环环相扣的不可更改的因果关系。

传统的希腊悲剧之中命运的提供方是我们无法感知却可能感受的神。在科学理性将上帝请下神坛之后，命运必然性的提供方已经不在，那么这种以不可获知却又几乎是无可逃避的命运为主要因素的悲剧是否还存在呢？而当一切都成为偶然事件而失去其必然性的时候，普遍的意义又在哪里呢？如果只有国王的死亡才称得上是悲剧，而诸如你我这样的普通人出门被车撞了只能算作事件，这件事本身或许就是一出悲剧。“就日常的死亡和痛苦而言，当我们看到哀痛和悲伤，当我们看到男人女人被他们的真实损失压垮，我们至少没有不证自明的依据说我们不在悲剧中……当痛苦被感受到并且传递给另外一个人的时候，我们很明显已经在悲剧的可能性范围之内。”[11] 在威廉斯看来，进入资本主义以来，由于中产阶级文化的主导，我们在名义上更多地关注到每个个体生命存在的意义，不是只有上层社会的命运才会得到严肃的看待，因此在现代悲剧之中，地位问题不再是影响悲剧是否成立的主要因素，但也正因为如此，“在强调某一个人命运的时候，悲剧的代表性和公共特征却丧失了”[12]。但大人物的命运就真的存在普遍的意义了吗？威廉斯的回答当然是否定的。这种所谓大人物的命运所带来的普遍意义，在威廉斯看来其实是被夸大了意义的偶然事件，也就是说，发生在大人物身上的所谓必然命运其实也不过就是发生在大人物作为那一个个体的偶然事件，不过因为地位问题的存在，我们将这种偶然事件的普遍意义扩大到了一种普遍的层面上。既然如此，我们通过威廉斯的视角可以暂时这样理解：悲剧之中都是偶然事件，不论是国王弑父娶母还是你的邻居出门被车撞了。之所以你会觉得邻居出门被车撞虽然痛苦但称不上是一出悲剧，那是因为在你的文化规则之中，国王的偶然事件被放大成了普遍悲剧。既然悲剧之中的必然性的普遍意义并非来自于此，那么几乎全由偶然事件构成的悲剧的普遍意义究竟来自何处呢？伊格尔顿对这种孕育了自由因子的偶然的必然性进行了自己的阐述。

置身确定性悲剧之中的主人公唯一的角色似乎就是成为命运的傀儡，在确定的因果关系中扮演着提线木偶。伊格尔顿认为，悲剧主人公的职责恰恰在于向必然性的开战。而悲剧主人公向必然性开战的意义，就是要弄明白悲剧的不可避免究竟是多么不可避免，即要证明界限的不可突破，唯一能做的就是要试图突破这个界限。在悲剧完整的确定中，最终的自由就体现在悲剧主人公对必然性的反叛，尽管这种朝向必然性的碰撞最终的结局依然是悲剧性的确定的粉身碎骨，而这种粉身碎骨的自由或许也依然是被必然性所预见的组成部分。伊格尔顿认为必然性就包含着这种自由，而这种自由又证实了必然性的存在。尽管不可避免地遭遇到同样的命运，但迎向必然性的主动性的碰撞绝对不能被称作对这种必然性的屈服。

悲剧英雄的这种反叛行为在伊格尔顿看来，一方面是向必然性的开战，另一方面却证实了必然性的存在。而在巴塔耶看来，第二个方面的意义显然更为重要。他认为规则与违反规则根本就是同时产生的，而禁忌的存在与打破看似文明的禁忌恰恰是人脱离动物性的表现，尽管在打破禁忌之时似乎再次回归了兽性，正如俄狄浦斯弑父娶母这种违背所谓人类伦理的行为在文明人眼里回归了兽性，即出现所谓的文明意识之后，人类就明白乱伦行为的不可触碰，俄狄浦斯依然做出了动物才会做出的事情，而巴塔耶指出正是“故意违反最神圣的法律……认可和完善了一种建立在法则上的事物的秩序，它只是暂时地反对这个秩序”[13]。也就是说，悲剧之中的违反行为其本身的意义，正是在于通过这种短暂的违反来确证秩序的存在，而那个所谓的向兽性的短暂回归恰恰是被改造了的兽性，悲剧英雄的这种兽性行为在经过了这种反转的改造之后，具备了“神性（le Sacré）”[14]。这也与下文将要论述的替罪羊所体现出的圣性产生了关联，即替罪羊的形象是兽的，不论其本来的山羊形象抑或担任城邦替罪羊的肮脏卑贱之人，在文明社会看来都是偏兽性的，是作为文明之人的我们所极力要去否定之物，但为什么恰恰是它们产生了这种圣性呢？

三、替罪羊：放逐与圣性

古典悲剧中的悲剧英雄角色完美展现了伊格尔顿所说的“替罪羊”（scapegoat or pharmakos），他们牺牲了自身的利益，为整个社会结构中的其他人或取得了救赎，或成全了净化，或避免了受损。以往的悲剧理论对悲剧主人公的关注点都放在悲剧英雄的身上，到了现代社会，悲剧英雄的角色渐渐消失，自决主体意识到了自己的存在，悲剧英雄不再是悲剧的主角。悲剧英雄不再适合应对现代社会对悲剧主人公的分析，如果我们依然只讨论悲剧英雄，那么如何去证明悲剧在现代社会依然存在这个事实呢？

根据伊格尔顿的分析，“替罪羊在悲剧思想中有着悠久历史。悲剧的意思是‘山羊之歌’”[15]。因为最早的希腊悲剧与献祭有关，据考证很可能是与对酒神狄俄尼索斯的祭祀与崇拜有着密切联系，最早的悲剧诗人被称作“山羊诗人”，因此“替罪羊”这个形象本身就有着自己的历史渊源。伊格尔顿就利用了“山羊”的这个头面光鲜而尾部肮脏的原始意象来表达自己对于悲剧人物的角色概括，这个形象不仅能够用来诠释古希腊悲剧中牺牲的英雄形象，也能够诠释现代性到来所导致的英雄消逝之后的悲剧中的普通人物的形象。伊格尔顿向我们传达的信息是重视“替罪羊”式的悲剧主人公的重要地位，重新审视所谓受苦受难的角色，从单纯的怜悯与恐惧的情感中跳脱出来，意识到它们所被赋予的重要而神圣的使命。尽管它们看上去或脆弱或肮脏，值得同情或应该唾弃，但同时也因为这种仪式性的献身而应该得到敬畏，甚至可能在现代性的当下成为替罪羊的我们自身应该拨开意识形态的迷雾，认识到自身在整个社会权力结构中的地位、价值，以及蕴含在我们身上的力量。

如前文所述，自由与必然性的博弈是悲剧之中存在的伦理主题之一，而自由——对规则的挑战，对禁忌的违反——的最终价值在于证实规则的存在及其圣性，而作为替罪羊的悲剧人物的牺牲，就是这个圣性生产链条之中不可或缺的关键因素。巴塔耶认为这种替罪羊式的牺牲所获得圣性的关键原因，在于“供奉物的毁坏、破坏或燃烧是违反的最惊人的形式，但是它们的奢侈用途总是赋予它们一种价值”[16]，也就是说替罪羊本身的角色并不重要，关键的是它作为供奉物的角色定位。它是某种被牺牲掉的物也好，是某个应该被处死或者放逐的人也罢，最重要的是，它被作为供奉物献祭掉这个事实。这也就证实了伊格尔顿替罪羊角色在各种悲剧形态之中的普遍存在，即不论是古典悲剧中的英雄人物还是近现代悲剧中的小人物，甚至是伊格尔顿作为日常经验的悲剧现实之中被牺牲掉的普通人，他们被当作供奉物，都可以被视作替罪羊，都相应地获得了某种圣性的地位。

但伊格尔顿并不认为替罪羊只有被牺牲这样一个属性，倘若如此，随机选取的献祭物都可以承担那个圣性的光辉了。伊格尔顿认为替罪羊是一种具备双重性的含混，即一方面它是被城邦或者整体放逐到别处的一个肮脏的承载体，负载了这个整体的共同罪恶；另一方面则表现为它是一种圣性的恐怖（holy and terrifying），残忍的杀害成全了最终的圣性。替罪羊的特殊地位来自俄狄浦斯式的隐喻，其行为既是自由的又是天意的，既有罪又无法否认其无辜，替罪羊是被挑选出来的背负整体罪恶的特殊个体。替罪羊是从内部挑选出来的，以便人民能够认识到替罪羊所背负的罪恶与自己相关，又必须是诸如罪犯等等的化身，以便人民对它产生厌恶，放逐到整体之外以净化共同体的罪。“悲剧打破神、人、兽之间的壁垒；于是替罪羊，一个被丢入动物般赤贫深渊的人却因此奇妙地圣性了，将所有这三个物种的重要之处结合了起来。”[17]伊格尔顿否定性的哲学观念体现在替罪羊的功能上则表现为，尽管被投入底层遭受唾弃与践踏，却也同时承认了这种被驱逐的看似无意义之物却是获得真实价值的途径，圣性自献祭之中获得了释放。

因此，伊格尔顿的“替罪羊”概念有其自身独特的意涵，即大的政治共同体与小的个体之间的关系，为了政治共同体的利益，微小的个体成了被献祭的对象。这个概念使人联想到阿甘本对充分公民（full citizen）与神圣人（Homo sacer）的论述。“他们尽管是人，但却被排除在人类共同体之外，人人可以得而诛之而不必遭受惩罚，也正是由于这个缘故，他们是不能用来献祭的（因为他们实在太卑微了，不配成为祭品）。”[18]这部分神圣人是作为充分公民的敌人的角色而存在。但是在伊格尔顿的“替罪羊”概念中，这部分相对于政治共同体而存在的小群体是属于这个政治共同体的，尤其是进入现代资本主义制度之后，被牺牲的不再是那些被流放者，被牺牲者是成千上万的普通男女。他们生活在这个制度的共同体之中，却依然在为社会这个所谓大他者做出普遍牺牲。因此，伊格尔顿的“替罪羊”概念主要探讨的是当今社会制度下普通人所扮演的悲剧角色。

在伊格尔顿看来，基督教神学叙事也是悲剧性的，圣父将唯一的儿子奉献出来承载所有信众罪孽进而完成替罪羊式的献祭。能够从替罪羊的牺牲中得到补偿的——尽管得到补偿者自己并不能直接得到这种认识——只能是那些将替罪羊从自己之中驱逐出的人。如基督的形象一般，替罪羊是在被彻底否定的基础上成为“圣洁的图腾”，人们在对被放逐者的痛苦的认同中产生了向善的力量，意识到了这个否定性形象中所孕育的再生的力量。伊格尔顿认为，后现代文化的当下之所以没有什么可供谈论的悲剧的原因就在于，散乱零落的后现代文化关注个体，排斥整体，视线全部集中在了那被放逐了出去的边缘化的人物，却拒绝看到那被放逐者所孕育的整体意义的圣性。

注释：

[1] [古希腊]亚里士多德：《诗学》，陈中梅译注，北京：商务印书馆，2005 年，第 97 页。

[2] [英]特里·伊格尔顿：《甜蜜的暴力——悲剧的观念》，方杰、方宸译，南京：南京大学出版社，2007 年，第 166 页。

[3] [英]特里·伊格尔顿：《甜蜜的暴力——悲剧的观念》，方杰、方宸译，南京：南京大学出版社，2007 年，第 169 页。

[4] [英]特里·伊格尔顿：《甜蜜的暴力——悲剧的观念》，方杰、方宸译，南京：南京大学出版社，2007 年，第 180 页。

[5] [英]特里·伊格尔顿：《甜蜜的暴力——悲剧的观念》，方杰、方宸译，南京：南京大学出版社，2007 年，第 184 页。

[6] [法]乔治·巴塔耶：《色情史》，刘晖译，北京：商务印书馆，2009 年，第 88 页。

[7] [法]乔治·巴塔耶:《色情史》,刘晖译,北京:商务印书馆,2009年,第97页。

[8] [英]特里·伊格尔顿:《理论之后》,商正译,北京:商务印书馆,2010年,第200页。

[9] [英]特里·伊格尔顿:《理论之后》,商正译,北京:商务印书馆,2010年,第202页。

[10] [英]特里·伊格尔顿:《甜蜜的暴力——悲剧的观念》,方杰、方宸译,南京:南京大学出版社,2007年,第110页。

[11] [英]雷蒙·威廉斯:《现代悲剧》,丁尔苏译,南京:译林出版社,2007年,第39页。

[12] [英]雷蒙·威廉斯:《现代悲剧》,丁尔苏译,南京:译林出版社,2007年,第42页。

[13] [法]乔治·巴塔耶:《色情史》,刘晖译,北京:商务印书馆,2009年,第74页。

[14] le Sacré 译为圣性更为合适。它表示的是一个被献祭的生命借助牺牲的途径从而成为圣洁的象征,它或许能够共享神的荣光,却并非成为神本身。

[15] [英]特里·伊格尔顿:《甜蜜的暴力——悲剧的观念》,方杰、方宸译,南京:南京大学出版社,2007年,第292页。

[16] [法]乔治·巴塔耶:《色情史》,刘晖译,北京:商务印书馆,2009年,第105页。

[17] Terry *Eagleton*, *Sweet Violence : The Idea of the Tragic*, UK: Blackwell Publishing Ltd, 2003, p. 280.

[18] [斯洛文尼亚]斯拉沃热·齐泽克:《欢迎来到实在界这个大荒漠》,李广茂译,南京:译林出版社,2015年,第162页。

【推荐人语】

论文通过对伊格尔顿悲剧理念中的三个重要概念范畴——怜悯与恐惧、自由与必然、替罪羊——进行解读，分析了伊格尔顿悲剧理论之中悲剧情感的真实来源，探讨了身处必然性之中的自决主体究竟该何去何从，并通过“替罪羊”悲剧形象的分析阐述了身处作为日常生活经验的悲剧叙事之中普通人的命运。在此基础上，论述了伊格尔顿的现代悲剧理念及其审美意识形态作用。全文观点清晰，对伊格尔顿悲剧理念及其现实意义进行了较为细致的分析，对把握伊格尔顿审美意识形态在其悲剧理念中的具体表现与运用提供了一定的助益，对后现代语境下悲剧理论的探讨提供了一定的依据。（张永胜）

编后附识

《华中学术》自2009年秋创刊，至今将近九年，已有幸进入CSSCI来源集刊行列，并已是知网、同方网、超星网签约刊物，其转载率和引用率不断攀升，目前可谓成绩斐然，前景光明。回首筚路蓝缕的九年历程，深深感谢学校领导及社科处、出版社对本刊的关怀、指导，文学院历届领导和全院老师的鼎力支持，几届编委会顾问、主任委员、主编、副主编、编委会委员、栏目主持人、执行编辑的精心呵护以及海内外专家学者的慷慨赐稿！

本刊主编戴建业教授，因夫人病重，曾多次与院党政领导沟通，希望辞去主编工作，并推荐我襄理其事；经多方酝酿协商，经院党政会讨论通过，任命我担此重任。本人学养浅薄，兼无办刊经验，仓促间荷此重托，诚惶诚恐，深惧有负恩师与领导信任！所幸本刊，既有办刊章程可依，又有栏目典则可循，加之文学院底蕴深厚，名师众多，我将好好珍惜，多向师长、同行请教，努力工作，无损本刊欣欣向荣之势！

汤江浩

2017年6月

《华中学术》来稿注意事项

《华中学术》为华中师范大学文学院发表学术论文的园地以及开展学科建设和学术交流的平台，由文学研究所主持，欢迎学界同仁赐稿。有关事项说明如下：

一、所有来稿请遵守学术规范和学术道德，请勿一稿两投。因编辑人员全为兼职，人手有限，所有来稿均不退稿，请自留底稿。来稿若两个月内未接到用稿通知，可自行处理。

二、一般稿件篇幅以一万五千字以内为宜，特别约稿可在两万字左右。所有稿件一式两份，一份为纸质文本，一份为电子文本，如果有特殊字符（古文字、国际音标等），请同时附上 PDF 格式文件。

纸质文本请寄：

430079 武汉市洪山区华中师范大学文学院《华中学术》编辑部

余祖坤　收，联系电话：15927002405

电子文本请寄：huazhongxueshu@163.com

三、稿件首页包括题目、作者、作者单位、论文摘要、关键词；结尾处写明作者通讯处（包括邮编、作者地址、电话号码、电子邮箱等）。

四、来稿采用尾注。具体引文注释格式举例如下：

甲、中文非连续出版物

（一）普通图书

（1）专著

标注顺序：责任者/书名/出版地/出版者/出版年/页码（连续页码之间用波浪线连接）。注意：注释中的中文字体一般使用宋体，下同。例如：

［1］张舜徽：《中国古代史籍校读法》，武汉：华中师范大学出版社，2004 年，第 52 页。

［2］张三夕主编：《中国古典文献学》，武汉：华中师范大学出版社，2003 年，第 25～26 页。

外国人的中译本著作标注顺序：［国籍］/责任者/书名/译者/出版地/出版者/出版年/页码。例如：

［3］［德］黑格尔：《逻辑学》上卷，杨一之译，北京：商务印书馆，1976 年，第 30～35 页。

［4］参见［德］恩格斯：《自然辩证法》，北京：人民出版社，1971 年，第 21 页。

（2）专著中析出文献

标注顺序：析出责任者/析出文献题名（或篇名）/原文献责任者（与析出责任者同为一人的，可不写）/原文献题名/出版地/出版者/出版年/页码。例如：

[1]［荷］杜威·佛克马：《走向新世界主义》，王宁、薛晓源编：《全球化与后殖民批评》，北京：中央编译出版社，1998 年，第 247～266 页。

[2] 范文澜：《论中国封建社会长期延续的原因》，《范文澜历史论文选集》，北京：中国社会科学出版社，1979 年，第 41 页。

[3] 章太炎：《俱分进化论》，《章太炎全集》四，上海：上海人民出版社，1985 年，第 391 页。

（二）古籍

（1）古代出版的古籍一般应标注朝代名/责任者/书名/卷次/版本，或责任者/篇名/书名/卷次/版本。例如：

[1]（晋）慧远：《沙门不敬王者论》，《弘明集》卷五，碛砂藏本。

[2]（宋）杨时：《陆少卿墓志铭》，《龟山集》卷三十四，《四库全书》本。

[3]（宋）王应麟：《考史》，《困学纪闻》卷十一，清嘉庆十八年扫叶山房刊本。

（2）现代出版的标点本或校注本古籍应标注责任者/篇名/书名/全集名/卷次/出版地/出版者/出版年/页码。例如：

[1]（清）钱大昕：《汉书王子侯误字》，《十驾斋养新余录》卷中，《钱大昕全集》第 7 册，南京：江苏古籍出版社，1997 年，第 574 页。

[2]（清）张廷玉，等：《明史·艺文志序》，《明史》卷九十六，北京：中华书局，1974 年，第 2344 页。

（3）地方志前一般应标明编修或刊刻年代。例如：

[1]（明）正德《建昌府志》卷十五，上海：上海古籍书店，据天一阁明正德刻本影印，1964 年。

乙、中文连续出版物

（一）期刊

标注顺序：责任者/篇名/期刊名/年期/页码。例如：

[1] 李炳海：《〈离骚〉抒情主人公的配饰意象》，《华中师范大学学报》2008 年第 5 期，第 94～99 页。

（二）报纸

标注顺序：责任者/篇名/报纸名/出版年月日/版面数。例如：

[1] 邢宇浩：《文津阁〈四库全书〉刊行》，《光明日报》2005 年 12 月 23 日，第 1 版。

[2] 孙钦善：《魏建功先生与古典文献学专业》，《中华读书报》2001 年 6 月 20 日，第 11 版。

丙、外文文献

（一）专著

标注顺序：责任者/书名（斜体，实词首字母大写）/出版地/出版者/出版年/页码（单页码标注如：p. 6；连续页码标注如：pp. 123-126）。注意：注释中的外文一般使用 Times New Roman 字体，下同。例如：

[1] J. J. Phillips，*Handbook of Training Evaluation and Measurement Methods*，Houston，TX：Gulf Publishing，1991，p. 10.

［2］R. J. Montgomery，*Examinations：An Account of Their Evolution as Administrative Devices in England*，London：Longmans Press，1965，pp. 17-43.

（二）期刊

标注顺序：责任者/篇名（加引号，正体，实词首字母大写）/期刊名（斜体，实词首字母大写）/年期（期在前，年在后）。例如：

［1］J. H. Greehaus，"Sources of Conflict between Work and Family Roles"，*Academy of Management Review*，10，1985.

（三）专著中析出文献

标注顺序：析出责任者/析出文献题名（或篇名，加引号，正体，实词首字母大写）/In/原文献责任者/原文献题名（斜体，实词首字母大写）/出版地/出版者/出版年/页码。例如：

［1］L. Weinstein，M. N. Swertz，"Pathogenic Properties of Invading Microorganism"，In W. A. Sodeman，Jr. W. A. Sodeman，*Pathologic Physiology：Mechanisms of Disease*，Philadelphia：Saunders，1974，pp. 745-772.

丁、参考文献及带有说明意思的注释体例

例如：

［1］参见《上海总商会概况》，上海总商会1928年编印本。

［2］参见陈晋：《文人毛泽东》，上海：上海人民出版社，2005年。这些"读报诗"主要是有感而发的政论，如："遍找全球侵略者，仅余此地一孤家。""人人尽说西方好，独惜神州出蠢虫。""新闻多多寻常出，独有今年出得殊。"主题与同时期写作且公开发表的《七律·和郭沫若同志》、《卜算子·咏梅》、《七律·冬云》等一致，但情露意粗，毛本人不愿正式公开发表。

戊、电子文献

除注明上述要求的各项内容外，还应加引用日期、获取和访问路径。例如：

［1］王建辉：《出版业的文化诉求：呼唤编辑大师》，《编辑之友》2007年第4期。［2008年9月29日］http://www.pubhistory.com/img/text/2/2272.htm.

［2］聂震宁：《文化软实力与文化硬实力》。［2008年10月14日］http://www.sinobook.com.cn/press/newsdetail.cfm?iCntno=6967.

己、专利文献

有通过纸质文本获取和通过其他路径获取两种。应写明专利申请者或所有者、专利题名、专利号、公告日期或公开日期、引用日期、获取和访问路径。例如：

［1］姜锡洲：《一种温热外敷药制备方案》，中国，88105607.3，1989年7月26日。

［2］西安电子科技大学：《光折变自适应光外差探测方法》，中国，01128777.2，2002年3月6日。［2002年5月28日］http://211.152.9.47/sipoasp/zljs/hyjs-ys-new.asp?recid=01128777.2&leixin=0.

庚、转引文献及其他注意事项

凡引文不是出自原文献，或找不到原文献而是通过他人论著转引，均须注明转引出处，不能把转引文献当作原始文献来引用。例如：

[1]《中国古籍善本书总目》收录善本标准，转引自程千帆、徐有富：《校雠广义》（版本编）第2版，济南：齐鲁书社，1998年，第289～290页。

凡只通过中文译文来引用的外文文献，须注明中文译文的出处，不得直接注明引自外文文献。

[2] 丁韪良：《古代中国的外交》，转引自汪晖：《现代中国思想的兴起》上卷第二部《帝国与国家》，北京：生活·读书·新知三联书店，2015年，第711～712页。

凡同一文献在一篇文章中不同地方引用，不采用合注，例如：

[1]、[5] 张舜徽：《中国古代史籍校读法》，武汉：华中师范大学出版社，2004年，第52页；第43页。

应采用分注，以便校对，例如：

[1] 张舜徽：《中国古代史籍校读法》，武汉：华中师范大学出版社，2004年，第52页。

…… ……

[5] 张舜徽：《中国古代史籍校读法》，武汉：华中师范大学出版社，2004年，第43页。

《华中学术》编辑部

2016年1月